K T
WIE DU KANNST
SO WOLLE
1872

Das

Verfassungs- und Verwaltungsrecht

von

Elsaß-Lothringen.

Von

Dr. jur. Ernst Bruck.

Dritter Band.

Straßburg.
Verlag von Karl J. Trübner.
1910.

Druck von M. DuMont Schauberg, Straßburg.

Inhaltsverzeichnis.

Zwölftes Kapitel.

Das wirtschaftliche Leben.

Erster Abschnitt: Urproduktionen.

Zweiter Abschnitt: Handel, Gewerbe und Kunst.

Dritter Abschnitt: Das Kreditwesen.

Vierter Abschnitt: Das Versicherungswesen.

Fünfter Abschnitt: Öffentlicher Verkehr.

Dreizehntes Kapitel.

Armenrecht.

Erster Abschnitt: Die präventive Armenpflege.

Zweiter Abschnitt: Die reparierende Armenpflege.

I. Die Ausübung der Armenpflege im allgemeinen.

Abkürzungen.

Laband = Das Staatsrecht des Deutschen Reichs. Tübingen und Leipzig 1901. (Vierte Auflage).

Leoni = Das öffentliche Recht des Reichslandes Elsaß-Lothringen. Erster Teil. Das Verfassungsrecht von Elsaß-Lothringen. Freiburg 1892.

Leoni-Mandel = Das Verwaltungsrecht von Elsaß-Lothringen. Freiburg und Leipzig 1895.

Reger = Entscheidungen der Gerichte und Verwaltungsbehörden.

Sammlung = Sammlung von Gesetzen, Verordnungen usw. betreffend die Justizverwaltung in Elsaß-Lothringen.

Zeitschrift = Juristische Zeitschrift für Elsaß-Lothringen.

A.Bl. = Zentral- und Bezirks-Amtsblatt für Elsaß-Lothringen; ohne Zusatz „Hauptblatt".

Die Entscheidungen des Kaiserlichen Rates sind unter fortlaufender Numerierung abgedruckt in den Beilagen zu dem Zentral- und Bezirks-Amtsblatt.

Die aus französischer Zeit stammenden Gesetze sind zitiert nach der Sammlung der in Elsaß-Lothringen geltenden Gesetze. Herausgegeben auf Anregung von v. Möller Bd. II. Straßburg 1881.

Zwölftes Kapitel.

Das wirtschaftliche Leben.

Erster Abschnitt:

Urproduktionen.

§ 114. Überblick.

Unter Urproduktionen werden die Tätigkeiten, die sich mit der Gewinnung und Aneignung der von der Natur unmittelbar hervorgebrachten Güter befassen, verstanden.[1]) In diesem Sinne gehören hierher die Viehzucht, die Fischerei und Jagd, welche sich mit der Zucht und Gewinnung der Tiere beschäftigen, die Land- und Forstwirtschaft, welche die Sorge und Züchtung der Pflanzen zum Gegenstande haben, und endlich der Bergbau, der sich mit der Gewinnung bestimmter Mineralien befaßt.

§ 115. Viehzucht.*)

Die Vorschriften, die sich auf die Viehzucht beziehen, haben ihre Förderung und ihren Schutz zum Gegenstande.

1. Der Förderung der Viehzucht dienen in erster Linie Maßnahmen, die die Güte des Viehbestandes heben wollen.

Kein Gemeindezuchtstier[2]) darf zur Bedeckung benutzt werden, der nicht durch ein zu diesem Zwecke bestelltes Schauamt untersucht und als

---

[1]) Georg Meyer, Deutsches Verwaltungsrecht Bd. I S. 332.

*) Literatur: Löning, Deutsches V. R. S. 406 ff.; Georg Meyer, Deutsches V. R. S. 336 ff.; Leoni-Mandel S. 238 ff.

[2]) Gesetz vom 9. April 1878 (G.Bl. S. 41).

zur Zucht tauglich anerkannt ist; derselben Beschränkung ist die Verwendung von Zuchtstieren, die von Privatpersonen gehalten werden, unterworfen, wenn die Zuchtstiere gegen Bezahlung oder unentgeltlich zur Bedeckung fremden Viehes zugelassen werden. Das vom Schauamt erteilte Anerkenntnis (Körschein) ist nur eine bestimmt bezeichnete Zeitdauer[1]) gültig. Der Körschein kann vor Ablauf dieser Frist zurückgezogen werden, wenn der Stier nicht mehr tauglich zur Zucht ist. Zur Vornahme der Untersuchung wird für jeden Kreis ein Kreisschauamt, für jeden Bezirk ein Bezirksschauamt gebildet.[2]) Von den drei Mitgliedern jedes Kreisschauamtes werden zwei Mitglieder und die erforderlichen Stellvertreter in einer Generalversammlung des landwirtschaftlichen Kreisvereins aus den sachverständigen Landwirten des Kreises auf die Dauer von vier Kalenderjahren gewählt, das dritte Mitglied ist von Amts wegen der Kreistierarzt oder dessen vom Ministerium bestellter Stellvertreter. Das Bezirksschauamt soll aus einem Vorsitzenden und zwei Mitgliedern, die auf die Dauer von vier Kalenderjahren gewählt werden, bestehen. Das Kreisschauamt tritt jährlich einmal zur Vornahme der ordentlichen Untersuchung der Zuchtstiere zusammen.[3]) Gegen die Entscheidung des Kreisschauamtes steht dem Besitzer des Stieres, sowie den übrigen beteiligten Viehbesitzern Beschwerde an das Bezirksschauamt offen, das endgültig entscheidet.[4]) Die Kosten der Schauämter trägt die Landeskasse; jedoch ist für eine außerordentliche Untersuchung eine besondere Gebühr zu entrichten.[5])

Jede Gemeindeverwaltung muß die Zuchtstierhaltung[6]) in der Gemeinde regeln. Die Regelung kann auf dreierlei Weise erfolgen. Entweder dadurch, daß sie die Zuchtstiere von einem oder mehreren Stier-

---

[1]) Die näheren Anordnungen über die Gültigkeitsdauer des Körscheines enthält die Verordnung vom 29. November 1897 § 7.

[2]) Kaiserl. Verordnung vom 29. November 1897 (G.Bl. S. 89). Ausführungsbestimmungen in der Ministerialverordnung vom 29. Dezember 1897 (A.Bl. 1898 S. 3); ergänzt durch Verordnung vom 18. Juli 1905 (A.Bl. S. 279). — Die Bezirksschauämter sind tatsächlich nicht eingerichtet worden.

[3]) Die näheren Anordnungen über die Untersuchungsreise trifft der Kreisdirektor. Über außerordentliche Untersuchungen § 3 Abs. 2 und 3.

[4]) Über die Beschwerdefrist § 4.

[5]) Über die Entschädigung der Mitglieder der Schauämter und des Kreistierarztes § 9 a. a. O. Min.Verordnung vom 18. Juli 1905 (A.Bl. S. 279).

[6]) Gesetz vom 9. Juli 1900 (G.Bl. S. 137). Ausführungsbestimmungen vom 6. März 1901 (A.Bl. S. 90). — Stang, Die Haltung der Zuchtstiere in Elsaß-Lothringen. Straßburg 1903.

haltern beschaffen oder unterhalten läßt; oder daß die Gemeinde die Zuchtstiere beschafft und sie von einem oder mehreren Stierhaltern unterhalten werden, oder endlich daß die Gemeinde die Zuchtstiere beschafft und in eigener Verwaltung unterhält. In einzelnen Gemeinden kann das Ministerium auf Antrag des Gemeinderates, und in räumlich abgesonderten Teilen einer Gemeinde der Gemeinderat, eine andere Form der Einrichtung der Zuchtstierhaltung, insbesondere die genossenschaftliche oder private, zulassen. Die Zahl der Zuchtstiere ist so zu bemessen, daß in der Regel auf je achtzig Stück sprungfähigen Rindviehs ein Zuchtstier gehalten wird. Als sprungfähig gelten alle Kühe und über ein Jahr alte Kalbinnen; der Besitzstand am 1. April eines jeden Jahres ist maßgebend. Die durch die Zuchtstierhaltung entstehenden Kosten sind Pflichtausgaben der Gemeinde; jedoch kann der Gemeinderat zur ganzen oder teilweisen Bestreitung dieser Kosten die Erhebung von Umlagen von den Besitzern von Kühen und sprungfähigen Kalbinnen nach dem jeweiligen Besitzstande vom 1. April eines jeden Jahres, sowie die Erhebung von Sprunggeld für die Benutzung der Zuchtstiere anordnen.[1]) Benachbarte Gemeinden können die Einrichtung einer gemeinsamen Zuchtstierhaltung für die betreffenden Gemeinden oder Teile derselben beschließen und eine Syndikatskommission (Bd. I S. 305) zu ihrer Verwaltung einsetzen. Streitigkeiten entscheidet in erster Instanz die Gemeindeaufsichtsbehörde, in zweiter Instanz der Bezirksrat.

Ebenso ist auch bei den Hengsten[2]) durch Schauämter festzustellen, ob sie zuchttauglich sind. Für jeden Bezirk ist ein aus fünf Mitgliedern bestehendes Schauamt eingerichtet. Mitglieder sind der Gestütsdirektor (Landstallmeister), der Landestierarzt und drei Mitglieder, von denen eins die Bezirkstage, eins der Pferdezuchtverein von Elsaß-Lothringen, eins der Landesverband der landwirtschaftlichen Kreisvereine auf drei Jahre wählt. Das Schauamt tritt mindestens einmal jährlich an dem von dem Gestütsdirektor bestimmten Tage und Orte zusammen. Die Kosten der Schauämter trägt die Landeskasse; jedoch sind für außerordentliche Untersuchungen besondere Gebühren zu zahlen. Der Körschein hat in der Regel einjährige Gültigkeit; aus besonderen Gründen kann seine Gültigkeit auf kürzere Zeit beschränkt werden. Hengste unter drei Jahren sind als sprungfähig nicht anzuerkennen.

---

[1]) Bei der Festsetzung der Zahl der Zuchtstiere und der Erhebung der Umlagen kommen die im § 5 a. a. O. aufgeführten Viehbestände nicht in Betracht.

[2]) Gesetz vom 5. April 1880 (G.Bl. S. 69). Verordnung vom 3. Mai 1880 (G.Bl. S. 117). — Über die Untersagung und Beschränkung des Umherziehens mit Zuchthengsten zur Bedeckung von Stuten § 56b Gewerbeordnung.

Um die Pferdezucht zu heben, wird aus Landesmitteln das Landesgestüt in Straßburg erhalten, das unter Aufsicht des Ministeriums von einem Gestütsdirektor geleitet wird. Die Hengste werden im ganzen Lande auf Stationen zu bestimmten Zeiten verteilt. Außerdem werden staatliche Zuschüsse zum Ankauf nnd zur Aufzucht von Zuchtmaterial, zur Prämiierung von Zuchtstuten, jungen Pferden und Zuchthengsten,[1]) zur Abhaltung von Pferderennen, zur Einrichtung von Musterstallungen usw. gewährt.

Das Hufbeschlaggewerbe darf selbständig oder als Stellvertreter nur derjenige betreiben, der durch Bestehen einer Prüfung vor einer für jeden Bezirk eingesetzten Prüfungskommission für den Hufbeschlag den Nachweis seiner Befähigung erbracht hat.[2]) In Straßburg,[3]) Mülhausen[4]) und Metz[5]) bestehen besondere Hufbeschlagschulen.

In diesem Zusammenhange ist endlich auch auf die Weiderechte hinzuweisen.[6]) Der Code rural vom 6. Oktober 1791 (Titel I Abschnitt 4) unterscheidet zwischen Koppelweide (parcours) und Stoppelweide (vaine pâture).[7]) Unter Koppelweide versteht man das den Angehörigen mehrerer Gemeinden oder Ortschaften zustehende Recht, das Vieh wechselseitig auf den verschiedenen Gemeindegemarkungen weiden zu lassen. Die Stoppelweide ist die Befugnis, innerhalb des Gemeindebannes das Vieh auch auf fremden Grundstücken weiden zu dürfen. Die Weiderechte müssen auf einem besonderen Titel beruhen oder durch Gesetz oder einen unvordenklichen Ortsgebrauch anerkannt sein; im übrigen gelten sie als abgeschafft.[8]) Berechtigt zu ihrer Ausübung ist der Eigentümer, Nießbraucher, Pächter eines den Weiderechten unterworfenen Grundstücks, auch wenn er in der Gemeinde nicht wohnhaft ist.[9]) Die Ausübung der Weiderechte ist ausgeschlossen auf künstlichen

---

[1]) Über die Prämiierung von Zuchthengsten Min. Verordnung vom 19. August 1899 (A.Bl. S. 99).

[2]) Gesetz vom 5. Mai 1890 (G.Bl. S. 35). Min. Verordnung vom 4. August 1890 (A.Bl. S. 217), vom 16. Mai 1900 (A.Bl. S. 159).

[3]) Statut vom 4. August 1890 (A.Bl. S. 219); vom 20. Januar 1896 (A.Bl. S. 22).

[4]) Statut vom 18. November 1903 (A.Bl. S. 179).

[5]) Statut vom 19. November 1896 (A.Bl. S. 259).

[6]) Kisch, Landesprivatrecht S. 714 ff. Nürck, Sachenrecht § 38.

[7]) Die Weiderechte werden im Code rural (a. a. O. Art. 2) irrtümlich als wechselseitige Grunddienstbarkeiten bezeichnet; richtiger ist es, sie als genossenschaftliche Nutzungsrechte aufzufassen. So Kisch S. 715; Leoni-Mandel S. 243.

[8]) Artikel 2 und 3 Abschnitt 4 Code rural.

[9]) Art. 14 ff. a. a. O.

Wiesen[1]), auf besäten oder mit irgend einem Erzeugnis bepflanzten Grundstücken vor der Ernte, auf Wiesen vor Einerntung des ersten Grasschnittes, auf eingefriedigten Grundstücken.[2]) Weitergehende Einschränkungen und anderweitige Regelungen der Weiderechte kann der Bezirkspräsident nach Einholung des Gutachtens des Bezirkstages vorschreiben.[3]) Die Zahl des Viehes wird nach Verhältnis der Ausdehnung der Ländereien des Besitzers berechnet ohne Rücksicht darauf, ob die Weiderechte durch eine gemeinschaftliche Herde ausgeübt werden oder ob das Vieh in einer besonderen Herde gehütet wird.[4]) Haushaltungsvorstände, die keine den Weiderechten unterliegende Grundstücke besitzen, dürfen bis zu sechs Stück Wollvieh und eine Kuh mit Kälbern weiden lassen.[5]) Im übrigen wird die Ausübung der Rechte, insoweit keine Gebräuche und Gewohnheiten bestehen, von dem Gemeinderat geregelt.[6]) Durch Einfriedigung der Grundstücke vermindern sich die Rechte nach dem Umfange der ihnen entzogenen Bodenfläche.[7])

2. Der Schutz gegen Viehseuchen.

Die Viehseuchen schließen nicht nur eine große Gefahr für das Vieh in sich, sondern die Übertragung des Krankheitsstoffes auf die Menschen kann auch für sie verhängnisvoll werden. Daher haben alle Maßnahmen, die gegen Krankheiten der Tiere ergriffen werden, einen doppelten Charakter: sie wollen die Viehzucht fördern, dienen dabei aber auch der Gesundheitspflege.

Zuerst hat sich die Gesetzgebung mit der Rinderpest befaßt.[8]) Die Ausführung der notwendig werdenden Maßregeln ist den Landesbehörden übertragen, jedoch hat der Reichskanzler die allgemeine Aufsicht auszuüben, erforderlichenfalls selbständige Anordnungen zu treffen oder einen Reichskommissar zu ernennen, der die Landesbehörden unmittelbar

---

[1]) Nach § 6 des Gesetzes vom 11. Mai 1877 (G.Bl. S. 12) sind unter künstlichen Wiesen alle mit Berieselungs- und Drainageanlagen versehene Grundstücke zu verstehen.

[2]) Art. 4—7, 9, 10 a. a. O. [3]) Feldpolizeistrafgesetz § 49.

[4]) Art. 12 a. a. O. Zeitschrift Bd. 16 S. 180.

[5]) Art. 13, 14 a. a. O.

[6]) Gemeindeordnung § 56 Ziffer 12 und § 80 Ziffer 1.

[7]) Art. 16 a. a. O.

[8]) Reichsgesetz betreffend die Maßregeln gegen die Rinderpest vom 7. April 1869 (Bundesgesetzblatt S. 105) eingeführt in Elsaß-Lothringen durch Gesetz vom 11. Dezember 1871 (G.Bl. S. 403). Reichsgesetz vom 25. Februar 1876 (R.G.Bl. S. 163) betr. die Beseitigung von Ansteckungsstoffen bei Viehbeförderungen auf Eisenbahnen. Ausführungsvorschriften enthält die „revidierte Instruktion" vom 9. Juni 1873 in der Bekanntmachung des Reichskanzlers vom 9. Juli 1873 (G.Bl. S. 170). Reichsgesetz vom 21. Mai 1878 betreffend Bestrafung der Zuwiderhandlungen gegen die zur Abwehr der Rinderpest erlassenen Vieheinfuhrverbote (R.G.Bl. S. 95).

mit Anweisungen zu versehen hat. Ergreift die Rinderpest mehrere Bundesstaaten, so hat der Reichskommissar für Herstellung und Erhaltung der Einheit zu sorgen.[1]) Um möglichst zeitig Maßnahmen gegen die Pest ergreifen zu können, ist jedem, der zuverlässige Kunde davon bekommt, daß Vieh an der Pest erkrankt oder gefallen ist oder daß nur der Verdacht einer solchen Krankheit vorliegt, zur Pflicht gemacht, unverzüglich der Ortspolizeibehörde Anzeige zu erstatten. Die Unterlassung der Anzeige hat abgesehen von der Strafe den Verlust des Entschädigungsanspruchs zur Folge.[2]) Die Maßregeln, die nunmehr beobachtet werden, sollen die Einschleppung und Weiterverbreitung der Seuche verhüten und ihre Unterdrückung im Inlande herbeiführen. Sie bestehen vor allem in der Beschränkung und dem Verbot der Einfuhr,[3]) des Transports und des Handels in bezug auf lebendes oder totes Rindvieh, Schafe, Ziegen, Häute, Haare oder sonstige tierische Rohstoffe in frischem oder trockenem Zustande, Rauhfutter, Streumaterialien, Lumpen, gebrauchte Kleider, Geschirre und Stallgeräte, in Absperrung von Gehöften, Ortsteilen, Orten, Bezirken, wenn nötig mit militärischer Hilfe,[4]) in Tötung selbst gesunder Tiere und Vernichtung von giftfangenden Sachen, in Desinfizierung von Gegenständen und Personen und in Enteignung von Grund und Boden zum Verscharren der Tiere und von giftfangenden Sachen.[5]) Von den ergriffenen Maßregeln ist dem Reichskanzler Anzeige zu machen; er ist auch von dem weiteren Gange der Seuche in Kenntnis zu erhalten.[6]) Für die getöteten Tiere, vernichteten Sachen, enteigneten Plätze, sowie für die nach rechtzeitiger Anzeige des Besitzers gefallenen Tiere wird Entschädigung aus Reichsmitteln gewährt; ausgenommen ist Vieh, das innerhalb zehn Tagen nach erfolgter Einfuhr oder nach Eintrieb über die Reichsgrenze an der Seuche fällt.[7])

Weitergehend ist das Reichsgesetz über die Abwehr und Unterdrückung

---

[1]) Rinderpestgesetz § 12.

[2]) Ebenda § 4.

[3]) Einfuhrbeschränkungen zwischen den einzelnen Bundesstaaten sind erst dann zulässig, wenn die Rinderpest innerhalb eines Bundesstaates ausbricht. Ebenda § 10. — Min. Verordnung vom 18. März 1907 (A.Bl. S. 70) betreffend Einfuhrverbot aus den Hinterländern von Österreich-Ungarn.

[4]) Über die Kostenerstattung § 14 und Bek. des Reichskanzlers vom 17. Juni 1891 (Zentralblatt f. d. Deutsche Reich S. 149).

[5]) Ebenda § 2.

[6]) Ebenda § 11.

[7]) Ebenda § 3 und Verordnung des Ministeriums vom 27. Oktober 1879 (Gemeinde-Zeitung S. 381).

von Viehseuchen vom 23. Juni 1880.[1]) Auch nach ihm ist die Anordnung der Abwehr- und Unterdrückungsmaßregeln und die Leitung des Verfahrens den Landesregierungen und deren Organen überlassen; jedoch bleiben für Pferde und Proviantiere, die der Militärverwaltung gehören, die Militärbehörden, und für die Pferde des Landesgestüts der Gestütsdirektor zuständig. Der Reichskanzler übt die allgemeine Aufsicht aus; nur wenn die Seuche in einem für den inländischen Viehbestand bedrohlichen Umfange im Auslande auftritt, hat er die erforderlichen Abwehrmaßregeln zu veranlassen und für einheitliches Vorgehen der verschiedenen Bundesstaaten zu sorgen.[2]) Objekt der Maßnahmen sind an Seuchen erkrankte Tiere, der Seuche verdächtige Tiere (Tiere, an welchen sich Erscheinungen zeigen, die den Ausbruch einer übertragbaren Seuche befürchten lassen) und der Ansteckung verdächtige Tiere (Tiere, an welchen sich solche Erscheinungen zwar nicht zeigen, rücksichtlich deren jedoch die Vermutung vorliegt, daß sie den Ansteckungsstoff aufgenommen haben).[3])

Die Einschleppung einer Seuche aus dem Auslande wird abgewehrt durch Einfuhrverbote, Verkehrsbeschränkungen und Viehrevisionen im Grenzbezirke.[4]) Zu allen drei Maßnahmen ist das Ministerium zuständig.[5]) An übertragbaren Seuchen erkrankte Tiere dürfen niemals eingeführt werden.[6])

Zur Unterdrückung der Viehseuchen im Inlande ist eine Anzeigepflicht für Milzbrand, Tollwut, Rotz, Maul- und Klauenseuche, Lungenseuche des Rindviehs, Pockenseuche der Schafe, Beschälseuche und Bläschenausschlag, Räude der Pferde, Esel und Schafe eingeführt; vorübergehende

---

[1]) In der Bekanntmachung des Reichskanzlers vom 1. Mai 1894 (R.G.Bl. S. 409). — Landesausführungsgesetz vom 27. März 1881 (G.Bl. S. 67). Vollzugsverordnung des Ministeriums vom 28. März 1881 (G.Bl. S. 70). — Übereinkommen zwischen dem Deutschen Reich und Österreich-Ungarn vom 25. Januar 1905 (R.G.Bl. 1906 S. 287).

[2]) §§ 2—4 Viehseuchengesetz; Verordnung vom 28. März 1881 § 2.

[3]) § 1 Viehseuchengesetz.

[4]) §§ 7, 8 Viehseuchengesetz.

[5]) Verordnung vom 28. März 1881 § 3. Min. Verordnung vom 26. Mai 1899 (A.Bl. S. 79), vom 19. September 1908 (A.Bl. S. 267), vom 13. März 1907 (A.Bl. S. 63) betreffend die veterinärpolizeiliche Kontrolle der Einfuhr und Durchfuhr von Tieren. Über die veterinärpolizeilichen Untersuchungen an der Grenze vgl. die bei v. Oesterley S. 17 Ziffer 35 angeführten Verordnungen. Verboten ist die Einfuhr und Durchfuhr von Schweinefleisch aus Rumänien, Serbien und Bulgarien (Verordnung vom 21. Mai 1906. A.Bl. S. 88), die Einfuhr von Schweinefleisch aus Rußland (Verordnung vom 15. Juni 1906 A.Bl. S. 109).

[6]) § 6 Viehseuchengesetz.

Anzeigepflicht kann der Reichskanzler auch für andere Seuchen anordnen.[1]) Die Ermittelung der Seuchenausbrüche erfolgt durch die Polizeibehörde (Bürgermeister, Polizeidirektor)[2]) unter Zuziehung eines beamteten Tierarztes eventuell durch Einholung eines Gutachtens des Landestierarztes.[3]) Liegt Seuchengefahr vor, so können folgende Schutzmaßregeln angeordnet werden:[4]) 1. Absonderung, Bewachung, polizeiliche Beobachtung der an der Seuche erkrankten, der verdächtigen und der der Seuchengefahr ausgesetzten Tiere. 2. Beschränkungen in der Art der Benutzung, der Verwertung oder des Transports derselben oder der von ihnen stammenden Produkte. 3. Verbot des gemeinschaftlichen Weidegangs und Austriebs, bei Hunden des freien Umherlaufens. 4. Sperre des Stalles, Gehöftes, Ortes, der Weide, Feldmark. 5. Impfung und tierärztliche Behandlung der erkrankten Tiere. 6. Tötung erkrankter oder verdächtiger Tiere, aber nur in den gesetzlich zugelassenen Fällen. 7. Unschädliche Beseitigung der Tierkadaver und infizierten Gegenstände. 8. Desinfektion aller Standorte der Tiere, wenn nötig auch von Menschen. 9. Einstellung der Vieh- und Pferdemärkte, der Tierschauen oder Ausschluß einzelner Viehgattungen von Märkten. 10. Tierärztliche Untersuchung aller gefährdeten Tiere. 11. Öffentliche Bekanntmachung des Ausbruchs der Seuche.

Für die auf polizeiliche Anordnung getöteten oder nach dieser Anordnung gefallenen, sowie für die Tiere, die infolge einer polizeilich angeordneten Impfung eingehen, ist Entschädigung[5]) zu leisten, und zwar wird ersetzt der gemeine Wert des Tieres ohne Rücksicht auf den Minderwert, den das Tier durch die Seuche oder Impfung erlitten hat, jedoch bei den mit Rotzkrankheit behafteten Tieren nur 3/4, bei dem mit Lungen-

---

[1]) §§ 9, 10 Viehseuchengesetz. Eine Anzeigepflicht besteht außerdem für die Schweineseuche, Schweinepest und den Rotlauf der Schweine (Bek. des Reichskanzlers vom 26. Juni 1895 R.G.Bl. S. 352 und vom 8. September 1898 R.G.Bl. S. 1039), für die Geflügelcholera (Bek. des Reichskanzlers vom 21. Dezember 1898 R.G.Bl. S. 1315 und vom 17. Mai 1903 R.G.Bl. S. 224), für die Hühnerpest (Bek. des Reichskanzlers vom 16. Mai 1903 R.G.Bl. S. 223), für die Influenza der Pferde (Bek. des Reichskanzlers vom 29. Juli 1908 R.G.Bl. S. 479).

[2]) Verordnung v. 28. März 1881 § 2, daselbst auch über das Beschwerderecht.

[3]) §§ 12 ff. Viehseuchengesetz.

[4]) §§ 19–29 Viehseuchengesetz. Instruktion des Bundesrates Bek. des Reichskanzlers vom 27. Juni 1895 (R.G.Bl. S. 357). — Ministerialverordnung betreffend die veterinärpolizeiliche Beaufsichtigung des Viehverkehrs vom 18. November 1889 (A.Bl. S. 297), vom 15. Januar 1902 (A.Bl. S. 7). Die Gesundheitsscheine können Viehbeschauer ausstellen. Verordnung vom 21. Oktober 1903 (A.Bl. S. 177). Über Wanderschafherden Min. Verordnung vom 4. Februar 1899 (A.Bl. S. 17).

[5]) §§ 57 ff. Viehseuchengesetz.

seuche behafteten Rindvieh nur 4/5 dieses Wertes. Die Entschädigung wird, sofern kein anderer Berechtigter bekannt ist, an den gezahlt, in dessen Gewahrsam oder Obhut sich das Tier zur Zeit der Tötung befand. Der Anspruch auf Entschädigung fällt bei schuldhaftem Verhalten des Besitzers des Tieres weg. Entschädigung wird nicht gewährt für Tiere, die dem Reich oder Land gehören, für verbotswidrig eingeführte Tiere, für Tiere, die nach ihrer Einführung in das Reichsgebiet innerhalb 90 Tagen die Rotzkrankheit oder innerhalb 180 Tagen die Lungenseuche bekommen, sofern nicht die Infizierung erst nach der Einführung erfolgt ist. Die Entschädigung kann versagt werden für Tiere, die mit einer unheilbaren oder unbedingt tödlichen Krankheit mit Ausnahme des Rotzes und der Lungenseuche behaftet waren,[1]) für das in Schlachtviehhöfen oder in öffentlichen Schlachthäusern aufgestellte Vieh, für tolle Hunde und Katzen. Die Entschädigung wird aus der Landeskasse bezahlt, nachdem sie von einer Kommission, die aus dem beamteten Tierarzt und zwei von dem Kreisdirektor auf Grund einer vom Bezirkstage aufzustellenden Liste ernannten Schiedsmännern besteht, festgesetzt ist.[2])

Um den Schäden, die durch Viehverlust entstehen, möglichst vorzubeugen, sind Kreis- und Ortsviehversicherungsvereine (Fleischverwertungsvereine, Vereine mit Umlagen, Vereine mit festen Prämien) und der Verband der öffentlichen Viehversicherungsvereine in Elsaß-Lothringen gebildet worden.[3]) Eine besondere Organisation zur Regelung der Pferdeversicherung besteht in Elsaß-Lothringen nicht; jedoch hat das Ministerium einen Vertrag mit der Badischen Pferde-Versicherungsanstalt in Karlsruhe abgeschlossen, nach dem sie die Pferdebestände sämtlicher versicherungssuchender Pferdebesitzer in Elsaß-Lothringen — abgesehen von einigen Ausnahmen — in Versicherung nehmen muß. Die Geschäftsführung der Anstalt unterliegt einer eingehenden Kontrolle seitens des Ministeriums.[4])

---

[1]) Für Rindvieh und Pferde, die an Milzbrand oder Rauschbrand fallen, wird Entschädigung in Höhe von 4/5 des gemeinen Wertes des Tieres aus der Landeskasse gemäß Gesetz vom 27. Juni 1890 (G.Bl. S. 43) gewährt. Min. Verordnung vom 23. November 1890 (A.Bl. S. 343).

[2]) Gesetz vom 27. März 1881 §§ 1—4. Verordnung vom 28. März 1881 §§ 12—14.

[3]) Stang, Versicherung der Rindviehbestände in Elsaß-Lothringen. Straßburg 1907. Verhandlungen des Landwirtschaftsrates Session 1903. Vorlage Nr. 6. — Die Bescheinigungen in Angelegenheiten der öffentlichen Viehvereine sind stempelfrei. Stempelgesetz § 33 Ziffer 8.

[4]) Verhandlungen des Landwirtschaftsrates 1900/1901. Vorlage Nr. 6.

3. Das Veterinärwesen umfaßt diejenigen Verwaltungsvorschriften, die die Heilung von Tierkrankheiten zum Gegenstande haben. Die rechtliche Stellung der Tierärzte ist der der Ärzte beinahe gleich. Die Tierheilkunde ist freigegeben, jedoch bedürfen Personen, die sich als Tierärzte oder mit gleichbedeutenden Titeln bezeichnen oder seitens des Staates oder einer Gemeinde als solche anerkannt oder mit amtlichen Funktionen betraut werden sollen, einer Approbation, die auf Grund des Nachweises der Befähigung erteilt wird.[1]) Die näheren Vorschriften erläßt der Bundesrat.[2]) Die in Elsaß-Lothringen praktizierenden Ärzte, auch die Privatpraxis ausübenden Stabsveterinäre haben den Beginn und die Einstellung ihrer beruflichen Tätigkeit sowie die Verlegung ihres Wohnsitzes binnen vierzehn Tagen dem zuständigen Kreistierarzt anzuzeigen.[3]) Die an der Schweizer Grenze wohnhaften Tierärzte dürfen ihren Beruf in den Grenzgemeinden im gleichen Maße wie in der Heimat ausüben.[4]) Als Maßstab für die Bezahlung tierärztlicher Leistungen ist ein besonderes Regulativ aufgestellt.[5]) Zur Abgabe von Arzneimitteln mit Ausnahme der Gifte sind nur die approbierten Tierärzte befugt.[6]) Beamtete Tierärzte unterstützen die Verwaltungsbehörden bei Handhabung der Viehseuchenpolizei, vor allem haben sie alle Vieh- und Pferdemärkte, alle öffentlichen Schlachthäuser zu beaufsichtigen.[7]) An Stelle der beamteten können im Falle ihrer Behinderung oder aus sonstigen dringenden Gründen andere approbierte Tierärzte zugezogen werden.[8])

Die staatliche Veterinärverwaltung wird in oberster Instanz von dem Landestierarzt, der dem Ministerium beigegeben ist, geleitet. Ihm sind die Kreistierärzte und Kantonaltierärzte unterstellt. Jene dienen als technische Beamte der Kreisdirektoren; die Kantonaltierärzte haben die Tiere armer Leute unentgeltlich zu behandeln.[9]) Beide Gruppen gelten als beamtete Tierärzte.

[1]) Gewerbeordnung § 29.

[2]) Prüfungsordnung für Tierärzte vom 13. Juli 1889 (Zentralblatt f. d. Deutsche Reich S. 421), vom 26. Juli 1902 (a. a. O. S. 248).

[3]) Bezirkspolizeiverordnungen vom 2.—4. September 1903 (A.Bl. S. 155, 159).

[4]) Übereinkunft zwischen Deutschland und der Schweiz vom 29. Februar 1884 (R.G.Bl. S. 45).

[5]) Regulativ vom 25. März 1899 (A.Bl. S. 43).

[6]) Leoni-Mandel S. 243 Bem. 12 und das dort Angeführte.

[7]) Viehseuchengesetz § 17. Über die Deckung der Kosten Gesetz vom 27. März 1881 § 6.

[8]) Viehseuchengesetz § 2 Abs. 3.

[9]) Leoni-Mandel S. 244.

§ 116. Fischerei.*)

I. Das Fischereirecht[1])[2]) gibt seinem Träger die Befugnis, sich gewisse Arten herrenloser Tiere in einem bestimmten Gebiete (Fischwasser) ausschließlich aneignen zu dürfen.

Zu den Tieren, die gefischt werden können, gehören außer den Fischen im wissenschaftlichen Sinne die Krebse[3]) und alle nutzbaren Wassertiere, welche nicht Gegenstand des Jagdrechtes sind, wie beispielsweise die Frösche.[4]) Die nicht nutzbaren Wassertiere sind ebenso wie die dem Fischbestande schädlichen Tiere nicht Objekt des Fischereirechtes. Jene können von jedermann gefangen und zurückbehalten werden, die dem Fischbestande schädlichen Tiere dürfen außer von den Grundeigentümern, Besitzern, Pächtern

*) Gesetzgebung: Gesetz betreffend die Fischerei vom 2. Juli 1891 (G.Bl. S. 69). [Landesausschuß-Vhdlg. 18. Session 1891. Bd. I. Vorlage Nr. 8. Bd. II S. 72 f., 544 ff., 669 ff.]. Vertrag zwischen Deutschland, den Niederlanden und der Schweiz betreffend die Regelung der Lachsfischerei im Stromgebiete des Rheins vom 30. Juni 1885 (R.G.Bl. 1886 S. 192). Übereinkunft zwischen Elsaß-Lothringen, Baden und der Schweiz über die Anwendung gleichartiger Bestimmungen für die Fischerei im Rhein und seinen Zuflüssen einschließlich des Bodensees vom 18. Mai 1887 (abgedruckt bei v. Bibra-Lichtenberg S. 122 ff.).

Literatur: Das Gesetz für Elsaß-Lothringen betreffend die Fischerei vom 2. Juli 1891 erläutert von v. Bibra-Lichtenberg. Straßburg, Trübner 1893. Leoni-Mandel S. 253—255. Kisch, Landesprivatrecht S. 625—634. Nürck, Sachenrecht § 27.

[1]) Das landesrechtliche Fischereirecht ist durch das Bürgerliche Gesetzbuch unberührt geblieben vorbehaltlich der Vorschrift des § 958 Abs. 2. Einführungs-Gesetz B.G.B. Art. 69. — Über die historische Entwickelung des reichsländischen Fischereirechtes v. Bibra-Lichtenberg S. 1 ff.

[2]) Der örtliche Geltungsbereich des elsaß-lothringischen Fischereigesetzes ist auf die Wasserläufe beschränkt, die innerhalb der Hoheitsgrenze des Reichslandes liegen. Nach der Auslegung, die der zwischen Frankreich und Baden abgeschlossene Staatsvertrag vom 5. April 1840 (Bull. d. lois 1840 IX Série Nr. 8694) bezüglich der die Fischerei betreffenden Vorschriften gefunden hat (Zeitschrift Bd. 15 S. 23 ff.), sind in den im elsaß-lothringischen Staatsgebiete gelegenen Teilen badischer Gemeindegemarkungen die reichsländischen Polizeigesetze, dagegen bezüglich des materiellen Rechtes die badischen Gesetze anzuwenden. Daher bedarf der Fischer, der auf elsaß-lothringischem Staatsgebiet, aber innerhalb einer badischen Gemeindegemarkung fischt, einer Fischerkarte. Dieselben Grundsätze werden Preußen gegenüber bei der Fischerei in der Saar und Blies (Staatsvertrag vom 23. Oktober 1829. Bull. d. lois 1831. IX Série Nr. 451) beobachtet. von Bibra-Lichtenberg S. 13.

[3]) Über das Verbot des Krebsfanges zu bestimmten Zeiten und in bestimmten Wasserläufen V. v. 24. April 1907 (A.Bl. S. 85).

[4]) Welche Tiere hierher gehören, bestimmt das Ministerium. § 7 Fischereigesetz. V. v. 5. September 1899 (A.Bl. S. 106) Art. 1 und 2.

auch von den Fischereiberechtigten ohne Anwendung von Schußwaffen gefangen, erlegt und für sich behalten werden.[1])

Als herrenlos sind nur die Fische (im angegebenen Sinne) zu betrachten, welche sich in Wasserläufen aufhalten, die eine für den Wechsel der Fische geeignete Verbindung mit anderen natürlichen Gewässern haben. Fische, die sich in Privateigentum stehenden Gewässern, denen eine derartige Verbindung fehlt, befinden, sind nicht herrenlos (§ 960 Abs. 1 Satz 2 Bürgerliches Gesetzbuch), gehören vielmehr dem Eigentümer des Wassers. Für die nicht herrenlosen Fische bezw. für die geschlossenen Gewässer gelten sämtliche fischereipolizeilichen Bestimmungen nicht, nur dürfen Fische, welche nicht das vorgeschriebene Maß haben oder deren Fang zu einer bestimmten Zeit verboten ist, im letzten Falle innerhalb dieser Frist, nicht feilgehalten, verkauft, umhergetragen oder versendet werden, es sei denn, daß die Eigentümer die Fischteiche abfischen und die Abfischung zuvor dem Kreis- oder Polizeidirektor anzeigen.[2])

II. Die oberste Leitung und Aufsicht über sämtliche die Fischerei betreffenden Angelegenheiten wird von dem Ministerium, Abteilung für Landwirtschaft und öffentliche Arbeiten geführt.[3]) Als mittelbare Aufsichtsorgane fungieren die Wasser- oder Meliorationsbauinspektoren;[4]) mit der unmittelbaren Aufsicht sind eine ganze Reihe von Beamten betraut, u. a. sämtliche Polizeibeamte, die Bürgermeister, Beigeordneten, die Forst-Feldschutzbeamten, die Steuer-, Zoll-, Oktroibeamten, insbesondere aber die eidlich verpflichteten Fischereiaufseher, von denen später die Rede sein wird.[5])

Charakteristisch für das Fischereirecht ist die Zuständigkeit des Ministeriums zum Erlaß fast sämtlicher für die Ausübung des Fischfanges notwendigen Polizeiverordnungen.[6]) Nur Fragen von verhältnismäßig nebensächlicher Bedeutung, wie die Anbringung von Kennzeichen an den dem Fischfang dienenden Fischerfahrzeugen, sind im Wege bezirkspolizeilicher Verordnungen zu regeln.[7])

Der Förderung der Fischzucht dient die staatliche Landes-Fischzuchtsanstalt in Hüningen-Blotzheim.[8])

---

[1]) Fischereigesetz § 8.

[2]) Fischereigesetz § 33 Abs. 5 und 6. V. v. 29. April 1892 (A.Bl. S. 224) Art. 4.

[3]) V. v. 23. Juli 1879 (G.Bl. S. 81) § 5.

[4]) V. v. 5. September 1899 (A.Bl. S. 106) Art. 21.

[5]) V. v. 29. April 1892 Art. 5.

[6]) Fischereigesetz § 31.

[7]) Fischereigesetz § 36 und die Verordnungen im A.Bl. 1892 S. 113 ff.

[8]) Über die Sonderrechte der Anstalt Fischereigesetz § 34. Das Reglement für die Anstalt ist am 15. September 1900 erlassen.

III. Der **Träger des Fischereirechtes** ist entweder der Staat oder der Eigentümer der künstlichen Wasserrinne oder der Ufereigentümer.

a) Dem **Staate** steht die Fischerei zu in allen zum öffentlichen Gute gehörenden Gewässern,[1] d. h. in allen schiffbaren und flößbaren[2]) Wasserläufen nebst den mit ihnen in Verbindung stehenden, mit Fischernachen durchfahrbaren Altwassern, Gießen, Armen,[3]) Einbuchtungen und Gräben, zu deren Unterhaltung der Staat verpflichtet oder mitverpflichtet ist.[4]) Welche Wasserläufe und Teile von ihnen hierher gehören, bestimmt auf Grund eines Vorverfahrens eine kaiserliche vom Statthalter auszufertigende Verordnung.[5]) Werden Wasserläufe erst in Zukunft schiff- und flößbar oder als solche erklärt, so haben die Eigentümer, denen die Fischerei entzogen wird, Anspruch auf Entschädigung. Der Schadensersatzanspruch ist binnen drei Monaten nach behaupteter Schadenszufügung bei dem Bezirkspräsidenten schriftlich oder zu Protokoll anzumelden. Kommt eine gütliche Einigung nicht zustande, so befindet der Bezirkspräsident über Grund und Betrag der Entschädigung nach Anhörung des Vertreters der Wasserbauverwaltung, sowie von zwei vom Bürgermeister der Gemeinde, auf deren Gebiet die Grundstücke liegen, zu bezeichnenden Gemeinderäten und nachdem dem Beschädigten Gelegenheit zur Äußerung gegeben worden ist.[6]) Gegen den Beschluß ist der ordentliche Rechtsweg zugelassen. Die Klage ist binnen drei Monaten nach Behändigung des Beschlusses an dem Gericht der belegenen Sache zu erheben, nachdem zuvor eine Denkschrift eingereicht ist.[7])

[1]) Das staatliche Fischereirecht besteht an dem Flusse, nicht an dem Wasser, welches das Flußbett verlassen hat. Zeitschrift Bd. 27 S. 189.

[2]) Der Staat hat die Fischerei nur in Wasserläufen, die mit „zusammengebundenen" Flößen befahren werden können; in Wasserläufen, die zur Flößerei von Scheitholz dienen (flottage à bûches perdues) steht die Fischerei den Ufereigentümern zu.

[3]) Mühlkanäle sind der Regel nach als natürliche Arme, Bestandteile des Wasserlaufes, anzusehen. Entscheidungen des Reichsgerichts in Zivilsachen Bd. 12 S. 340; 30 S. 307.

[4]) Fischereigesetz § 1.

[5]) Fischereigesetz § 4 Abs. 1. Nach der noch in Kraft befindlichen Ordonnanz vom 10. Juli 1835 und der Verordnung v. 30. Oktober 1891 (G.Bl. S. 124) gehören hierher: die Ill von Colmar abwärts, der Rhein, die Mosel, die Saar, die rote Saar von Alberschweiler, die weiße Saar von 2900 Meter oberhalb Hermelingen abwärts, das Bannwasser und seine Verzweigungen. Aus dem Verzeichnis gestrichen ist die Moder von Stattmatten ab. V. v. 26. September 1877 (G.Bl. S. 64).

[6]) Fischereigesetz § 4 Abs. 2, § 5 Abs. 1 und 2.

[7]) A.G.Z.P.O. § 2. § 5 Abs. 3 u. 4 Fischereigesetz. Die Bestimmung

In den Wasserläufen, in denen das Fischereirecht dem Staate zusteht, kann jedermann mit der schwimmenden, in der Hand gehaltenen Angel fischen, vorausgesetzt, daß er gewisse Bedingungen erfüllt.[1])

b) In Kanälen und Gräben, welche auf Privateigentum angelegt sind und auf Kosten der Eigentümer unterhalten werden, steht die Fischerei dem Eigentümer zu.[2]) Vornehmlich kommen hier Wasserrinnen in Betracht, die dem Betriebe von Mühlen und sonstigen Triebwerken dienen.

c) In allen übrigen Wasserläufen sind die Ufereigentümer Inhaber des Fischereirechtes und zwar jeder Ufereigentümer auf seiner Seite bis zur Mitte des Wasserlaufes, vorbehaltlich der Befugnis, die Grenze der gegenseitigen Fischereigerechtsamen unter sich auf andere Weise zu bestimmen (Adjazentenfischerei).[3])

IV. Um der Fischerei eine möglichst rationelle Ausübung, die im allgemeinen staatswirtschaftlichem Interesse liegt, zu sichern, sind mannigfache Vorkehrungen getroffen. Von den diesbezüglichen fischereipolizeilichen Bestimmungen, die für alle Wasserläufe ohne Rücksicht darauf, wer Träger des Fischereirechtes ist, gelten, sind folgende besonders erwähnenswert:

1. Ist zwar der Träger des Fischereirechtes auch zu seiner Ausübung befugt, so ist doch die Art und Weise seiner Ausübung nicht seinem Ermessen überlassen.

Der Staat hat die ihm zustehende Fischerei zu verpachten. Die Verpachtung muß im Wege öffentlicher Versteigerung durch den zuständigen Wasser- oder Meliorationsbauinspektor erfolgen. Die Dauer der Verträge darf 12 Jahre nicht übersteigen; die Verträge unterliegen der ministeriellen Genehmigung. Kommt eine Verpachtung nicht zustande, so kann die Nutzung der Fischerei durch Ausstellung von Erlaubnisscheinen gegen Entgelt

---

in Abs. 4, nach der dem Bezirkspräsidenten die Vertretung des Landesfiskus zusteht, dürfte durch § 1 A.G. Z.P.O. in Verbindung mit § 1 V. v. 6. Februar 1900 als aufgehoben zu betrachten sein. Die Vertretung des Landesfiskus steht hiernach dem Ministerium zu.

[1]) Fischereigesetz § 1 Abs. 2. Abgesehen von dem Besitze einer Angelkarte darf die Angel mit keinem größeren Gewichte als 50 cg belastet sein; die freie Angelfischerei mit lebenden Fischen als Köder ist untersagt. V. v. 28. April 1892 (A.Bl. S. 221) Art. 18. Die Ausübung der freien Angelfischerei ist vom 15. April bis 15. Juni und zur Nachtzeit verboten. V. v. 5. September 1899 (A.Bl. S. 106) Art. 10. — Die Benützung eines Handnetzes ist verboten. Zeitschrift Bd. 24 S. 58.

[2]) Fischereigesetz § 2.

[3]) Fischereigesetz § 3. Ungerer in Zeitschrift Bd. 33 S. 317 ff.; anderer Ansicht von Amelunxen in Notariatszeitschrift für Elsaß-Lothringen 1907 S. 221 ff.

(Lizenzen) gestattet werden. Die Lizenzerteilung bedarf gleichfalls der ministeriellen Genehmigung.[1]) Alle Streitigkeiten, die durch oder im Anschluß an die Pachtverträge entstehen, gehören zu der Zuständigkeit der ordentlichen Gerichte.[2]) Bei Ausübung der Fischerei darf an den schiffbaren Wasserläufen nur der Leinpfad, an den flößbaren Wasserläufen nur der Flößpfad benützt werden. Zur Benutzung der Grundstücke, die zum Ziehen und Trocknen der Netze erforderlich sind, ist eine zuvorige Verständigung mit den Ufereigentümern notwendig.[3])

Sind Gemeinden oder öffentliche Anstalten Träger von Fischereirechten, so dürfen sie, sofern sie nicht einer Genossenschaft angeschlossen sind, die Fischerei nur durch besonders anzustellende Fischer, durch Erteilung von Erlaubnisscheinen gegen Entgelt (Lizenzen) oder durch Verpachtung ausnützen. Die Freigabe des Fischfanges ist verboten.[4]) Mithin darf kein Gemeindebürger nach Belieben in Fischwassern der Gemeinde fischen. Die Dauer der Pachtverträge soll in der Regel neun Jahre nicht übersteigen. Ausnahmen können nur von dem zuständigen Meliorationsbauinspektor zugelassen werden.[5]) Sofern kleine Gemeinden (im Sinne der Gemeindeordnung) in Betracht kommen, ist der Abschluß von Pachtverträgen im Wege freihändiger Vergebung ohne Rücksicht auf die Dauer der Verträge von der Genehmigung des Kreisdirektors abhängig.[6]) In allen Gemeinden unterliegen die Pachtbedingungen, wenn der Vertrag für eine längere Zeit als 18 Jahre eingegangen wird, der Genehmigung der Gemeindeaufsichtsbehörde.[7])

Um den großen wirtschaftlichen Schäden zu steuern, die die Adjazentenfischerei mit sich bringt, ist die Bildung von freiwilligen und Zwangsgenossenschaften, die beide juristische Persönlichkeit besitzen, „behufs gemeinschaftlicher Bewirtschaftung und Nutzung der Fischerei, geregelter Aufsichtsführung und gemeinschaftlicher Maßregeln zum Schutze des Fischbestandes" vorgesehen. Zu einer freien Genossenschaft können sich die Berechtigten

[1]) Fischereigesetz § 9. V. v. 2. Juli 1891 (A.Bl. 1892 S. 224) Art. 1. Ein Muster für Verpachtungsverhandlungen im A.Bl. 1892 S. 373. — Welche Personen nicht Pächter sein können, bestimmt § 10 Fischereigesetz.

[2]) Fischereigesetz § 11.

[3]) Fischereigesetz § 12. Für die Abmessung des Lein- und Flößpfades ist § 18 Gesetz v. 2. Juli 1891 maßgebend. Art. 2 V. v. 2. Juli 1891.

[4]) Fischereigesetz § 13 Abs. 1.

[5]) Fischereigesetz § 13 Abs. 2. V. v. 5. September 1899 (A.Bl. S. 106) Art. 21. — Muster für Pachtverhandlungen im A.Bl. 1892 S. 373.

[6]) Gemeindeordnung § 76 Ziffer 5.

[7]) Gemeindeordnung § 75 Abs. 2 Ziffer 2.

eines zusammenhängenden Fischereigebietes unabhängig von den Gemeindegrenzen zusammenschließen.[1]) Eine autorisierte Genossenschaft wird von dem Bezirkspräsidenten nach Durchführung eines besonders geregelten Vorverfahrens gebildet, wenn die Ufereigentümer von mindestens zwei Dritteilen der Länge der zum genossenschaftlichen Fischereigebiete gehörigen Wasserläufe, die beiderseitigen Uferlängen zusammengerechnet, zugestimmt haben.[2]) Schließlich kann auch der Gemeinderat die Bildung einer Genossenschaft für ein zusammenhängendes Fischereigebiet beschließen, sofern sie im Interesse der Erhaltung und Vermehrung des Fischbestandes liegt und einen überwiegenden wirtschaftlichen Nutzen darbietet. Der Bildung hat die Vernehmung eines unter der Leitung des Bürgermeisters von den Fischereiberechtigten der Gemeinde aus ihrer Mitte zu wählenden Ausschusses von 5 Mitgliedern voranzugehen. Die Genossenschaftssatzung setzt der Gemeinderat fest.[3]) Soll die Genossenschaft mehrere Gemeindebezirke umfassen, so müssen die sämtlichen beteiligten Gemeinderäte nach Vernehmung des für jede Gemeinde zu bildenden Ausschusses zustimmen.[4]) Die Genossenschaftssatzungen regeln die interne Ordnung der Genossenschaft (Wahl des Vorsitzenden, Vorstandes, der Generalversammlung, die Befugnisse der einzelnen Organe u. a. m.), insbesondere bestimmen sie die Verteilung der Einkünfte.[5]) Enthält das Genossenschaftsstatut keine diesbezügliche Bestimmung, so werden die Erträgnisse nach Uferlängen verteilt.[6]) Die Ausübung der Fischerei in genossenschaftlichen Fischereigebieten kann nur durch besonders angestellte Fischer, durch Verpachtung oder durch Erteilung von Erlaubnisscheinen gegen Entgelt erfolgen.[7]) Ebenso wie bei Gemeinden und öffentlichen Anstalten ist die Freigabe des Fischfanges untersagt. Die Ufereigentümer können das Betreten ihrer Grundstücke zum Zwecke des Fischens verbieten. Jedoch ist das Verbot erst wirksam, nachdem es nach zuvoriger Anmeldung bei der Ortspolizeibehörde den Fischereiberechtigten bekannt gemacht ist.[8]) In die Genossenschaften können nicht miteinbezogen werden:[9]) Wasserläufe, die — inner-

[1]) Fischereigesetz § 14 Abs. 1.

[2]) Fischereigesetz § 14 Abs. 2 und 3. V. v. 31. Juli 1892 (A.Bl. S. 343).

[3]) Fischereigesetz § 15 Abs. 1. V. v. 31. Juli 1892 Art. 12.

[4]) Fischereigesetz § 15 Abs. 2.

[5]) Ein Muster zu Genossenschaftssatzungen ist abgedruckt im A.Bl. 1892 S. 367.

[6]) Fischereigesetz § 17 Abs. 1.

[7]) Fischereigesetz § 17 Abs. 2. [8]) Fischereigesetz § 16 Abs. 3.

[9]) Die Anschließung eines verpachteten Fischwassers an ein genossenschaftliches Fischereigebiet hat das Erlöschen der Privatverträge kraft Gesetzes zur Folge. Fischereigesetz § 18 Abs. 1.

halb von Grundstücken — mit einer fortlaufenden Einfriedigung umgeben sind, ferner können nicht zum Beitritt gezwungen werden Fischereiberechtigte in Gräben und Kanälen, sowie diejenigen, die auf einer zusammenhängenden Strecke von mindestens 300 Meter in der ganzen Breite des Wasserlaufs fischereiberechtigt sind.[1])

2. Um einen wirksamen Fischereischutz zu erzielen, können sämtliche Fischereiberechtigten (Gemeinden, öffentliche Anstalten, Fischereigenossenschaften usw.) besondere Fischereiaufseher bestellen. Die Aufseher der Gemeinden und öffentlichen Anstalten ernennt der Bürgermeister; die Bestellung von Aufsehern für Genossenschaften und sonstige Fischereiberechtigte unterliegt seiner Genehmigung. Die Genehmigung ist zu erteilen, wenn gegen die Zuverlässigkeit des zu Bestellenden keine Anstände vorliegen. Vor der Ausübung des Amtes sind sämtliche Aufseher durch das Amtsgericht des Wohnsitzes zu vereidigen.[2])

3. Die Ausübung der Fischerei einschließlich der Angelfischerei ist nur gestattet, wenn sich der Fischer im Besitz einer auf seinen Namen lautenden Karte befindet.[3]) Die Karte ist ein Legitimationspapier, sie liefert den Nachweis, daß seitens der Polizei keine Bedenken gegen die Ausübung der Fischerei durch den Inhaber vorliegen; ihr Besitz befreit dagegen nicht von dem Nachweis der Berechtigung zur Ausübung der Fischerei auf der Strecke, auf der sie tatsächlich ausgeübt wird.[4]) Es gibt drei Arten von Karten: Angelkarten, Fischerkarten für die nicht schiff- oder -flößbaren Wasserläufe und Fischerkarten für die Wasserläufe, an denen dem Staate das Fischereirecht zusteht. Die ersten beiden Gruppen von Karten stellt der Bürgermeister, in Straßburg, Metz und Mülhausen der Polizeidirektor (Präsident) aus; die Fischerkarten der letzten Gruppe werden durch die Wasserbauinspektoren ausgefertigt.[5]) Die Ausstellung der Karte ist nicht dem Belieben der Behörde überlassen, sondern die Karte muß, abgesehen von den wenigen im Gesetz ausdrücklich bezeichneten Fällen, jedem erteilt werden.[6]) Die Karten sind für das Kalenderjahr gültig;

---

[1]) Fischereigesetz § 16 Abs. 1 u. 2.

[2]) Fischereigesetz § 19. Die Fischereiaufseher sind Beamte im Sinne des § 359 St.G.B. (E. d. Reichsgerichts in Strafsachen Bd. 6 S. 400; Bd. 7 S. 210) und Hilfsbeamte der Staatsanwaltschaft im Sinne des § 161 St.P.O.

[3]) Das Hilfspersonal, welches bei dem Fischen in Anwesenheit des Inhabers einer Fischerkarte beschäftigt wird, bedarf einer solchen nicht. Fischereigesetz § 22.

[4]) v. Bibra-Lichtenberg S. 39.

[5]) Fischereigesetz § 21 Abs. 1—3. V. v. 29. April 1892 (A.Bl. S. 224) Art. 7—15.

[6]) Fischereigesetz §§ 23, 24.

für die Angelkarten ist eine Gebühr von 20 Pfg., für die Fischerkarten eine solche von 1 Mark zu entrichten. Die Gebühr fließt in die Kasse derjenigen Gemeinde, in welcher der Antragsteller wohnt oder sich aufhält.[1]) Die Karte muß der Fischer mit sich führen und auf Verlangen den Aufsichtsbeamten vorzeigen.[2])

4. Verboten ist der Fischfang (einschließlich der Angelfischerei) unter Anwendung explodierender oder schädlicher Stoffe,[3]) mit gewissen Geräten und Werkzeugen,[4]) zu bestimmten Jahres- und Tageszeiten, wenn die Fische das vorgeschriebene Mindestmaß noch nicht erreicht haben.[5])

5. Um die Fischzucht zu fördern, ist verboten, Fischlaich und Fischbrut wegzunehmen, zu zerstören oder zu beschädigen.[6]) Das Ministerium bestimmt die Strecken der Wasserläufe, welche als Laich- und Hegeplätze zu dienen haben.[7]) Der Durchgang der Fische darf nicht verhindert werden, eventuell sind sogenannte „Fischleitern" anzulegen.[8]) Stoffe, welche den Fischen schaden, dürfen überhaupt nicht oder nur unter bestimmten Voraussetzungen in die Wasserläufe eingeleitet werden.[9])

§ 117. Jagd- und Vogelschutz.*)

Das reichsländische Jagdrecht ist im wesentlichen durch die Gesetze vom 7. Februar 1881 betreffend die Ausübung des Jagdrechtes

[1]) Ebenda § 21 Abs. 4.

[2]) Ebenda § 20.

[3]) Ebenda § 28; vgl. § 296 St.G.B. über das „unberechtigte" Fischen mit schädlichen oder explodierenden Stoffen.

[4]) § 31 Ziffer 2 ff. Fischereigesetz. V. v. 5. September 1899 (A.Bl. S. 106) Art. 11 ff.

[5]) Fischereigesetz § 31 Ziffer 1, § 32. V. v. 5. September 1899 Art. 3 ff. Die Ergänzung der Bestimmung bildet das Verkehrs- und Marktverbot (Fischereigesetz § 33) und die Vorschrift, daß Fische, wenn sie trotzdem gefangen werden, sofort wieder in das Wasser zu setzen sind. Ebenda § 32. Über das Abfischen von Fischteichen innerhalb der Schonzeit § 34 a. E. und Art. 4 V. v. 29. April 1892.

[6]) Fischereigesetz § 30.

[7]) Fischereigesetz §§ 37—39. V. v. 14. Dezember 1906 (A.Bl. S. 229).

[8]) Fischereigesetz § 26, 27.

[9]) Ebenda § 29. V. v. 12. Dezember 1897 (A.Bl. S. 72). Gegebenenfalls kann der Fischereiberechtigte Schadensersatzansprüche geltend machen. Zeitschrift Bd. 32 S. 126.

*) Gesetzgebung: Gesetz betr. die Ausübung des Jagdrechtes vom 7. Februar 1881. G.Bl. S. 5. (Landesausschuß-Verhandlungen 8. Session (1880/81) Vorlage Nr. 7. Bd. II S. 41 ff.; 212 ff.; 251 ff.). Gesetz betr. die Jagdpolizei vom 7. Mai 1883. G.Bl. S. 57. (Landesausschuß-Verhandlungen 10. Session (1883) Vorlage Nr. 4. Bd. II S. 201 ff.; 436 ff.; 484 ff.). Gesetz vom 17. Juni 1908.

(G.Bl. S. 5) und vom 7. Mai 1883 betreffend die Jagdpolizei (G.Bl. S. 57) geregelt.[1])[2]) Das Jagdgesetz beantwortet die Frage, wer berechtigt ist, zu jagen, während das Jagdpolizeigesetz die Bedingungen aufstellt, unter denen gejagt werden darf.

I. Das Jagdrecht ist ähnlich wie das Fischereirecht ein selbständiges absolutes Vermögensrecht, kraft dessen sein Träger bestimmte herrenlose Tiere in einem bestimmten Bezirk ausschließlich sich aneignen darf. Das Jagdrecht ist selbständig gegenüber dem Eigentum am Grund und Boden, auf dem es ausgeübt wird (jus domini). Der Eigentümer ist zwar de jure der Jagdberechtigte, de facto aber in den seltensten Fällen zur Ausübung der Jagd befugt. Das Jagdrecht ist absolut, weil es jedem Dritten gegenüber wirkt. Nur der Jagdberechtigte ist fähig, Eigentum an den herrenlosen Tieren erwerben zu können (§ 958 Abs. 2 Bürgerliches Gesetzbuch). Kein anderer darf nicht nur nicht, sondern kann auch nicht Eigentum erwerben und erst, wenn das Wild in die Hand eines Gutgläubigen käme (§ 932 Bürgerliches Gesetzbuch), würde der Mangel

---

G.Bl. S. 41. Gesetz zur Ausführung des Gesetzes betreffend den Schutz von Vögeln vom 22. März 1888, vom 2. Juli 1890. G.Bl. S. 47 (Landesausschuß-Verhandlungen 17. Session (1890) Vorlage Nr. 10. Bd. II S. 58 ff.; 434 ff.; 518. Das Gesetz vom 22. März 1888 ist nunmehr ersetzt durch das Reichsgesetz vom 30. Mai 1908 in der Fassung der Bekanntmachung vom 3. Juni 1908 (R.G.Bl. S. 317).

Literatur: Halley, Gesetze und Verordnungen über Jagd- und Vogelschutz, Straßburg 1890. Huber, Die Jagdgesetze Elsaß-Lothringens. 2. Auflage, Straßburg 1895. Bruck, Die Jagd- und Vogelschutz-Gesetzgebung in Elsaß-Lothringen. Straßburg 1907. — Leoni-Mandel S. 249—252. Kisch S. 597—625. Nürck, Sachenrecht § 27.

[1]) Über die historische Entwickelung der Jagdgesetzgebung vgl. Bruck S. 1 ff. — Von dem Bürgerlichen Gesetzbuch ist das Jagdrecht nicht berührt worden (Art. 69 Einführungsgesetz). Nur die Vorschriften über den Ersatz des Wildschadens und die Bestimmung des § 958 Abs. 2, nach der Eigentum nicht erworben wird, wenn durch die Besitzergreifung das Aneignungsrecht eines Anderen verletzt wird, sind reichsrechtlich festgelegt.

[2]) Der örtliche Geltungsbereich der Gesetze ist auf Elsaß-Lothringen beschränkt. Zweifel entstehen im Anschluß an Art. 5 des mit Baden abgeschlossenen Grenzvertrages vom 5. April 1840. Nach feststehender Rechtsprechung [Zeitschrift Bd. 15 S. 23 ff.; Bd. 16 S. 193 ff.] und Verwaltungspraxis (Min. Erl. v. 7. Januar 1882. Sammlung Bd. 7 S. 34) gelten in den Teilen elsaß-lothringischer Gemeindegemarkungen, die jenseits der Hoheitsgrenze also auf badischem Staatsgebiete liegen das elsaß-lothringische Jagdgesetz, aber die badischen jagdpolizeilichen Bestimmungen, während in den diesseits der Hoheitsgrenze also auf elsaß-lothringischem Staatsgebiete gelegenen Teilen badischer Gemeindegemarkungen die badische Gesetzgebung in materieller Beziehung, im übrigen aber das elsaß-lothringische Jagdgesetz gilt. Bruck S. 11 und S. 79.

im Erwerbe geheilt. Der Jagdberechtigte erlangt das Eigentum durch Aneignung der Tiere; bis zu diesem Augenblick sind sie herrenlos, auch wenn sie sich bereits auf seinem Grund und Boden befinden würden. Sie sind mithin dem Aneignungsrecht jedes Anderen entzogen, werden aber erst durch die Okkupation Eigentum des Berechtigten. Das Verhältnis zwischen Jagdrecht und Aneignung ist das des Vorrechtes zum Hauptrecht.

Träger des Jagdrechtes ist der Grundstückseigentümer;[1]) die Ausübung seines Rechtes ist ihm aber in den allermeisten Fällen entzogen. Der Regel nach übt die Gemeinde „namens und auf Rechnung der Grundeigentümer" das Jagdrecht aus. Somit ergeben sich zwei Gruppen von Jagdausübungsberechtigten.

Die erste Gruppe bilden die Eigenjagdberechtigten, das sind die Eigentümer von solchen Grundstücken, auf denen die selbständige Jagdausübung gestattet ist. Hierher gehören die Grundstücke der Reichsmilitär- und Reichseisenbahnverwaltung, die Staatsforsten und diejenigen Forsten, deren Eigentum dem Staate mit anderen Eigentümern ungeteilt zusteht,[2]) ferner die Grundstücke, welche mit einer fortlaufenden Einfriedigung umgeben sind, die jede Verbindung mit den benachbarten Grundstücken hindert (§ 1 Abs. 2 Jagdgesetz[3]); endlich zusammenhängende Flächen von mindestens fünfundzwanzig Hektaren, sowie Seen und Teiche in der Größe von mindestens fünf Hektaren, und Teiche, welche zum Entenfang eingerichtet sind, sofern sich der Eigentümer die selbständige Ausübung des Jagdrechtes vorbehält (§ 3 Jagdgesetz).[4]) Ob die Eigenjagdberechtigten die Jagd ausüben wollen, ob sie die Jagd ruhen lassen, durch wen sie die Jagd ausüben, ist ihrem freien Ermessen überlassen,[5]) jedoch haben

---

[1]) An schiff- und flößbaren Wasserläufen, an Schifffahrtskanälen ist der Staat, an nicht schiff- und flößbaren Wasserläufen sind die Ufereigentümer bis zu der Mitte des Wasserlaufs jagdberechtigt. An dem öffentlichen Eigentum ist der Eigentümer (Staat, Bezirk, Gemeinde) Träger des Jagdrechtes.

[2]) Die Jagd in den Staatswaldungen wird entweder in Regie ausgeübt (administrierte Jagden) oder öffentlich verpachtet. Für die Verpachtung ist ein Lastenheft (abgedruckt bei Bruck S. 70ff.) maßgebend.

[3]) Was unter einer fortlaufenden Einfriedigung, die jede Verbindung mit den benachbarten Grundstücken hindert, zu verstehen ist, siehe bei Bruck S. 15ff. Der Regel nach sind die Tiere auf solchen Grundstücken herrenlos, ebenda S. 16f.

[4]) Die Erklärung muß schriftlich binnen zehn Tagen, nachdem über den Verbleib des Jagdpachterlös Beschluß gefaßt ist, an den Bürgermeister der Gemeinde, in deren Banne die vorzubehaltende Jagd liegt, oder wenn die Jagd in mehreren Gemeinden liegt, an jeden Bürgermeister gerichtet werden. § 6 Abs. 2 Jagdgesetz.

[5]) Die Gemeinden müssen auch diese Jagden verpachten. Min. Erl. vom 12. Juli 1888 (A.Bl. Beilage zu Nr. 32) Ziffer III.

sie bei Ausübung der Jagd alle jagdpolizeilichen Vorschriften zu beobachten: sie müssen einen Jagdschein lösen, dürfen während der Schonzeit nicht jagen, sie dürfen keine anderen Jagdmittel und Jagdgeräte als die von dem Ministerium zugelassenen benützen usw. Nur auf denjenigen Grundstücken, die mit einer fortlaufenden, jede Verbindung mit den benachbarten Grundstücken hindernden Einfriedigung umgeben sind und die an eine Wohnung [1]) anstoßen, darf ohne Jagdschein gejagt werden (§ 9 Abs. 3 Ziffer 1 Jagdpolizeigesetz).

Den Eigenjagdberechtigten [2]) steht das Jagdvorpachtsrecht zu, das heißt sie haben die Befugnis auf entgeltliche Jagdausübung auf den von ihrem Grundbesitz umschlossenen Grundstücken geringeren Flächengehalts (§ 7 Jagdgesetz). Machen sie von ihrem Recht Gebrauch, [3]) so müssen sie spätestens am achten Tage nach dem endgültigen Zuschlage der Jagd auf dem Gemeindebann schriftlich dem Bürgermeister erklären, daß sie das Jagdvorpachtsrecht ausüben wollen. [4]) Sie haben eine dem Jagdpachtpreis des betreffenden Gemeindebannes verhältnismäßig entsprechende und darauf zu verrechnende Entschädigung für die Dauer der Pachtzeit zu zahlen.

Abgesehen von diesen besonderen Jagdgebieten wird die Jagd „namens und auf Rechnung der Grundeigentümer" durch die Gemeinde ausgeübt. Jeder Gemeindebann ist ein Jagdbezirk; er kann aus finanziellen Gründen in mehrere Jagdbezirke, deren jeder mindestens zweihundert Hektar umfassen muß, zerlegt werden. Die Gemeinde muß [5]) die Jagd verpachten. Bei der Verpachtung sind die Vorschriften über die Verpachtung der Gemeindegrundstücke zu beobachten (§ 2 Jagdgesetz). Hiernach beschließt der Gemeinderat in allen Gemeinden des Landes über die Bedingungen der Pachtverträge (§ 56 Ziffer 4 Gemeindeordnung); der Gemeinderatsbeschluß

---

[1]) Details siehe bei Bruck S. 111 Bem. 21.

[2]) Nach der Fassung des Gesetzes kann es zweifelhaft sein, ob das Jagdvorpachtsrecht nur den Grundeigentümern im Sinne des § 3, oder ob es auch den Grundeigentümern im Sinne des § 1 Abs. 2 zusteht. Nach feststehender, richtigen Rechtsprechung des Oberlandesgerichts (Zeitschrift Bd. 25 S. 329; Bd. 27 S. 569) ist die Frage zu bejahen. Die Landesverwaltung (Staatsforsten) kann mithin das Jagdvorpachtsrecht geltend machen. Bruck S. 44; S. 12.

[3]) Die Jagd darf nur nach Maßgabe der gesetzlichen und allgemeinen Jagdbedingungen der Gemeinde erfolgen.

[4]) Streitigkeiten über das Vorhandensein eines Jagdvorpachtsrechtes, seine Auslegung und seine Folgen entscheiden die ordentlichen Gerichte. Zeitschrift Bd. 25 S. 423.

[5]) Die Gemeinde darf die Jagd nicht ruhen oder sie durch Gemeindebürger ausüben lassen.

bedarf der Genehmigung der Aufsichtsbehörde, also in kleinen Gemeinden der des Kreisdirektors, in großen der des Bezirkspräsidenten (§ 75 Abs. 2 Ziffer 2 a. a. O.). Für die Pachtbedingungen ist ein im Ministerium aufgestelltes Lastenheft[1]) maßgebend, von dessen wesentlichen Bestimmungen die Gemeinderäte nicht abweichen sollen. Die Verpachtung ist im Wege öffentlicher Versteigerung,[2]) also in Gegenwart des Bürgermeisters und von zwei Gemeinderatsmitgliedern, vorzunehmen;[3]) sie erfolgt stets auf die Dauer von neun Jahren (§ 2 Jagdgesetz).

Wenn auch der von den Gemeindevertretern abgeschlossene, von der Staatsbehörde genehmigte **Pachtvertrag** äußerlich betrachtet einen Verwaltungsakt darstellt, so handelt es sich doch tatsächlich um das Jagdrecht der Grundstückseigentümer. Damit behält er seinen privatrechtlichen Charakter. Die Rechte und Pflichten, die aus ihm entstehen, bemessen sich nach den Vorschriften in den §§ 581 ff. Bürgerliches Gesetzbuch, insoweit nicht besondere Abmachungen getroffen sind.[4])[5]) Die Entscheidung sämtlicher Streitigkeiten gehört zur Zuständigkeit der ordentlichen Gerichte.

Der **Jagdpachterlös** ist eine Gemeindeeinnahme, auf die die diesbezüglichen Vorschriften des Gemeinderechnungswesens Anwendung finden. Gegebenenfalls kann er wie die öffentlichen Gefälle beigetrieben werden. Der Jagdpachterlös **verbleibt der Gemeindekasse**, wenn es von mindestens zwei Dritteln der Beteiligten,[6]) die zugleich mehr als zwei Drittel der den Bestimmungen dieses Gesetzes unterliegenden Grundfläche des

---

[1]) Das zur Zeit geltende Lastenheft ist abgedruckt im A.Bl. 1906 S. 93 ff.

[2]) Über die Vornahme der Versteigerung, den Zuschlag usw. sind eingehende Vorschriften in dem Lastenheft enthalten. Freihändige Vergebung kleinerer Flächen, die im Laufe der Pachtperiode anfallen, ist gestattet. Leoni-Mandel S. 250 Anm. 6.

[3]) Gemeindeordnung § 21. Über Einwendungen gegen die dem Zuschlag vorausgehenden Verhandlungen oder gegen den Zuschlag entscheidet die Versteigerungskommission; gegen ihre Entscheidung ist Beschwerde an den Gemeinderat zulässig.

[4]) Der Jagdpächter ist unmittelbarer Besitzer (§ 868 Bürgerliches Gesetzbuch). Über die Abtretung seiner Rechte, Annahme von Mitpächtern, Anstellung von Jagdhütern, Zulassung von Jagdgästen vgl. Bruck S. 25 ff. — Der Jagdpächter hat Anspruch auf Ersatz des Schadens, der durch Truppenübungen (§ 14 Abs. 1 Reichsgesetz vom $\left(\frac{\text{23. Februar 1875}}{\text{24. Mai 1898}}\right)$ entsteht.

[5]) Die Gemeinde haftet bei einer Beeinträchtigung der Jagd durch Eingriffe, für welche sie selbst einzustehen hat. Zeitschrift Bd. 15 S. 190; Bd. 28 S. 16.

[6]) Beteiligt sind alle Grundstückseigentümer mit Ausnahme der in § 1 Abs. 2 im Jagdgesetz erwähnten und gewisser Gemeinden (§ 5).

Gemeindebannes besitzen,[1]) beschlossen wird (§ 4 Abs. 3 Jagdgesetz).[2]) Die Eigenjagdberechtigten haben in diesem Falle nach dem Verhältnis der Katasterfläche der vorbehaltenen Grundstücke und Gewässer einen entsprechenden Beitrag[3]) zu dem von dem verpachteten Teil des Gemeindebannes erzielten Erlöse in die Gemeindekasse zu zahlen. Von der Beitragspflicht sind die Gemeinden, die auf fremdem Gemeindebann selbständig die Jagd ausüben, befreit; sie wirken auch nicht bei der Beschlußfassung über den Verbleib des Erlöses mit (§ 5 Jagdgesetz).[4]) Der Jagdpachterlös kann aber auch an die einzelnen Grundeigentümer nach dem Verhältnis der Katasterfläche der zu dem verpachteten Jagdbezirk gehörigen Grundstücke und Gewässer verteilt werden (§ 4 Abs. 2 Jagdgesetz). Die Verteilung darf erst stattfinden, nachdem der Beitrag der Gemeinde an die Wildschadensgenossenschaft zur Ausgleichung von Schwarzwildschäden feststeht (§ 33 Abs. 3 Ausführungsgesetz zum Bürgerlichen Gesetzbuch). Beträge, die innerhalb von zwei Jahren, nachdem bekannt ist, wieviel jeder Grundeigentümer zu beziehen hat,[5]) nicht abgehoben sind, verfallen der Gemeindekasse.

Das Jagdrecht genießt zivilrechtlichen und strafrechtlichen Schutz. Der zivilrechtliche Schutz wird in erster Linie dadurch gewährt, daß nur der Jagdberechtigte Eigentum am Wild erwerben kann (§ 958 Abs. 2 Bürgerliches Gesetzbuch). Ist der Grundstückseigentümer zugleich zur Ausübung der Jagd berechtigt, so kann er die Ansprüche aus dem Eigentum geltend machen (§§ 985 a. a. O.); ist der Jagdausübungsberechtigte Pächter, so stehen ihm als unmittelbarem Besitzer die Ansprüche aus dem Besitz zur Verfügung (§§ 858 a. a. O.). Strafrechtlicher Schutz ist dem Jagdrecht durch das Strafgesetzbuch zugesichert (§§ 292—295; 361 Ziffer 9, 368 Ziffer 10).

II. Die Ausübung der Jagd ist nur nach den Vorschriften des Jagdpolizeigesetzes zulässig (§ 1 Jagdpolizeigesetz). Als Ausübung der Jagd sind alle Maßnahmen anzusehen, die auf die Aneignung jagdbarer

---

[1]) Die Grundstücke, die Abs. 2 § 1 aufführt, bleiben außer Ansatz. Besitzt eine Gemeinde auf eigenem Bann ein Gebiet, auf dem sie selbständig jagen darf, so gehört sie zu den Beteiligten, das Gebiet ist mitzuzählen. Min. Erl. v. 25. Juli 1906 (Bruck S. 37).

[2]) Der Beitrag ist rechtlich kein Jagdpachterlös. Entscheidung des Kaiserl. Rates Nr. 421.

[3]) Trotzdem wird nach Verwaltungspraxis das Gebiet mit berücksichtigt. Bruck S. 37.

[4]) Die Beschlußfassung hat in einem besonderen Termin zu erfolgen. § 6 Jagdgesetz. Min. Erl. v. 12. Juli 1888 (A.Bl. Beilage zu Nr. 32).

[5]) Anweisung über das Gemeinderechnungswesen § 43.

Tiere abzielen. Nicht als Ausübung der Jagd gilt es, wenn Eigentümer, Besitzer oder Pächter schädliches Wild auf ihren Ländereien vertilgen. Welches Wild als schädlich anzusehen ist und mit welchen Mitteln und unter welchen Bedingungen dasselbe vertilgt werden darf, ist in der Ministerialverordnung vom 16. Juli 1890 (G. Bl. S. 49) bestimmt.[1])

Die Jagd kann nur an jagdbaren Tieren, die sich im Zustande natürlicher Freiheit befinden, ausgeübt werden.[2]) Die Tiere, die hierzu zu rechnen sind, sind nicht ausdrücklich bestimmt; landesgesetzliche Vorschriften sind maßgebend. Abgesehen von den Fischen sind nicht jagdbar die Tiere „die nicht jagdmäßig und nicht zum Zwecke einer Verwertung erlegt zu werden pflegen, wie Mäuse, Fledermäuse, Ratten, Hamster, Insekten, Würmer". Ihre Erlegung richtet sich mithin nicht nach den Vorschriften des Jagdpolizeigesetzes. Seit Erlaß des Vogelschutzgesetzes vom 22. März 1888 (3. Juni 1908) und des elsaß-lothringischen Ausführungsgesetzes vom 2. Juli 1890 (G. Bl. S. 47) sind ferner die meisten Vogelarten nicht mehr jagdbar, sondern genießen den Schutz des erstgedachten Gesetzes. Jagdbar sind nur noch:

a) Auergeflügel, Birk- und Haselwild, Rebhühner, Wachteln, Fasanen,[3]) Schnepfen, Trappen, Brachvögel, Wachtelkönige, Kraniche, wilde Schwäne, wilde Gänse und wilde Enten, sowie alles andere Sumpf- und Wassergeflügel mit Ausnahme der Störche und Eisvögel (§ 1 Gesetz vom 2. Juli 1890).

b) die als schädliches Wild erklärten Tiere (§ 2 der Verordnung vom 16. Juli 1890).

c) die Vogelarten, welche das Ministerium gemäß § 2 Abs. 1 Ziffer 1 des Gesetzes vom 2. Juli 1890 von der Anwendbarkeit des Vogelschutzgesetzes ausschließt.[4])

Während der allgemeinen Schonzeit, die vom 2. Februar bis 22. August einschließlich beider Tage[5]) dauert, ist die Jagd untersagt

[1]) Die schädlichen Tiere werden durch die Vertilgung des Eigentümers usw. dessen Eigentum kraft Aneignung. Der Jagdberechtigte hat weder einen Anspruch auf Herausgabe noch auf Wertsersatz. — Die Anwendung von Schußwaffen zum Zwecke der Vertilgung muß und kann unter denselben Voraussetzungen wie die Erteilung eines Jagdscheines von dem Kreis-Polizeidirektor versagt werden (§ 2 der V. v. 16. Juli 1890). — Als schädliches Wild gelten unter Umständen die Tauben (Art. 24 des Feldpolizeigesetzes). Über die Vertilgung der dem Fischbestande schädlichen Tiere § 8 des Fischereigesetzes.

[2]) Auch das sogenannte „Fallwild" ist jagdbar. Zweifelhaft ist es, ob die abgeworfenen Wildstangen dem Aneignungsrecht des Jagdberechtigten unterliegen.

[3]) Die Krammetsvögel sind seit dem Gesetz vom 3. Juni 1908 nicht mehr jagdbar.

[4]) Details siehe bei Bruck S. 195 ff.

[5]) Gesetz vom 11. Juli 1884 (G.Bl. S. 103).

(§ 3 Jagdpolizeigesetz). Daneben bestehen für verschiedene Tierarten besondere Schonzeiten.[1][2]) Keine Schonzeit haben das schädliche Wild, männliches Rot- und Damwild, Auerhähne, wilde Gänse. Vom vierzehnten Tage nach Eintritt der Schonzeit ist das Wild, welches zu schonen ist, verkehrsunfähig: es darf nicht feilgeboten, verkauft, gekauft, transportiert oder zum Verkauf umhergetragen werden (§ 4 Jagdpolizeigesetz).[3] Ausnahmen von diesem Verbot kann der Kreisdirektor unter bestimmten Voraussetzungen zulassen.[4]

Die Ausübung der Jagd[5] ist nur nach Lösung eines Jagdscheines gestattet. Der Jagdschein[6] hat Gültigkeit vom 2. Februar bis zum 1. Februar des folgenden Jahres für das ganze Land. Für Jagdgäste kann auf Antrag des Jagdberechtigten ein Zusatzjagdschein auf die Dauer von acht Tagen ausgestellt werden; die Zusatzjagdscheine sind nur für den Bezirk des Jagdberechtigten gültig. Die Jagdscheine können bei dem Bürgermeister jeder Gemeinde nachgesucht werden. Die Ausstellung erfolgt durch den Kreisdirektor bezw. den Polizeidirektor. Für Ausstellung eines Jagdscheines ist eine Gebühr von 24 Mark, für die eines Zusatzjagdscheines eine Gebühr von 6 Mark zu entrichten.[7] Von der Gebühr werden zwei Fünftel der Gemeindekasse derjenigen Gemeinde überwiesen, in welcher der Schein nachgesucht wird; der Rest fließt in die Landeskasse (§ 9 Jagdpolizeigesetz). Der Jäger hat den Jagdschein bei Ausübung der Jagd bei sich zu führen. Der Jagdschein darf nicht

---

[1]) Über die besonderen Schonzeiten Bruck S. 92.

[2]) Eine Verlängerung der allgemeinen und besonderen Schonzeiten ist zulässig, jedoch nicht ihre Verkürzung. Das Ministerium ist ermächtigt, bei außerordentlichen Verhältnissen die Feldjagd in einzelnen Landstrichen für einen Zeitraum von längstens 14 Tagen über den Schluß der Schonzeit hinaus zu untersagen. § 3 Abs. 4 Jagdpolizeigesetz.

[3]) Auf den Vertrieb einzelner Arten von Wild aus Kühlräumen, wenn er unter Kontrolle nach Maßgabe der vom Ministerium zu erlassenden Bestimmungen erfolgt, findet das Verkehrsverbot keine Anwendung. Die Kosten der Kontrolle hat der Inhaber der Kühlräume zu tragen; sie können in Form einer Gebühr nach Tarifen erhoben werden. Gesetz vom 17. Juni 1908 (G.Bl. S. 41) und Ausführungsbestimmungen vom 10. Juli 1908 (A.Bl. S. 229).

[4]) Über die Beschlagnahme von Wild ist die Verf. des Oberstaatsanwalts vom 16. April 1887 (A.Bl. S. 86) zu vergleichen.

[5]) Der Treiber übt die Jagd nicht aus. Bruck S. 108.

[6]) Min. Verordnung betr. die Ausstellung von Jagdscheinen, die Aufbewahrung der Formulare und die Annahme und Verrechnung der Gebühren für die Jagdscheine vom 22. Januar 1889 (A.Bl. S. 22); Min. Verordnung betr. die wiederholte Ausfertigung von Jagdscheinen vom 21. Dezember 1889 (A.Bl. 1890 S. 1).

[7]) Gesetz vom 9. Juli 1888 (G.Bl. S. 89) § 1.

erteilt werden Minderjährigen[1]) unter 16 Jahren und solchen Personen, von denen eine unvorsichtige Führung des Schießgewehrs oder eine Gefährdung der öffentlichen Sicherheit zu besorgen ist; Personen, welche sich nicht im Besitz der Ehrenrechte befinden oder welche unter Polizeiaufsicht stehen (§ 10 Jagdpolizeigesetz). Die Erteilung des Jagdscheines kann verweigert werden Personen, die nicht Angehörige des Deutschen Reiches sind, Personen, welche die Mittel zu ihrem Unterhalt nicht nachzuweisen vermögen, Personen, die wegen bestimmter strafbarer Handlungen verurteilt sind (§ 11 Jagdpolizeigesetz). Wenn einer der Umstände, welche die Erteilung des Jagdscheines ausschließen, erst nach der Erteilung des Jagdscheines zur Kenntnis der Behörde kommt oder eintritt, so ist der erteilte Jagdschein für ungültig zu erklären und einzuziehen (§ 10 Jagdpolizeigesetz). Eines Jagdscheines bedürfen nicht Personen, welche die Jagd auf Grundstücken, die völlig eingefriedigt sind und an eine Wohnung anstoßen, ausüben und Forstschutzbeamte[2]), welche in Ausübung des Dienstes nach Weisung ihrer Vorgesetzten auf administrierten Jagden innerhalb ihres Oberförstereibezirks oder auf Polizeijagden Wild abschießen (§ 9 Jagdpolizeigesetz).

Reicht die den Eigentümern, Pächtern und Besitzern verliehene Befugnis, *schädliches Wild* auf ihren Ländereien vertilgen zu dürfen, nicht aus, so können polizeiliche Maßnahmen ergriffen werden. Die Kreisdirektoren haben auf Antrag der beschädigten Grundbesitzer und nach vorheriger Prüfung des Bedürfnisses den Jagdberechtigten die Abminderung des Wildes aufzugeben. Kommen sie der Aufforderung nicht oder nicht genügend nach, so haben die Bezirkspräsidenten den Grundbesitzern zu gestatten, das Wild beim Betreten ihrer Grundstücke mit den für die Ausübung der Jagd zulässigen Mitteln zu vertilgen oder sie haben *Polizeijagden* anzuordnen (§ 5 Jagdpolizeigesetz). Auf Hasen und Rehe sind Polizeijagden nicht zulässig. Die Kosten der Polizeijagd trägt der Jagdberechtigte, dem das erlegte Wild oder dessen Erlös überwiesen wird. Unabhängig von diesen durch das Jagdpolizeigesetz zugelassenen Maßnahmen ist durch die Pachtbedingungen den Pächtern die Verpflichtung auferlegt, auf tunlichste Minderung des schädlichen Wildes, insbesondere des Schwarzwildes, hinzuwirken. Kommt der Pächter dieser Verpflichtung nicht

---

[1]) Für Minderjährige zwischen dem vollendeten 16. Lebensjahre und dem Eintritt der Volljährigkeit ist der Antrag auf Erteilung des Jagdscheines von dem gesetzlichen Vertreter oder Pfleger zu stellen. § 10 Abs. 2 Jagdpolizeigesetz.

[2]) Zu den Forstschutzbeamten gehören die Reservejäger und Gemeindeförster. *Bruck* S. 112.

nach, so kann der Bürgermeister mit Zustimmung des Kreisdirektors die zuständigen Forstschutzbeamten anweisen, Schwarzwild auf ihren Reviergängen, auf der Pürsch und auf dem Anstande abzuschießen (§ 5 Jagdpolizeigesetz).

Die Ausübung der Jagd ist beschränkt durch das Verbot des Gebrauchs von Schlingen,[1]) von Feuergewehren in der Nähe von Festungen und Pulvermagazinen, der Ausübung der Feldjagd bei Nachtzeit (§ 7 Jagdpolizeigesetz, § 11 Jagdgesetz). Außerdem kann das Ministerium andere nicht zur regelmäßigen Ausübung der Jagd dienende Jagdmittel und Jagdgeräte verbieten (§ 7 Jagdpolizeigesetz).[2])

III. Unter Wildschaden versteht man den Schaden, den gewisse Tiere (Schadenswild) an Grundstücken und ihren getrennten, aber noch nicht eingeernteten Erzeugnissen anrichten. Er steht im Gegensatz zu dem „Jagdschaden", d. h. dem Schaden, der bei Ausübung der Jagd durch Jäger, Treiber, Hunde angerichtet wird; für seinen Ersatz gelten die allgemeinen Bestimmungen des Bürgerlichen Gesetzbuchs §§ 823 ff.

Bis zum Inkrafttreten des Bürgerlichen Gesetzbuchs gab es in Elsaß-Lothringen keine besonderen Bestimmungen über den Ersatz von Wildschaden. Ein Ersatzanspruch konnte nur auf die Art. 1382 ff. des Code civil gestützt werden, deren Unzulänglichkeit gerade bei Geltendmachung von Wildschäden deutlich hervortrat. Abhülfe wurde von der Landesregierung dadurch erstrebt, daß in die Jagdpachtverträge Vorschriften aufgenommen wurden, welche die Haftpflicht regelten. Ferner ermöglichte das Gesetz vom 9. Juli 1888 (G.Bl. S. 89) dem Ministerium an Landwirte, welche Schaden erlitten haben, Beihilfen zu gewähren. Beide Maßnahmen haben nicht immer den gewünschten Erfolg gehabt. Erst das Bürgerliche Gesetzbuch (§ 835; Art. 70—72 Einführungsgesetz) und das reichsländische Ausführungsgesetz (§§ 16—36) haben die Grundlagen geschaffen, auf denen nunmehr der Wildschaden in gerechter Weise ausgeglichen werden kann.

Schadenswild sind außer dem Schwarz-, Elch-, Rot-, Dam-, Rehwild und den Fasanen die Hasen und Kaninchen. Zum Ersatz des Schadens wären nach § 835 Abs. 2 Bürgerliches Gesetzbuch die Gemeinden verpflichtet. Da ihnen jedoch jede Einwirkung auf den Wildstand entzogen ist, so ist es nur billig, daß die Ersatzpflicht mit Aus-

[1]) Jagdpolizeigesetz § 8 enthält ein Verkehrsverbot für in Schlingen gefangenes Wild.

[2]) V. vom 23. Februar 1905 (A.Bl. S. 95) (Laufhunde); vom 4. Februar 1899 (A.Bl. S. 17) (Gift).

nahme für den durch Schwarzwild angerichteten Schaden auf den Jagdpächter abgewälzt ist. Nur wenn er und der Bürge zahlungsunfähig sind, hat die Gemeinde vorbehaltlich ihres Regreßanspruchs Ersatz zu leisten.

Die Ermittelung des Schadens erfolgt in einem besonderen Verfahren. Für jede Gemeinde wird auf die Dauer einer Jagdpachtperiode von dem Bürgermeister mit Genehmigung der Gemeindeaufsichtsbehörde ein Schätzer ernannt,[1]) der die Feststellung des Schadens vorzunehmen hat. Wer Ersatz verlangt, hat seinen Anspruch bei dem Bürgermeister anzumelden, der unverzüglich zur Ermittelung und Schätzung des behaupteten Schadens und zur Herbeiführung einer gütlichen Einigung einen Termin an Ort und Stelle anzuberaumen hat. Der Verletzte und der Jagdpächter können jedoch verlangen, daß die Schätzung des Schadens erst in einem späteren kurz vor der Ernte abzuhaltenden Termin erfolge. Über die Verhandlungen ist ein Protokoll aufzunehmen, in dem gegebenenfalls der Geldbetrag zu bestimmen ist, den der Ersatzpflichtige zu entrichten hat. Das Protokoll ist innerhalb einer Woche nach dem Termin auf dem Bürgermeisteramt zu hinterlegen. Es hat weittragende Bedeutung: es stellt den Bestand und die Höhe des Schadens definitiv fest, sofern nicht innerhalb einer Woche nach Ablauf der Hinterlegungsfrist von einem der Beteiligten Widerspruch bei dem Bürgermeister eingelegt und binnen einer weiteren Frist von zwei Wochen nach Einlegung des Widerspruchs Klage erhoben wird. Erst nach Durchführung dieses Verfahrens kann der ordentliche Rechtsweg beschritten werden.

Für den Ersatz von Schwarzwildschaden gelten andere Grundsätze. Da das Schwarzwild häufig seinen Standpunkt wechselt, so wäre es unbillig, wenn der Jagdpächter oder die Gemeinde, in deren Bann der Schaden angerichtet wurde, zum Ersatz verpflichtet wären. Gerechter läßt sich der Schaden nur dadurch ausgleichen, daß er auf alle Gemeinden des Landes umgelegt wird. Infolgedessen bildet das Gesetz aus allen

---

[1]) Nur wenn Einverständnis über die Persönlichkeit des Schätzers zwischen dem Gemeinderat und den Jagdpächtern besteht, ernennt der Bürgermeister den Schätzer, andernfalls die Gemeindeaufsichtsbehörde. Der Schätzer ist aus den Einwohnern einer benachbarten Gemeinde zu nehmen. Min. V. vom 10. November 1899 (A.Bl. S. 139). Seine Gebühren bestimmt § 24 Ausf. Gesetz B.G.B. — In den rechtsrheinischen Gemarkungsteilen elsaß-lothringischer Gemeinden erfolgt die Abschätzung durch den für die betreffende elsaß-lothringische Gemeinde bestellten Schätzer; in den linksrheinischen Gemarkungsteilen badischer Gemeinden bleibt das badische Recht in Kraft. Min. Erl. vom 20. Januar 1900.

Gemeinden des Landes[1]) eine Wildschadensgenossenschaft. Die Wildschadensgenossenschaft ist eine juristische Person des öffentlichen Rechtes und zwar eine gemeinnützige Anstalt (établissement d'utilité publique). Sie hat ihren Sitz in Straßburg. Ihr Vorstand besteht aus neun von den Bezirkstagen auf die Dauer von fünf Jahren zu wählenden Mitgliedern. Jeder Bezirkstag wählt drei Mitglieder. Den Vorsitzenden des Vorstandes ernennt das Ministerium aus dessen Mitte. Die Kassengeschäfte der Genossenschaft werden von einem Rechnungsführer wahrgenommen, den der Vorstand ernennt.[2]) Die Satzungen der Wildschadensgenossenschaft unterliegen der ministeriellen Genehmigung.[3]) Die Gemeinden haben die von ihnen für Schwarzwildschaden gemachten Aufwendungen spätestens sechs Wochen nach Beginn des neuen Pachtjahres bei dem Vorstand der Genossenschaft anzumelden; den Anmeldungen sind die von dem Bürgermeister bescheinigten Belege über die von der Gemeinde geleisteten Zahlungen beizufügen. Über die Anmeldung erteilt der Vorstand eine Bescheinigung. Ein Fünftel der Aufwendungen bleibt zu Lasten der einzelnen Gemeinde; die verbleibenden vier Fünftel werden von der Genossenschaft vergütet. Sie erhält die hierzu und zur Bestreitung der Verwaltungskosten nötigen Kapitalien durch einen Beitrag der Gemeinden, dessen Höhe nach dem von jeder Gemeinde für die Verpachtung der Jagd bezogenen Zinse zu bemessen und in der Form eines einheitlichen Prozentsatzes des Pachtzinses festzusetzen ist. Zur Deckung des den Gemeinden zur Last bleibenden Fünftels dient ein Zuschlag von zehn Prozent zu dem Pachtzins, den der Jagdpächter an die Gemeinde zu zahlen hat und die Beihilfe, welche das Ministerium aus dem Ertrag der für die Ausstellung der Jagdscheine erhobenen Zuschlagsgebühren den Gemeinden, die mehr als zwanzig Prozent des Jagdpachterlöses aufgewendet haben, gewähren kann. Streitigkeiten über die Verpflichtung zur Erstattung eines angemeldeten Betrags oder die Höhe des Beitrags einer Gemeinde werden in erster Instanz von den Bezirksräten, in zweiter Instanz von dem Kaiserlichen Rat entschieden. Die Rechnungen der Wildschadensgenossenschaft stellt der Bezirkspräsident des Unter-Elsaß fest. Seine Entscheidung ist endgültig, wenn der Rechnungsführer der Genossenschaft nicht innerhalb

[1]) Nur die Gemeinden sind Mitglieder. Von der Mitgliedschaft sind ausgeschlossen die Eigenjagdberechtigten (§ 1 Abs. 2, § 3 Jagdgesetz).

[2]) Der Vorstand kann ihm für seine Tätigkeit eine Vergütung zubilligen. Die Höhe der von dem Rechnungsführer zu hinterlegenden Kaution bestimmt das Ministerium. § 29 A.G.B.G.B.

[3]) Die Satzungen sind abgedruckt bei Bruck S. 167ff.

von zwei Monaten nach Ablauf des Tages, an welchem ihm die Entscheidung mitgeteilt worden ist, bei dem Bezirkspräsidenten Einspruch erhebt. Durch diesen Einspruch geht die Entscheidung über das gesamte Rechnungsverhältnis auf den Bezirksrat des Unter-Elsaß über.

§ 118. Landwirtschaft.*)

I. Die Landwirtschaft kommt für das Verwaltungsrecht insofern in Betracht, als gewisse Maßnahmen der Förderung und Hebung der Landeskulturen dienen. Alle Angelegenheiten, die sich hierauf beziehen, werden in letzter Instanz in der Abteilung IV des Ministeriums bearbeitet. Zur Unterstützung des Ministeriums dient der Landwirtschaftsrat, dessen Organisation in Band I S. 146 besprochen ist.[1]) Seine Mitglieder werden auf die Dauer von vier Jahren gewählt oder ernannt. Die Wahl der von den Kreisvereinen zu wählenden Mitglieder erfolgt in einer zu diesem Zweck anzuberaumenden Versammlung des Vereinsvorstandes. Wählbar ist jedes Mitglied des betreffenden Kreisvereins, das in den Vereinsvorstand gewählt werden kann.[2]) Die Geschäftsordnung des Landwirtschaftsrates wird vom Statthalter festgesetzt.[3]) Der Statthalter ernennt aus den Mitgliedern den Präsidenten und den Stellvertreter, der die laufenden Geschäfte erledigt und in den Plenarsitzungen den Vorsitz führt. An ständigen Kommissionen bildet der Landwirtschaftsrat vor allem solche für Landwirtschaft im allgemeinen, für Wein- und Obstbau, für Tierzucht, für landwirtschaftliche Meliorationen und für landwirtschaftliches Kredit- und Versicherungswesen.[4])

In jedem Kreise ist ein landwirtschaftlicher Kreisverein,[5]) der

---

*) Literatur: Georg Meyer, Deutsches Verwaltungsrecht Bd. I S. 333 ff.; Löning, Deutsches Verwaltungsrecht S. 349 ff.; Leoni-Mandel S. 232 ff.

[1]) Dem Pferdezuchtverein für Elsaß-Lothringen, der Gesellschaft zur Förderung der Wissenschaften, des Ackerbaus und der Künste im Unter-Elsaß, dem Verband ländlicher Genossenschaften Raiffeisenscher Organisationen in Elsaß-Lothringen, dem Revisionsverband landwirtschaftlicher Genossenschaften in Elsaß-Lothringen ist das Recht verliehen, je ein Mitglied des Landwirtschaftsrates zu wählen.

[2]) Kaiserl. Verordnung vom 12. März 1900 (G.Bl. S. 51) Art. I § 8 Abs. 2, § 9. Min. Ver. vom 16. März 1900 (A.Bl. S. 88).

[3]) Kaiserl. Verordnung vom 6. November 1895 (G.Bl. S. 111) § 13 Abs. 1. Erlaß des Statthalters vom 24. April 1896 (A.Bl. S. 124). Ausführungsbestimmungen in der Ministerialverordnung vom 4. Dezember 1895 (A.Bl. S. 229), vom 28. November 1903 (A.Bl. S. 183).

[4]) Verordnung vom 6. November 1895 §§ 10, 11.

[5]) Ebenda §§ 1 ff. Im Kreis Zabern sind zwei Kreisvereine eingerichtet. Verordnung vom 6. Januar 1896 (A.Bl. S. 3). — Die landwirtschaftlichen Kreis-

die gesamten Interessen der Landwirtschaft des Kreises zu vertreten hat, eingerichtet. Die Vereinssatzungen haben Bestimmungen zu enthalten über die Voraussetzung der Mitgliedschaft und des Ausschlusses eines Mitgliedes aus dem Verein, über die Förmlichkeiten der Aufnahme und des Austrittes der Mitglieder, sowie über die Mitgliederbeiträge. Die Satzungen sind dem Ministerium einzureichen; werden sie nicht beanstandet, so ist der Kreisverein als gemeinnützige Anstalt anzuerkennen. Womöglich hat der Verein in jedem Kantonshauptort des Kreises jährlich mindestens eine Generalversammlung abzuhalten. Die Leitung des Vereins liegt dem Vorstande ob, der aus dem Vorsitzenden und je einem Beisitzer aus jedem Kanton besteht. Der Vorsitzende wird vom Statthalter nach Anhörung des Vorstandes auf die Dauer von vier Jahren ernannt; auch eine Abberufung erfolgt durch den Statthalter. Die Beisitzer werden von der Generalversammlung des Vereins gewählt. Wählbar ist jedes Vereinsmitglied, sofern es zwei Jahre dem Vereine angehört, in einer Gemeinde des Kreises zur Teilnahme an den Gemeinderatswahlen berechtigt und im Kreise entweder mit land- oder forstwirtschaftlich benutztem Grundbesitz ansässig ist oder als Eigentümer, Pächter, Nutznießer oder Verwalter die Landwirtschaft betreibt oder betrieben hat.

Sämtliche (23) Kreisvereine sind zu einem Landesverbande vereinigt, dessen Satzung nach Anhörung der Vorstände der Kreisvereine und des Landwirtschaftsrates vom Ministerium festgestellt worden ist; nach Feststellung der Satzungen ist dem Landesverbande die Rechtsfähigkeit verliehen worden.[1])

Um das Zusammenwirken der Organe der Landesverwaltung mit den landwirtschaftlichen Vereinen zu fördern, bestellt das Ministerium bei jedem Kreisverein und bei dem Landesverbande einen Vertreter der Regierung; auch andere Personen können als Regierungskommissare oder als Auskunftspersonen zugezogen werden. Die Regierungsvertreter, Regierungskommissare und Auskunftspersonen dürfen an den Sitzungen der Vorstände und an den Versammlungen der Kreisvereine und des Landes-

---

vereine bestanden schon zur französischen Zeit; nach dem Gesetz vom 20. März 1851 hatten sie innerhalb ihres Bezirkes hauptsächlich die praktischen landwirtschaftlichen Interessen wahrzunehmen, Preisrichter zu bestellen, Prämien und andere Belohnungen auszuteilen.

[1]) Verordnung vom 12. März 1900 Art. I § 5. Die Rechtsfähigkeit ist erteilt und die Satzungen des Landesverbandes sind genehmigt durch die Verordnung vom 31. März 1900. Die Aufnahme dauernder Anleihen und die Jahresrechnungen unterliegen der Genehmigung des Ministeriums. — Der Landesverband ist seit dem 1. Januar 1901 dem Reichsverband der deutschen landwirtschaftlichen Genossenschaften mit dem Sitz in Darmstadt angeschlossen.

verbandes teilnehmen. Der Regierungsvertreter hat das gesamte Rechnungswesen der Kreisvereine und des Landesverbandes zu prüfen; er kann Beschlüsse oder Anordnungen, die die Verwendung der aus öffentlichen Mitteln zur Verfügung gestellten Gelder zum Gegenstande haben, beanstanden; in diesem Falle entscheidet das Ministerium.[1]) Die Organe des Landesverbandes sind der Vorstand, der aus neun auf vier Jahre von der Verbandsversammlung gewählten Mitgliedern und dem Verbandsdirektor (kaufmännischer Leiter) besteht, und die Verbandsversammlung; der Vorstand wählt aus seiner Mitte den Verbandspräsidenten.

Landwirtschaftliche Anstalten sind die landwirtschaftliche Versuchsstation zu Colmar mit einer Filiale in Metz, die fachtechnische Gutachten abzugeben hat, die Landwirtschaftsschule zu Rufach (mit der Ackerbauschule auf der Judenmatt und der Weinbauschule) und die landwirtschaftlichen Winterschulen, die besonders der Pflege der Landwirtschaftskunde dienen.

II. Die Förderung der Landwirtschaft wird in erster Linie durch Klarstellung des Grundbesitzes erstrebt; von ihr ist zum großen Teil das Gedeihen der Landwirtschaft abhängig. Die Vermarkung der Grundstücke erfolgt entweder im Interesse der beteiligten Eigentümer (§ 919 Absatz 1 Bürgerliches Gesetzbuch) oder im öffentlichen Interesse (Gesetz vom 21. November 1875 Gesetzblatt S. 189). Zu ihrer Vornahme sind die Feldgeschworenen[2]) befugt, die der Gemeinderat aus den hierzu geeigneten Gemeindeangehörigen ohne Beschränkung der Amtsdauer zu wählen, der Kreisdirektor zu bestätigen und der Amtsrichter eidlich zu verpflichten hat. Jede Gemeinde muß mindestens vier Feldgeschworene haben. Ihre Enthebung kann jederzeit von dem Kreisdirektor ausgesprochen werden. Nur die vereidigten Feldgeschworenen dürfen Grenzmarken setzen, wiederaufrichten, herausnehmen oder in ihrer Lage verändern. Bei Grenzstreitigkeiten sollen sie durch persönliche Einwirkung auf gütliche Beilegung derselben hinwirken, können aber niemals selbst eine Entscheidung treffen. Vielmehr sind hierfür die ordentlichen Gerichte zuständig. Wie die Vermarkung im einzelnen zu erfolgen hat, ist von dem Ministerium bestimmt. Sie hat gewöhnlich nach Ladung der Beteiligten unter Leitung des Fort-

---

[1]) Ebenda Art. I § 6.

[2]) Gesetz vom 31. März 1884 (G.Bl. S. 59) §§ 54, 55. Feldgeschworenenordnung vom 14. Oktober 1900 (A.Bl. S. 262), vom 28. Juli 1903 (A.Bl. S. 102); für die Gemeinden mit nicht bereinigtem Kataster vom 28. Juli 1903 (A.Bl. S. 102). — Über die Ausbildung, Prüfung und öffentliche Bestellung als Feldmesser Regulativ vom 23. Januar 1907 (A.Bl. S. 15); Feldmesserordnung vom 3. Juli 1886.

führungsbeamten oder eines öffentlich bestellten Feldmessers zu erfolgen. Streitigkeiten über die Art der Vermarkung entscheiden die Verwaltungsbehörden.[1]) Die Gebühren der Feldgeschworenen werden unter die Zahlungspflichtigen in einer Hebeliste, die der Kreisdirektor festsetzt, verteilt. Einwendungen, die gegen sie erhoben werden, entscheidet der Kreisdirektor. Die Einziehung der Gebühren erfolgt nach den für die direkten Steuern maßgebenden Vorschriften.

Auch die Verbesserung der Bodenverhältnisse durch Bewässerungen, Entwässerungen und Anlagen von Feldwegen (Meliorationen) wirkt fördernd auf die Landwirtschaft ein.

Die Melioration kann zunächst durch Austrocknung von Sümpfen herbeigeführt werden; maßgebend hierfür ist das Gesetz vom 16. September 1807. Es findet Anwendung, insoweit keine Syndikatsgenossenschaften errichtet worden sind.[2]) Die Austrocknung von Sümpfen nach dem Gesetz vom 16. September 1807 setzt voraus, daß die Austrocknung für nützlich oder notwendig erachtet wird; die hierzu erforderlichen Arbeiten werden entweder von dem Staat selbst oder von konzessionierten Unternehmern ausgeführt. Gehört der Sumpf einem Eigentümer oder mehreren Eigentümern, die einverstanden sind, so ist ihnen die Konzession zu erteilen, wenn sie sich den von der Regierung aufgestellten Bedingungen nachzukommen verpflichten. Andernfalls ist derjenige zu konzessionieren, der das günstigste Angebot stellt; die beteiligten Gemeinden oder Vereinigungen von Eigentümern haben bei gleichem Angebot den Vorzug. Die Vergebung der Arbeiten erfolgt nach Anhörung des Ministeriums durch Kaiserliche vom Statthalter auszufertigende Verordnung auf Grund eines Planes, der die Eigentümer und den Umfang aller Grundstücke, die durch die Trockenlegung berührt werden, aufzuführen hat. Vor Beginn der Arbeiten wird der Wert der sumpfigen Ländereien festgestellt. Zu diesem Zweck werden die Flächen der Sümpfe nach dem Grade der Versumpfung in wenigstens fünf, höchstens zehn Klassen in einem Plan eingeteilt, der nach Offenlegung und Entscheidung von Erinnerungen der Beteiligten[3]) von dem Bezirkspräsidenten genehmigt wird. An der Hand dieses Planes stellen die Sachverständigen, von denen einer durch das von dem Bezirkspräsidenten aus den Eigentümern gebildete Syndikat, der zweite von dem Unternehmer und der dritte von dem Bezirkspräsidenten ernannt wird

[1]) Leoni-Mandel S. 233 Anm. 7.

[2]) Gesetz vom 21. Juni 1865 Art. 26.

[3]) Streitigkeiten entscheiden die Bezirksräte. Gesetz vom 21. Juni 1865 Art. 26 Abs. 2.

den Wert jeder einzelnen der den Sumpf bildenden Klasse fest. Über die Abschätzung wird ein Protokoll, das einen Monat lang auf dem Bezirkspräsidium offen liegt, aufgenommen. Nach Beendigung der Arbeiten werden die ausgetrockneten Grundstücke nach ihrem neuen Werte und der Bebauungsart, zu der sie geeignet gemacht worden sind, von den Sachverständigen eingeteilt und abgeschätzt. Steht die Abschätzung fest, so reicht der Unternehmer der Kommission[1]) ein Verzeichnis ein, aus dem die Eigentumsverhältnisse, die Größe und Klasse der Grundstücke, der Unterschied des Wertes bei den beiden Abschätzungen hervorgeht. Der durch die Melioration geschaffene Mehrwert wird zwischen den Eigentümern, dem Unternehmer und in der in der Konzessionsurkunde festgesetzten Weise geteilt; die zu leistende Vergütung wird von der Kommission ermittelt und von dem Bezirkspräsidenten für vollstreckbar erklärt. Die Vergütung leisten die Grundstückseigentümer dadurch, daß sie entweder einen verhältnismäßigen nach Maßgabe der letzten Schätzung berechneten Teil ihres Bodens abtreten oder daß sie eine Rente zu vier vom Hundert bestellen, die stets im 25-fachen Betrage und zwar auch in Teilen, die jedoch nicht geringer als ein Zehntel sein dürfen, ablösbar ist. Während der Dauer der Trockenlegungsarbeiten sind die Kanäle, Gräben, Rinnen, Dämme auf Kosten des Unternehmers, nachher von den Eigentümern zu unterhalten.[2])

Während das Gesetz vom 16. September 1807 nur für eine ganz bestimmte, verhältnismäßig seltene Verbesserung der Bodenverhältnisse in Betracht kommt, stellt das Gesetz vom 21. Juni 1865 über die Syndikatsgenossenschaften allgemeinere Grundsätze auf.[3]) Die Syndikatsgenossenschaften dienen vor allem der Verbesserung und Unterhaltung von landwirtschaftlichen Grundstücken. Gegenstand der Genossenschaft kann sein:[4]) Schutz gegen natürliche Wasserläufe, Ausräumung, Vertiefung, Geradelegung und Regulierung von nicht schiff- oder flößbaren Wasserläufen sowie von Bewässerungs- und Entwässerungskanälen, Austrocknung der Sümpfe, Salzgewinnung und Ausbeutung salzhaltiger Sümpfe, Verbesserung feuchter

[1]) Über die Einrichtung und die Funktionen dieser Kommission Gesetz vom 16. September 1807 Art. 42ff.

[2]) Über die Verteilung der Beträge Art. 25, 26 des Gesetzes vom 16. September 1807.

[3]) Über die Gültigkeit des Gesetzes vom 21. Juni 1865 Gesetz vom 2. Juli 1891 (G.Bl. S. 82) § 51 Nr. 4; Art. 65, 113 Einführungsgesetz zum Bürgerlichen Gesetzbuch.

[4]) Gesetz vom 21. Juni 1865 Art. 1; Gesetz vom 11. Mai 1877 (G.Bl. S. 12) § 1; Gesetz vom 14. April 1884 (G.Bl. S. 87).

und ungesunder Ländereien, Bewässerung und Colmatage (Schlammberieselung), Drainierung, Anlegung von Feldwegen und jede andere landwirtschaftliche Verbesserung, die von gemeinsamem Nutzen ist. Die Genossenschaften sind rechtsfähig; sie werden durch Syndiken gerichtlich und außergerichtlich vertreten (Art. 3); sie sind entweder freie oder autorisierte (ermächtigte).

Die freien Syndikatsgenossenschaften (Art. 5—8) bilden sich ohne Mitwirkung der Verwaltung auf Grund schriftlich festzustellender Erklärungen der Genossenschaften. Die Genossenschaftsurkunde muß den Zweck des Unternehmens, die Art der Verwaltung, den Umfang des den Verwaltern oder Syndiken erteilten Auftrages, die Mittel und Wege zur Bestreitung der Kosten und die Art der Beitragserhebung angeben. Ein Auszug aus der Urkunde ist in einer zu amtlichen Publikationen bestimmten Zeitung und in dem Zentral- und Bezirksamtsblatt zu veröffentlichen und dem Bezirkspräsidenten einzusenden, andernfalls die Genossenschaft keine juristische Persönlichkeit erlangt.[1]) Auf Grund eines in der Generalversammlung gefaßten Mehrheitsbeschlusses kann durch Verfügung des Bezirkspräsidenten die freie Genossenschaft in eine autorisierte umgewandelt werden.

Die Gründung der autorisierten Genossenschaften (Art. 9—14) setzt die Abhaltung eines Vorverfahrens voraus, in dem die Pläne, Entwürfe, Voranschläge der Arbeiten, der Entwurf der Genossenschaftsurkunde offen gelegt werden.[2]) Nach seiner Beendigung werden die an dem Unternehmen interessierten Eigentümer von dem Bezirkspräsidenten zu einer Generalversammlung einberufen, über deren Verlauf und Ergebnis ein Protokoll aufzunehmen ist. Haben eine Mehrheit der Beteiligten, die mindestens zwei Drittel der Grundfläche vertritt oder zwei Drittel der Beteiligten, die mehr als die Hälfte der Grundfläche vertreten, ihren Beitritt erklärt, so erteilt der Bezirkspräsident die Genehmigung. Diejenigen, die nicht erscheinen oder nicht abstimmen, werden so angesehen, als ob sie zugestimmt hätten.[3]) Der Beschluß des Präfekten und im Falle der Erteilung der Ermächtigung auch der Auszug aus der Genossenschaftsurkunde sind öffentlich bekannt zu machen. Gegen ihn kann jeder Beteiligte binnen Monatsfrist Beschwerde bei dem Bezirkspräsidenten einlegen; über sie entscheidet das Ministerium. Handelt

[1]) Dritten gegenüber kann sich die Genossenschaft nicht auf diesen Mangel berufen. Art. 7 Satz 2.

[2]) Ministerialverordnungen vom 1. und 2. Oktober 1891 (A.Bl. S. 161, 162).

[3]) Gesetz vom 11. Mai 1877 § 2; damit sind die autorisierten Genossenschaften zu Zwangsgenossenschaften gemacht worden.

es sich um Austrocknung von Sümpfen, um Gewinnung von Salz oder um Verbesserung ungesunder Ländereien, so können die Eigentümer, die der Genossenschaft nicht beigetreten sind, verlangen, daß sie ihre Grundstücke erwirbt.

Organe der Genossenschaft sind die Generalversammlung (Art. 20), die Syndiken (Art. 21—23) und ein Direktor (Art. 24). Nicht jeder Genosse ist stimmberechtigtes Mitglied der Generalversammlung, sondern nur derjenige, der den in der Gründungsurkunde festgesetzten „Mindestbetrag des Interesses" erfüllt. Eigentümer, die unter dieser Grenze bleiben, können sich zur gemeinschaftlichen Vertretung vereinigen. Auch den Höchstbetrag der dem Einzelnen zukommenden Stimmen, ebenso die Anzahl der Stimmen eines Triebwerkes hat die Gründungsurkunde zu bestimmen. Die Syndiken werden von der Generalversammlung oder, wenn sie nach zweimaliger Zusammenberufung die Wahl nicht vorgenommen hat, von dem Bezirkspräsidenten ernannt.[1]) Zahl, Befugnisse und Amtsdauer der Syndiken hat die Gründungsurkunde anzugeben. Die Syndiken wählen einen Direktor und nötigenfalls einen Beigeordneten. Die Umlagen oder Beiträge werden auf Grund von Hebelisten, die die Syndiken aufstellen, die Bezirkspräsidenten genehmigen und für vollstreckbar erklären, erhoben; ihre zwangsweise Beitreibung erfolgt wie die der direkten Steuern (Art. 15). Streitigkeiten über die Verteilung und Erhebung der Beiträge, über die Festsetzung der Umfassungslinie der zur Genossenschaft gehörigen Grundstücke, über die Einteilung der Grundstücke in verschiedene Klassen entscheiden die Bezirksräte in erster, der Kaiserliche Rat in zweiter Instanz (Art. 16). Vier Monate nach Zustellung der ersten Beitragsrolle können die zu der Genossenschaft gehörigen Eigentümer ihre Eigenschaft als Genossenschafter oder die Gültigkeit der Genossenschaft nicht mehr bestreiten (Art. 17).

Die autorisierten Genossenschaften sind juristische Personen des öffentlichen Rechtes (gemeinnützige Anstalten) und nehmen als solche in mancherlei Beziehungen eine bevorzugte Stellung ein. Sie können zur Ausführung der von ihnen unternommenen Arbeiten die Zwangsenteignung betreiben lassen (Art. 18)[2]), zu ihren Gunsten können nach Maßgabe der Gesetze Grunddienstbarkeiten bestellt werden

[1]) Bekommt die Genossenschaft eine Unterstützung aus Staats-, Bezirks- oder Gemeindemitteln, so hat der Bezirkspräsident das Recht, eine dem Verhältnisse der Unterstützung zu dem ganzen Unternehmen entsprechende Anzahl von Syndiken zu ernennen. Art. 23.

[2]) Die Entschädigung wird von der kleinen Jury festgesetzt. Gesetz vom 21. Mai 1836 Art. 16.

(Art. 19),[1]) ihre Grundstücke sind von dem Buchungszwang befreit.[2]) Inwieweit die von ihr gefaßten Beschlüsse der Genehmigung der Aufsichtsbehörde unterliegen, ist in der Satzung zu bestimmen.

Abgesehen davon, daß die Genossenschaft erlischt, wenn sie die von ihr projektierten Arbeiten ausgeführt hat, kann sie durch den Bezirkspräsidenten aufgelöst werden, wenn sie die Ausführung der Arbeiten, für welche sie ermächtigt wurde, unterläßt; die unterbrochenen oder nicht gehörig im Stand gehaltenen Arbeiten darf alsdann der Bezirkspräsident auf Kosten der Genossenschaft von Amts wegen vornehmen lassen (Art. 25).

Zu einem Zwangsaustausch von Grundstücken sind die Genossenschaften prinzipiell nicht befugt;[3]) nur in ganz beschränktem Umfange, nämlich zum Zwecke der Regelung von Feldwegen und zur Herstellung von Bewässerungen und Entwässerungen sind autorisierte Genossenschaften nach Maßgabe des Gesetzes vom 30. Juli 1890 (Gesetzblatt S. 61)[4]) berechtigt, die zwangsweise Vertauschung von Grundstücken gegen neu zu bildende vorzunehmen (Flurbereinigung). Zur Beseitigung des zersplitterten Grundbesitzes darf dieses Verfahren niemals eingeschlagen werden. Die Genossenschaften, die statutengemäß sich mit der Flurbereinigung befassen, werden nicht von dem Bezirkspräsidenten, sondern von dem Ministerium ermächtigt und können auch nur von dem Ministerium die Ermächtigung entzogen bekommen.[5]) Jeder Zwangsaustausch setzt voraus, daß das Unternehmen mit wirtschaftlichem Nutzen nur unter Neueinteilung des beteiligten Grundeigentums ausführbar ist; eine dementsprechende Bestimmung hat das Genossenschaftsstatut zu enthalten. Der Vertauschung sind gewisse Arten von Grundstücken nicht unterworfen, so Gebäude und Grundstücke, die als Bauplätze zu betrachten sind, die mit den Gebäuden eines Eigentümers zusammenhängenden Grundstücke desselben, eingefriedigte Baumstücke und Gärten, Rebstücke, Hopfenanlagen und Baumschulen,

---

[1]) Vgl. § 11 Gesetz vom 2. Juli 1891. Streitigkeiten über die Frage der Einräumung der Grunddienstbarkeiten und die zu zahlenden Entschädigungen entscheiden die ordentlichen Gerichte. Gesetz vom 11. Mai 1877 § 4.

[2]) Verordnung vom 11. Dezember 1899 (G.Bl. S. 247) § 1 Ziffer 3. — Über die Beurkundung des obligatorischen Vertrages (§ 313 B.G.B.) und des Vertrages nach § 74 Abs. 1 A.G.B.G.B. durch den Kreisdirektor § 45 Ziff. 2 A.G.F.G.

[3]) Bei Eigentumswechsel ist § 78 A.G.B.G.B. zu berücksichtigen.

[4]) Die Verordnung des Statthalters vom 29. September 1891 (G.Bl. S. 111) trifft Anordnungen über die Zuständigkeit der Behörden. Die Ausführungsbestimmungen sind in der Ministerialverordnung vom 2. Oktober 1891 (A.Bl. S. 162) enthalten.

[5]) Gesetz vom 30. Juli 1890 § 15.

Waldungen, Teiche, Sandgruben, Steinbrüche, die zum Bergbau gehörigen Grundstücke und Grundstücke, auf welchen sich Mineralquellen befinden, soweit diese Grundstücke zur angemessenen Benutzung der Quelle notwendig sind. Die Frage, ob ein Grundstück vertauschbar ist oder nicht, entscheidet in erster Instanz der Gemeinderat, gegen dessen Entscheidung Beschwerde an den Bezirksrat zulässig ist (§ 2). Das Verfahren zum Zwecke der Vertauschung ist soweit möglich mit der Katastervermessung zu verbinden; seine technische Leitung und Beaufsichtigung liegt der Kommission für Flurbereinigung, im Falle der Verbindung des Unternehmens mit der Katastervermessung Organen der Katasterverwaltung ob.[1]) Das Verfahren, das mit einer öffentlichen Aufforderung an alle Eigentümer und sonstige Berechtigten, ihre Rechte anzumelden beginnt, zerfällt in ein vorbereitendes Verfahren (§ 7 Ziffer 1—4), in ein Ermittelungsverfahren (§ 7 Ziffer 5—8) und in ein Schlußverfahren (§ 7 Ziffer 9 und 10).[2]) Nach erfolgter Genehmigung des endgültigen Zuteilungswerkes durch das Ministerium wird das Werk von der Kommission für Flurbereinigung auf dem Amtsgericht hinterlegt; die Hinterlegung ist öffentlich bekannt zu machen.[3]) Mit ihr treten die mit der Vertauschung verbundenen Rechtswirkungen ein. Bei der Ausführung der Neueinteilung ist das zu gemeinschaftlichen Anlagen, zu Wegen und Gräben erforderliche Land ohne Entschädigung aus der Gesamtfläche des beteiligten Grundeigentums vorwegzunehmen und die übrig bleibende Fläche den Grundeigentümern nach Verhältnis des Wertes ihres in der Gesamtfläche enthaltenen Grundeigentums zuzuteilen. Die neugebildeten Grundstücke sollen den alten Grundstücken möglichst in Gattung, Feldlage, Bodenart entsprechen. Zur Ausgleichung vorübergehender oder bleibender Wertunterschiede können Geldentschädigungen auferlegt oder zugewiesen werden; diese dürfen aber $^1/_{10}$ des Wertes des neuen Grundstücks oder den Betrag von einhundert Mark nicht überschreiten. Die Entschädigung wird von der Genossenschaft geleistet und eingezogen. Alle dinglichen Rechte und persönlichen Ansprüche gehen von dem alten auf das an seine Stelle tretende neue Grundstück über.

[1]) Die Kommission wird vom Ministerium auf die Zeit von je drei Jahren gebildet. Verordnung des Statthalters vom 29. September 1891 § 2. Min. Verordnung vom 2. Oktober 1891 §§ 5, 6.

[2]) Die Entscheidung über Ansprüche und Einwendungen ist in § 9 geregelt.

[3]) Gesetz vom 30. Juli 1890 § 12. Verordnung vom 2. Oktober 1891 § 21. Grundstücke, die bei einer Flurbereinigung beteiligt waren, dürfen in Zukunft nur in der Weise geteilt werden, daß die einzelnen Teile ihre Zufahrten behalten oder solche gleichzeitig erhalten. Rechtsgeschäfte, durch die ein anderer Zustand herbeigeführt werden soll, sind nichtig. § 13 des Gesetzes.

Wegerechte und Grunddienstbarkeiten, die nutzlos geworden sind, erlöschen; sie sind soweit erforderlich neu zu bestellen (§§ 3—6).

Das Flurbereinigungsgesetz hat eine Vertauschung der Grundstücke gegen neu zu bildende Grundstücke auch gegen den Willen des Eigentümers bloß dann vorgesehen, sofern Unternehmen bestimmter Art mit wirtschaftlichem Nutzen nur unter Neueinteilung des beteiligten Grundeigentums ausführbar sind. Treffen diese Voraussetzungen nicht zu, dann ist seine Anwendung ausgeschlossen, obwohl erfahrungsgemäß alsdann die Verhältnisse einfacher liegen. Den hieraus entstehenden Mißständen ist dadurch abgeholfen worden, daß das Gesetz vom 30. Juli 1907 betreffend die Abtretung von Grundeigentum zu Meliorationszwecken (Gesetzblatt S. 97)[1]) die Vorschriften des Flurbereinigungsgesetzes auf den Erwerb von Grundeigentum zu Meliorationszwecken und die Festsetzung der Entschädigung für die bisherigen Eigentümer für anwendbar auch dann erklärt hat, wenn eine Neueinteilung des beteiligten Grundeigentums nicht erforderlich ist. Die Meliorationen, das heißt auch hier die Anlegung von Feldwegen, Gräben zu Be- und Entwässerungen, können nur von einer autorisierten Genossenschaft oder bei Anlage von Feldwegen durch Gemeinden ausgeführt werden. Das Verfahren ist im wesentlichen dasselbe wie im Flurbereinigungsgesetz. Die Bezeichnung der zu dem Wege- und Grabennetze zu erwerbenden Grundflächen und damit die Breite und Richtung der Anlagen erfolgt durch den Genossenschaftsvorstand mit Genehmigung der Kommission für Flurbereinigung. Gebäude und mit solchen unmittelbar zusammenhängende eingefriedete Grundflächen können niemals von dem Verfahren berührt werden. Die Ermittelung des Wertes der zu erwerbenden Grundflächen richtet sich nach den Vorschriften über die Bodenwertsermittelung bei Flurbereinigungen.[2]) Ist bloß ein Teil eines Grundstückes erforderlich, so ist bei der Abschätzung nicht nur der individuelle Wert des Trennstücks, sondern auch der Minderwert des übrig gebliebenen Teiles zu berücksichtigen. Die Pläne über die Arbeiten und die Entschädigung werden rechtzeitig aufgelegt, so daß Einwendungen erhoben werden können.[3])

[1]) Landesausschuß-Verhandlungen 34. Session (1907). Bd. I Vorlage Nr. 10. Bd. II S. 394, 507, 565. Drucksachen S. 482. — Ausf. Best. vom 15. Oktober 1908 (A.Bl. S. 289).

[2]) Ministerialverordnung vom 2. Dezember 1892 (A.Bl. 1893 S. 17). Die Wertsermittelung erfolgt durch einen sachverständigen Abschätzer (Boniteur), den die Kommission für Flurbereinigung nach Anhörung des Meliorationsbauinspektors und des Genossenschaftsvorstandes ernennt und der Kreisdirektor vereidigt. Ausf. Best. § 5.

[3]) Über die Behandlung der Einwendungen Ausf. Best. §§ 15 ff.

Der Eigentumsübergang von den bisherigen Eigentümern auf die Genossenschaft oder Gemeinde vollzieht sich mit der Hinterlegung des endgiltigen Zuteilungswerks auf dem betreffenden Amtsgericht; mit diesem Zeitpunkt erlöschen auch alle Rechte, insoweit sie nicht ausdrücklich vorbehalten sind.

III. Die Landwirtschaft bedarf des Schutzes gegen Gefahren, die ihr durch schädliche Tiere, durch Naturereignisse und durch Eingriffe von Personen erwachsen.

1. Als der Landwirtschaft schädliches Insekt kommt vor allem die Reblaus in Betracht. Das Reichsgesetz betreffend die Bekämpfung der Reblaus vom 6. Juli 1904 (Reichsgesetzblatt S. 261)[1]) unterwirft alle Rebpflanzungen der amtlichen Beaufsichtigung und legt jedem, der zur Nutzung eines mit Reben bestandenen Grundstücks berechtigt ist, die Verpflichtung auf, unverzüglich alle verdächtigen Erscheinungen, die auf das Auftreten der Reblaus schließen lassen, der Ortspolizeibehörde anzuzeigen. Die Maßregeln, die der Verbreitung der Reblaus vorbeugen und festgestellte Verseuchungen schleunig und gründlich ausrotten und unterdrücken sollen, bestehen vornehmlich in Vernichtung und Desinfektion der Krankheitsherde, in dem Verbot des Betretens und der Benutzung der verseuchten Gebiete, in der Beschränkung des Verkehrs mit verseuchten oder von der Krankheit bedrohten Gegenständen. Derjenige, der von einer der angedeuteten Maßregeln betroffen wird, kann von dem Staat, in dessen Gebiet das fragliche Grundstück liegt, Ersatz des Wertes der vernichteten und des Minderwertes der bei der Untersuchung beschädigten gesunden Reben verlangen.[2]) Über Grund und Höhe der Entschädigung entscheidet das Ministerium vorbehaltlich des ordentlichen Rechtsweges, der binnen sechs Monaten nach Empfang der Ministerialentscheidung beschritten werden kann.[3])

---

[1]) Ausführungsgrundsätze des Bundesrates vom 10. März 1905 (Zentralblatt f. d. Deutsche Reich S. 52). Bekanntm. des Reichskanzlers über die Bildung der Weinbaubezirke vom 27. März 1906 (R.G.Bl. S. 449), vom 12. Februar 1907 (R.G.Bl. S. 28). Min. Verordnung über die Einteilung Elsaß-Lothringens in Weinbaubezirke vom 14. Dezember 1908 (A.Bl. S. 355). Internationale Reblauskonvention vom 3. November 1881 (R.G.Bl. 1882 S. 125), vom 15. April 1889 (R.G.Bl. S. 203). — Über die zahlreichen reichsrechtlichen und landesrechtlichen Bestimmungen, die sich mit der Reblausgefahr befassen vgl. die Zusammenstellung bei v. Oesterley Nr. 518ff.

[2]) Wird eine Rebpflanzung vernichtet, die weder verseucht noch der Verseuchung verdächtig ist, so ist der volle Betrag des Schadens zu ersetzen. § 6 Abs. 2.

[3]) Gesetz vom 16. April 1884 (G.Bl. S. 88), das die Abschätzung des Schadens durch eine Sachverständigenkommission vorsieht.

Ferner sind besondere Schutzbestimmungen gegen die San-José-Schildlaus[1]) und gegen die Kartoffelkäfer[2]) getroffen.

2. Um die Landwirte gegen Folgen unvorhergesehener Unfälle, die einen gänzlichen oder teilweisen Verlust der in ihren Betrieben angelegten Vermögen oder der Erträge ihrer Wirtschaft herbeiführen können, nach Möglichkeit zu schützen, ist die landwirtschaftliche Versicherung organisiert worden, die sich hauptsächlich auf die Versicherung gegen Hagelschaden und Viehverlust[3]) erstreckt. Die Hagelversicherung, die hier zunächst in Betracht kommt, ist nicht staatlich organisiert, jedoch greift die Regierung insofern fördernd ein, als sie zum Abschluß von Versicherungen anregt und durch Beihilfen die Versicherungslasten vermindert. Sie hat infolgedessen ein Abkommen mit der Norddeutschen Hagelversicherungsgesellschaft, Aktiengesellschaft in Berlin, abgeschlossen,[4]) nach dem die Gesellschaft verpflichtet ist, „die Feldfrüchte der sämtlichen versicherungssuchenden Landwirte in Elsaß-Lothringen gegen Hagelschaden in Versicherung zu nehmen". Mit der Hagelversicherungsgesellschaft stehen in Verbindung die Kreishagelversicherungsvereine, die den Zweck haben, den Verkehr zwischen den Landwirten eines Kreises und der Versicherungsgesellschaft zu vermitteln und einerseits durch Vereinfachung und Förderung der Versicherungen, insbesondere der Gemeindeversicherungen, den Mitgliedern günstigere Bedingungen zuzuwenden, als bei Einzelversicherungen gewährt werden können, andrerseits durch Ansammlung eines Reservefonds die Verpflichtung zur Zahlung von Nachschüssen tunlichst zu beseitigen. Zur Erleichterung der Rechnungsführung der einzelnen Vereine und um eine angemessene Verteilung der den Vereinen aus Landesmitteln überwiesenen Beihilfen zu ermöglichen, ist ein besonderer Kassenverband in Straßburg errichtet worden.[5])

3. Die Vorschriften über rechtswidrige Handlungen von Personen, die sich gegen die landwirtschaftlichen Interessen richten, enthält das Feld-

---

[1]) Verordnungen vom 5. Februar 1898 (R.G.Bl. S. 5), vom 6. August 1900 (R.G.Bl. S. 791).

[2]) Verordnung vom 26. Februar 1875 (R.G.Bl. S. 135).

[3]) Seite 9.

[4]) Verhandlungen des Landesausschusses 1896 Bd. I Vorlage Nr. 1 S. 207 ff.; 1897 Bd. II S. 354 ff.; daselbst sind das Abkommen mit der Norddeutschen Hagelversicherungsgesellschaft, die Satzungen der Kreishagelversicherungsvereine und des Kassenverbandes abgedruckt; 1902 Bd. II S. 400 ff.

[5]) Über die Stempelfreiheit der Hagelversicherungsvereine Stempelgesetz § 33 Ziff. 8.

polizeistrafgesetz vom 9. Juli 1888.[1]) Grundsätzlich findet das Strafgesetzbuch auf die Feldpolizeistrafsachen Anwendung, jedoch ist eine Reihe von Sonderbestimmungen getroffen: die Jugendlichen genießen keine Strafermäßigung (§ 2); für Buße und Kosten derjenigen, die unter der Gewalt, der Aufsicht oder im Dienste eines anderen stehen und zu dessen Hausgenossenschaft gehören, haftet der letztere (§ 3, 4); neben der Strafe kann auf Buße bis zu 100 Mark erkannt werden (§ 5); Beihilfe und Begünstigung bei einem Felddiebstahl und einer vorsätzlichen Beschädigung, der Versuch des Felddiebstahls und die Hehlerei in Beziehung auf einen solchen werden mit der vollen Strafe des Felddiebstahls oder der vorsätzlichen Beschädigung bestraft (§ 7, 8). An strafbaren Handlungen sind dem Feldpolizeistrafgesetz bekannt: der Felddiebstahl (§ 9—16),[2]) die Aneignung geringwertiger Gegenstände wie Dungstoff, Schilf, Laub, Zweige, Ackergeräte (§ 17, 18), die unbefugte Nachlese (§ 19), die Weidefrevel (§ 20, 21), die Nachlässigkeit des Hirten, wenn er das ihm anvertraute Vieh ohne Aufsicht läßt (§ 22—24), die verbotswidrige Ausübung von Weideberechtigungen (§ 25), die Beschädigung an Wegen, Einfriedigungen, Zeichen, Bodenerzeugnissen (§ 26), die Verunreinigung von Wegen (§ 27), die Störungen des Besitzes (§ 28), das Betreten von fremden Grundstücken (§ 29), die Störung der Wasserverhältnisse (§ 30, 31), das Unterlassen der Einfriedigung oder des Zuwerfens gefährlicher Löcher und Öffnungen in Brüchen, Gruben, Eisflächen (§ 32), das Aufstellen von Bienenstöcken (§ 33), das Umherliegenlassen toter Tiere (§ 34), die Verunreinigung von Gewässern (§ 35), das Belegenlassen von Tieren (§ 36), der Schutz nützlicher und die Vernichtung schädlicher Tiere oder Pflanzen (§ 37) und der Erntebann (§ 38). Die Aburteilung aller Zuwiderhandlungen erfolgt durch die Schöffengerichte. Auch bei strafbaren Handlungen, bei denen Gefängnisstrafe angedroht ist, kann in Abwesenheit des Angeklagten verhandelt werden (§ 39). Die Verurteilung zur Haftbarkeit und zur Buße darf durch Strafbefehl erfolgen (§ 41). Als Ersatz des Schadens, den aufsichtsloses oder fremdes durchziehendes Vieh oder Hausgeflügel auf einem Grundstück anrichtet, kann dasselbe auf der Stelle oder in unmittelbarer Verfolgung von dem Feldhüter, von dem Beschädigten oder von solchen Personen gepfändet werden, die die Aufsicht über das Grund-

---

[1]) Die Regelung der Feldpolizeistrafsachen durch die Landesgesetzgebung ergibt sich aus Art. II des Einführungsgesetzes zum Strafgesetzbuch. — Stieve, Das Feldpolizeistrafgesetz für Elsaß-Lothringen. Straßburg 1907.

[2]) Felddiebstahl liegt dann vor, wenn der Wert des Entwendeten oder der angerichtete Schaden zehn Mark nicht übersteigt. § 6 des Gesetzes.

stück führen oder zu der Familie, zu den Dienstleuten oder zu den auf dem Grundstück beschäftigten Arbeitsleuten des Beschädigten gehören. Die Tiere sind dem Bürgermeister zur Verwahrung zuzuführen; die Pfändung muß binnen 24 Stunden dem Amtsrichter angezeigt werden, andernfalls der Gepfändete die Pfandstücke zurückverlangen kann. Der Amtsrichter kann die gepfändeten Tiere gegen Sicherheitsleistung freigeben. Werden die Tiere nicht innerhalb fünf Tagen nach der Pfändung in Anspruch genommen, so erfolgt ihre Versteigerung; aus dem Erlös werden zunächst die Kosten der Verwahrung und der Versteigerung gedeckt, der Überschuß wird hinterlegt, bis über die Straftat rechtskräftig erkannt ist (§ 42—46).

Die Feldpolizei ist ein Zweig der Gemeindepolizei; ihre Handhabung steht dem Bürgermeister zu. Das Feldpolizeistrafgesetz (§ 50) macht es den Bürgermeistern zur ausdrücklichen Pflicht, über die Ruhe, die Gesundheit und die Sicherheit auf dem Lande zu wachen. Besondere Vollzugsorgane für diesen Kreis ihrer Tätigkeit sind die Bannwarte (Feldhüter).

IV. Im engen Zusammenhange mit den verwaltungsrechtlichen Organisationen stehen eine Reihe von Einrichtungen privatrechtlichen Charakters zur Verbesserung der Lage und zur Förderung und Vertretung der Interessen der Landwirtschaft, die der Bedeutung wegen, die sie im öffentlichen Leben einnehmen, kurz Erwähnung finden sollen.[1])

Die häufigste Rechtsform, unter der sich bestimmte Interessentengruppen vereinigen, ist die der Genossenschaft nach dem Reichsgesetz über die Erwerbs- und Wirtschaftsgenossenschaften. So haben sich Kredit-, Molkerei-, landwirtschaftliche Bezugs- und Absatzgenossenschaften, Viehzuchtgenossenschaften u. a. m. gebildet. Ein Teil dieser Genossenschaften und einige nicht eingetragene Genossenschaften und Vereine sind in dem Revisionsverband landwirtschaftlicher Genossenschaften zu Straßburg[2]) zur Vertretung ihrer gemeinsamen Interessen und zur Bestellung von fachmännisch geschulten Revisoren vereinigt. Auf Veranlassung des Revisionsverbandes ist die landwirtschaftliche Landes-Zentralkasse (eingetragene Genossenschaft mit beschränkter Haftpflicht in Straßburg[3]) errichtet

[1]) Leonhardt, Das landwirtschaftliche Vereins- und Genossenschaftswesen in Elsaß-Lothringen (1908).

[2]) Die Satzung des Revisionsverbandes vom 25. September 1903 ist durch Verfügung des Bezirkspräsidenten vom 9. Oktober 1903 (IV 9024) genehmigt; der Verband hat juristische Persönlichkeit. Ihm ist das Recht zur Bestellung des Revisors auf Grund des § 57 Abs. 1 des Gesetzes über die Erwerbs- und Wirtschaftsgenossenschaften durch Ministerialverfügung verliehen worden.

[3]) Statut vom 24. März 1904.

worden, die als Geldausgleichstelle für ihre Mitglieder dient. Endlich sind hierher auch zu rechnen die Einrichtungen der Neuwieder Raiffeisen-Organisation, der Verband ländlicher Genossenschaften für Elsaß-Lothringen, die landwirtschaftliche Zentraldarlehnskasse für Deutschland, Filiale Straßburg, und die Elsaß-Lothringer Genossenschaftsbank.

§ 119. Forstwirtschaft.*)

Die Forstwirtschaft beschäftigt sich mit der ökonomischen und öffentlich-rechtlichen Stellung des Waldes.

Die gesetzliche Grundlage bildet das Forstgesetzbuch (Code forestier) vom 21. Mai 1827 und die zu seiner Ausführung erlassene königliche Verordnung vom 1. August 1827. Beide sind in mehreren Punkten erheblich umgestaltet worden.

I. Mit Beginn der deutschen Herrschaft über Elsaß-Lothringen ist an Stelle des „Revierförstersystems", nach dem die allgemeinen Wirtschaftspläne von höheren Behörden (Inspektionen) aufgestellt und von Revierbeamten (gardes généraux) ausgeführt werden[1]) das „Oberförstersystem" getreten. Das ganze Land wurde in Oberförstereibezirke mit Oberförstern an der Spitze eingeteilt, die selbständig ihre Bezirke zu bewirtschaften haben.[2]) Behufs Beaufsichtigung der Verwaltung wurden Aufsichtsbezirke gebildet, von denen jeder einem Forstmeister übertragen wurde. Ursprünglich waren die sämtlichen Aufsichtsbeamten eines Bezirks an dem Sitz des Bezirkspräsidiums unter einer Forstdirektion, einer selbständigen Mittelbehörde zwischen Oberpräsidenten und Oberförstern, vereinigt. Später[3]) wurden die Forstdirektionen aufgehoben und deren Befugnisse den Bezirkspräsidenten übertragen, die damit die Leitung und

*) Literatur: Solff-Mitscher, Die in Elsaß-Lothringen geltenden Forst- und Jagdgesetze (Textzusammenstellung). Straßburg 1876. v. Berg, Mitteilungen über die forstlichen Verhältnisse in Elsaß-Lothringen. Straßburg 1883. Kahl, Handbuch für den elsaß-lothringischen Förster. Neudamm 1900. — Leoni-Mandel S. 244ff.; Georg Meyer, Deutsches V.R. Bd. I S. 345ff.; Löning, Deutsches V.R. S. 413ff.

[1]) Zur Zeit der französischen Verwaltung war das Land in forstlicher Beziehung in 4 Konservationsbezirke, 18 Inspektionsbezirke und 54 Reviere eingeteilt. v. Berg S. 7.

[2]) Gesetz vom 30. Dezember 1871 (G.Bl. 1872 S. 57). Die Oberförster werden vom Statthalter, die höheren Forstbeamten vom Kaiser ernannt.

[3]) Gesetz vom 20. März 1881 (G.Bl. S. 60). Min. Verfügung vom 14. Mai 1881 betr. die Geschäftsanweisung für die Bezirkspräsidenten als Forstaufsichtsbehörden (Sammlung Bd. VII S. 1).

Beaufsichtigung des gesamten Forstwesens ihrer Bezirke erhielten.[1]) Zur Bearbeitung der Forstangelegenheiten ist bei jedem Bezirkspräsidium aus den Forstaufsichtsbeamten (Regierungsräten und Forsträten) eine Forstabteilung mit einem Oberforstmeister gebildet. Der Oberforstmeister ist für die angemessene Erledigung der Geschäfte in erster Linie verantwortlich. Er ist der Vorgesetzte sämtlicher Forstmeister und grundsätzlich im Umfang seines Geschäftsbereichs der Vertreter des Bezirkspräsidenten. Bei Meinungsverschiedenheiten hat der Bezirkspräsident auf Antrag des Oberforstmeisters dessen abweichendes Votum dem Ministerium zur Entscheidung vorzulegen. Die gesamte Forstverwaltung ist zentralisiert in dem Ministerium, Abteilung für Finanzen, Handel und Domänen, dem als technischer Rat der Landforstmeister beigegeben ist.[2]) Zur Leitung und Ausführung der Forstvermessungs- und Betriebseinrichtungsarbeiten ist beim Ministerium ein Forsteinrichtungsbureau errichtet. Oberste Forstbehörde ist der Statthalter,[3]) der in dieser Beziehung eine dem Ministerium im Instanzenzug vorgesetzte Behörde ist (Bd. I S. 132).

Die unteren Organe, denen die tatsächliche Ausübung und Wahrnehmung des Forstschutzes und Forstbetriebes nach Anweisungen des Oberförsters obliegt, sind die Förster (Revierförster, Hegemeister, Förster, Forsthilfsaufseher).[4]) Die Gemeinden und öffentlichen Anstalten müssen für den Schutz ihrer Waldungen die erforderliche Zahl von Schutzbeamten anstellen, die von dem Bürgermeister oder dem Vorstand der Anstalt nach Anhörung der Forstverwaltung und mit Genehmigung des Bezirkspräsidenten festgesetzt wird; den Gehalt der Beamten tragen die Gemeinden oder Anstalten.[5]) Für

[1]) Auch die gerichtliche Vertretung der Forstverwaltung steht dem Bezirkspräsidenten zu. Verordnung vom 6. Februar 1900 (G.Bl. S. 47).

[2]) Gesetz vom 30. Dezember 1871 § 2 Abs. 2.

[3]) Ebenda § 1 in Verbindung mit Gesetz vom 4. Juli 1879 § 2.

[4]) Über die Vereidigung der Forstschutzbeamten Verordnung vom 25. Februar 1871 (Straßburger Zeitung Nr. 50); Gesetz vom 20. September 1871 (G.Bl. S. 339). Die Förster sind Hilfsbeamte der Staatsanwaltschaft. Verordnung vom 13. Juni 1879 (G.Bl. S. 61) § 14 Ziffer 2. Bestimmungen über Ausbildung, Prüfung und Anstellung für die unteren Stellen des Forstdienstes vom 1. Oktober 1897 (Kahl S. 3 ff.), 9. Dezember 1899 (Kahl, Anhang). Vorschriften für die Försterprüfung vom 31. Mai 1887 (Kahl S. 28). Dienstinstruktion für die Kaiserlichen Förster vom 6. November 1875, für die Forstschutzbeamten der Gemeinden und öffentlichen Anstalten vom 10. Juni 1879 (Kahl S. 45).

[5]) Forstgesetzbuch Art. 94, 98, 108. Die Ernennung der Förster der Gemeinden und öffentlichen Anstalten und die Festsetzung ihrer Dienstbezüge steht dem Bezirkspräsidenten zu. Dekret vom 25. März 1852 Art. 5 Ziffer 20. Der Bezirkspräsident kann für die Förster, obschon er nur ihr mittelbarer Vorgesetzter ist, Strafantrag stellen. Zeitschrift Bd. 30 S. 201.

die nach dem Invalidenversicherungsgesetz versicherungspflichtigen Förster der Gemeinden und öffentlichen Anstalten, sowie für deren Hinterbliebenen ist in Straßburg eine Pensionszuschuß-Witwen- und Waisenkasse errichtet.[1]) Die Kasse erhält Beiträge von den waldbesitzenden Gemeinden und öffentlichen Anstalten und von den für dieselben bestellten Förster, und zwar haben jene anfangs des zweiten Quartals eines jeden Rechnungsjahres 36 % des Durchschnitts ihrer während der dem Beitragsjahr vorhergehenden fünf Jahre entrichteten Beiträge zu den Verwaltungskosten ihrer Waldungen zu entrichten.[2]) Die Förster müssen 2 % ihres Bargehaltes vierteljährlich an die Kasse zahlen. Bei Unzulänglichkeit des Kassenbestandes wird der Fehlbetrag mit Vorbehalt späterer Rückerstattung aus Landesfonds gedeckt. Die Kasse gewährt dem wegen Dienstunfähigkeit in den Ruhestand versetzten Förster einen Pensionszuschuß, der so bemessen wird, daß er die dem Förster zukommende Invaliden- und Altersrente auf denjenigen Betrag ergänzt, der ihm bei Zugrundelegung der für die Landesbeamten geltenden Bestimmungen als Pension zu gewähren sein würde, wenn bei der Pensionsbemessung lediglich der Durchschnittsbetrag des von dem Förster während der letzten vier Jahre bezogenen baren Gehaltes in Anrechnung käme. Dieser Pensionszuschuß wird solange voll bezahlt, bis er eine Invaliden- oder Altersrente erhält oder bei freiwilliger Weiterversicherung hätte erhalten können. Erhält er eine Rente für eine Zeit, während deren er diesen Pensionszuschuß voll bezogen hat oder hätte beziehen können, so hat er den den Pensionszuschuß überschießenden Betrag der Kasse zurückzuerstatten; ebenso wird auch eine Unfallrente von dem Pensionszuschuß in Abzug gebracht. Die Witwen- und Waisenpensionen werden nach dem Betrag berechnet, auf welchen die Invalidenrente oder Altersrente ergänzt worden wäre, wenn der Förster nicht vorher gestorben wäre; auch die Witwen- und Waisenpensionen werden um die Unfallrenten gekürzt. Stirbt ein Förster, bevor er Anspruch auf Pension erlangt hat, oder wird er, ohne daß Dienstunfähigkeit vorliegt, aus dem Dienste entlassen, so werden die von ihm zur Kasse gezahlten Beträge zurückgegeben. Bevor der Bezirkspräsident entscheidet, ob und zu welchem Zeitpunkt dem Antrage eines Försters auf Versetzung in den

---

[1]) Gesetz vom 17. Juni 1900 (G.Bl. S. 111). Ausf. Best. vom 23. Juni 1900 (A.Bl. S. 204).

[2]) Befreit sind Gemeinden und Anstalten, die ihren Förstern und deren Hinterbliebenen Ansprüche auf Pensionen im Mindestbetrage des Gesetzes (§ 4) gewähren oder die die Landeskasse für die ihr obliegenden Pensionszahlungen an die ihre Waldungen schützenden Staatsförster entschädigen. § 2 Abs. 4.

Ruhestand wegen dauernder Dienstunfähigkeit stattzugeben oder mangels eines Antrages die zwangsweise Versetzung in den Ruhestand auszusprechen ist, hat er die in Betracht kommenden Gemeinden und öffentlichen Anstalten unter Mitteilung des dem Förster zuzuerkennenden Pensionszuschusses gutachtlich zu hören. Beantragen sie hierbei, dem Förster einen Pensionszuschuß oder seinen Hinterbliebenen eine Pension nicht zu gewähren, so muß eine besondere Kommission[1]) über den Antrag erkennen, jedoch sind sie zu einem solchen Antrag nur berechtigt, wenn sie zusammen zwei Drittel des der Pensionszuschußberechnung zugrunde gelegten Bargehaltes des Försters bezahlen.

II. Der Forstordnung sind zunächst unterworfen die Waldungen des **Staates**.[2]) Die Forsten gehören, wie früher ausgeführt wurde (Bd. II S. 5), zum größten Teil Elsaß-Lothringen nur precario; ihr Eigentümer ist das Deutsche Reich.

Die **Bewirtschaftung** der Wälder richtet sich nach einem gewöhnlich zwanzigjährigen Betriebsplan, auf Grund dessen jährlich (1. Oktober bis 30. September) Hauungs-, Kultur- und Wegebaupläne von den Oberförstern nach Genehmigung der Bezirkspräsidenten aufgestellt werden.[3]) Außerordentliche Holzschläge bedürfen der Genehmigung des Ministeriums.[4]) Der Verkauf der Forstprodukte erfolgt durch die Oberförster gewöhnlich im Wege öffentlicher Versteigerung;[5]) das Holz wird im aufgearbeiteten Zustande abgegeben, ausnahmsweise wird es auch auf dem Stamm verkauft. Die Waldnebenprodukte (Gras, Waldstreu, Pflänzlinge, Lehm, Sand, Steine, Torf u. a. m.) werden im Wege des Meistgebotes oder aus freier Hand nach Taxen, die der Bezirkspräsident festsetzt, von den Oberförstern verkauft; die öffentliche Versteigerung bildet hier die Ausnahme.

Die **Abgrenzung** zwischen den Waldungen des Staates und den angrenzenden Grundstücken können die Landesverwaltung und die Nachbareigentümer verlangen. Die Entscheidung der Klage eines Anliegers ist

[1]) Die Kommission besteht aus fünf Mitgliedern, von denen der Statthalter zwei ernennt, der Landesausschuß drei, je einen aus jedem Bezirk, wählt; den Vorsitzenden ernennt der Statthalter.

[2]) Forstgesetzbuch Art. 1. — Nach den Angaben bei **Kahl** S. 1 sind etwa 30,7 % von der Gesamtfläche Elsaß-Lothringens bewaldet; fast 4/5 aller Waldungen sind im öffentlichen Besitz und unterstehen damit der staatlichen Verwaltung. — Über die Veräußerung von Staatswaldungen Bd. II S. 7.

[3]) Forstgesetzbuch Art. 15. [4]) Ebenda Art. 16.

[5]) Das Verfahren bei den öffentlichen Versteigerungen ist eingehend in Art. 17 ff. des Forstgesetzbuchs geregelt. — Die Verordnung vom 25. Januar 1871 (**Wolff-Mitscher** S. 9) läßt den Verkauf von Holz aus freier Hand zu.

auszusetzen, wenn die Forstverwaltung sich bereit erklärt, eine allgemeine Abgrenzung des Waldes vorzunehmen.[1])

An den Staatswaldungen bestehen eine ganze Reihe von Nutzungsrechten, die sich jedoch auf zwei Gruppen zurückführen lassen.[2])

Die Überlassung von Holzschlägen (affectations de coupes de bois) und die Abgabe von Holz nach Raummetern oder Stämmen (délivrances soit par stères soit par pieds d'arbre) sind Reallasten, die die Verwaltung verpflichten, wiederkehrende Leistungen an die Berechtigten zu machen.[3]) Sie beruhen auf besonderen Titeln. Die vor Erlaß des Forstgesetzbuchs begründeten Rechte sind nur dann giltig, wenn sie innerhalb eines Jahres seit Erlaß des Forstgesetzbuchs von einem Gericht anerkannt worden sind. Seit Erlaß des Gesetzes dürfen sie in keiner Form mehr begründet werden. Um die Waldungen möglichst bald von ihnen zu befreien, ist bestimmt, daß die Verleihungen zugunsten gewerblicher Anlagen erlöschen, wenn das Werk während zwei auf einander folgenden Jahren, ohne daß höhere Gewalt vorliegt, still steht. Ferner ist die Regierung befugt, sie jederzeit durch Abtretung eines Waldteiles, dessen Größe gegebenenfalls die ordentlichen Gerichte festsetzen, abzulösen (cantonnement).[4])

Die Nutzungsrechte (droits d'usage) sind nur dann rechtswirksam, wenn sie längstens innerhalb zwei Jahren nach Verkündigung des Forstgesetzbuchs durch ein Erkenntnis eines Gerichts oder der Verwaltung für begründet erklärt worden sind.[5]) Seit Inkrafttreten des Forstgesetzbuchs können sie nicht mehr begründet werden.[6]) Die Ausübung der rechtlich begründeten Nutzungsrechte kann die Verwaltung stets nach Maßgabe des Zustandes und der Leistungsfähigkeit des Waldes beschränken. Über die Leistungsfähigkeit und den Zustand des Waldes erkennen im Streitfalle die Bezirksräte.[7]) Für den Bezug des Holzes (droits d'usage en bois) gelten eine Reihe von Bestimmungen; auch seine Ablösung seitens der

---

[1]) Forstgesetzbuch Art. 8ff.

[2]) Kisch, Elsaß-Lothringisches Landesprivatrecht S. 717ff. Nürck, Sachenrecht § 38. — [Esser] über die Waldberechtigungen in der ehemaligen Grafschaft Dagsburg. Straßburg 1894. — Entscheidung des Kaiserl. Rates Nr. 444.

[3]) Über ihre Weitergeltung unter dem Bürgerlichen Gesetzbuch Art. 115 Einführungsgesetz zum Bürgerlichen Gesetzbuch.

[4]) Forstgesetzbuch Art. 58—60. Dekret vom 12. April 1854 und 19. Mai 1857. Die Verträge unterliegen der Genehmigung des Statthalters. Verordnung vom 23. November 1907 Ziffer 1.

[5]) Ebenda Art. 61.

[6]) Ebenda Art. 62.

[7]) Forstgesetzbuch Art. 65. Zeitschrift Bd. 8 S. 353.

Verwaltung ist durch Abtretung eines Waldteiles möglich.[1]) Die Ausübung der übrigen Nutzungsrechte (Waldweide, Mast-Eichellese) ist in vielen Beziehungen eingeschränkt; sie können von der Verwaltung gegen Geldentschädigung, die die ordentlichen Gerichte festsetzen, abgelöst werden. Ist ein Weiderecht ein unentbehrliches Bedürfnis für die Einwohner einer oder mehrerer Gemeinden, so ist seine Ablösung unzulässig. Die Frage, ob ein derartiges Bedürfnis vorliegt, entscheiden die Verwaltungsgerichte.[2])

Ferner sind die Waldungen der Gemeinden und öffentlichen Anstalten der Forstordnung unterworfen und werden somit staatlich verwaltet, wenn sie durch die Verwaltungsbehörden auf Vorschlag der Forstverwaltung und nach Anhörung der Gemeinderäte oder Anstaltsvorstände für die regelmäßige Bewirtschaftung nach einem Betriebsplan geeignet befunden werden. Ist es streitig, ob die Voraussetzungen bei einem Walde vorliegen, so entscheidet das Ministerium. Handelt es sich um die Umwandlung in Waldung und den Betriebsplan von Grundstücken, die als Weide dienen, so ist der Antrag der Forstverwaltung dem Bürgermeister mitzuteilen. Der Gemeinderat hat darüber zu beschließen. Streitigkeiten werden im Verwaltungsstreitverfahren entschieden.[3]) Als Entschädigung dafür, daß der Staat die Waldungen der Gemeinden und öffentlichen Anstalten verwaltet, haben diese an die Staatskasse einen alljährlich vom Bezirkspräsidenten auf Grund von Nachweisungen, die die Oberförster über die Jahreseinnahmen aus den Wäldern aufzustellen haben, festzusetzenden Beitrag zu zahlen, der ein Zwanzigstel des ermittelten Nettoertrages beträgt, jedoch den Betrag von 80 Pfennig für das Hektar der Gesamtfläche des Waldes nicht übersteigen darf. Gegen Leistung dieses Betrages trägt der Staat die sämtlichen Kosten der laufenden Verwaltung und der Forstaufsicht; die Schutzkosten und materiellen Betriebskosten (Holzwerbungs-, Kultur-, Wegebau-, Grenzunterhaltungs-, Insektenvertilgungskosten, die Kosten der Vermessung und Forsteinrichtung) bleiben zu Lasten der Gemeinden und öffentlichen Anstalten.[4]) In materiell-rechtlicher Hinsicht

---

[1]) Ebenda Art. 79—85; Art. 63. Über die Berechnung der Entschädigung Zeitschrift Bd. 20 S. 145.

[2]) Ebenda Art. 64ff. Zeitschrift Bd. 32 S. 472.

[3]) Forstgesetzbuch Art. 1 und 90; Ordonnanz vom 1. August 1827 Art. 128. — Vorschriften für die Verwaltung und Bewirtschaftung der Waldungen der Gemeinden und öffentlichen Anstalten vom 25. Oktober 1894 (A.Bl. S. 219) mit einer Dienstinstruktion für die Forstschutzbeamten der Gemeinden und öffentlichen Anstalten (A.Bl. S. 229) und einer Hauordnung für die Waldungen (A.Bl. S. 250).

[4]) Gesetz vom 25. Juni 1841 Art. 5; Gesetz vom 19. Juli 1845 Art. 6; Gesetz vom 14. Juli 1856 Art. 14. Vorschriften vom 25. Oktober 1894 § 2.

bedeutet der Übergang der Forstverwaltung auf die staatlichen Behörden, daß für die Waldungen der Gemeinden und öffentlichen Anstalten dieselben Bestimmungen, denen auch die Staatswaldungen unterworfen sind, Anwendung finden.[1]) Jedoch wird in allen wichtigen Fällen der Gemeinderat (Verwaltungsrat) angehört[2]) oder der Bürgermeister (Vorstand) hinzugezogen[3]) oder es wird eine Beschlußfassung des Gemeinderates gefordert.[4]) Auf diese Weise finden die Interessen der Gemeinde- und Anstaltsverwaltungen genügende Berücksichtigung.

Die Abgabe von Nutzholz ist nur gegen Zahlung seines durch Sachverständige abzuschätzenden Wertes zulässig; als Brennholz darf es niemals verteilt werden. Im übrigen untersteht die Verteilung des Gabholzes den Vorschriften der Gemeindeordnung über Almende.[5])

Die Aufteilung der Gemeindewaldungen ist gesetzlich verboten; Rodungen dürfen nur mit ausdrücklicher Genehmigung der Regierung vorgenommen werden.[6])

Die Waldungen von Privatpersonen unterstehen, insoweit sie sich nicht im Miteigentum mit dem Staat, den Gemeinden und öffentlichen Anstalten befinden,[7]) nicht dem Forstgesetzbuch. Vom Staate verwaltet werden die Privatwälder nicht; jedoch sind im allgemeinen staatswirtschaftlichen Interesse dem Eigentümer einige Beschränkungen auferlegt.

Die Ausrodung des Waldes[8]) darf erst vorgenommen werden, wenn der Eigentümer eine diesbezügliche Anzeige bei der Kreisdirektion vier Monate vorher gemacht hat und während dieser Zeit keine Einsprüche erhoben worden sind. Der Einspruch kann nur darauf gestützt werden, daß die Erhaltung des Waldes notwendig ist zur Festhaltung der Erdkrume auf Bergen und Abhängen; zur Beschützung des Bodens vor den Abspülungen und Einbrüchen von Flüssen, Strömen oder Wildbächen; zum Fortbestande von Quellen und Wasserläufen, zur Verteidigung des

---

[1]) Forstgesetzbuch Art. 90.

[2]) Beispiele: Aufstellung und Revision von Betriebsplänen, der jährlichen Hauungs-, Kultur- und Wegebaupläne.

[3]) Bei Auszeichnung der Schläge, bei öffentlichen Holzversteigerungen.

[4]) Der Gemeinderat entscheidet beispielsweise, ob die Fällungs- und Aufarbeitungsarbeiten im Selbstbetriebe ausgeführt oder freihändig oder öffentlich vergeben werden sollen, er bestimmt die Art des Holzverkaufes und der Verkaufsbedingungen.

[5]) Gemeindeordnung § 54. Bruck, Gemeindeordnung S. 219 Bem. 19.

[6]) Forstgesetzbuch Art. 92, 91.

[7]) Forstgesetzbuch Art. 1.

[8]) Forstgesetzbuch Art. 219, 226.

Landes; zur öffentlichen Gesundheitspflege. Über den Einspruch entscheidet das Ministerium. Die Beschränkung bezüglich des Ausrodens gilt nicht für junge Holzbestände während der ersten zwanzig Jahre nach ihrer Ansaat, für Park- und Gartenanlagen, die geschlossen sind und an Wohnungen stoßen, für nicht geschlossene Gehölze von einer Ausdehnung unter zehn Hektaren, sofern sie nicht auf dem Gipfel oder am Abhange eines Berges liegen.

Eigentümer von Privatwaldungen, die in einer Entfernung von fünf Kilometern von dem Rheine entfernt liegen, sind verpflichtet, auf Ansuchen des Bezirkspräsidenten Holz oder Weiden gegen Erstattung des Wertes zu liefern, falls sie schleunigst zur Eindeichung des Rheins und zur Befestigung seiner Ufer nötig sind; jedoch müssen zuvor die Staatswaldungen, und wenn diese nicht genug liefern, können die Waldungen der Gemeinden und öffentlichen Anstalten zur Lieferung aufgefordert werden, bevor die Privatwaldungen in Anspruch genommen werden dürfen.[1])

Die Eigentümer von Privatwaldungen sind berechtigt, unter denselben Bedingungen wie der Staat die Holzberechtigungen abzulösen, jedoch nicht zu beschränken; bei Ausübung der Nutzungsrechte sind die gleichen Vorschriften zu beachten wie in den Staatswaldungen. Vor allem dürfen die Rechte auf Weide, Trift, Mast, Eichellese nur in den Teilen ausgeübt werden, die durch die Forstverwaltung für geöffnet erklärt worden sind.[2]) Nutzungsrechte jeder Art können von neuem begründet werden.

Die Anstellung von Schutzbeamten bedarf der Bestätigung des Kreisdirektors; vor ihrem Amtsantritt sind sie zu vereidigen.[3])

III. Die Forstverwaltung erstrebt nicht nur die forstgemäße Bewirtschaftung der Wälder, sondern auch eine Vermehrung des Waldbestandes.

Zur Wiederbewaldung[4]) der auf dem Gipfel oder am Abhange der Berge liegenden Flächen werden Unterstützungen gewährt; ist sie im öffentlichen Interesse wegen des Zustandes des Bodens und der Gefahren, die daraus für die tiefer gelegenen Grundstücke erwachsen, erforderlich, so ist zunächst ein Vorverfahren abzuhalten, in dem die Gemeinderäte der beteiligten Gemeinden, ein besonders gebildeter Ausschuß, der Kreistag

---

[1]) Forstgesetzbuch Art. 136 ff. Die Strafandrohung spricht das Forststrafgesetz § 48 aus.

[2]) Forstgesetzbuch Art. 118 ff.

[3]) Ebenda Art. 117.

[4]) Gesetz vom 28. Juli 1860; Gesetz vom 8. Juni 1864 über die Berasung der Berge.

und der Bezirkstag gutachtlich anzuhören sind. Hierauf wird durch eine Kaiserliche vom Statthalter auszufertigende Verordnung die Gemeinnützigkeit der Arbeiten ausgesprochen[1]) und zugleich der Umkreis der wiederzubewaldenden Fläche und die Ausführungsfristen festgesetzt. Stehen die in Betracht kommenden Flächen im Privateigentum, so haben ihre Eigentümer zu erklären, ob sie die Wiederbewaldung selbst ausführen wollen. Weigern sie sich hierzu, so kann das Zwangsenteignungsverfahren gegen sie durchgeführt werden. Jedoch kann der enteignete Eigentümer die Wiedereinsetzung in sein Eigentum nach der Wiederbewaldung verlangen, wenn er die Entschädigungssumme und die Kosten der Arbeiten an Kapital und Zinsen zurückerstattet. Verzichtet er auf die Hälfte seines Eigentums, so kann er sich von der Bezahlung der Kosten für die Arbeiten befreien. Gehört das wiederzubewaldende Gebiet Gemeinden und öffentlichen Anstalten und verweigern diese die Vornahme der Arbeiten, so kann der Staat entweder auf gütlichem Wege die Flächen erwerben oder ohne sie zu erwerben die Arbeiten ausführen. In diesem Falle benutzt und verwaltet er die aufgeforsteten Flächen bis ihm die aufgewendeten Kosten mit Zinsen zurückbezahlt sind. Die Gemeinde darf aber auf den wiederbewaldeten Grundstücken Weiderechte ausüben, sobald die Waldungen für geöffnet erklärt werden. Verzichten die Gemeinden und öffentlichen Anstalten auf ihr Eigentum an der Hälfte der Aufforstungen, so befreien sie sich damit von jeder Rückforderung des Staates.

IV. Nach dem Gesetz über das Forststrafrecht und Forststrafverfahren vom 28. April 1880 (Gesetzblatt S. 75) finden auf die Forststrafsachen die Vorschriften des Strafgesetzbuchs Anwendung, insoweit keine Sonderbestimmungen getroffen sind.[2]) So ist bei jugendlichen Tätern die Strafermäßigung ausgeschlossen (§ 2); neben der Strafe kann auf Werterſatz und Ersatzgeld erkannt werden; für den Wertersatz, das Ersatzgeld und die Kosten haften die Gewalthaber und Dienstherren der verurteilten Personen und zwar unabhängig von der Strafe, die sie selbst trifft; zur Zahlung der Geldstrafe, des Wertersatzes, des Ersatzgeldes und der Kosten werden die Gewalthaber und Dienstherren unmittelbar verurteilt, wenn der Täter das zwölfte Lebensjahr noch nicht vollendet hatte oder wenn er vor Erreichung des achtzehnten Lebensjahres wegen Mangels der zur Erkenntnis der Strafbarkeit seiner Handlung erforderlichen Einsicht freigesprochen wird oder wenn er wegen eines seine freie Willensbestim-

---

[1]) Verordnung vom 23. November 1907 (R.G.Bl. S. 759).

[2]) Einführungsgesetz zum Strafgesetzbuch Art. II.

mung ausschließenden Zustandes straffrei bleibt (§ 3, 4); bei der Umwandlung der nicht beizutreibenden Geldstrafen in Freiheitsstrafen wird von den in § 29 des Strafgesetzbuchs aufgestellten Grundsätzen abgewichen (§ 5); der Verurteilte kann sich von der über ihn verhängten Freiheitsstrafe durch Forst- oder Gemeindearbeit freimachen, sofern die Forstverwaltung nicht aus besonderen Gründen dagegen ist (§ 6).

Zu den Forststrafsachen gehören der Forstdiebstahl (§§ 10—20),[1]) das ist der in einem Walde oder auf einem anderen hauptsächlich zur Holznutzung bestimmten Grundstücke verübte Diebstahl im wesentlichen an Holz, das noch nicht vom Stamme oder Boden getrennt, das durch Zufall abgebrochen oder umgeworfen und mit dessen Zurichtung noch nicht der Anfang gemacht worden ist. Der Versuch des Forstdiebstahls und die Teilnahme an einem solchen werden mit der vollen Strafe des Forstdiebstahls bestraft. Ferner gehören hierher die Weidefrevel in Wäldern oder auf anderen hauptsächlich zur Holznutzung bestimmten Grundstücken (§ 21—26) und die Zuwiderhandlungen gegen forstpolizeiliche Bestimmungen, die sich in zwei Abschnitte teilen in solche, die auf jeden Wald und in solche, die nur auf die der Forstordnung unterworfenen Wälder Anwendung finden.

Auch die Verfolgung der Forststrafsachen richtet sich nach der Strafprozeßordnung, insoweit keine Ausnahmevorschriften[2]) Platz greifen. Zur Aburteilung sind abgesehen von den Vergehen (§ 78) die Amtsgerichte zuständig und zwar verhandeln und entscheiden diese nur bei qualifiziertem Forstdiebstahl, bei gewohnheits- oder gewerbsmäßiger Hehlerei (§ 15) und bei einem zwei- oder mehrfach rückfälligen Forstdieb mit Zuziehung der Schöffen, sonst ohne diese (§ 64). Zuständig ist nur das Amtsgericht, in dessen Bezirke die Zuwiderhandlung begangen ist; ist die Zuwiderhandlung außerhalb Elsaß-Lothringens begangen, so bestimmt sich der Gerichtsstand nach der Strafprozeßordnung (§ 66). Durch richterlichen Strafbefehl kann Geldstrafe ohne Rücksicht auf den Betrag, Freiheitsstrafe von höchstens sechs Wochen, der Werterlaß, das Ersatzgeld und die verwirkte Einziehung ausgesprochen werden; beim Ausbleiben des Angeklagten kann zur Hauptverhandlung geschritten werden auch in Fällen, in denen es nach der Strafprozeßordnung nicht zulässig wäre.[3]) Über die Berufung entscheidet die Strafkammer in Besetzung von drei Mitgliedern einschließlich des Vorsitzenden; Revision ist nur zulässig, wenn

[1]) Über Rückfallsstrafe §§ 16, 17.

[2]) Einführungsgesetz zur Strafprozeßordnung § 3 Abs. 3.

[3]) Gesetz vom 23. Mai 1888 (G.Bl. S. 45).

es sich um einen qualifizierten Forstdiebstahl, um gewerbs- oder gewohnheitsmäßige Hehlerei oder um einen Forstdiebstahl im zweiten oder ferneren Rückfall handelt (§ 64 Abs. 3, § 75).[1])

Die Forstschutzbeamten dürfen Wagen, Karren, Schlitten, Kähne und Tiere, die zur Verübung eines Forstdiebstahls benutzt werden, sowie das im Weidefrevel betroffene Vieh pfänden. Die Vollstreckung der Pfändung ist ähnlich wie im Feldpolizeistrafgesetz geregelt (§§ 58—62).

§ 120. Bergbau.*)

I. Der Bergbau, die auf die Gewinnung bestimmter Materialien gerichtete Tätigkeit, ist durch das Berggesetz für Elsaß-Lothringen vom 16. Dezember 1873 (Gesetzblatt S. 397)[2]) eingehend geregelt worden. Das Bergrecht gehört teilweise in das Gebiet des öffentlichen, teilweise in das des Privatrechtes. Eine Darstellung, die sich nur auf die Hervorhebung der öffentlich-rechtlichen Normen beschränkt, bleibt zusammenhanglos und unverständlich, wenn nicht zugleich die den Bergbau beherrschenden privatrechtlichen Grundsätze erörtert werden.

Die Organisation der Bergbehörden hat im Laufe der Zeiten verschiedene Wandlungen erfahren. Nachdem zunächst das Bergwesen zur Zuständigkeit der Bezirkspräsidenten gehört hatte, wurde bereits im Jahre 1871 der Reichskanzler zur obersten Bergbehörde und das preußische Oberbergamt Bonn zur Oberbergbehörde bestellt, an dessen Stelle später der Oberpräsident trat; im Jahre 1879 wurde der Oberpräsident durch das Ministerium und der Reichskanzler durch den Statthalter ersetzt. Seitdem gruppieren sich die Bergbehörden folgendermaßen.[3]) Die unterste Instanz — Bergbehörde im Sinne des Berggesetzes — bilden die Berg-

---

[1]) Also in den Fällen, in denen der Amtsrichter mit Zuziehung der Schöffen zu erkennen hat.

*) Literatur: Brassert, Erläuterungen zum Berggesetz in Zeitschrift f. Bergrecht Bd. 15 S. 41 ff. Die Kommentare von Arndt (5. Auflage 1907), Klostermann, Wachler zum preußischen Berggesetz. — Leoni-Mandel S. 256 ff.; Kisch, Landesprivatrecht S. 634 ff.; Nürck, Sachenrecht §§ 31—35. Kusenberg, Entstehung und Beendigung des Bergwerkseigentums nach dem in Elsaß-Lothringen geltenden Rechte. Straßburg 1905.

[2]) Das Berggesetz, das dem preußischen Berggesetz vom 24. Juni 1865 sehr ähnelt, ist durch Art. 67 des Einführungsgesetzes zum Bürgerlichen Gesetzbuch aufrecht erhalten worden. Es unterliegt der Revision durch das Reichsgericht. Kaiserl. Verordnung vom 28. November 1879 (R.G.Bl. S. 299) § 12.

[3]) Berggesetz §§ 164 ff.

meister, die je einem Bergrevier vorstehen;[1]) sie handhaben insbesondere die Bergpolizei und üben in Beziehung auf die ihrer Aufsicht unterworfenen Anlagen und Betriebe die Befugnisse und Obliegenheiten der Gewerbeaufsichtsbeamten aus. Obere Bergbehörde ist das Ministerium, dem zu diesem Zweck ein technischer Referent (Berghauptmann) beigegeben ist. Es führt die Aufsicht über die Bergmeister und Markscheider. Oberste Bergbehörde ist der Statthalter.

Für die Entscheidungen in Bergsachen gibt es nur zwei Instanzen. Gegen diejenigen des Bergmeisters ist Rekurs an das Ministerium, gegen die des Ministeriums Rekurs an den Statthalter zulässig. Der Rekurs muß binnen vier Wochen von der Zustellung der Entscheidung an eingelegt werden.[2]) Die Kosten können im Verwaltungszwangsverfahren wie die direkten Steuern beigetrieben werden.

Die eigenartige Stellung des Statthalters dem Ministerium gegenüber für den hier in Betracht kommenden Kreis von Angelegenheiten ist bereits früher (Bd. I S. 131 ff.) dargelegt worden. Dadurch, daß dem Statthalter als technischer Berater nur der dem Ministerium beigegebene Berghauptmann zur Verfügung steht, muß der Statthalter bei erneuter fachmännischer Prüfung der seiner Entscheidung überlassenen Fragen von ihm ein Gutachten einfordern; öfters hat sich der Statthalter auch schon an die Abteilung für Berg-, Hütten- und Salinenwesen des preußischen Ministeriums für öffentliche Arbeiten gewandt.[3]) Beide Wegen sollten nach der Absicht des Gesetzgebers vermieden werden.

II. Bergrechtliche Mineralien, die von dem Verfügungsrecht des Grundeigentümers ausgeschlossen sind, sind: Gold, Silber, Quecksilber, Eisen bei unterirdischem Abbau, Blei, Kupfer, Zinn, Zink, Kobalt, Nickel, Arsenik, Mangan, Antimon, Schwefel gediegen und als Erze; Alaun, Vitriolsalze; Steinkohle, Braunkohle, Graphit, Bitumen (Petroleum, Erdpech); Steinsalz nebst den mit denselben auf der nämlichen Lagerstätte vorkommenden Salzen und die Soolquellen. Ihre Gewinnung unterliegt,

---

[1]) Elsaß-Lothringen zerfällt in die vier Bergreviere: Straßburg, Metz, Saargemünd und Diedenhofen. Bekanntm. vom 7. September 1871 (G.Bl. S. 337), vom 21. Dezember 1873 (G.Bl. S. 434), vom 23. Januar 1900 (G.Bl. S. 45), vom 22. April 1901 (G.Bl. S. 36).

[2]) Zur Einlegung des Rekurses ist auch der Vorstand der Berufsgenossenschaft oder Berufsgenossenschaftssektion befugt, wenn Verfügungen oder Beschlüsse des Bergmeisters oder der Oberbergbehörde den von der zuständigen Berufsgenossenschaft erlassenen Vorschriften zur Verhütung von Unfällen widersprechen. § 169 in der Fassung der Berggesetznovelle von 1909. Vgl. S. 63.

[3]) Kusenberg S. 104.

sofern sie sich auf ihren natürlichen Ablagerungsstätten befinden, bestimmten Vorschriften (§ 1, § 4 Berggesetz). Der Erwerb aller übrigen Stoffe ist der Verfügungsmacht des Grundeigentümers nicht entzogen. So steht der Tagebau auf Erzen dem Grundeigentümer zu, wenn diese Gewinnung den unterirdischen Abbau der tiefergelegenen Eisenerze aus bergtechnischen oder bergpolizeilichen Gründen nicht unmöglich macht. Bevor der Grundeigentümer mit dem Betrieb beginnt, hat er dem Bergmeister eine Anzeige zu erstatten; die endgültige Entscheidung unter Ausschluß des Rechtsweges, ob das Eisen von dem Grundeigentümer mittels Tagebaus ausgebeutet werden darf oder nicht, oder ob ein derartiger bereits begonnener Betrieb wieder eingestellt werden muß, steht dem Ministerium zu (§§ 2, 189 Berggesetz).[1]) Auch die Torfgewinnung erfordert nicht die Beobachtung der bergrechtlichen Vorschriften, sondern ist dem Belieben des Grundstückeigentümers überlassen. Ferner ist der Betrieb von Steinbrüchen dem Grundeigentümer freigegeben, verlangt jedoch, namentlich wenn er unterirdisch betrieben wird, die Erfüllung gewisser im Interesse der Sicherheit gegebenen Bedingungen.[2])

Das Bergwerkseigentum entsteht durch staatliche Verleihung, nachdem die Mineralien aufgesucht sind (Schürfen) und das Gesuch um Verleihung in einem gewissen Felde angebracht ist (Muten).

Das Schürfen (§§ 4—12 Berggesetz) ist jedem überall gestattet; jedoch darf auf öffentlichen Plätzen, Straßen und Eisenbahnen und auf Friedhöfen unbedingt nicht geschürft werden, auf anderen Grundstücken ist es unstatthaft, wenn nach Ansicht des Bergmeisters überwiegende Gründe des öffentlichen Interesses entgegenstehen. Zum Schürfen auf fremdem Grund und Boden ist die Erlaubnis des Grundbesitzers notwendig, die er erteilen muß,[3]) solange nicht unter Gebäuden und auf dazu gehörigen Grund-

[1]) Polizeiverordnung über den Tagebau auf Eisenerze vom 24. September 1906 (A.Bl. S. 173).

[2]) Polizeiverordnung über den Betrieb der unterirdischen Steinbrüche vom 17. März 1907 (A.Bl. S. 55); über den Betrieb der offenen Steinbrüche Polizeiverordnung des Oberpräsidenten vom 7. September 1879 (Ober-Elsaß A.Bl. Beilage zu Nr. 33; Unter-Elsaß A.Bl. Beilage zu Nr. 40; Lothringen A.Bl. Beilage zu Nr. 39) und Ministerialbekanntmachung vom 18. November 1892 (A.Bl. S. 404), die die Aufsichtsbefugnisse auf die Gewerbeaufsichtsbeamten überträgt. Bezüglich der den Bergbehörden unterstellten Anlagen ist höhere Verwaltungsbehörde im Sinne der Gewerbeordnung die Oberbergbehörde, untere Verwaltungsbehörde, Polizeibehörde und Ortspolizeibehörde der Bergmeister.

[3]) Wird die Erlaubnis untersagt, so entscheidet der Bergmeister vorbehaltlich des Rekurses.

stücken in einem Umkreise bis zu 60 Meter, in Gärten und in eingefriedigten Hofräumen geschürft wird. In den Feldern fremder Bergwerke darf nur nach Mineralien geschürft werden, auf die der Bergwerkseigentümer noch keine Rechte erworben hat; der Bergmeister hat, wenn die Schürfarbeiten die Sicherheit der Baue oder den ungestörten Betrieb des Bergwerks bedrohen, sie zu untersagen. Der Schürfer haftet für alle Beschädigungen des Grundeigentums und seiner Zubehörungen wie der Bergwerksbesitzer;[1]) außerdem muß er für die entzogene Nutzung jährlich im voraus vollständige Entschädigung leisten und hat bei Rückgabe des Grundstücks die Wertsverminderung zu ersetzen; er hat, wenn die Schürfung über drei Jahre dauert, auf Verlangen des Eigentümers das Grundstück zu erwerben. Einigen sich die Beteiligten nicht über die Entschädigung, so setzt sie der Bergmeister in einem mit Rekurs anfechtbaren Beschluß vorbehaltlich des ordentlichen Rechtsweges fest. Über die Verpflichtung zum Erwerb des Grundstücks entscheidet der Bergmeister in Gemeinschaft mit dem Kreisdirektor durch Beschluß, der durch Rekurs an das Ministerium anfechtbar ist.[2]) Die durch die Schürfarbeiten geförderten Mineralien gehören dem Schürfer.

Die Mutung (§ 13ff.) — das Gesuch um Verleihung des Bergwerkseigentums in einem gewissen Felde — ist bei dem Bergmeister anzubringen und zwar in zwei gleichlautenden schriftlichen Exemplaren, von denen eins der Muter, nachdem es mit dem Eingangsvermerk versehen ist, zurückerhält oder zu Protokoll. Die Mutung hat den Namen und Wohnort des Muters, die Bezeichnung des Minerals, auf welches die Verleihung des Bergwerkseigentums verlangt wird, die Bezeichnung des Fundpunktes und den dem Bergwerk beizulegenden Namen anzugeben; an Stelle des Fundpunktes tritt, wenn eine Mutung auf das Mineralvorkommen eines verlassenen Bergwerks eingelegt ist, die Angabe über die Lage dieses Bergwerks. Ist die Mutung unvollständig, so ist sie auf Anfordern binnen einer Woche zu ergänzen, andernfalls sie ungiltig wird. Innerhalb einer Frist von sechs Wochen nach Einbringen der Mutung muß der Muter die Lage und Größe des Feldes angeben und einen Situationsriß einreichen (Feldesstreckung). Die Giltigkeit der Mutung ist davon abhängig, daß das in derselben bezeichnete Mineral an dem angegebenen Fundpunkt auf seiner natürlichen Ablagerung vor Einlegung der Mutung entdeckt worden ist und bei der amtlichen Untersuchung nach-

[1]) Berggesetz § 131.
[2]) Berggesetz § 121ff.

gewiesen wird (Fündigkeit[1])) und daß nicht bessere Rechte Dritter auf den Fund entgegenstehen. Ein besseres Recht besitzt derjenige, der früher gemutet hat, ferner der Bergwerkseigentümer auf die in seinem Felde vorkommenden Mineralien, welche nach Ansicht des Bergmeisters aus bergtechnischen oder bergpolizeilichen Gründen nur gemeinschaftlich mit dem in der Verleihungsurkunde benannten Mineral gewonnen werden können; das Vorrecht erlischt, wenn es nicht binnen vier Wochen seit Mitteilung einer eingelegten Mutung durch Mutung geltend gemacht wird (§ 45 Berggesetz). Endlich hat ein besseres Recht der Finder[2]) gegenüber Mutungen, die nach dem Funde eingelegt werden, wenn er innerhalb einer Woche nach Ablauf des Tages der Entdeckung selbst mutet (§ 24).

Die Verleihung des Bergwerkseigentums (§§ 23—40) ist ein Akt der Staatsgewalt, der aber nicht in das freie Belieben der zuständigen Behörde gestellt ist. Vielmehr begründet die den gesetzlichen Erfordernissen entsprechende Mutung ein Recht auf Verleihung und löst somit bei schuldhafter Verletzung einen Schadensersatzanspruch aus (§ 839 Bürgerliches Gesetzbuch). Das Recht auf Verleihung kann nur gegen den ein besseres Recht behauptenden Dritten, nicht gegen die staatlichen Behörden im ordentlichen Rechtswege erstritten werden. Die Verleihung bezieht sich auf bestimmt zu bezeichnende Mineralien und auf ein bestimmtes Feld, das soweit als möglich von graden Linien an der Oberfläche und von senkrechten Ebenen in die „ewige Teufe“ begrenzt wird. Der Muter kann ein Feld von 200 Hektar verlangen. Der Verleihung geht ein Vorverfahren vor dem Bergmeister voraus, in dem die Beteiligten zu laden sind. Liegen Einsprüche vor oder kann aus anderen gesetzlichen Gründen den Anträgen des Muters gar nicht oder nicht in ihrem ganzen Umfange entsprochen werden, so entscheidet das Ministerium über die Erteilung oder Versagung; die Entscheidung ist durch Rekurs an den Statthalter

---

[1]) Wird die Mutung auf das Mineralvorkommen eines verlassenen Bergwerks eingelegt, so brauchen neue Aufschlüsse nicht nachgewiesen zu werden, nur darf das Bergwerk nicht gänzlich abgebaut sein. — Mit dem Nachweise der „absoluten Bauwürdigkeit“ ist den gesetzlichen Bestimmungen genügt. So ist — nach einem Beschluß des Ministeriums vom 28. Juli 1897 und einem Rekursbescheid des Statthalters vom 7. April 1898 — zum Begriff der Soolquelle nicht das Bestehen einer im Bohrloch aufsteigenden Quelle erforderlich; es genügt, wenn aus dem Loche Sole von hinreichender Grädigkeit in angemessener Menge herausgepumpt werden kann.

[2]) Finder ist der, welcher auf eigenem Grund und Boden oder in seinem eigenen Grubengebäude oder durch Schürfarbeiten Mineralien auf ihrer natürlichen Ablagerung entdeckt.

anfechtbar (§ 168 Berggesetz). Ansprüche, die im ordentlichen Rechtswege verfolgbar sind, müssen binnen drei Monaten seit Zustellung des Beschlusses durch gerichtliche Klage verfolgt werden. Die Verleihungsurkunde fertigt das Ministerium aus; sie muß den Namen, Stand und Wohnort des Berechtigten, den Namen des Bergwerks, seine Größe, Begrenzung und genaue Lage, endlich die Mineralien enthalten. Die Verleihungsurkunde wird innerhalb sechs Wochen nach Ausfertigung im Zentral- und Bezirks-Amtsblatt veröffentlicht.[1]) Für Verleihung auf Steinkohlen oder Steinsalz nebst den mit diesem auf derselben Lagerstätte vorkommenden Salzen oder auf Bitumen wird ein Stempel von 8000 Mark, auf sonstige Mineralien ein Stempel von 1000 Mark erhoben.[2]) Durch die Verleihung wird das Bergwerkseigentum begründet; eine Eintragung in das Grund- (Eigentums) buch ist nicht erforderlich.

Das Bergwerkseigentum wird rechtlich wie ein Grundstück behandelt.[3]) Es birgt die ausschließliche Befugnis in sich, das in der Verleihungsurkunde benannte Mineral in seinem Felde aufzusuchen und zu gewinnen. Mineralien, die dem Berechtigten nicht verliehen sind, die er aber durch Betrieb des Bergwerks gewinnt, darf er ohne Entschädigung für sich behalten, wenn er sie zu Zwecken seines Betriebes verwendet, andernfalls muß er sie dem Grundstückseigentümer gegen Erstattung der Gewinnungs- und Förderungskosten herausgeben (§ 47 Berggesetz). Ist das Recht zur Gewinnung verschiedener Mineralien innerhalb derselben Feldesgrenzen verschiedenen Bergwerkseigentümern verliehen, so kann jeder das fremde Mineral mit dem seinigen mitgewinnen, muß es aber gegen Erstattung der Kosten herausgeben (§ 46 Berggesetz).

Außer dem Aneignungsrecht auf die verschiedenen Mineralien hat der Bergwerkseigentümer die Befugnis, alle für den Bergwerksbetrieb erforderlichen Vorrichtungen unter und über Tage zu treffen. Er kann Hilfsbaue (§§ 49—53) anlegen und zwar im freien Felde unbeschränkt, im Felde anderer Bergwerksbesitzer, wenn die Hilfsbaue die Wasser- und Wetterlösung oder den vorteilhafteren Betrieb des Bergwerks, für welche

[1]) Muter und Bergwerkseigentümer, über deren Rechte nicht bereits verhandelt und entschieden ist, können binnen 3 Monaten nach der Publikation gerichtliche Klage gegen den Bergwerkseigentümer anstrengen. Der Entscheidung entsprechend ist die Verleihungsurkunde aufzuheben oder abzuändern. Berggesetz §§ 35—38.

[2]) Gesetz vom 14. Juli 1908 (G.Bl. S. 73).

[3]) Berggesetz §§ 41 ff. Kisch, Landesprivatrecht S. 650—656; daselbst S. 663 ff. über das Verhältnis unter mehreren Teilnehmern an einem Bergwerk (Gewerkschaft). Nürck, Sachenrecht § 32.

die Anlage gemacht werden soll, bezwecken und der andere Bergbau dadurch weder gestört noch gefährdet wird. Wird die Verpflichtung zur Gestattung des Hilfsbaus bestritten, so entscheidet der Bergmeister unter Ausschluß des Rechtsweges. Für allen Schaden, der dem belasteten Bergwerk durch die Anlage des Hilfsbaus entsteht, ist voller Ersatz zu leisten. Der Bergwerkseigentümer darf ferner die zur Aufbereitung seiner Bergwerkserzeugnisse erforderlichen Anstalten, in denen diese gereinigt, zerkleinert, verarbeitet werden, errichten und betreiben (§ 48). Endlich kann er die Abtretung der für den Bergwerksbetrieb notwendigen Grundstücke[1]) von dem Eigentümer verlangen, wenn es sich nicht um mit Wohn-, Wirtschafts- oder Fabrikgebäude bebauten Grund und Boden und die damit in Verbindung stehenden eingefriedigten Hofräume handelt; sonst kann die Abtretung nur aus überwiegenden Gründen des öffentlichen Rechtes versagt werden. Für die entzogene Nutzung ist jährlich im voraus vollständige Entschädigung zu leisten und das Grundstück nach beendigter Verwaltung zurückzugeben; die Wertsverminderung ist bei Rückgabe des Grundstücks zu ersetzen. In diesem Falle, oder wenn die Benutzung des Grundstücks länger als drei Jahre dauert, oder das Grundstück durch Abtretung einzelner Teile nicht mehr zweckmäßig benutzbar ist, kann statt Schadensersatz der Erwerb des Grundstücks seitens des Bergwerkseigentümers verlangt werden. Einigen sich die Beteiligten nicht über den Umfang und die Bedingungen der Abtretung, so trifft die Entscheidung der Bergmeister und Kreisdirektor in einem gemeinschaftlichen Beschluß, der durch Rekurs an das Ministerium anfechtbar ist. Wegen der Festsetzung der Entschädigung und Kaution kann auch der ordentliche Rechtsweg beschritten werden.

Der Bergwerkseigentümer[2]) haftet für jeden dem Grundeigentum und dessen Zubehör durch den Bergwerksbetrieb angerichteten Schaden ohne Rücksicht auf Vorsatz oder Fahrlässigkeit (Sachschaden). Der Schaden an Gebäuden und Anlagen, die zu einer Zeit errichtet worden sind, wo die durch den Bergbau drohende Gefahr dem Grundbesitzer nicht unbekannt bleiben durfte, ist nicht zu ersetzen. Die Schadensersatzklage muß innerhalb drei Jahren nachdem der Beschädigte von dem Schaden und seinem Urheber Kenntnis bekommen hat, angestrengt werden (§§ 127—131 Berggesetz). Gegen die Ausführung von öffentlichen Straßen, Eisenbahnen,

[1]) §§ 115ff. des Berggesetzes.

[2]) Wer Bergwerkseigentümer ist Zeitschrift Bd. 26 S. 505; Bd. 28 S. 1. — Mehrere Bergwerkseigentümer haften gemeinschaftlich zu gleichen Teilen. Berggesetz § 128.

Kanälen und anderen öffentlichen Verkehrsmitteln, zu deren Anlegung dem Unternehmer das Zwangsenteignungsrecht verliehen ist, steht dem Bergwerkseigentümer zwar kein Widerspruch zu, aber er kann, wenn seine Berechtigung die frühere war, Schadensersatz für neue Anlagen oder für Beseitigung oder Veränderung bestehender Anlagen verlangen.[1]) Für Personenschaden haftet der Betriebsunternehmer — derjenige, auf dessen Kosten und Gefahr der Betrieb stattfindet — nach dem Haftpflichtgesetz.[2])

Die Vereinigung von zwei oder mehreren Bergwerken zu einem einheitlichen Ganzen (Konsolidation), die Teilung eines Bergwerkes in selbständige Felder (Feldesteilung) und der Austausch von Feldesteilen zwischen angrenzenden Bergwerken (Feldesaustausch) unterliegt der Bestätigung des Ministeriums. Die Bestätigung darf nur aus Gründen des öffentlichen Interesses oder wenn die Felder der einzelnen Bergwerke nicht aneinander grenzen, versagt werden.[3])

Zum Bergwerksbetrieb ist der Bergwerkseigentümer insofern verpflichtet, als der Unterlassung oder Einstellung des Betriebes nach der Entscheidung des Bergmeisters überwiegende Gründe des öffentlichen Interesses nicht entgegenstehen.[4]) In diesem Falle ist der Eigentümer nach seiner Vernehmung zur Inbetriebsetzung des Bergwerks oder zur Fortsetzung des unternommenen Betriebes binnen einer Frist von sechs Monaten aufzufordern, andernfalls das Bergwerkseigentum entzogen wird (§ 59 Berggesetz). Dem Betrieb ist ein Betriebsplan, dessen Festsetzung und Abänderung der Genehmigung der Bergbehörde unterliegt, zugrunde zu legen. Erhebt die Bergbehörde nicht innerhalb 14 Tagen nach Einreichung des Planes Einspruch, so gilt er als genehmigt; ergeben sich Bedenken, so kann ihn die Bergbehörde festsetzen. Ein planwidriger Betrieb kann von ihr eingestellt werden.[5]) Der Betrieb darf nur unter Leitung, Aufsicht und Verantwortlichkeit von Personen geführt werden, die als hierzu tauglich von der Bergbehörde anerkannt sind.

Ebenso wie die Inbetriebsetzung ist auch die Betriebseinstellung

---

[1]) Berggesetz §§ 132, 133.

[2]) Zeitschrift Bd. 33 S. 509.

[3]) Berggesetz §§ 54—58. Über die privatrechtlichen Wirkungen Kisch S. 660 ff. — Unter „réunion" versteht man die Vereinigung mehrerer selbständiger Bergwerke in einer Hand.

[4]) Betriebspflicht besteht also nur da, wo der Nichtbetrieb einen Notstand an Salz, Kohlen usw. verursachen würde. Leoni-Mandel S. 259 Anm. 2.

[5]) Berggesetz §§ 59 ff. Über Grubenbilder § 66 ebenda.

vier Wochen vorher der Bergbehörde mitzuteilen.[1]) Das Bergwerkseigentum erlischt durch Verzicht oder Entziehung. Zur Entziehung ist das Ministerium befugt, wenn der Bergwerkseigentümer einer an ihn ergangenen Aufforderung zur Inbetriebsetzung des Bergwerks oder zur Fortsetzung des unterbrochenen Betriebes nicht Folge leistet. Gegen den Entziehungsbeschluß kann der Bergwerkseigentümer binnen vier Wochen Klage bei dem Gericht, in dessen Bezirk das Bergwerk liegt, gegen das Ministerium anstrengen. Die Verzichtserklärung und der Beschluß sind allen Hypothekengläubigern und sonstigen dinglich Berechtigten von dem Ministerium zuzustellen und im Zentral- und Bezirks-Amtsblatt zu veröffentlichen. Binnen drei Monaten nach Zustellung oder Publikation ist von dem Eigentümer oder dem Berechtigten die Zwangsversteigerung des Bergwerks zu betreiben; geschieht dieses nicht oder ist die Zwangsversteigerung erfolglos, so spricht das Ministerium die Aufhebung des Bergwerkseigentums aus. Damit erlöschen alle auf dem Bergwerk ruhenden Lasten.[2])

Für die Arbeiter aller Bergwerke und Aufbereitungsanstalten sollen Knappschaftsvereine[3]) bestehen, die ihren Teilnehmern und deren Angehörigen Unterstützung zu gewähren haben. Die Bestimmung der Bezirke und die Bestätigung der Statuten der Vereine erfolgt durch das Ministerium. Mit der Bestätigung der Statuten werden sie juristische Personen (établissements d'utilité publique). Verpflichtet dem Knappschaftsverein beizutreten, sind alle in seinem Bezirk belegenen Bergwerke und Aufbereitungsanstalten und die auf denselben beschäftigten Arbeiter;[4]) zum Beitritt berechtigt sind die Werksbeamten und Verwaltungsbeamten des Vereins, ferner die mit Bergwerken verbundenen Gewerbsanlagen, Hüttenwerke, Salinen, Tagebaue auf Eisenerze und die unterirdisch oder mittels Tagebaues betriebenen Steinbrüche mit den bei denselben beschäftigten Arbeitern auf Antrag der Werksbesitzer nach näherer Bestimmung der Statuten.

Die Statuten des Vereins sind von den Werksbesitzern unter Mitwirkung eines Arbeiterausschusses aufzustellen. Die Organe des Vereins

[1]) Muß infolge unvorhergesehener Ereignisse der Betrieb sofort oder in kürzerer Frist eingestellt werden, so ist die Anzeige nachträglich zu erstatten § 65 Berggesetz.

[2]) Berggesetz §§ 134ff; §§ 85, 103 Abs. 2 Ausführungsgesetz zum Bürgerlichen Gesetzbuch.

[3]) Berggesetz §§ 142ff.

[4]) Die Vereine sind gegenseitig verpflichtet, Mitglieder, die von dem Bezirk eines Vereins in den eines anderen verziehen, in die Klasse, der sie seither angehört haben, mit dem bereits erworbenen Dienstalter aufzunehmen. Berggesetz § 163.

sind der Knappschaftsvorstand, der zur Hälfte von den Werksbesitzern, zur anderen Hälfte von den Knappschaftsältesten gewählt wird, und die Knappschaftsältesten. Diese werden von den zum Verein gehörigen Arbeitern und Beamten gewählt. Die Knappschaftsältesten haben vor allem die Interessen der Vereinsmitglieder dem Vorstande gegenüber wahrzunehmen, unter anderem dürfen sie auch die Jahresrechnungen einsehen. Die Aufsicht über die Vereine führen die Bergmeister.

Die Rechte der Mitglieder stufen sich nach verschiedenen Klassen ab. Die vollberechtigten Mitglieder haben mindestens Anspruch auf Unterstützung in Krankheitsfällen, auf Sterbegeld, Invalidenunterstützung, Unterstützung der Witwen und auf Erziehungsgelder. Für die Leistungen an Krankenunterstützung und Sterbegeld können durch das Ministerium besondere Krankenkassen auf den zu einem Knappschaftsvereine gehörigen Werken eingerichtet werden.

Die Arbeiter und die Werksbesitzer sind beitragspflichtig; die Beiträge der Werksbesitzer sollen mindestens die Hälfte der Beiträge der Arbeiter ausmachen. Die Werksbesitzer müssen bei Vermeidung des Zwangsverfahrens für die Einziehung und Abführung der Beiträge der Arbeiter sorgen. Alle Beiträge können nach vorheriger Festsetzung durch das Ministerium wie direkte Steuern beigetrieben werden.

Die rechtlichen Verhältnisse zwischen den Bergbautreibenden und den in bergbaulichen Betrieben beschäftigten Bergleuten und Grubenbeamten soll in Nachbildung des preußischen Rechtes (Gesetz vom 24. Juli 1892) durch eine Berggesetznovelle, die zur Zeit dem Landesausschuß zur Beschlußfassung vorliegt, neu geregelt werden.[1]) Ihr zufolge hat für jedes Bergwerk und die mit ihm verbundenen, unter der Aufsicht der Bergbehörden stehenden Anlagen der Bergwerksbesitzer eine Arbeitsordnung zu erlassen; für einzelne Abteilungen des Betriebes, für einzelne Gruppen der Arbeiter oder einzelne Anlagen können besondere Arbeitsordnungen erlassen werden. Bei Betrieben von geringerem Umfange oder kurzer Dauer darf die Bergbehörde den Bergwerksbesitzer auf Antrag von dem Erlaß einer Arbeitsordnung entbinden. Für das Vertragsverhältnis zwischen den Bergwerksbesitzern und den Bergleuten ist in erster Linie der Inhalt der Arbeitsordnung maßgebend, subsidiär kommt bürgerliches Recht in Betracht. Die Arbeitsordnungen müssen bestimmte wichtige Gegenstände regeln, wie das Verfahren zur Feststellung des bei der Lohnberechnung zu berücksichtigenden Teiles ungenügend oder vorschriftswidrig beladener Fördergefäße (Wagennullen) und die Überwachung dieses Ver-

[1]) Verhandlungen des Landesausschusses 1909 Bd. I Vorlage Nr. 3.

fahrens durch Vertrauensmänner der Arbeiter, ferner die Art und Höhe und die Festsetzung der Strafen, und wenn sie in Geld bestehen, ihre Einziehung und Verwendung. Vor dem Erlaß der Arbeitsordnung ist auf den Bergwerken, für welche ein ständiger Arbeiterausschuß besteht, dieser zu hören; bei den übrigen Bergwerken ist den volljährigen Arbeitern Gelegenheit zur Äußerung zu geben. Die Arbeitsordnung ist unter Mitteilung der etwa geäußerten Bedenken des Arbeiterausschusses oder der Arbeiter der Bergbehörde einzureichen und durch Aushang zur allgemeinen Kenntnis der Arbeiter zu bringen. In Bergwerken, in den mindestens 100 Arbeiter beschäftigt werden, muß ein ständiger Arbeiterausschuß vorhanden sein, dem eine Reihe von Funktionen zugewiesen sind.

III. Die großen Gefahren, die der Bergbaubetrieb für die bei ihm beschäftigten Arbeiter und für die Allgemeinheit in sich birgt, erfordern eine besonders intensive Beaufsichtigung durch staatliche Organe. Die Bergbehörden haben ständig die Sicherheit der Baue, die Maßnahmen für die Sicherheit des Lebens und der Gesundheit der Arbeiter, für den Schutz der Oberfläche, für den Schutz gegen gemeinschädliche Einwirkungen des Bergbaus und die Aufrechterhaltung der guten Sitten und des Anstandes durch die Einrichtung des Betriebes zu beaufsichtigen, und zwar erstreckt sich diese Aufsicht nicht nur auf die Bergwerke, sondern auch auf die unterirdischen Steinbrüche, auf die Tagebaue von Eisenerzen, auf die Aufbereitungsanstalten und Salinen. Zu diesem Zweck können allgemeine Polizeiverordnungen[1]) und Polizeiverfügungen erlassen werden.[2]) Zum Erlaß der Polizeiverordnungen ist das Ministerium, zum Erlaß der Polizeiverfügungen der Bergmeister befugt. Wenn möglich soll vor dem Erlaß einer Polizeiverfügung der Bergwerksbesitzer oder sein Stellvertreter

[1]) Berggesetz §§ 172, 173. Allgemeine Bergpolizeiverordnung für Elsaß-Lothringen vom 3. Mai 1905 (A.Bl. S. 189) und von demselben Tage (A.Bl. S. 210) Bekanntmachung betr. die Anträge behufs Genehmigung der Seilfahrt. Bergpolizeiverordnung betr. die Bewetterung der Steinkohlenbergwerke und deren Sicherung gegen Schlagwetter und Kohlenstaubexplosionen vom 17. Oktober 1908 (A.Bl. S. 281). Über die Beschäftigung jugendlicher Arbeiter auf Steinkohlenbergwerken in Elsaß-Lothringen Bekanntm. des Reichskanzlers vom 24. März 1903 (R.G.Bl. S. 61).

[2]) Das Ministerium muß prüfen, ob mit Rücksicht auf die den Gesundheitszustand der Arbeiter beeinflussenden Betriebsverhältnisse eine Festsetzung der Dauer, des Beginnes und des Endes der täglichen Arbeitszeit geboten ist und trifft gegebenenfalls die hierzu erforderlichen Festsetzungen für das ganze Landesgebiet oder einzelne Teile und erläßt die zur Durchführung erforderlichen Anordnungen. § 173 Abs. 1 in der Fassung der Novelle, die zur Zeit dem Landesausschuß zur Beschlußfassung vorliegt.

gehört werden;[1]) bei dringender Gefahr kann die Anhörung unterbleiben, jedoch ist sie unverzüglich nachzuholen. Die Einzelverfügung ist dem Bergwerksbesitzer oder dessen Vertreter zuzustellen; sie ist dem Betriebsführer und den Grubenbeamten durch Eintragung in das Zechenbuch, wenn nötig auch den Arbeitern durch Verlesen und durch Aushang auf dem Werke bekannt zu geben. Die Ausführung der polizeilichen Anordnung ist von der Vernehmung oder von dem gegen sie eingelegten Rekurse unabhängig. Wird den polizeilichen Verordnungen nicht nachgekommen, so werden sie zwangsweise auf Kosten des Bergwerkseigentümers durchgeführt. Damit die Bergbehörde von jeder Gefahr, die in den angegebenen Beziehungen auf einem Bergwerk eintritt, Kenntnis bekommt, ist dem Betriebsführer oder dem ihn vertretenden Grubenbeamten zur Pflicht gemacht, sofort Anzeige zu erstatten. Ereignet sich auf einem Bergwerk ein Unglücksfall, der den Tod oder die schwere Verletzung eines Menschen zur Folge hat, so ist der Bergmeister und die nächste Polizeibehörde unverzüglich zu benachrichtigen. Der Bergmeister trifft die notwendigen Maßnahmen, zu deren Ausführung er sich der Arbeiter und Hilfsmittel des Bergwerks bedienen kann; benachbarte Bergwerke sind zur Hilfeleistung verpflichtet. Die Kosten trägt der Besitzer des Bergwerks, auf dem sich das Unglück ereignet hat, vorbehaltlich des Regreßanspruchs gegen Dritte.

Zweiter Abschnitt:

Handel, Gewerbe und Kunst.

§ 121. Handel, Gewerbe und Kunst.

I. Die Rechtsverhältnisse des **Handels** gehören teilweise dem privaten, teilweise dem öffentlichen Recht an; jene sind vornehmlich in dem Handelsgesetzbuch geregelt, diese sind Gegenstand der staatlichen Verwaltungstätigkeit.

Handel kann nach dem Gesetz vom 17. März 1791 jeder nach freiem Belieben treiben, wenn er die polizeilichen Vorschriften innehält. Zahlreiche Gesetze, vor allem die Gewerbeordnung haben den Handeltreibenden mannigfache Beschränkungen auferlegt.

Den Zwecken des Handels sind hauptsächlich gewidmet die Börsen

[1]) Dem Vorstande der beteiligten Berufsgenossenschaft oder Berufsgenossenschaftssektion ist Gelegenheit zur gutachtlichen Äußerung vor Erlaß von Polizeiverordnungen, die sich auf die Sicherheit des Lebens und der Gesundheit der Arbeiter und auf die Aufrechterhaltung der guten Sitten und des Anstandes im Betriebe beziehen, zu geben § 173 Abs. 4.

und Handelsmäkler; zur Geltendmachung der Handelsinteressen dienen die Handelskammern.[1])

Das gesamte Gebiet des Börsenwesens ist einheitlich durch das Reichs-Börsengesetz in der Fassung vom 27. Mai 1908 (Reichsgesetzblatt S. 215) geregelt. Seine Bestimmungen sind für Elsaß-Lothringen insofern von keiner großen praktischen Bedeutung, als es nur eine Börse untergeordneter Art, die Warenbörse in Straßburg hauptsächlich für Getreide[2]) gibt. Ein Börsenverkehr in Effekten findet im Reichsland überhaupt nicht statt. Zur Verhandlung und Entscheidung über die Festsetzung von Ordnungsstrafen wegen des Abschlusses von verbotenen Börsentermingeschäften in Getreide oder Erzeugnissen der Getreidemüllerei ist eine gemeinschaftliche Kommission bei der Warenbörse zu Straßburg mit der Amtsbezeichnung: „Kommission für das Ordnungsstrafverfahren wegen verbotenen Börsenterminhandels zu Straßburg" eingesetzt.[3]) Den Vorsitzenden und dessen Stellvertreter, sowie den Staatskommissar und den Protokollführer ernennt das Ministerium; die Beisitzer und deren Stellvertreter werden von dem Ministerium auf die Dauer von drei Jahren, und zwar die Vertreter des Handels auf Vorschlag der Handelskammer zu Straßburg, die Vertreter der Landwirtschaft auf Vorschlag des Landwirtschaftsrates ernannt.

Privathandelsmäkler unterstehen den Vorschriften des Handelsgesetzbuchs, soweit sie bestimmte Vermittelungsgeschäfte gewerbsmäßig betreiben. Sollen sie bei der amtlichen Kursfestsetzung mitwirken, so müssen sie besonders zu Kursmäklern bestellt werden. Zum freihändigen Verkauf von Sachen, die einen Börsen- oder Marktpreis haben, sind sie nur mit stets widerruflicher Ermächtigung des Ministeriums nach Ableistung eines Eides befugt.[4])

Die Handelskammern[5]) sind gemeinnützige Anstalten (éta-

---

[1]) Ein Zentralorgan (Dekret vom 2. Februar 1853) besteht in Elsaß-Lothringen nicht.

[2]) Die Straßburger Börse steht unter Aufsicht der Straßburger Handelskammer. Min. Verfügung vom 24. Dezember 1896 (A.Bl. 1897 S. 1). Die Börse in Mülhausen ist keine Börse im Sinne des Börsengesetzes, denn es werden weder Geschäfte in Wertpapieren noch in Waren auf Zeit oder per Kasse fest abgeschlossen.

[3]) Verordnung vom 28. Oktober 1908 (A.Bl. S. 329).

[4]) Ausführungsgesetz zum Reichsgesetz über die Angelegenheiten der freiwilligen Gerichtsbarkeit § 39.

[5]) Verordnung vom 14. April 1897 (G.Bl. S. 35). Wahlordnung vom 11. Juli 1897 (A.Bl. S. 246), 15. Oktober 1900 (A.Bl. S. 234). Über das Wappenzeichen der Handelskammern Verordnung vom 15. Juni 1904 (Gl.B. S. 41) § 1.

blissements d'utilité publique), die berufen sind, die Gesamtinteressen des Handels und der Industrie in ihrem Bezirk[1]) zu vertreten. In Elsaß-Lothringen gibt es Handelskammern zu Straßburg und Metz je für den Verwaltungsbezirk, zu Colmar für die Kreise Colmar, Rappoltsweiler und Gebweiler und zu Mülhausen für die übrigen Kreise des Ober-Elsaß.

Die Neuerrichtung von Handelskammern, die Festsetzung ihrer Mitgliederzahl,[2]) die Umgrenzung ihrer Bezirke erfolgt durch landesherrliche vom Statthalter zu vollziehende Verordnung;[3]) vor der anderweitigen Abgrenzung der Bezirke bestehender Handelskammern sind die beteiligten Handelskammern gutachtlich anzuhören.

Die Mitglieder der Handelskammern werden auf sechs Jahre gewählt; alle zwei Jahre erneuern sich die Kammern zu einem Drittel. Scheidet ein Mitglied aus einem anderen Grunde als dem des Ablaufs der Amtszeit aus, so findet eine Ersatzwahl statt. Ausscheidende Mitglieder sind wieder wählbar. Wahlberechtigt sind alle Personen und Gesellschaften des Handelskammerbezirks, die zur Zahlung von Abgaben für die Handelskammer verpflichtet sind. Ihr Wahlrecht ruht während der Dauer eines Konkurses oder einer Zahlungseinstellung, so lange sie sich nicht im Besitz der bürgerlichen Ehrenrechte befinden und während der Dauer einer gerichtlichen Untersuchung, wenn diese wegen Verbrechen oder solcher Vergehen, die den Verlust der bürgerlichen Ehrenrechte nach sich ziehen können, eingeleitet oder wenn die gerichtliche Haft verfügt ist. Das Wahlrecht der offenen Handelsgesellschaften wird ausgeübt durch einen zur Vertretung befugten Gesellschafter, das der übrigen Gesellschafter durch einen gesetzlichen Vertreter oder ein Vorstandsmitglied, das Wahlrecht von Frauen, minderjährigen, entmündigten oder verbeistandeten Personen durch einen Prokuristen. Personen, die die Reichsangehörigkeit nicht besitzen, können das Wahlrecht nicht ausüben. Wer mehrfach wahlberechtigt ist, darf nur einmal wählen. Wählbar sind die zur Ausübung des Wahlrechtes Berechtigten und die ehemaligen Kaufleute und Industriellen, die das 30. Lebensjahr vollendet haben und im Bezirk der Kammer mindestens seit drei Jahren ständig wohnen. Die Wahl erfolgt auf Grund einer

---

[1]) Die Handelskammern vertraten früher die Interessen von Handel und Industrie nur der Regierung gegenüber.

[2]) Über die Mitgliederanzahl der Handelskammer zu Colmar Verordnung vom 11. Oktober 1872 (G.Bl. S. 767), zu Straßburg Verordnung vom 22. März 1901 (G.Bl. S. 28), zu Metz Verordnung vom 8. September 1900 (G.Bl. S. 146).

[3]) Verordnung vom 23. November 1907 (R.G.Bl. S. 759).

Wählerliste, die die Handelskammer an Hand der Heberolle aufstellt;[1]) die Liste wird acht Tage lang zur Einsicht ausgelegt. Einwendungen entscheidet die Handelskammer oder die von ihr beauftragte Kommission. Den Zeitpunkt der Wahl bestimmt der Bezirkspräsident. Die Wahlhandlung leitet der Wahlvorstand, der aus dem Wahlvorsteher (Bürgermeister oder dessen Beauftragter), zwei Beisitzern und einem Schriftführer besteht. Die Abstimmung geschieht durch Stimmzettel. Bei dem ersten Wahlgang gilt das Prinzip der absoluten Majorität, bei dem zweiten das der relativen Majorität. Über Einsprüche, die binnen sieben Tagen nach Ablauf des Wahltages an das Ministerium zu richten sind, entscheidet das Ministerium. Die Mitgliedschaft geht, abgesehen von dem Ablauf der Amtszeit und der Niederlegung des Amtes, verloren, wenn eine der Voraussetzungen der Wählbarkeit wegfällt; ein Mitglied, das durch seine Handlungsweise die öffentliche Achtung verloren hat, kann durch einen mit zwei Drittel Mehrheit zu fassenden Beschluß ausgeschlossen werden; Mitglieder, die ohne genügende Entschuldigung sechs Monate den Sitzungen fern bleiben, dürfen durch Mehrheitsbeschluß der Kammer als ausgetreten erklärt werden. Gegen die Beschlüsse ist Beschwerde an das Ministerium zulässig; dieselbe hat keine aufschiebende Wirkung.

Die Handelskammer wählt alle zwei Jahre aus ihrer Mitte einen Vorsitzenden, einen Stellvertreter desselben und einen Kassenführer.[2]) Der Vorsitzende oder sein Stellvertreter vertritt die Kammer nach außen; er vollzieht die Urkunden, die die Kammer vermögensrechtlich verpflichten und ist befugt, Unterschriften von Handelsfirmen, von Auszügen aus Geschäftsbüchern, von Ursprungszeugnissen für die Ausfuhr von Waren nach dem Auslande und von ähnlichen Handelspapieren zu beglaubigen.[3]) Die Sitzungen der Kammern sind nicht öffentlich;[4]) jedoch dürfen der Bezirkspräsident oder Kreisdirektor am Sitze der Handelskammer den Sitzungen beiwohnen und müssen stets gehört werden Zu ihren Beratungen können sie Sachverständige zuziehen und auch sonstigen Personen den Zutritt gestatten. Gültige Beschlüsse erfordern die Anwesenheit von mindestens der Hälfte der im Amt befindlichen Mitglieder; die Beschlüsse werden der

[1]) Die Bildung von Wahl- oder Stimmbezirken ist zulässig. Verordnungen vom 15. Oktober 1900 (A.Bl. S. 234), vom 22. Oktober 1902 (A.Bl. S. 261) für Metz, vom 8. Dezember 1904 (A.Bl. S. 180) für Colmar.

[2]) Jede Kammer kann sich einen besoldeten Sekretär, der nicht Mitglied zu sein braucht, bestellen. § 13.

[3]) Verordnung vom 15. Juni 1904 (G.Bl. S. 42) § 2.

[4]) Gemeinsame Sitzungen mehrerer Handelskammern sind unstatthaft. Leoni-Mandel S. 264.

Regel nach mit Stimmenmehrheit gefaßt; bei Stimmengleichheit entscheidet die Stimme des Vorsitzenden. Über jede Sitzung ist ein Protokoll aufzunehmen. Die Jahresrechnungen unterliegen der Genehmigung des Ministeriums; die Aufnahme von Anleihen, der Erwerb und die Veräußerung von Grundstücken sind gleichfalls von ministerieller Genehmigung abhängig. Die Handelskammern haben alljährlich Berichte von ihrer Wirksamkeit zu erstatten und können außerdem Auszüge aus den Sitzungsprotokollen veröffentlichen. Über Gegenstände, die von Behörden als zur Veröffentlichung ungeeignet bezeichnet sind, dürfen keine öffentlichen Mitteilungen gemacht werden.

Die Handelskammern müssen dem Ministerium und Bezirkspräsidium auf Ansuchen Gutachten über die den Handel und die Industrie betreffenden Fragen abgeben und können Anträge und Wünsche über Angelegenheiten, die zu ihrer Zuständigkeit gehören, unmittelbar an die betreffenden Behörden richten. Vor dem Erlaß von wichtigeren die Interessen von Handel und Industrie unmittelbar berührenden Anordnungen sollen die Kammern gutachtlich gehört werden. Die für die Benutzung durch den Handel bestimmten Anstalten, die mit besonderen Beiträgen von Kaufleuten und Industriellen gegründet worden sind, wie Magazine, Handelsschulen u. a. können mit Einwilligung des Ministeriums von den Handelskammern verwaltet werden; die Verwaltung anderer Anstalten, wie beispielsweise die Börsen am Sitze der Handelskammer, darf ihnen mit ihrem Einverständnis übertragen werden. Die Aufsicht über die Handelskammern führt das Ministerium.

Zur Deckung der Ausgaben der Handelskammern werden besondere Abgaben erhoben, die auf Antrag der Kammern das Ministerium festsetzt.[1]) Abgabepflichtig sind die in einem für den Bezirk der Handelskammer geführten Handels- und Genossenschaftsregister eingetragenen Kaufleute und Gesellschaften und die Bergbautreibenden, auch wenn sie nicht eingetragen sind, soweit jene mit einer Ertragsfähigkeit von mindestens 6000 Mark zur Gewerbesteuer herangezogen sind.[2]) Die Verteilung unter die Abgabenpflichtigen erfolgt nach dem Maßstabe der Steuer, die von

[1]) Gesetz vom 29. März 1897 (G.Bl. S. 33). Ausf. Best. vom 31. Juli 1898 (A.Bl. S. 175).

[2]) Die Bergbautreibenden haben nach § 2 Abs. 2 die Abgaben nur aufzubringen, wenn sie der verhältnismäßigen Bergwerksabgabe nach Maßgabe des Gesetzes vom 16. Dezember 1873 unterliegen. Mit der Aufhebung dieses Gesetzes (Bd. II S. 65) ist die Einschränkung weggefallen, ohne daß eine andere Bestimmung bisher getroffen worden ist.

ihnen für die im Bezirk der Kammer gelegenen Betriebe als Staatssteuer zu entrichten ist.[1]) Die Abgabe wird auf Grund der von dem Direktor der direkten Steuern festgesetzten Heberolle erhoben[2]) und beigetrieben nach den für die Gewerbesteuer maßgebenden Vorschriften.[3]) Zur Deckung der Ausfälle wird ein Zuschlag von fünf vom Hundert, zur Deckung der Erhebungskosten ein Zuschlag von drei vom Hundert des Abgabenansatzes erhoben.[4])

II. Während für den Handel kein Zentralorgan in Elsaß-Lothringen besteht, ist ein Landesgewerberat errichtet, der das Ministerium durch Begutachtung aller wichtigen Fragen auf dem Gebiete der Förderung und Pflege von Handwerk und Gewerbe zu unterstützen hat.[5]) Vorsitzender ist der Unterstaatssekretär der Ministerialabteilung des Innern, bei Verhinderung ein Referent dieser Abteilung. Von Rechtswegen sind Mitglieder der Vorsitzende der Handwerkskammer und der Regierungskommissar zur Beaufsichtigung der gewerblichen Fortbildungsschulen. Zur Wahl je eines Mitgliedes aus ihrer Mitte sind berechtigt die einzelnen Abteilungen der Handwerkskammer für Elsaß-Lothringen, die einzelnen Handelskammern des Landes, die industrielle Gesellschaft zu Mülhausen, der Verband elsaß-lothringischer Gewerbe- und Handwerkervereinigungen. Weitere Mitglieder bis zu der Zahl der gewählten Mitglieder kann das Ministerium ernennen. Wahl und Ernennung erfolgen auf die Dauer von fünf Jahren;[6]) das Amt ist ein Ehrenamt. Der Landesgewerberat wird von dem Vorsitzenden unter Mitteilung der Tagesordnung so oft ein Bedürfnis vorliegt, jedoch mindestens jährlich einmal einberufen. Er ist beschlußfähig, wenn wenigstens

---

[1]) Über die Veranlagung von Betrieben, die mehrere Zweigniederlassungen haben ebenda §§ 5, 6.

[2]) Nachtragsrollen werden nicht aufgestellt. Zugänge im Laufe eines Rechnungsjahres werden erst bei der Veranlagung des nächstfolgenden Jahres berücksichtigt. Ebenda § 8.

[3]) Über die zulässigen Rechtsmittel (Einspruch, Berufung), über Steuererlasse siehe Bd. II S. 42f.

[4]) Außerdem werden vier Pfennig Benachrichtigungsgebühr für jeden Artikel erhoben. Ebenda § 4.

[5]) Verordnung des Statthalters vom 28. März 1908 (A.Bl. S. 177). Ausführungsverordnung vom 3. April 1908 (A.Bl. S. 177), 18. Dezember 1908 (A.Bl. 1909 S. 1). — Der Landesgewerberat tritt den in Bd. I S. 146f. aufgeführten Verwaltungsbehörden hinzu.

[6]) Scheidet ein Mitglied aus der Körperschaft oder dem Vereine, von dem es gewählt ist, aus, so erlischt auch seine Mitgliedschaft im Landesgewerberat. Die Ergänzungswahl erstreckt sich nur auf den Zeitraum bis zu den nächsten Neuwahlen.

fünf Mitglieder einschließlich des Vorsitzenden anwesend sind. Die Abstimmung erfolgt nach einfacher Stimmenmehrheit; bei Stimmengleichheit gibt die Stimme des Vorsitzenden den Ausschlag. Die Abteilungen des Ministeriums und der Oberschulrat können Beamte ihrer Ressorts zu den Verhandlungen mit beratender Stimme abordnen. Die begutachtende Tätigkeit des Landesgewerberates hat sich vornehmlich zu erstrecken auf allgemeine Anordnungen zur Förderung und Pflege von Handwerk und Gewerbe, auf das gewerbliche Schulwesen des Landes einschließlich der kaufmännischen Fortbildungsschulen, auf die Veranstaltung von Buchführungs-, Meister- und anderen Handwerker-Fortbildungskursen, auf die Förderung des gewerblichen Kredit- und Genossenschaftswesens, auf die Unterstützung der Tätigkeit von Vereinigungen von Handwerkern und Gewerbetreibenden durch Bewilligung von Landesbeihilfen, auf die Beförderung des Absatzes der Erzeugnisse des elsaß-lothringischen Gewerbes durch die Veranstaltung oder Unterstützung gewerblicher Ausstellungen im Lande oder die Mitwirkung bei auswärtigen Ausstellungen, auf die Vervollkommnung des Betriebes des Handwerks und des Gewerbes durch Beratung der Gewerbetreibenden und Ausstellung von Musterwerkzeugen und Verfahrensarten, auf die weitere Ausgestaltung der Muster- und Vorbildersammlungen des Kunstgewerbemuseums in Straßburg und die Veranstaltung von Wanderausstellungen der Sammlungen in einzelnen Gemeinden des Landes.

Die Hauptquelle des **Gewerberechtes** ist die Gewerbeordnung, die in Elsaß-Lothringen vom 1. Januar 1889 ab als Reichsgesetz mit einigen Vorbehalten[1]) eingeführt worden ist. Die Vorbehalte beziehen sich auf die Preßpolizei,[2]) Theaterpolizei,[3]) die Schließung von Wirtschaften,[4]) die öffentlichen Versteigerungen und die Anlegung von Dampfkesseln.

Öffentliche[5]) und freihändige Versteigerungen dürfen nur von Ge-

---

[1]) Reichsgesetz vom 27. Februar 1888 (R.G.Bl. S. 57). Verordnung betreffend die Einführung der Gewerbeordnung vom 24. Dezember 1888 (G.Bl. S. 101), 18. Januar 1897 (G.Bl. S. 3), 8. Oktober 1900 (G.Bl. S. 147). Anweisung des Ministeriums zur Ausführung der Gewerbeordnung vom 27. Dezember 1888 (A.Bl. Beilage zu Nr. 56). — **Rabe**, Gewerbeordnung für das Deutsche Reich. Mit den für Elsaß-Lothringen erlassenen Ausführungsbestimmungen und Vollzugsvorschriften. Gebweiler 1903.

[2]) Bd. II S. 167ff.

[3]) Bd. II S. 178ff.

[4]) Bd. II S. 196.

[5]) Öffentlich ist eine Versteigerung dann, wenn sie durch einen für den Versteigerungsort bestellten Gerichtsvollzieher oder zu Versteigerungen befugten anderen Beamten oder öffentlich angestellten Versteigerer öffentlich erfolgt. B.G.B. § 383 Abs. 3.

richtsvollziehern und Notaren vorgenommen werden.[1]) Öffentliche Einzelverkäufe neuer Waren sind bloß mit Genehmigung des Landgerichts (Kammer für Handelssachen) zulässig;[2]) ohne diese Genehmigung ist nur der unter öffentlichem Ausruf (à cri public) erfolgende Verkauf von Eßwaren und geringwertigen Gegenständen (menue mercerie) gestattet.[3]) Für die öffentliche Versteigerung von Gegenständen des unbeweglichen Vermögens sind ausschließlich die Notare zuständig.[4]) Besondere Bestimmungen gelten endlich für die Versteigerung von Sachen des Staates und der Gemeinden.[5])

Auch die Bestimmungen über die Anlegung von Dampfkesseln bleiben der landesgesetzlichen Regelung vorbehalten; jedoch könnten die vom Bundesrat erlassenen allgemeinen polizeilichen Vorschriften in Elsaß-Lothringen eingeführt werden.[6]) Die das Landesrecht regelnde Kaiserliche Verordnung vom 3. November 1884 (Gesetzblatt S. 113)[7]) schreibt bei der Aufstellung eines feststehenden Dampfkessels Anzeige bei dem örtlich zuständigen Bezirkspräsidenten und Beobachtung bestimmter im sicherheitspolizeilichen Interesse gegebenen Beschränkungen vor.[8]) Die Aufstellung von Dampfkesseln in Bergwerken und Schiffen ist nur auf Grund ministerieller Ermächtigung zulässig. Aufsichtsbeamte sind die Bergmeister, die für diese Angelegenheiten dem Bezirkspräsidenten unmittelbar unterstehen. Auch die Gewerbeaufsichtsbeamten sind zur Aufsicht über die in gewerb-

---

[1]) Eine ausdrückliche Anerkennung der Zuständigkeit der Notare und Gerichtsvollzieher bezüglich der Mobiliarversteigerungen findet sich in dem arrêté vom 12. Fructidor IV, in den Gesetzen vom 22. Pluviôse VII, 5. Juni 1851. Da die commissaires-priseurs nicht mehr existieren (Gesetz vom 10. Juni 1872 [G.Bl. S. 171] § 2) und die Gerichtsschreiber keine Versteigerungen mehr vornehmen dürfen, so gibt es keine öffentlich angestellten Versteigerer (A.G.G.B.G. § 29). — Über Handels- und Kursmäkler oben S. 66.

[2]) Gesetz vom 25. Juni 1841 Art. 5. Ausführungsgesetz zum Reichsgesetz über die Angelegenheiten der freiwilligen Gerichtsbarkeit § 40.

[3]) Gesetz vom 25. Juni 1841 Art. 2 Abs. 2. Strafandrohung im Strafgesetzbuch § 367 Ziffer 16.

[4]) Gesetz vom 21. März 1881 (G.Bl. S. 60).

[5]) Bd. II S. 7. Gemeindeordnung § 21.

[6]) Bisher nicht geschehen.

[7]) Ergänzt durch Verordnung vom 25. September 1889 (G.Bl. S. 87). Bestimmungen über die äußere und innere Untersuchung von Dampfkesseln und die Anzeige der beabsichtigten Aufstellung vom 8. Februar 1885 (A.Bl. S. 31).

[8]) Die Dampfkessel werden in drei Klassen nach den Kubikmetern des Fassungsraumes multipliziert mit der um Eins vermehrten Zahl des Atmosphärenüberdrucks eingeteilt. Verordnung vom 3. November 1884 § 20.

lichen Betrieben verwendeten Dampfkesseln befugt. Unregelmäßigkeiten sind dem Bergmeister mitzuteilen.[1])

Von einer Darstellung des Gewerberechtes kann und muß hier abgesehen werden. Es soll nur auf die wichtigsten der die Gewerbeordnung ergänzenden landesrechtlichen Bestimmungen hingewiesen werden.

1. Die Gewerbeordnung stellt an die Spitze ihrer Vorschriften den Grundsatz, daß der Betrieb eines Gewerbes jedermann gestattet ist, soweit nicht durch sie Ausnahmen oder Beschränkungen vorgeschrieben oder zugelassen sind. Damit ist zum Ausdruck gebracht, daß alle landesgesetzlichen oder gewohnheitsrechtlichen Beschränkungen der Zulassung zum Gewerbebetrieb beseitigt sind und auch im Wege der Landesgesetzgebung nicht eingeführt werden dürfen, soweit nicht die Gewerbeordnung selbst auf Landesgesetze verweist.[2]) So sind beispielsweise die „landesgesetzlichen Beschränkungen des Gewerbebetriebes an Sonn- und Festtagen" (§ 41 a Absatz 2, 105 h Absatz 1 Gewerbeordnung) aufrecht erhalten. Daher ist das Gesetz vom 18. November 1814 über die Feier der Sonn- und Feiertage abgesehen von den Strafvorschriften noch in Kraft, das in Städten unter 5000 Einwohnern das Offenhalten von Wirtschaften und die Verabreichung von Getränken während des Gottesdienstes an diesen Tagen verbietet.[3]) Dagegen unterliegt die Art der Ausübung des Gewerbes den allgemeinen polizeilichen Vorschriften, die entweder von der Reichs- oder Landesgesetzgebung erlassen werden.

Die Gewerbeordnung (§ 6) hat eine Reihe von Gewerben nicht geregelt; für sie bleiben, so lange keine reichsrechtlichen Bestimmungen erlassen werden,[4]) die Landesgesetze in Kraft.

---

[1]) Ausführungsanweisung vom 27. Dezember 1888 § 18.

[2]) Laband Bd. III S. 196.

[3]) Feiertage im Sinne des Gesetzes vom 18. November 1814 sind der erste Weihnachtsfeiertag, Neujahr, Christi Himmelfahrt, Mariä Himmelfahrt und Allerheiligen (Verordnung vom 29. Germinal X). Die gleichlautenden Bezirkspolizeiverordnungen vom Mai 1882 (A.Bl. S. 70, 75, 104) über die Handhabung der Wirtschaftspolizei. — Festtage im Sinne der Gewerbeordnung sind Neujahr, Ostermontag, Christi Himmelfahrt, Pfingstmontag, Mariä Himmelfahrt, Allerheiligen, der erste und zweite Weihnachtstag, sowie in Gemeinden, in denen sich eine protestantische Kirche oder eine Simultankirche befindet, Charfreitag. Verordnung des Ministeriums vom 16. August 1892 (A.Bl. S. 351).

[4]) So hat das Reichsgesetz vom 9. Juni 1897 (R.G.Bl. S. 463) über das Auswanderungswesen das Gesetz vom 18. Juli 1860 und die Dekrete vom 9. und 15. März 1861 aufgehoben. Min. Erlaß vom 2. März 1898 (A.Bl. S. 106). — Ob die Gewerbeordnung die Bestimmungen des französischen Strafgesetzbuchs über den Verrat von Fabrikgeheimnissen durch Beamte oder Arbeiter einer

2. Die Gewerbeordnung weist an vielen Stellen bestimmte Befugnisse der höheren, unteren Verwaltungsbehörde, der Gemeindebehörde, Ortspolizeibehörde zu; welche Behörden hierunter zu verstehen sind, hat für Elsaß-Lothringen das Ministerium bestimmt.[1]) Hiernach ist höhere Verwaltungsbehörde der Bezirkspräsident; untere Verwaltungsbehörde der Kreisdirektor, in den Stadtkreisen der Polizei-Direktor-Präsident; Gemeindebehörde, Ortsbehörde, Unterbehörde der Bürgermeister; Polizeibehörde und Ortspolizeibehörde der Polizei-Direktor-Präsident oder der Bürgermeister, je nachdem ob die betreffende Angelegenheit in den Geschäftskreis der staatlichen Polizeiverwaltung fällt oder nicht; weitere Kommunalverbände sind die Bezirke. Hat die Gewerbeordnung keine bestimmte Behörde als zuständig bezeichnet, so erfolgt ihre Bezeichnung durch eine Verordnung, die in Elsaß-Lothringen der Kaiser zu erlassen hat.[2]) Ebenso hat eine Kaiserliche Verordnung die näheren Bestimmungen über das Verfahren bezüglich der Genehmigung der in § 16 aufgeführten Anlagen zu treffen.

Ist gegen gewerbepolizeiliche Verfügungen nur Beschwerde zulässig, so entscheidet die im Instanzenzuge vorgesetzte Behörde; handelt es sich dagegen um die Voraussetzungen eines Rechtsanspruchs und um die Feststellung bestimmter Tatsachen,[3]) so hat die Gewerbeordnung Grundsätze aufgestellt, die bei dem Verfahren innegehalten werden müssen.

Ist das kontradiktorische Verfahren gestattet, so entscheidet über Verfügungen des Bezirkspräsidenten der Kaiserliche Rat, über Verfügungen des Kreis-(Polizei)direktors oder der Ortspolizeibehörde der Bezirksrat. Der Bezirksrat entscheidet endgültig, wenn der Rekurs gegen eine Verfügung der Ortspolizeibehörde gerichtet war.

Fabrik beseitigt hat oder nicht, ist streitig. Für die Weitergeltung sprechen sich Leoni-Mandel S. 269 Anm. 7, Rabe S. 148 Nr. 4, Olshausen (Strafgesetzbuch) Bd. II S. 1150 Nr. 1, Reichsgericht, Entscheidungen in Strafsachen Bd. X S. 220; Bd. 15 S. 140, Bd. 26 S. 398 aus; meiner Ansicht sind die Bestimmungen des Code pénal Art. 418 beseitigt durch das Reichsgesetz zur Bekämpfung des unlauteren Wettbewerbs § 9, Reichsgesetz betr. den Verkehr mit Butter usw. § 15.

[1]) Gewerbeordnung § 155. Min. Verordnung vom 26. Dezember 1888 (A.Bl. S. 309), vom 23. März 1892 (A.Bl. S. 171). — Für die unter Reichs- und Staatsverwaltung stehenden Betriebe sind die unteren und höheren Verwaltungsbehörden bezeichnet in den Min. Verordnungen vom 15. November 1892 (A.Bl. S. 403), vom 13. Mai 1898 (A.Bl. S. 147), vom 21. August 1902 (A.Bl. S. 209).

[2]) Einführungsgesetz vom 27. Februar 1888 § 8.

[3]) Leoni-Mandel S. 267.

3. Die gewerbepolizeiliche Verwaltungstätigkeit ist den Einzelstaaten oder Gemeinden überlassen; das Reich beschränkt sich auf die Oberaufsicht[1]) (Reichsamt des Innern).

Als spezielle Landes-Aufsichtsorgane dienen die Gewerbeaufsichtsbeamten,[2]) denen die Aufsicht über die Ausführung der Vorschriften, die die Sonntagsruhe in industriellen Betrieben, den Arbeiterschutz, die Arbeitsordnungen, die Beschäftigung von Arbeiterinnen und jugendlichen Arbeitern, die Arbeitsbücher, Zeugnisse, Lohnzahlung betreffen, ferner die Beaufsichtigung der genehmigungspflichtigen (Gewerbeordnung § 16) und der in § 27 Gewerbeordnung aufgeführten gewerblichen Anlagen übertragen ist. Zu diesem Zweck können sie zu jeder Zeit, während welcher ein Betrieb stattfindet, Zutritt zu den Anlagen verlangen, sind aber zur Geheimhaltung der amtlich zu ihrer Kenntnis gelangenden Geschäfts- und Betriebsverhältnisse verpflichtet. Die Tätigkeit der Gewerbeaufsichtsbeamten ergänzt die der ordentlichen Polizeibehörden; an diese haben sie sich um Bestrafung des Arbeitgebers zu wenden. Polizeiliche Verfügungen sollen sie nur bei Gefahr im Verzuge erlassen. Die Ortspolizeibehörden haben die Gewerbeaufsichtsbeamten zu unterstützen. Jeder der drei Bezirke hat einen Aufsichtsbeamten, der, sofern ihm nicht ein höherer Titel verliehen ist, den Titel „Gewerbeinspektor" führt; ihm sind Assistenten beigegeben. Die Gewerbeinspektoren sind den Bezirkspräsidenten, die Assistenten den Gewerbeinspektoren dienstlich unterstellt. Diese sind Referenten der Bezirkspräsidenten in gewerblichen Angelegenheiten, derjenige für den Bezirk Unter-Elsaß auch Referent des Ministeriums und als solcher dem Unterstaatssekretär der Abteilung des Innern untergeben.

4. Für Elsaß-Lothringen ist eine Handwerkskammer mit dem Sitze zu Straßburg errichtet, deren Statut am 28. Mai 1900[3]) (Zentral- und Bezirks-Amtsblatt S. 161) von dem Ministerium erlassen worden ist.[4]) Die Handwerkskammer ist eine juristische Person, die aus 36 Mitgliedern und 36 Ersatzmännern, die gewählt werden, besteht.[5]) Zur Wahl berufen sind die Handwerker-Innungen (§ 103a Abs. 3 Ziff. 1 Gewerbe-

[1]) Laband Bd. III S. 199.

[2]) Gewerbeordnung § 139b Dienstanweisung vom 26. Mai 1892 (A.Bl. S. 243).

[3]) Reichsgesetz vom 26. Juli 1897 (R.G.Bl. S. 663). Anweisung des Ministeriums vom 12. April 1898 (A.Bl. S. 125). Verordnung des Ministeriums vom 6. Dezember 1899 (A.Bl. S. 313).

[4]) Abgeändert durch die Verordnungen vom 19. Januar 1902 (A.Bl. S. 5) und 13. Juni 1903 (A.Bl. S. 75).

[5]) Wahlordnung vom 21. Dezember 1899 (A.Bl. S. 389). §§ 1—14, abgeändert durch die Verordnung vom 21. Dezember 1908 (A.Bl. 1909 S. 1).

ordnung) und diejenigen Gewerbevereine und sonstigen Handwerkervereinigungen, die die Förderung der gewerblichen Interessen des Handwerks verfolgen und mindestens zur Hälfte ihrer Mitglieder aus Handwerkern bestehen (§ 103a Abs. 3 Ziff. 2 Gewerbeordnung), sofern sie in Elsaß-Lothringen ihren Sitz haben. In den Wahlkörpern sind wahlberechtigt alle volljährigen Mitglieder (selbständigen Handwerker), die sich im Besitz der bürgerlichen Ehrenrechte befinden und nicht durch gerichtliche Anordnung in der Verfügung über ihr Vermögen beschränkt sind; bei den Gewerbevereinen und sonstigen Handwerkervereinigungen sind nur die Mitglieder wahlberechtigt, die keiner Innung angehören. Wählbar sind die Mitglieder der wahlberechtigten Körperschaften, die das 30. Lebensjahr zurückgelegt haben, im Bezirk der Handwerkskammer seit mindestens drei Jahren ein Handwerk selbständig betreiben, die Befugnis zur Anleitung von Lehrlingen und die deutsche Staatsangehörigkeit besitzen und die Befähigung zum Amt eines Schöffen aus bestimmten Gründen nicht verloren haben. Von den 36 Mitgliedern werden in jedem Verwaltungsbezirk je 12 gewählt; die Verteilung auf die Wahlkörper erfolgt für jede Wahl nach dem Verhältnis, in dem die Gesamtzahl der in jedem Verwaltungsbezirk in Innungen korporierten wahlberechtigten Mitglieder zu der Gesamtzahl der wahlberechtigten Mitglieder der Gewerbevereine und sonstigen Handwerkervereinigungen in jedem Verwaltungsbezirk steht. Jeder Verwaltungsbezirk wird in Wahlbezirke und zwar getrennt für Innungen einerseits und für Gewerbevereine usw. andrerseits geteilt.[1]) Ein Wahlkörper bis zu 15 Mitgliedern hat eine Stimme, bis zu 30 Mitgliedern drei Stimmen, bis zu 50 Mitgliedern fünf Stimmen, bis zu 100 Mitgliedern sieben Stimmen, bis zu 150 Mitgliedern neun Stimmen und bei mehr als 150 Mitgliedern elf Stimmen. Ein Verzeichnis der Wahlkörper und ihrer Stimmenzahl stellt die untere Verwaltungsbehörde (in großen Gemeinden der Bürgermeister, sonst der Kreisdirektor) nach Anordnung des Bezirkspräsidenten auf.[2]) Die Wahl leitet in jedem Bezirk ein Wahlkommissar; sie ist indirekt. Zuerst werden Wahlmänner von den wahlberechtigten Mitgliedern der Wahlkörper für jede Wahlperiode mit Stimmenmehrheit der an der Wahl Teilnehmenden gewählt.[3]) Die Wahlmänner wählen

---

[1]) Ausführungsverordnung vom 1. Februar 1900 (A.Bl. S. 51).

[2]) Beschwerden, die gegen die Verzeichnisse erhoben werden, entscheiden die Bezirkspräsidenten.

[3]) Die näheren Bestimmungen über die Zahl der Wahlmänner und über das Wahlverfahren sind in der Ministerialverordnung vom 21. Dezember 1908 (A.Bl. 1909 S. 2) getroffen.

die Kammermitglieder und ihre Ersatzmänner; gewählt sind diejenigen, die die meisten Stimmen erhalten haben. Die Wahlkommissare ermitteln das Wahlergebnis und setzen die Reihenfolge der Wahl der Ersatzmänner [1]) unter Berücksichtigung der auf die Einzelnen entfallenen Stimmen fest. Bei Stimmengleichheit entscheidet das Los. Beanstandet der Wahlkommissar die Gültigkeit einzelner Stimmen oder Wahlen, so hat er die Gründe dafür im Protokoll zu vermerken. Beschwerden gegen die Rechtsgültigkeit der Wahlen sind nur binnen vier Wochen nach der Wahl zulässig; über sie entscheidet endgültig die Aufsichtsbehörde (Aufsichtskommission für die Handwerkerkammern).

Die Mitglieder werden auf sechs Jahre gewählt; alle drei Jahre scheidet die Hälfte aus. Wiederwahl ist zulässig. Die Annahme der Wahl kann nur aus Gründen verweigert werden, aus denen die Übernahme der Vormundschaft abgelehnt werden darf. Die Ablehnungsgründe sind binnen zwei Wochen, nachdem der Gewählte von seiner Wahl in Kenntnis gesetzt ist, bei der Aufsichtsbehörde (Bezirkspräsident des Unter-Elsaß) schriftlich geltend zu machen; gegen ihre Entscheidung ist Beschwerde an das Ministerium zulässig, das endgültig erkennt. Mitglieder, bei denen die Voraussetzungen der Wählbarkeit wegfallen, müssen ausscheiden; weigern sie sich hierzu, so sind sie durch Verfügung der Aufsichtsbehörde (Aufsichtskommission) zu entheben, nachdem sie und die Kammer zuvor angehört sind. Gegen die Verfügung ist Beschwerde innerhalb vier Wochen an das Ministerium zulässig; seine Entscheidung ist endgültig. Die Mitglieder verwalten ihr Amt als Ehrenamt, jedoch werden ihnen Reisekosten und Zeitversäumnis vergütet.[2]) Die Handwerkskammer kann die Ergänzung der Mitgliederzahl durch Zuwahl von sieben sachverständigen Personen, die nicht dem Handwerkerstande anzugehören brauchen, beschließen. Beschwerde gegen die Rechtsgültigkeit der Wahl entscheidet endgültig die Aufsichtsbehörde (Aufsichtskommission). Die Zugewählten haben dieselben Rechte und Pflichten wie die übrigen Mitglieder. Außerdem kann die Handwerkskammer Sachverständige mit beratender Stimme zu ihren Verhandlungen zuziehen.[3])

Die Handwerkskammer wird durch ihren **Vorstand**, der aus dem Vorsitzenden der Kammer, den Vorsitzenden der Abteilungen und sechs

---

[1]) Die Ersatzmänner treten in den Sitzungen der Kammer und der Abteilungen für den Rest der Wahlperiode an die Stelle ausgeschiedener Mitglieder; wann in einzelnen Fällen ein Ersatzmann einzuberufen ist, entscheidet der Vorsitzende der Kammer oder der Abteilung. Statut § 6.

[2]) Statut §§ 2—6. [3]) Ebenda §§ 7, 8.

Mitgliedern [1]) besteht, vertreten. Die Mitglieder des Vorstandes werden aus der Mitte der Handwerkskammer gemeinschaftlich mit einfacher Stimmenmehrheit gewählt. Nach Beendigung der Wahl wird der Vorsitzende in einem besonderen Wahlgange mit einfacher Stimmenmehrheit gewählt. Der Vorstand führt die laufende Verwaltung, insbesondere der Vermögensangelegenheiten, er bereitet die Verhandlungen der Handwerkskammer vor und führt ihre Beschlüsse aus. Die Vorstandsmitglieder haften für pflichtmäßige Verwaltung wie Vormünder ihren Mündeln. Der Vorstand ist beschlußfähig, wenn mindestens sechs Mitglieder einschließlich des Vorsitzenden oder seines Stellvertreters anwesend sind.[2])

Die Beschlüsse werden in ein Protokollbuch eingetragen und von dem Vorsitzenden und dem Protokollführer (Sekretär)[3]) unterzeichnet. Der Vorsitzende oder sein Stellvertreter beruft und leitet die Sitzungen des Vorstandes und der Versammlungen der Kammer. Alljährlich findet eine ordentliche Sitzung der gesamten Handwerkskammer statt; außerordentliche Sitzungen sind mit Genehmigung der Aufsichtsbehörde abzuhalten, wenn der Vorstand sie beschließt oder sie von dem Kommissar oder von dem vierten Teil der Mitglieder schriftlich unter Angabe des Zweckes bei dem Vorstande beantragt werden. Sind im Etat keine Mittel dafür verfügbar, so ist die Genehmigung der Aufsichtsbehörde notwendig. Die Einberufung zu den Sitzungen und die Schließung derselben erfolgt auf Anordnung des Ministeriums. Das Ministerium kann Vertreter, die jederzeit gehört werden müssen, zur Teilnahme an den Sitzungen abordnen. Die Sitzungen sind gewöhnlich öffentlich; die Öffentlichkeit kann durch Beschluß der Handwerkskammer stets ausgeschlossen werden. Die Versammlung ist beschlußfähig, wenn mindestens die Hälfte der Mitglieder oder ihrer Stellvertreter anwesend ist.[4]) Die Beschlüsse werden mit einfacher Stimmenmehrheit gefaßt; bei Stimmengleichheit gilt ein Antrag als abgelehnt. Die Handwerkskammer regelt ihren Geschäftsgang durch eine Geschäftsordnung, die der Genehmigung der Aufsichtsbehörde bedarf.[5])

---

[1]) Mit Genehmigung der Aufsichtsbehörde (Aufsichtskommission) kann die Zahl der Mitglieder durch Beschluß der Handwerkskammer erhöht werden. Statut § 13 Abs. 2.

[2]) Über die Zuziehung des Vorsitzenden des Gesellenausschusses Statut § 17 Abs. 4.

[3]) Der Sekretär darf nicht Mitglied der Kammer sein. Statut § 21.

[4]) Für Abänderungen des Statuts gelten andere Vorschriften. Statut § 61.

[5]) Statut §§ 13—28.

Die Handwerkskammer vertritt die Interessen des Handwerks in ihrem Bezirk;[1]) sie ist befugt, Veranstaltungen zur Förderung der gewerblichen, technischen und sittlichen Ausbildung der Meister, Gesellen und Lehrlinge zu treffen; sie soll in allen wichtigen die Gesamtinteressen des Handwerks oder die Interessen einzelner Handwerkszweige berührenden Angelegenheiten gehört werden. Über gewisse Angelegenheiten (Statut § 11) kann nur die Gesamtheit der Handwerkskammer beschließen, die durch sämtliche Mitglieder des Gesellenausschusses verstärkt wird, wenn es sich um die Regelung des Lehrlingswesens oder um Gutachten und Berichte, die die Verhältnisse der Gesellen und Lehrlinge betreffen, handelt.[2])

Die Handwerkskammer kann durch Beauftragte,[3]) die der Vorstand anstellt und mit Dienstanweisung versieht, die Befolgung der gesetzlichen und statutarischen Vorschriften in den Betrieben ihres Bezirks überwachen.

Für jedes Rechnungsjahr hat der Vorstand einen genauen Haushaltsplan aufzustellen, der der Genehmigung der Aufsichtsbehörde bedarf.[4])

Die Handwerkskammer bildet ständige Ausschüsse und kann außerdem für einzelne Fälle außerordentliche Ausschüsse bilden. Die Ausschüsse haben die in ihren Geschäftskreis fallenden Gegenstände vorzuberaten und über das Ergebnis ihrer Beratungen an die Kammer zu berichten. Die Vorsitzenden und Mitglieder der Ausschüsse wählt die Gesamtheit der Handwerkskammer.[5]) Die Ausschüsse sind beschlußfähig, wenn einschließlich des Vorsitzenden mindestens die Hälfte der Mitglieder anwesend ist; die Beschlüsse werden mit Stimmenmehrheit gefaßt; bei Stimmengleichheit entscheidet die Stimme des Vorsitzenden. Ständige Ausschüsse sind der Ausschuß für das Lehrlingswesen (Statut § 32), der Berufungsausschuß (§ 33 ff.), der Rechnungsausschuß und der besonders wichtige Gesellenausschuß. Dieser besteht aus 12 Mitgliedern und 12 Ersatzmännern, von denen je sechs Mitglieder und Ersatzmänner von den Gesellenausschüssen der Handwerkerinnungen des Kammerbezirks und von den Mitgliedern des Gesellenausschusses der Handwerkskammer aus dem Kreise derjenigen Ge-

[1]) Details im Statut § 9.

[2]) Statut § 12.

[3]) Ebenda §§ 54 ff.

[4]) Ebenda §§ 58 ff. Daselbst über die genehmigungsbedürftigen Beschlüsse. — Alle Bekanntmachungen der Kammer erfolgen durch das Zentral- und Bezirksamtsblatt. Statut § 68.

[5]) Der Vorsitzende der Handwerkskammer oder ein von ihm beauftragtes Vorstandsmitglied kann an den Ausschußsitzungen mit beratender Stimme teilnehmen. Statut § 30.

sellen zugewählt werden,[1]) welche von den nach § 103a Abs. 3 Ziffer 2 der Gewerbeordnung wahlberechtigten Mitgliedern der dort bezeichneten Vereinigungen des Kammerbezirks beschäftigt werden.[2]) Wahlberechtigt sind die Gesellenausschüsse der Handwerkerinnungen (§ 103a Abs. 3 Ziffer 1 Gewerbeordnung).[3]) Das Wahlrecht wird durch sämtliche Mitglieder des Innungs-Gesellenausschusses ausgeübt, die mittelst Stimmzetteln mit einfacher Mehrheit darüber beschließen, welche Personen sie wählen wollen. Die Wahlen leitet die untere Verwaltungsbehörde (in großen Gemeinden der Bürgermeister, sonst der Kreisdirektor). Der Gesellenausschuß jeder Innung gibt einheitlich seine Wahlstimme für so viele Mitglieder und Ersatzmänner ab, als im Ganzen auf den Verwaltungsbezirk entfallen. Wählbar sind solche Personen, die innerhalb des Bezirks der Handwerkskammer als Gesellen bei dem Mitglied einer Handwerkerinnung beschäftigt, volljährig sind, die deutsche Staatsangehörigkeit besitzen und die Befähigung zum Amt eines Schöffen nicht aus bestimmten Gründen verloren haben. Gewählt sind diejenigen, die die meisten Stimmen erhalten haben.[4]) Kommt die Wahl eines Gesellenausschusses nicht zustande, so ernennt die Aufsichtsbehörde (Aufsichtskommission) die Mitglieder. Verweigern die Gewählten oder Ernannten fortgesetzt die Dienstleistung, so erledigt die Handwerkskammer ihre Geschäfte ohne Zuziehung des Gesellenausschusses. Er ist beschlußfähig, wenn einschließlich des Vorsitzenden und des Schriftführers mehr als die Hälfte seiner Mitglieder versammelt ist; die Beschlüsse werden mit Stimmenmehrheit der Anwesenden gefaßt, bei Stimmengleichheit entscheidet über Wahlen das Los, im übrigen die Stimme des Vorsitzenden.[5]) Zur Bildung von Ausschüssen für die Gesellenprüfung können freie Innungen, die für ein Gewerbe oder für verwandte Gewerbe bestehen, von der Handwerkskammer widerruflich ermächtigt werden.[6])

Im Bezirk der Handwerkskammer sind vier Abteilungen errichtet; für die Kreise Mülhausen, Altkirch und Thann in Mülhausen, für die Kreise Colmar, Gebweiler und Rappoltsweiler in Colmar, für den Bezirk Lothringen in Metz, für den Bezirk Unter-Elsaß in Straßburg.[7]) Die

[1]) Das Wahlverfahren ist in § 6 der Wahlordnung geregelt.

[2]) Verordnung vom 6. Dezember 1899 § 5. Über die Verteilung der sechs durch die Gesellenausschüsse der Innungen zu wählenden Mitglieder auf die Verwaltungsbezirke Min. Verordnung vom 13. Februar 1900 (A.Bl. S. 60).

[3]) Wahlordnung vom 21. Dezember 1899 §§ 15—20.

[4]) Über die Amtsdauer § 44 des Statuts.

[5]) Statut §§ 44ff.

[6]) Statut §§ 37ff.

[7]) Verordnung vom 6. Dezember 1899 § 2.

Abteilungen sind Organe der Handwerkskammer, sie haben auf Verlangen der Kammer oder ihres Vorstandes Gutachten zu erstatten, die Beschlüsse der Kammer vorzuberaten und bei ihrer Ausführung mitzuwirken. Sie können Anträge bei der Kammer stellen und Vorschläge zur Förderung der gewerblichen, technischen und sittlichen Ausbildung der Meister, Gesellen und Lehrlinge innerhalb ihres Bezirks machen.[1])

Die staatliche Aufsicht über die Handwerkskammer wird durch die Aufsichtskommission, die das Ministerium ernennt,[2]) und einen Regierungskommissar[3]) ausgeübt.

Die aus der Tätigkeit der Handwerkskammer den Gemeinden erwachsenden Kosten werden auf diese nach dem Verhältnis der Gesamtzahl der in jedem Verwaltungsbezirk vorhandenen Handwerksbetriebe umgelegt; den hiernach auf jeden Bezirk entfallenden Anteil setzt alljährlich das Ministerium fest.[4]) Innerhalb der Bezirke erfolgt die Verteilung des anteiligen Kostenbetrages auf die Gemeinden nach dem Verhältnis der in den einzelnen Gemeinden ansässigen Handwerker unter gleichzeitiger Berücksichtigung der Zahl des von denselben beteiligten Hilfspersonals (Gesellen und Lehrlingen) oder der Stärke der verwendeten Motore.[5]) Die Feststellung der in den einzelnen Gemeinden in Betracht kommenden Handwerksbetriebe nach Zahl und Höhe der Zahlungspflicht erfolgt alle drei Jahre durch die Bezirkspräsidenten; in der Zwischenzeit eintretende Veränderungen finden bei der Kostenverteilung keine Berücksichtigung. Durch Beschluß des Gemeinderates kann seitens der Gemeinden die Rückerhebung des auf sie fallenden Kostenanteils von den einzelnen Handwerksbetrieben angeordnet werden; die hierdurch entstehenden Ausfälle, sowie Beträge, die durch den Bürgermeister den Zahlungspflichtigen ganz oder teilweise zu erlassen sind oder nicht beigetrieben werden können, bleiben den Gemeinden zur Last. Die Gemeinden dürfen zur Deckung der Ausfälle einen Zuschlag von fünf vom Hundert des Abgabenansatzes erheben. Streitigkeiten wegen Heranziehung der Gemeinden zu den Kosten der Kammer und der einzelnen Handwerksbetriebe durch die Gemeinden entscheidet der Bezirkspräsident des Unter-Elsaß; gegen seine Entscheidung ist binnen zwei Wochen Beschwerde an das Ministerium (Abteilung für Finanzen) zulässig, das endgültig erkennt.[6])

---

[1]) Statut §§ 49 ff.
[2]) Verordnung vom 6. Dezember 1899 § 3. Statut §§ 62 ff.
[3]) Statut § 65.
[4]) Ministerialverordnung vom 7. August 1901 (A.Bl. S. 287).
[5]) Die Einzelheiten enthält § 3 der Verordnung.
[6]) Ministerialverordnung vom 14. März 1903 (A.Bl. S. 45).

III. Die Pflege der Kunst bildet als Teil des Erziehungswesens Gegenstand der staatlichen Fürsorge, überdies fördert sie die Landesregierung vor allem durch die Denkmalspflege, deren Aufgabe in der Erhaltung und Instandsetzung von Denkmälern besteht.[1]) Die Denkmäler zerfallen in zwei Gruppen: in klassierte (monuments historiques classés) und in geschichtliche (monuments historiques). Das Gesuch um Klassierung ist von dem Besitzer des Denkmals bei der zuständigen Kreisdirektion einzureichen. Die Klassierung (ebenso die Deklassierung) wird von dem Staatssekretär ausgesprochen und in dem Zentral- und Bezirks-Amtsblatt bekannt gegeben. Sie begründet für die Regierung keine Verpflichtung zur Erhaltung des Denkmals,[2]) sondern stellt nur fest, daß das Denkmal für die Kulturgeschichte des Landes von Wert ist und einer besonderen Aufsicht untersteht. Die Aufsicht üben die Konservatoren der geschichtlichen Denkmäler aus, die darüber zu wachen haben, daß an den Denkmälern keine Änderungen oder Ausbesserungen ohne vorherige Ermächtigung des Staatssekretärs vorgenommen und daß die zur Erhaltung und zum Schutze dieser Denkmäler erforderlichen Maßnahmen jeweils rechtzeitig angeregt werden. Arbeiten, die ohne Ermächtigung vorgenommen werden, dürfen sie untersagen. Die Oberaufsicht über die Ausführung und Abnahme der Arbeiten steht den Hochbaubeamten zu. Von den nicht klassierten geschichtlichen Denkmälern sind die im Eigentum des Staates und der Bezirke stehenden Hochbauten durch die betreffenden Hochbauinspektoren, die in Gemeinde- und Anstaltseigentum stehenden Hochbauten durch die Hochbauinspektoren für Gemeindebauten zu überwachen. Bevor Arbeiten an diesen Denkmälern genehmigt werden, ist der Konservator gutachtlich zu hören. Erhebt er Einwendungen, so ist die Entscheidung des Staatssekretärs einzuholen. Zur Einstellung von Arbeiten, die ohne staatliche Genehmigung begonnen worden sind, ist der Bezirkspräsident zuständig.

Die Konservatoren — es gibt je einen in Lothringen und im Elsaß — unterstehen unmittelbar der Ministerialabteilung für Landwirtschaft und öffentliche Arbeiten,[3]) haben aber ihre Berichte und Anträge durch Vermittelung des Bezirkspräsidenten einzureichen. Sie werden unterstützt durch Pfleger, die auf Vorschlag des Konservators vom Staatssekretär nach An-

---

[1]) Wolff, Handbuch der staatlichen Denkmalspflege in Elsaß-Lothringen. Straßburg 1903. — Dienstanweisung für die Konservatoren vom 18. März 1903 (A.Bl. S. 29).

[2]) Wolff S. 12. Ein Verzeichnis der klassierten Denkmäler befindet sich bei Wolff S. 123ff.

[3]) Verordnung vom 31. März 1909 (A.Bl. S. 33).

hörung des Bezirkspräsidenten bestätigt werden; die ehrenamtliche Aufgabe der Pfleger besteht in der örtlichen Aufsicht und Berichterstattung. Das kaiserliche Denkmalsarchiv[1]) zu Straßburg — geleitet und verwaltet von dem Konservator im Elsaß — hat sämtliche Belege zu sammeln, die zur Erhaltung und Wiederherstellung eines Denkmals von Wert sind.

In Ausführung des § 49 des Reichsgesetzes über das Urheberrecht an Werken der Literatur und Tonkunst vom 19. Juni 1901 (Reichsgesetzblatt S. 227) bestehen in Elsaß-Lothringen eine Literarische und Musikalische Sachverständigenkammer.[2])

Dritter Abschnitt:

Das Kreditwesen.*)

§ 122. Überblick.

Die Kreditgeschäfte werden nur dann Gegenstand besonderer Verwaltungstätigkeit, wenn sie sich nicht mehr unmittelbar zwischen den kapitalbesitzenden und den kapitalbedürftigen Personen abwickeln.[3]) Sobald die Abwickelung von dritten Personen oder von besonderen Anstalten vorgenommen wird, greift die Fürsorge des Staates ein, indem er die Errichtung und Organisation derartiger Kreditinstitute gesetzlich regelt und ihre Geschäftsführung einer eingehenden Aufsicht unterwirft.

Von den mannigfachen Einteilungen des Kredits und der Kreditgeschäfte, die bald nach ökonomischen, bald nach juristischen Gesichtspunkten vorgenommen werden, kommt für unsere Zwecke nur die Unterscheidung in Personal- und Realkredit in Betracht. Bei dem Personalkredit dient als Garantie für die Rückzahlung die gesamte Persönlichkeit des Schuldners, bei dem Realkredit haftet neben dem Schuldner eine Sache, die je nachdem ob sie zu den beweglichen Sachen oder zu den Grundstücken gehört, den Realkredit in Mobiliar- und Immobiliarkredit trennt.

---

[1]) Begründet durch Verfügung vom 19. Februar 1901.

[2]) Ministerialverordnung vom 14. März 1902 (A.Bl. S. 135). — Bekanntm. vom 29. Februar 1876 (Zentralblatt für das Deutsche Reich S. 117), 16. Juli 1879 (ebenda S. 490), 15. Oktober 1882 (ebenda S. 417).

*) Georg Meyer, Deutsches Verwaltungsrecht Bd. I S. 499 ff. Wagner, Der Kredit und das Bankwesen in Schönbergs Handbuch. 4. Auflage 1896 Bd. I S. 412 ff. und die dort Zitierten.

[3]) Eine Ausnahme enthält § 795 Bürgerliches Gesetzbuch insofern, als für Ausstellung von Schuldverschreibungen auf den Inhaber staatliche Genehmigung notwendig ist.

Der Vermittelung des Immobiliarkredits dient in Elsaß-Lothringen ausdrücklich nur eine Gesellschaft, die Aktiengesellschaft für Boden- und Kommunalkredit; Personalkredit gewähren die Vorschußkassen. Die Leihhäuser geben Darlehen unter Verpfändung beweglicher Gegenstände. Der Zweck der Sparkassen ist die Bildung von Kapitalien; das Ausleihen von Geld nur Mittel zum Zweck.

§ 123. Immobiliarkredit.

Die Bodenkreditanstalten vermitteln zwischen dem kreditbedürftigen Grundbesitz und dem anlagesuchenden Kapital. Durch das Hypothekenbankgesetz vom 13. Juli 1899 (Reichsgesetzblatt S. 375) sind die landesrechtlichen Bestimmungen (Dekret vom 28. Februar 1852, Gesetz vom 10. Juni 1853), insoweit diese nicht bereits durch das Bürgerliche Gesetzbuch und die mit ihm in Zusammenhang stehenden Gesetze aufgehoben worden sind, beseitigt worden.[1]) Infolgedessen hat auch die einzige in Elsaß-Lothringen vorhandene Bodenkreditgesellschaft — die Aktiengesellschaft für Boden- und Kommunalkredit in Elsaß-Lothringen mit dem Sitz in Straßburg — ihre Satzungen der neuen Rechtslage angepaßt.[2])

Der Zweck dieser Aktiengesellschaft besteht in der Förderung des Realkredits und des Kommunalkredits durch Gewährung nach bestimmter Zeit, nach Kündigung oder durch Amortisation rückzahlbarer Darlehen. Zur Erfüllung dieses Zweckes darf sie Darlehen gegen Bestellung von Hypotheken auf im Deutschen Reich gelegene Grundstücke gewähren, hypothekarisch sichergestellte Forderungen oder Hypotheken auf solche Grundstücke erwerben oder beleihen und auf Grund der abgeschlossenen Geschäfte Pfandbriefe ausgeben; sie darf ferner nichthypothekarische Darlehen an Provinzen, Bezirke, Kreise, Gemeinden, Syndikatsgenossenschaften und sonstige inländische Körperschaften des öffentlichen Rechts oder gegen Übernahme

[1]) Über das frühere Recht Leoni-Mandel S. 230.

[2]) Die Aktiengesellschaft ist durch Allerhöchsten Erlaß vom 18. März 1872 (G.Bl. S. 163), ergänzt durch Erlaß vom 26. Juni 1876 (G.Bl. S. 23), bestätigt worden. Die neuen Satzungen sind am 27. Dezember 1899 landesherrlich vom Statthalter genehmigt worden. — Verletzt die Gesellschaft die Gesetze, Satzungen oder die Bedingungen, unter welchen ihr die Genehmigung erteilt ist, oder mißbraucht sie die ihr erteilten Rechte, so kann durch Kaiserlichen Erlaß ohne weiteres die Konzession zurückgenommen werden. Bis zu dem Eintreffen der Allerhöchsten Entscheidung kann der Statthalter der Gesellschaft jede neue Operation untersagen.

der vollen Gewährleistung durch eine solche Körperschaft gewähren und auf Grund dieser Geschäfte Kommunal-Obligationen ausgeben. Außerdem kann sie eine Reihe von Nebengeschäften, die in keinem unmittelbaren Zusammenhange mit dem Hypothekenbankgeschäft stehen, vornehmen.[1]) Der Erwerb von Grundeigentum ist nur zur Verhütung von Verlusten an Hypotheken oder zur Beschaffung von Geschäftsräumen gestattet.

Die Organe der Gesellschaft sind der Vorstand, der Aufsichtsrat und die Generalversammlung. Der Vorstand, der mindestens aus zwei Mitgliedern bestehen muß, kann nur durch Angehörige des Deutschen Reichs gebildet werden; er wird vom Aufsichtsrat gewählt; die Wahl bedarf der Bestätigung des Statthalters. Der Vorstand vertritt die Gesellschaft in allen rechtlichen Beziehungen nach außen, er führt die Geschäfte der Gesellschaft nach Maßgabe der Satzungen und vollzieht die vom Aufsichtsrat gefaßten Beschlüsse; er ernennt und entläßt die Beamten. Der Aufsichtsrat besteht aus wenigstens zehn und höchstens fünfzehn Mitgliedern, die zu zwei Drittel Angehörige des Deutschen Reichs sind und von denen wenigstens fünf ihren Wohnsitz in Straßburg haben müssen. Er überwacht die Geschäftsführung des Vorstandes. Die Generalversammlung der Aktionäre tritt mindestens jährlich einmal zusammen.

Die Regierung übt die Aufsicht durch einen Regierungskommissar aus, der jederzeit die Gesellschaftsorgane giltig berufen und bei ihren Beratungen das Wort verlangen kann; er ist befugt, sich die Bücher, Rechnungen und die sonstigen Schriftstücke der Gesellschaft, sowie die Bestände an barem Gelde und Wertpapieren aller Art vorlegen zu lassen. Er hat, auch wenn ihm die Funktionen des Treuhänders nicht übertragen sein sollten, das Recht, die Ausgabe der Pfandbriefe und Kommunalobligationen und die Einhaltung des hierfür und für die Sicherheit der Darlehen auf Hypotheken oder an Bezirke, Kreise, Gemeinden usw. in den Satzungen vorgesehenen Bestimmungen zu überwachen.

Die Beleihung von Grundstücken darf, soweit die Hypothek als Unterlage für die Pfandbriefe gelten soll, nur nach bestimmten Grundsätzen, vor allem nur an erster Stelle erfolgen. Die Rückzahlung der Darlehen findet in Annuitäten, Raten oder nach erfolgter Kündigung in einem Male statt. Die Annuität besteht aus den Zinsen und der Amortisationsquote.

Die Gesellschaft gibt Pfandbriefe aus, deren in Umlauf befindlicher Gesamtbetrag in Höhe des Nennwertes jederzeit durch Hypotheken

---

[1]) Hypothekenbankgesetz § 5. Statuten Art. 5.

von mindestens gleicher Höhe und mindestens gleichem Zinsertrage gedeckt sein muß. Der Maximalbetrag der Pfandbriefe ist der Gesellschaft vorgeschrieben; die Pfandbriefe lauten auf Inhaber, sie haben unter anderem auch die Bescheinigung des Treuhänders zu enthalten, daß die vorschriftsmäßige Deckung vorhanden ist und die Eintragung derselben in das Hypothekenregister stattgefunden hat. Der Gesamtbetrag der Kommunalobligationen, die die Gesellschaft ausgibt, darf unter Hinzurechnung der im Umlaufe befindlichen Hypothekenpfandbriefe den Betrag, bis zu welchem die Bank Hypothekenpfandbriefe auszugeben berechtigt ist, nicht um mehr als den fünften Teil übersteigen.

Der Beschluß der Generalversammlung, durch den die Gesellschaft für aufgelöst erklärt wird, bedarf der Genehmigung des Statthalters. Die Liquidation erfolgt nach den gesetzlichen und nach den von der Generalversammlung zu erlassenden und vom Statthalter zu bestätigenden Vorschriften; unter Umständen kann der Statthalter von Amts wegen alle ihm zweckmäßig erscheinenden Maßregeln zur Durchführung der Liquidation anordnen.

§ 124. Leihhäuser.*)

I. Die öffentlichen Leihhäuser — monts de piété — sind gemeinnützige Anstalten (établissements d'intérêt public). Sie werden errichtet mit Zustimmung der beteiligten Gemeinderäte durch landesherrliche vom Statthalter zu vollziehende Verordnung, die auch ihre Satzungen festsetzt.[1]) Die Vorschriften über öffentliche Anstalten finden auf die Leihhäuser keine Anwendung, trotzdem sind sie von Stempel- und Verkehrssteuerabgaben befreit.[2])

Das Organ des Leihhauses ist der Verwaltungsrat, dessen Mitgliederzahl von den Satzungen bestimmt wird. Die Mitglieder wählt der Gemeinderat und zwar zu einem Drittel aus den Verwaltungsräten der

---

*) Gesetzgebung: Gesetz vom 16. Pluviôse XII; Dekret vom 24. Messidor XII; Ordonnanz vom 18. Juni 1823; Gesetz vom 24. Juni 1851.

Literatur: Debrouver, Des monts de piété. Paris 1902.

[1]) Gesetz vom 24. Juni 1851 Art. 1. Verordnung vom 23. November 1907 (R.G.Bl. S. 789). — In Elsaß-Lothringen bestehen nur zwei öffentliche Leihhäuser: das eine zu Straßburg, errichtet 1826; das alte Reglement vom 20. Juni 1827 ist ersetzt durch die Satzungen vom 31. Dezember 1906; das zweite zu Metz, errichtet 1781; es ist verbunden mit der Sparkasse. Reglement vom 3. Dezember 1862.

[2]) Gesetz vom 24. Juni 1851 Art. 8.

Wohltätigkeitsanstalten, zu einem Drittel aus dem Gemeinderat und zu einem Drittel aus den übrigen in der Gemeinde seßhaften Bürgern;[1]) die Mitglieder sind Ehrenbeamte. Der Verwaltungsrat erneuert sich jährlich zu einem Drittel; die ausscheidenden Mitglieder können wiedergewählt werden. Den Vorsitz führt der Bürgermeister (président-né) oder sein gesetzlicher Vertreter; in beider Abwesenheit übernimmt das dienstälteste Mitglied des Verwaltungsrates den Vorsitz. Die Stimme des Vorsitzenden gibt bei Stimmengleichheit den Ausschlag. Der Verwaltungsrat vertritt das Leihhaus gerichtlich und außergerichtlich. Von den Beamten[2]) des Leihhauses werden der Direktor und Rechner auf Vorschlag des Verwaltungsrates von dem Bezirkspräsidenten ernannt und entlassen; die Ernennung und Entlassung der übrigen Beamten, insbesondere des Magazinverwalters und Abschätzers steht dem Verwaltungsrat zu[3]). Die Dienstobliegenheiten der Beamten werden von den Satzungen geregelt; die frühere Unvereinbarkeit der Ämter besteht nicht mehr.[4]) Die Beamten des Straßburger Leihhauses erhalten feste Besoldung; gesetzlich zulässig wäre, daß der Abschätzer eine von dem Bezirkspräsidenten bestimmte Abschätzungsgebühr erhält, die sich nach der Höhe des Darlehens richtet und höchstens 0,5 % des Darlehens betragen darf. Da ferner zu seinen Verrichtungen die Vornahme der Versteigerungen gehört, so kann er noch eine Versteigerungsgebühr, die gleichfalls der Bezirkspräsident festsetzt und die sich nach der Höhe der Erlöse der Pfandsachen bestimmt,[5]) beziehen. Die Gebühren werden ihm nicht nur als Entgelt für seine Mühewaltungen gewährt, sondern auch als Entschädigung, denn er haftet für den Ausfall, der sich bei Versteigerung eines von ihm geschätzten Pfandes durch Mindererlös ergibt.[6]) Kautionspflichtig sind der Magazinverwalter, Rechner und Abschätzer; die Höhe der Kautionen setzt der Bezirkspräsident auf Vor-

---

[1]) Ebenda Art. 2. Gemeindeordnung § 58.

[2]) Pensionsberechtigt sind die Beamten grundsätzlich nach dreißigjähriger Tätigkeit. Die Pension setzt der Bezirkspräsident fest. Dekret vom 7. Februar 1809; Ordonnanz vom 6. September 1820; Dekret vom 13. April 1861 Tab. A Nr. 44. In Straßburg haben die Beamten Anspruch auf Ruhegehalt und Hinterbliebenenversorgung wie die Gemeindebeamten.

[3]) Falls der Bezirkspräsident dem ersten Vorschlag nicht stattgeben will, kann der Verwaltungsrat einen neuen Vorschlag machen. Gesetz vom 24. Juni 1851 Art. 2.

[4]) Verordnung vom 25. Februar 1901 (G.Bl. S. 26).

[5]) Reglement vom 8. Thermidor XIII Art. 51—53; 80ff. (de Watteville, Législation charitable Bd. I. S. 123).

[6]) Hat der Direktor die Abschätzung vorgenommen, so haftet er für den Mindererlös.

schlag des Verwaltungsrates fest. Die Unterbeamten (Bureaupersonal, Leihhausdiener) ernennt und entläßt der Verwaltungsrat.

Das Leihhaus gewährt Darlehen unter Annahme beweglicher Gegenstände als Pfand.[1]) Von der Beleihung sind gewöhnlich Sachen ausgeschlossen, deren Aufbewahrung einen unverhältnismäßig großen Raum erfordern würde, die eine besondere Fürsorge verlangen (Tiere) und die einem schnellen Verderb ausgesetzt sind (Nahrungsmittel). Das Rechtsverhältnis zwischen Leihhaus und Schuldner bestimmt sich nach dem Leihhausgesetz und den Satzungen, jedenfalls nicht nach den einschlägigen Vorschriften des Bürgerlichen Gesetzbuchs.[2]) Es zeigen sich daher ziemlich erhebliche Abweichungen von dem Reichsrecht. Die Bestellung des Pfandrechtes erfordert nicht nur Übergabe der Sache und Einigung, sondern auch die Aushändigung eines Pfandscheines an den Schuldner; der Pfandschein gehört zu den „unechten" Inhaberpapieren des § 808 Bürgerliches Gesetzbuch. Das Leihhaus kann mithin an jeden Inhaber des Pfandscheins das Pfand herausgeben, der Inhaber ist aber nicht berechtigt, die Leistung zu verlangen.

Die Höhe der zu zahlenden Zinsen, die Bedingungen, unter denen die Darlehen gewährt werden, bestimmt der Bezirkspräsident nach Anhörung des Gemeinderates auf Vorschlag des Verwaltungsrates.[3]) Das Darlehen wird regelmäßig auf ein Jahr gewährt, kann aber vorher[4]) schon wieder ausgelöst oder nach Ablauf dieser Zeit gegen Bezahlung der aufgelaufenen Zinsen erneuert werden. Die Aushändigung des Pfandes erfolgt gegen Rückzahlung des Darlehens, der aufgelaufenen Zinsen und Kosten; der Pfandschein wird von dem Leihhaus zurückbehalten. Wird das Pfand nicht erneuert oder ausgelöst, so wird es öffentlich nach vor-

[1]) Personen, die die Vermittlung der Verpfändung gewerbsmäßig betreiben, werden nach den Straßburger Satzungen zu dem Geschäftsverkehr nur dann zugelassen, wenn sie die nach § 34 der Gewerbeordnung vorgeschriebene Genehmigung besitzen und sich zur Beobachtung gewisser Vorschriften verpflichten.

[2]) Einführungsgesetz zum Bürgerlichen Gesetzbuch Art. 94.

[3]) Gesetz vom 24. Juni 1851 Art. 4. — Sind die Zinsen bei Errichtung des Leihhauses festgesetzt, so kann der Zinsfuß nur durch landesherrliches Dekret abgeändert werden. — In Straßburg werden Juwelen zu 4/5 ihres Schätzungswertes, in Metz zu 3/4, alle übrigen Gegenstände zu 2/3 ihres Schätzungswertes beliehen. Gegenstände mit einem Werte unter 2 und über 5000 Mark werden nicht als Pfand angenommen. § 41 des Straßburger, § 89 des Metzer Reglements. — In Straßburg sind zur Zeit monatlich 0,90% des Darlehensbetrages als Zinsen, eine einmalige Einschreibegebühr von 10 Pfg., bei Möbeln und Fahrrädern außerdem eine Lagergebühr von 5% des gegebenen Darlehens zu entrichten.

[4]) Anders § 609 Bürgerliches Gesetzbuch.

heriger Androhung versteigert;[1]) der Mehrerlös fällt dem Inhaber des Pfandscheines oder, wenn er ihn nicht innerhalb der vorgeschriebenen Zeit abhebt, dem Leihhaus zu. Der Schuldner ist berechtigt, nach Ablauf von drei Monaten, seitdem er das Darlehen erhalten hat, den Verkauf seines Pfandes zu den in den Satzungen festgesetzten Terminen zu verlangen, auch wenn die Darlehensfrist noch nicht abgelaufen ist.[2]) Das Leihhaus haftet für jeden Verlust und Verderb des Pfandes nach allgemeinen Rechtsgrundsätzen.

Das Vermögen der Leihhäuser besteht aus Stiftungen, Geschenken,[3]) freiwilligen Zuwendungen von Gemeinden, Bezirk und Staat, aus den Überschüssen der Geschäftsbetriebe und aus den Erträgnissen ihrer Vermögen. Sollte das Vermögen ausreichen, um die gesamten Verwaltungskosten zu decken und den Zinsfuß auf 4 % herabzusetzen,[4]) so müssen die Überschüsse durch Beschluß des Bezirkspräsidenten auf Gutachten des Gemeinderates den öffentlichen Wohltätigkeitsanstalten der Gemeinde zugewiesen werden.[5]) Der Verwaltungsrat verwaltet das Vermögen des Leihhauses selbständig; seine Beschlüsse sind nur insoweit der Genehmigung durch den Gemeinderat oder eine staatliche Behörde unterworfen, als sie in den Artikeln 8—10 des Gesetzes über die Pflege- und Krankenhäuser vom 7. August 1851 vorgesehen ist.[6]) Zur Prozeßführung bedürfen die Leihhäuser keiner Genehmigung;[7]) ihre Vertretung steht dem Vorsitzenden

---

[1]) Der Steigerer hat außer der Versteigerungsgebühr bei Pfändern, die eine außergewöhnliche Ankündigung verlangen, noch eine Gebühr von 1 % des Ertrages der Versteigerung zu zahlen. Der Zuschlag an den Steigerer erfolgt grundsätzlich nur gegen Barzahlung.

[2]) Gesetz vom 24. Juni 1851 Art. 7.

[3]) Die Annahme von Schenkungen und letztwilligen Zuwendungen über 5000 Mark unterliegt der Genehmigung des Bezirkspräsidenten, falls keine Einwendungen von der Familie vorgebracht werden; in diesem Falle entscheidet das Ministerium. Ausführungsgesetz zum Bürgerlichen Gesetzbuch § 6. Dekret vom 13. April 1861 Tab. A Nr. 49 und 67 litter. v.

[4]) Ausführungsgesetz zum Bürgerlichen Gesetzbuch § 9.

[5]) Gesetz vom 24. Juni 1851 Art. 3 und 5. Hiermit steht die Vorschrift des Art. 1 Gesetz vom 16. Pluviôse XII im Einklang. Im Falle der Auflösung des Leihhauses ist sein gesamtes Vermögen nach näherer Bestimmung des Gemeinderates für Wohlfahrtszwecke zu verwenden. Der Gemeinderatsbeschluß bedarf ministerieller Genehmigung.

[6]) Es gelten also bezüglich der Vornahme von Bauten, von Erwerbungen, Verkäufen, Tauschgeschäften oder Aufnahme von Darlehen und Anleihen dieselben Rechtssätze wie bei den Pflegehäusern. Ordonnanz vom 18. Juni 1823 Art. 2.

[7]) Conseil de préfecture Seine 26. April 1880 (Debrouver S. 25 Anm. 1).

des Verwaltungsrates oder dem von ihm zur Prozeßführung ermächtigten Direktor zu.

Für das Rechnungswesen kommen die Grundsätze über das Gemeinderechnungswesen in Betracht.[1]) Die Budgets unterliegen der Begutachtung durch den Gemeinderat und der Feststellung durch die Gemeindeaufsichtsbehörde, die auch die Entlastung des Kassierers (Rechners) ausspricht.

II. Der Betrieb eines privaten[2]) Pfandleihgeschäftes ist nur mit Erlaubnis des Kreisdirektors (Polizeidirektors) zulässig; die Erlaubnis kann versagt werden, wenn Tatsachen vorliegen, die die Unzuverlässigkeit des Nachsuchenden in bezug auf den beabsichtigten Gewerbebetrieb dartun; außerdem ist die Bedürfnisfrage in Ortschaften zu prüfen, für die durch statutarische Bestimmung festgesetzt wird, daß die Erlaubnis von dem Nachweis des vorhandenen Bedürfnisses abhängig sein soll.[3]) In der Erlaubnisurkunde muß dem Pfandleiher ausdrücklich gemäß § 1204 Bürgerliches Gesetzbuch verboten werden, im Nichtzahlungsfalle eigenmächtig über die Pfandsache zu verfügen; er muß bei Gericht den Zuschlag oder die öffentliche Versteigerung des Pfandes beantragen. Die Stellvertretung des Pfandleihers ist nur mit besonderer Genehmigung des Kreisdirektors (Polizeidirektors) zulässig.[4]) Über die Zurücknahme der Erlaubnis zum Betriebe und über die Untersagung des Pfandleihgeschäftes entscheidet in erster Instanz der Kreisdirektor (Polizeidirektor), in zweiter Instanz der Bezirksrat.[5])

§ 125. Spar- und Vorschußkassen.

Der Zweck, dem der Staat bei Errichtung von öffentlichen Kreditanstalten folgt, ist die Förderung der allgemeinen Wohlfahrt. Er versucht ihn zu erreichen durch die Möglichkeit zur Bildung auch der

[1]) Ordonnanz vom 18. Juni 1823 Art. 1. Anweisung über das Gemeinderechnungswesen § 51 ff. — Mit den Jahresrechnungen hat der Gemeinderat sich nicht zu befassen, weil die Leihhäuser nicht unter die Bestimmung des § 59 Nr. 3 Gemeindeordnung fallen.

[2]) Damit ist der Grundsatz des Art. 1 des Gesetzes vom 16. Pluviôse XII durchbrochen.

[3]) Als Pfandleihgeschäft gilt auch der gewerbsmäßige Ankauf beweglicher Sachen mit Gewährung des Rückkaufsrechtes. Gewerbeordnung § 34. Einf.-Verordnung vom 24. Dezember 1888 § 11. Verordnung vom 8. Oktober 1900 (G.Bl. S. 147).

[4]) Gewerbeordnung § 47.

[5]) Ebenda § 53 Abs. 3. Einf.-Verordnung § 16.

kleinsten Kapitalien und durch die Bereitstellung von Geldern unter den denkbar günstigsten Bedingungen. Der Kapitalbildung dienen vornehmlich die öffentlichen Sparkassen, der Kapitalbeschaffung die öffentlichen Vorschußkassen.

I. Die Sparkassen.*)

Das Eigentümliche der französischen und damit auch der elsaß-lothringischen Sparkassengesetzgebung bestand darin, daß sämtliche Spareinlagen bei einer Zentrale — in Elsaß-Lothringen bei der Staatsdepositenverwaltung — hinterlegt werden mußten, insoweit sie nicht für Rückzahlungen und zur Bestreitung der Verwaltungskosten verfügbar zu halten waren.[1]) Diese Zentralisierung war für Elsaß-Lothringen mit schweren Nachteilen verbunden; sie belastete ungeheuer die Staatsdepositenverwaltung und sie verhinderte zum größten Teile die Anlegung der Gelder im Lande, da die Anlegung der Bestände der Staatsdepositenverwaltung nur in bestimmter Weise erfolgen kann. Als man daher an eine Reform der Sparkassengesetzgebung heranging, brach man wenigstens teilweise mit diesem Prinzip.

---

*) Gesetzgebung: Gesetz vom 14. Juli 1895 betreffend die Sparkassen. G.Bl. S. 87ff. Das Sparkassengesetz hat Veränderungen erfahren im § 24 Abs. 2 durch das Gesetz vom 12. Mai 1897 (G.Bl. S. 43), im § 33 durch das Gesetz vom 24. November 1897 (G.Bl. S. 87), hat einen Zusatz bekommen durch das Gesetz vom 14. November 1904 (G.Bl. S. 93).

Auf Grund des § 36 des Sparkassengesetzes sind ergangen: Anweisung zur Ausführung des Gesetzes vom 19. Januar 1897 (A.Bl. S. 81ff); der Anweisung sind Mustersatzungen beigegeben. Die Anweisung ist ergänzt und abgeändert worden durch Verordnung vom 21. Januar 1898 (A.Bl. S. 45); Verordnung vom 20. Juli 1902 (A.Bl. S. 197); Verordnung vom 2. August 1902 (A.Bl. S. 201); Verordnung vom 21. November 1902 (A.Bl. S. 283); Verordnung vom 10. September 1903 (A.Bl. S. 161).

Materialien: Nachdem der Landesausschuß in der XX. Session (1893) die Vorlage Nr. 5 „Entwurf eines Gesetzes betreffend die Errichtung von Spar- und Darlehnskassen mit Gemeindebürgschaft" von der Tagesordnung abgesetzt hatte (Verhandlungen S. 523), wurde in der XXI. Session (1894) ein Gesetz betr. die Sparkassen (Vorlage Nr. 6) vorgelegt; aber auch diese Vorlage kam nicht zur Erledigung. Erst in der XXII. Session (1895) wurde das Gesetz durchberaten. Vgl. Bd. I Vorlage Nr. 4; Bd. 2 S. 369—382; S. 477—488; Kommissionsbericht S. 509—516; S. 535—562; S. 608—615. XXIV. Session (1897) Bd. 2 S. 517ff.; S. 749ff.

Literatur: Kisch, Landesprivatrecht S. 275ff; Schneider, Das bürgerliche Gesetzbuch und seine Nebengesetze nach ihrer Wirkung im Geschäftsbereich der öffentlichen Sparkassen. Hannover 1899. Gruber, Das Sparkassenwesen in Elsaß-Lothringen. Straßburg 1908. Für das frühere Recht Leoni-Mandel S. 226ff.

[1]) Art. 10 Dekret vom 15. April 1852.

Das geltende Recht kennt zwei Arten von Sparkassen: außer den Kassen, die nach wie vor die Verwaltung der Spareinlagen der Staatsdepositenverwaltung überlassen, können auch Kassen errichtet werden, die einen Teil ihres Vermögens unter später zu erörternden Voraussetzungen in zinsbaren Darlehn anlegen dürfen. Abgesehen von diesem Unterschiede unterstehen sämtliche Sparkassen denselben Rechtssätzen.

1. Die Errichtung öffentlicher Sparkassen erfolgt durch kaiserliche vom Statthalter zu vollziehende Verordnung.[1]) Die Sparkassen sind gemeinnützige Anstalten, die eine selbständige Existenz gegenüber der Gemeinde, in der sie errichtet sind, besitzen.[2]) Sie werden nicht betrieben von der Gemeinde, wenn dieser auch eine erhebliche Mitwirkung bei ihrer Verwaltung eingeräumt ist. Da die Sparkassen juristische Personen sind, können sie mit den Gemeinden obligatorische Verträge eingehen.

Die Sparkassen genießen besondere Vorrechte; sie haben dieselbe Stellung wie der Landesfiskus bezüglich aller nach Landesgesetzen zu erhebenden Steuern und Abgaben;[3]) ihnen ist Gebührenfreiheit in den Verfahren vor den Landesgerichten zugesichert.[4]) Für das Gebot einer Sparkasse im Zwangsversteigerungsverfahren kann keine Sicherheitsleistung verlangt werden.[5])

Die innere Verwaltung und die Geschäftsordnung regeln Satzungen, die der Feststellung durch den Gemeinderat und der Genehmigung durch das Ministerium unterliegen.[6]) Das Organ der Kasse ist ein Vorstand,[7]) der aus dem Vorsitzenden, seinem Stellvertreter und soviel Beisitzern besteht, als die Satzungen vorschreiben. Der gesamte Vorstand wird von dem Gemeinderat gewählt.[8]) Wählbar sind die Gemeinde-

---

[1]) Sparkassengesetz § 1; Verordnung vom 23. November 1907 (R.G.Bl. S. 759). In der Regel erfolgt die Gründung auf Betreiben des Gemeinderates. Andere Kassen werden nach Leoni-Mandel S. 227 Anm. 3 nicht genehmigt.

[2]) ibid. § 2 Abs. 1. Da die Sparkassen gemeinnützige Anstalten sind, ist die gerichtliche Zwangsvollstreckung ausnahmslos und die Eröffnung des Konkursverfahrens über ihr Vermögen zulässig. arg. e. §§ 4, 11 Gesetz vom 13. November 1899.

[3]) § 2 Abs. 2 ibid.; es kommen daher der Stempel (Stempelgesetz § 1 Abs. 2) und die Verkehrssteuern (Verkehrssteuergesetz § 5 Ziffer 1) nicht zur Erhebung. Details in der Bekanntmachung vom 15. September 1905 (A.Bl. S. 339).

[4]) Gerichtskostengesetz vom 6. Dezember 1899 (G.Bl. S. 175) § 4 Nr. 3, § 111.

[5]) Ausführungsgesetz zum Zwangsversteigerungsgesetz § 10.

[6]) § 18 Sparkassengesetz. Abänderungen der Satzungen unterliegen denselben Vorschriften.

[7]) §§ 19—22 ibid.

[8]) In den Mustersatzungen § 3 wird anempfohlen, die Vorstandsmitglieder auf 6 Jahre zu wählen; für die Vornahme der Wahl sollen bezüglich der Ein-

einwohner, die Reichsangehörige sind und die öffentlichen Ehrenrechte besitzen.[1])

Beim Fortfall einer dieser Bedingungen scheiden die Vorstandsmitglieder von selbst aus. Die Mitglieder des Vorstandes sind Ehrenbeamte; die baren Auslagen können ihnen jedoch nach Maßgabe der Satzungen ersetzt werden. Der Vorstand vertritt die Kasse gerichtlich und außergerichtlich; seine Vertretungsbefugnisse erstrecken sich auch auf die Geschäfte und Rechtshandlungen, zu deren Vornahme eine besondere Vollmacht notwendig ist.[2]) Solange der Vorstand innerhalb seiner satzungsmäßigen Zuständigkeit bleibt, wird die Kasse unmittelbar berechtigt und verpflichtet. Die Beschlüsse des Vorstandes bedürfen grundsätzlich keiner Genehmigung;[3]) nur die Beschlüsse, die zum Gegenstande haben die Veräußerung und Verpfändung und den Tausch von unbeweglichem Vermögen, die Annahme von Schenkungen und letztwilligen Zuwendungen über 5000 Mark, sofern sie der Sparkasse Lasten auferlegen, die Aufnahme von Anleihen, die Errichtung von Zweiganstalten in anderen Gemeinden müssen von dem Ministerium genehmigt werden.[4])

Die Beamten der Kasse[5]) ernennt der Vorstand; sie können ihm nicht zugleich angehören. Ihre Vergütung erhalten sie aus Mitteln der Kasse. Die Zusage von Tantiemen ist untersagt. Der Rechner ist kautionspflichtig;[6]) er vereinnahmt und verausgabt sämtliche Beträge.

---

berufung und Beschlußfähigkeit des Gemeinderates die Bestimmungen der Gemeindeordnung maßgebend sein.

[1]) Es sollen keine Personen gewählt werden, welche einen Beruf ausüben, deren Interessen mit denjenigen der Sparkasse in Widerspruch geraten können. § 2 Ausf. Anwsg.

[2]) Zur Legitimation der Vorstandsmitglieder z. B. im Grundbuchverkehr genügt die Bescheinigung der Aufsichtsbehörde, daß die darin bezeichneten Personen zur Vertretung der Kasse befugt sind. § 22 Abs. 2 Sparkassengesetz.

[3]) Daher sind auch die Vergleiche der Sparkassen nicht genehmigungsbedürftig.

[4]) § 30 ibid.

[5]) § 23 ibid.

[6]) Die Kaiserl. Verordnung, die die Höhe der Kaution und die Art und Weise ihrer Bestellung bestimmen soll, ist bisher nicht ergangen. — Die Hinterlegung der Kaution veranlaßt der Vorstand. Ob die Kassierer der Zweiganstalten und der Annahmestellen, sowie andere bei der Feststellung des Kassenbestandes und dessen Verwahrung beteiligte Beamte auch kautionspflichtig sind, bestimmt der Vorstand. § 6 Abs. 3 Ausf. Anwsg. Die Zinsscheine zu den von den Rechnern als Amtskaution bestellten und bei der Staatsdepositenverwaltung hinterlegten Wertpapieren sind für einen Zeitraum von 4 Jahren den Kautionsbestellern zu belassen bzw. auszuhändigen oder nach Ablauf dieser Zeit oder nach Ausreichung neuer Zinsscheine zu verabfolgen. Verordnung vom 2. August 1902 (A.Bl.

Alle Einnahmen und Ausgaben mit Ausnahme der Einzahlungen und Rückzahlungen der Sparkassengelder und der feststehenden Zins- und Annuitätenzahlungen für gewährte Darlehn unterliegen der Beschlußfassung des Vorstandes und müssen von dem Vorsitzenden angewiesen werden.[1]) Die Entlastung des Rechners erfolgt für jedes Rechnungsjahr durch den Vorstand nach eingehender Prüfung der Geschäftsführung.[2]) Fällt einem kautionspflichtigen Kassenbeamten ein Kassendefekt zur Last, so ist dieses von dem Vorstande in einem mit Gründen zu versehenden Defektenbeschlusse festzustellen. Der Beschluß hat den Betrag des Defektes anzugeben, ferner die zum Ersatz verpflichtete Person, die zu ergreifenden Sicherheitsmaßregeln, sowie darüber Bestimmung zu treffen, bis zu welchem Termine Ersatz zu leisten ist. Der Beschluß ist der Aufsichtsbehörde mitzuteilen.[3]) Zur Deckung von Ausfällen ist bei jeder Sparkasse ein Sicherheitsfond zu bilden, der aus dem erzielten Reingewinne, den verfallenen Guthaben und Zuwendungen aller Art besteht. Übersteigt der Sicherheitsfond 5% des gesamten Guthabens der Sparer, so können die beim Jahresabschlusse sich ergebenden Überschüsse zur Förderung gemeinnütziger Zwecke nach Maßgabe der Satzungen verwendet werden.[4])

Die räumliche Ausdehnung des Geschäftsbetriebes ist den Sparkassen auch über das Gebiet der Gemeinde gestattet: sie können in anderen Gemeinden Zweiganstalten (Filialen) und Annahmestellen errichten, in denen nicht bereits öffentliche Sparkassen oder Zweiganstalten bestehen.[5]) Abgesehen von dieser Einschränkung ist ihnen also auch untersagt, außerhalb von Elsaß-Lothringen Zweiganstalten zu begründen.

Für die Vorstandsmitglieder und alle Personen, die in Angelegenheiten der Sparkasse tätig sind, gilt das „Sparkassengeheimnis".[6]) Die Verschwiegenheit erstreckt sich auf alle zu ihrer Kenntnis gekommenen Privatgeschäfte, beispielsweise also auf die Höhe der Einlagen, auf die gewährten Kredite usw. Der umgrenzte Kreis von Personen ist daher

S. 201). — Über die Höhe der Kautionen bestimmt der Vorstand unter Anlehnung an Art. 23 und 27 des Dekrets vom 25. April 1852.

[1]) § 5 Abs. 2, § 6 Abs. 1 Ausf. Anwsg.

[2]) § 30 Ausf. Anwsg.

[3]) § 7 ibid.

[4]) § 27 Sparkassengesetz.

[5]) § 26 Sparkassengesetz. § 26 Ausf. Anwsg. regelt den Verkehr zwischen der Sparkasse und den Zweiganstalten und Annahmestellen.

[6]) § 21 Sparkassengesetz.

in Zivilprozessen zur Verweigerung des Zeugnisses berechtigt; auch wenn das Zeugnis nicht verweigert wird, soll die Vernehmung nicht auf Tatsachen gerichtet werden, in Ansehung derer erhellt, daß ohne Verletzung der Verpflichtung zur Verschwiegenheit ein Zeugnis nicht abgelegt werden kann.[1]) Von der Verschwiegenheit können sie jedoch durch die vorgesetzte Dienstbehörde entbunden werden.[2]) In Strafprozessen dürfen sie über Umstände, auf die sich ihre Amtsverschwiegenheit bezieht als Zeugen nur mit Genehmigung ihrer vorgesetzten oder ihrer zuletzt vorgesetzten Dienstbehörde vernommen werden. Die Genehmigung kann nur versagt werden, wenn das Wohl des Reichs oder eines Bundesstaates gefährdet ist.[3])

Die Verletzung des Sparkassengeheimnisses kann ersatzpflichtig machen, wenn dem Kläger ein nachweisbarer Schaden entstanden ist; eine Strafandrohung fehlt.

Die Aufsicht über die Sparkassen führen die Gemeindeaufsichtsbehörden; d. h. also über Sparkassen, die in kleinen Gemeinden (im Sinne der Gemeindeordnung) liegen, der Kreisdirektor, der Bezirkspräsident und das Ministerium, über solche, die in großen Gemeinden liegen, der Bezirkspräsident und das Ministerium.[4])

Die Aufsicht begreift das Recht in sich, die gesamte Vermögensverwaltung der Sparkassen, die Befolgung der Gesetze und Satzungen zu überwachen; die Aufsichtsbehörde ist befugt, jederzeit von den Verhandlungen, Büchern und Rechnungen der Sparkasse Einsicht zu nehmen und die Kassenbestände unter Zuziehung des Vorstandes und Kassenkontrolleurs[5]) zu prüfen. Sie kann die Einberufung des Vorstandes verlangen und, wenn diesem Verlangen nicht entsprochen wird, selbst Sitzungen anberaumen; in diesem Falle kann der mit den Geschäften der Aufsichtsbehörde betraute Beamte selbst die Leitung der Verhandlungen übernehmen. Verweigert der Vorstand die Erfüllung seiner Obliegenheiten, so gelten seine Befugnisse als erloschen; seine Amtsverrichtungen hat alsdann die Aufsichtsbehörde oder ein von ihr Beauftragter auf Kosten der Kasse wahrzunehmen und die Neubesetzung der Stellen der Vorstandsmitglieder in die Wege zu leiten.

2. Gehören die organisatorischen Vorschriften über die öffentlichen

---

[1]) § 383 Abs. 1 Nr. 5 und Abs. 2 Zivilprozeßordnung.
[2]) § 385 Abs. 2 ebenda.
[3]) § 53 Strafprozeßordnung; § 189 Militärstrafgerichtsordnung.
[4]) § 29 Sparkassengesetz; § 4 Abs. 1 Ausf. Anwsg. § 71 Gem. Ord.
[5]) Verordnung vom 10. September 1903 (A.Bl. S. 161).

Sparkassen[1]) zu dem von dem Bürgerlichen Gesetzbuch unberührt gebliebenen Gebiete des öffentlichen Rechtes, so unterliegt ihr Geschäftsbetrieb den Normen des Privatrechtes und hätte sich den Vorschriften des Bürgerlichen Gesetzbuchs anpassen müssen, wenn nicht Art. 99 des Einführungsgesetzes die Regelung der gesamten Materie mit nur zwei Ausnahmen der Landesgesetzgebung überlassen hätte.[2]) Hiernach besteht ein Sonderrecht für den privatwirtschaftlichen Betrieb der Sparkassen, dessen Eigentümlichkeiten in folgenden Rechtssätzen hervortreten.

a) Die Einzahlung von Spareinlagen stellt sich als ein verzinsliches Darlehn im Sinne des § 607 des Bürgerlichen Gesetzbuchs dar.[3]) Der Darleiher müßte also nach allgemeinen Grundsätzen geschäfts- und verfügungsfähig sein. Hiervon weicht das Landesrecht zugunsten der Minderjährigen und Ehefrauen ab. Minderjährige können ohne Mitwirkung ihrer gesetzlichen Vertreter Einlagen leisten; Auszahlungen dürfen nur ausnahmsweise an sie ohne Zustimmung ihres gesetzlichen Vertreters auf besondere Ermächtigung des Kassenvorstandes hin erfolgen, wenn ein dringendes Bedürfnis nachgewiesen wird. Ehefrauen können ohne Rücksicht auf ihr Güterrecht Spareinlagen einzahlen und die von ihnen gesparten Beträge zurückziehen.[4])

b) Bei der ersten Einzahlung wird ein Sparkassenbuch ausgestellt, in das alle Einzahlungen, aufgelaufene Zinsen und Rückzahlungen eingetragen werden.[5]) Nur für Einzahlungen, die gemäß den statutarischen Bestimmungen erfolgt sind, übernimmt die Sparkasse die Haftung. Das Sparkassenbuch ist der von der Sparkasse ausgestellte Schuldschein über

---

[1]) Alle nicht öffentlichen Sparkassen unterstehen ohne Ausnahme dem Reichsrechte.

[2]) Diese Regelung geschah hauptsächlich mit Rücksicht auf das elsaß-lothringische Landesrecht. Protokolle Bd. VI S. 618. Die zwei Vorbehalte betreffen die juristische Natur des Sparkassenbuchs (§ 808) und die Anlegung von Mündelgeld. — Da die Sparkassen gemeinnützige Anstalten sind, bei denen eine nur auf Erwerb gerichtete Absicht fehlt, so fallen ihre Geschäfte nicht unter die Vorschriften des Handelsgesetzbuchs. Begründung zu dem Entwurf eines H.G.B. Berlin 1895. S. 11.

[3]) Schneider S. 11 faßt das Rechtsverhältnis zwischen Kasse und Einleger als „eine Art von Dienstmiete" § 631 Abs. 2 B.G.B. auf. Von großer praktischer Wichtigkeit ist die Konstruktion nicht, da in erster Linie für das Rechtsverhältnis die Statuten (Satzungen) in Betracht kommen.

[4]) §§ 4, 12 Abs. 2 Sparkassengesetz.

[5]) § 6 Sparkassengesetz. §§ 8—11 Ausf. Anwsg. — Über die Buchführung sind zu vergleichen die §§ 14—17, 22—25 ibid. Das Etatsjahr vom 1. April bis 31. März bildet stets eine Rechnungsperiode.

die Forderung des Sparers. Es ist ein sogenanntes „unechtes Inhaberpapier" gemäß § 808 des Bürgerlichen Gesetzbuchs, an dem ein selbständiges von dem Forderungsrechte unabhängiges und verschiedenes Eigentumsrecht möglich ist.[1]) Da das Sparkassenbuch ein unechtes Inhaberpapier ist, so muß die Sparkasse nicht, sie kann aber die Berechtigung des Inhabers bei Auszahlungen prüfen;[2]) jedenfalls erlischt grundsätzlich mit der an den Inhaber des Buchs erfolgten Auszahlung die Verbindlichkeit der Kasse, selbst wenn der Inhaber das Buch gestohlen oder gefunden haben sollte.[3]) Die Übergabe des Buchs genügt noch nicht zur Übertragung der Forderung, sondern diese muß abgetreten werden.[4]) Der Inhaber des Buchs ist nicht berechtigt, die Leistung zu verlangen.

c) Um der den Sparkassen gestellten Aufgabe, namentlich in den ärmeren Kreisen der Bevölkerung die Ansammlung von Kapitalien zu befördern, gerecht zu werden, ist die Höhe, zu der das gesamte Guthaben eines Sparers durch bare Einlagen oder Zinsen anwachsen kann, auf 1000 Mark bestimmt.[5]) Die Guthaben der Hilfsgenossenschaften auf Gegenseitigkeit, der durch das Krankenversicherungsgesetz geschaffenen Kassen, der Berufsgenossenschaften und der vom Ministerium ausdrücklich bestimmten gemeinnützigen Anstalten können den Betrag von 10000 Mark erreichen.[6]) Über den zulässigen Höchstbetrag hinaus werden die Guthaben nicht verzinst. Werden diese auf die vorschriftsmäßige Höhe nicht zurückgeführt, trotzdem der Sparer oder sein gesetzlicher Vertreter Mitteilung erhalten haben, so ist die Kasse berechtigt, das Guthaben bis zu einem Viertel anderweit zinsbar anzulegen. Die Anlegung hat durch Erwerbung von Wertpapieren oder Buchschulden zu geschehen, die für die Anlegung der Bestände der Staatsdepositenverwaltung zugelassen sind.

---

[1]) Entscheidung des Reichsgerichts vom 26. Juni 1885.

[2]) Unter Umständen müßte die Sparkasse doch haften, wenn durch die Auszahlung des Guthabens eines z. B. stadtbekannten Mannes an einen notorischen Taugenichts § 823 Abs. 1 B.G.B. verletzt wäre.

[3]) § 808 BGB. § 13 Sparkassengesetz. Bei Rückzahlungen an Erben können die Sparkassen die Vorlage eines Erbscheines §§ 2353 ff. verlangen; bei Beträgen bis zu 50 Mark genügt als Legitimation eine Bescheinigung des Bürgermeisters § 12 Ausf. Anwsg.; Verordnung vom 21. November 1902 (A.Bl. S. 283).

[4]) In der Übergabe des Buchs kann unter Umständen die Abtretung der Forderung erblickt werden. Zeitschrift Bd. 27 S. 270.

[5]) § 8 Abs. 1 Sparkassengesetz in der Fassung des Gesetzes vom 14. November 1904 (G.Bl. S. 93). Bekanntmachung vom 24. November 1904 (A.Bl. S. 164).

[6]) § 8 Abs. 2 und 3 ibid.

Die entstehenden Barauslagen können dem Sparer in Rechnung gestellt werden.[1])

Demselben Zwecke dient das Verbot, daß auf den Namen derselben Person von einer Kasse nur ein Buch ausgestellt werden darf.[2]) Eine Ausnahme dieses Grundsatzes ist nur in einem Falle zugelassen. Ist nämlich zugunsten eines Minderjährigen oder einer Unverheirateten ein Sparkassenbuch mit dem Vorbehalte angelegt worden, daß die Auszahlung sämtlicher auf das Buch gemachten Einzahlungen einschließlich der Zinsen nicht vor der Großjährigkeit des Minderjährigen oder der Heirat der Unverheirateten erfolgen soll,[3]) so kann der Minderjährige oder die Unverheiratete noch ein Sparkassenbuch ohne diesen Vorbehalt erhalten.[4]) Sind, obwohl diese Voraussetzungen nicht gegeben sind, mehrere Sparkassenbücher ausgestellt worden, so geht der Sparer aller Zinsen verlustig, die seit dem Zeitpunkt fällig sind, zu dem die ersten verbotswidrigen Einzahlungen stattgefunden haben. Aus Billigkeitsrücksichten beispielsweise, weil dem Sparer das Vorhandensein des älteren Buches unbekannt war, können ihm jedoch die verfallenen Zinsen ganz oder teilweise gutgeschrieben werden.[5])

d) Sämtliche Einlagen werden bis zu dem angegebenen Höchstbetrag verzinst; die Zinsen werden alljährlich bei Ablauf des Rechnungsjahres (31. März) dem Guthaben zugeschrieben und mit diesem von Beginn des neuen Rechnungsjahres an verzinst.[6]) Die Verzinsung bemißt sich, wie später zu zeigen sein wird, nach den von der Staatsdepositenverwaltung vergüteten Zinsen nach Abzug von 1/4 Prozent zur Deckung der Verwaltungs-

---

[1]) § 10 Sparkassengesetz. Diese Anlegung des Geldes hat auf Antrag des Sparers stets zu erfolgen. § 15 ibid. § 13 Ausf. Anwsg. Über die Anlegung der Bestände der Depositenverwaltung ist zu vergleichen § 2 Gesetz vom 24. März 1886 (in der Fassung des Gesetzes vom 4. April 1893) und Art. 44 Verordnung vom 23. Dezember 1899.

[2]) § 7 Sparkassengesetz.

[3]) Andere Vorbehalte können von den Satzungen vorgesehen werden § 5 Abs. 3 Sparkassengesetz. Durch diese Sperrungen werden die Sparkassen Versicherungsanstalten.

[4]) Vor Erledigung des Vorbehaltes dürfen die Guthaben keinesfalls ausgezahlt werden § 12 Ausf. Anwsg. Stirbt der Minderjährige vor der Großjährigkeit oder die Unverheiratete vor der Heirat oder vollendet sie das 24. Lebensjahr ohne verheiratet zu sein, so tritt der Vorbehalt außer Kraft § 5 Abs. 1 und 2 Sparkassengesetz.

[5]) § 11 ibid.

[6]) Von Bruchteilen einer Mark werden keine Zinsen berechnet § 9 Sparkassengesetz. § 248 Abs. 2 B.G.B.

kosten; ausnahmsweise kann das Ministerium eine Sparkasse ermächtigen, den Abzug bis zu 1/2 Prozent zu erhöhen.[1]) Da die Staatsdepositenkasse die von den Sparkassen eingezahlten Gelder zur Zeit mit 3 1/4 Prozent verzinst, so gewähren die Sparkassen regelmäßig 3 Prozent.[2])

e) Die Anlegung von Mündelgeld ist bei den öffentlichen Sparkassen von Elsaß-Lothringen zulässig.[3]) Die mündelsichere Anlage des Geldes soll nur in der Weise geschehen, daß zur Erhebung des Geldes die Genehmigung des Gegenvormundes oder des Vormundschaftsgerichtes notwendig ist.[4]) Abgesehen davon, daß der Vormund haftpflichtig wird, wenn er die Anlegung anders bewirkt, so hat auch die Sparkasse in diesem Falle zu prüfen, ob der Inhaber des Buchs zur Abhebung berechtigt ist, andernfalls die Sparkasse dem Mündel gegenüber durch die Leistung nicht befreit wird.

f) Verlegt der Sparer seinen Wohnsitz in eine andere Gemeinde des Landes, so kann das Guthaben auf eine andere Sparkasse von Elsaß-Lothringen übertragen werden.[5]) Die Übertragung erfolgt auf Antrag des Inhabers des Sparkassenbuchs gegen Rückgabe desselben durch Vermittelung der Staatsdepositenkasse.[6])

g) Abweichend von der Vorschrift des § 609 Bürgerliches Gesetzbuch erfolgt die Rückzahlung der Einlagen sofort auf Antrag des Inhabers des Buchs oder nach vorheriger Kündigung. Bei jeder Rückzahlung oder Auszahlung ist das Sparkassenbuch vorzulegen; über jede Rückzahlung hat der Empfänger zu quittieren.[7])

h) Der Anspruch auf Auszahlung des Guthabens erlischt, wenn innerhalb 30 Jahren weder Einzahlungen noch Rückzahlungen geleistet worden sind. Die Verjährungsfrist beginnt bei Einzahlungen mit Vorbehalt erst von dem Ablaufe der durch den Vorbehalt bestimmten Zeit.

[1]) § 25 Sparkassengesetz.

[2]) Gesetz vom 12. Mai 1897 (G.Bl. S. 43). Die von den Sparkassen eingezahlten Gelder werden von der Staatsdepositenverwaltung vom Beginn der auf den Tag der Einzahlung folgenden Monatsdekade ab verzinst. Die Verzinsung endet mit dem der Bereitstellung zur Rückzahlung vorhergehenden Tage. Verordnung vom 19. Dezember 1899 § 4.

[3]) Art. 99 E.G.B.G.B. § 1807 Nr. 5 B.G.B. § 141 Nr. 2 A.G.B.G.B.

[4]) § 1809 B.G.B.

[5]) § 14 Sparkassengesetz.

[6]) Die Unterschrift des Antragstellers ist von dem Bürgermeister zu beglaubigen § 18 Ausf. Anwsg. Art. 43 Ausf. Verordnung vom 23. Dezember 1889.

[7]) Teilzahlungen werden nur in Beträgen von mindestens einer Mark geleistet. Bei Auszahlung des ganzen Guthabens wird das Sparkassenbuch von der Kasse zurückbehalten § 12 Sparkassengesetz.

Ist eine in der Geschäftsfähigkeit beschränkte oder eine geschäftsunfähige Person ohne gesetzlichen Vertreter, so kann die Verjährung nicht vor dem Ablauf von sechs Monaten nach dem Zeitpunkt vollendet werden, in welchem die Person unbeschränkt geschäftsfähig wird.[1])

Um das Erlöschen der Ansprüche nach Möglichkeit auszuschließen, ist derjenige, auf dessen Namen das Sparkassenbuch ausgestellt ist, auf Kosten der Kasse mindestens sechs Monate vor Ablauf der Frist schriftlich aufmerksam zu machen oder, wenn sein Aufenthalt unbekannt ist, durch öffentliche Bekanntmachung zu benachrichtigen.[2]) Die nach Ablauf der Frist nicht abgehobenen Guthaben verfallen der Kasse; sie sind dem Sicherheitsfond zuzuführen.[3])

i) Ist ein Sparkassenbuch abhanden gekommen[4]) und macht der Sparer den Verlust glaubhaft, so erfolgt auf seinen Antrag die Sperrung des Guthabens und auf seine Kosten das Aufgebot des Buches durch den Vorstand der Kasse;[5]) die Aufgebotsfrist beträgt drei Monate; die Kraftloserklärung vollzieht der Kassenvorstand. Das Aufgebot und die Kraftloserklärung sind öffentlich bekannt zu machen. Dem Sparer wird ein neues Buch ausgestellt.[6])

k) Die Sparkassen haften für den Schaden, den der Vorstand, ein Mitglied des Vorstandes oder ein anderer statutarisch berufener Vertreter durch eine in Ausführung der ihm zustehenden Verrichtungen begangene, schadensersatzpflichtige Handlung einem Dritten zufügt.[7]) Sie haften für das Verschulden von Personen, deren sie sich zur Erfüllung ihrer Verbindlichkeiten bedienen z. B. des Kassendieners wie für eigenes Verschulden.[8])

Die Anstrengung einer Klage gegen eine Sparkasse ist zulässig, ohne daß zuvor eine Denkschrift eingereicht werden muß.

3. Entsprechend ihren Zwecken erschöpft sich die Tätigkeit der Spar-

---

[1]) § 206 B.G.B.

[2]) § 16 Sparkassengesetz. Die öffentliche Bekanntmachung erfolgt in den durch die Satzungen bestimmten Blättern und in dem Zentral- und Bezirksamtsblatt § 28 Ausf. Anwsg.

[3]) § 21 Ausf. Anwsg.

[4]) Abhanden gekommen ist das Sparkassenbuch, das der Sparer auf irgend eine Weise unabhängig von seinem Willen verloren hat, gleichviel, ob dabei die rechtswidrige Tätigkeit eines Dritten mitgewirkt hat oder nicht. Begründung zu § 17 des Entwurfs eines Sparkassengesetzes.

[5]) Das Aufgebotsverfahren ist durch Art. 102 Abs. 2, 177 E.G.B.G.B. aufrecht erhalten.

[6]) Für die Ausstellung des Buchs kann eine Gebühr bis zu einer Mark erhoben werden § 17 Sparkassengesetz.

[7]) §§ 31, 89 B.G.B. [8]) § 278 B.G.B.

kassen in der Entgegennahme der Einlagen, in der Verzinsung des Guthabens und der Zurückzahlung des Kapitals. Die Verwaltung der Spargelder ist den meisten Sparkassen immer noch entzogen, da sie ihre gesamten verfügbaren Geldbestände, soweit sie nicht satzungsgemäß zur Bildung und Verstärkung des Reservefonds dienen, an die Staatsdepositenverwaltung abführen müssen.[1]) Nur für Sparkassen in Gemeinden, deren jährliche Einnahmen dauernd den Betrag von 40 000 Mark übersteigen, kann durch die Satzungen angeordnet werden, daß sie einen Teil der Spareinlagen in zinstragenden Darlehen anlegen dürfen. Die Errichtung dieser kommunalen Sparkassen ist aber nur unter bestimmten Klauseln zulässig: die Gemeinde muß für die Verbindlichkeiten in Höhe dieser Anlagen jedem Sparer gegenüber Bürgschaft leisten. Bei der Beschlußfassung des Gemeinderates haben in den kleinen Gemeinden (im Sinne der Gemeindeordnung) die Höchstbesteuerten mitzuwirken;[2]) der Gemeinderatsbeschluß unterliegt der Genehmigung des Ministeriums.[3]) Die Anlage der Gelder kann vorbehaltlich etwaiger Einschränkungen durch die Satzungen nur in den im § 33 des Sparkassengesetzes bestimmten Werten geschehen. Die Einziehung der gewährten Darlehen kann sowohl nach den Vorschriften der gerichtlichen als auch der verwaltungsrechtlichen Zwangsvollstreckung erfolgen.[4])

4. Die freiwillige und unfreiwillige Auflösung einer Sparkasse hat durch Kaiserliche vom Statthalter zu vollziehende Verordnung zu geschehen. Die Abwickelung der Geschäfte nimmt der Vorstand vor; kommt er seinen Verpflichtungen nicht nach, so hat die Aufsichtsbehörde die Abwickelung zu veranlassen.[5])

II. Die Vorschußkassen.*)

Da in Elsaß-Lothringen im Gegensatz zu den meisten übrigen

---

[1]) § 24 Abs. 1 Sparkassengesetz. [2]) § 31 Abs. 2 ibid.

[3]) Auch die Zurückziehung der Gemeindebürgschaft unterliegt der ministeriellen Genehmigung; jedoch brauchen die Höchstbesteuerten bei diesem Beschluß nicht mitzuwirken § 32 ibid. Die Vorschriften der Gemeindeordnung § 75 Abs. 1 Nr. 9 finden keine Anwendung.

[4]) § 34 ibid.

[5]) § 28 Sparkassengesetz. Das nach Abwickelung der Geschäfte verbleibende reine Vermögen soll nach den Mustersatzungen § 42 der Gemeinde des Kassensitzes zufallen, um entweder einer in der Gemeinde neu zu begründenden Sparkasse überwiesen oder um zu gemeinnützigen Zwecken verwendet zu werden.

*) Gesetzgebung: Gesetz betr. die Errichtung öffentlicher Vorschußkassen vom 18. Juni 1887 (G.Bl. S. 59); aufgehoben ist § 14 durch Gesetz vom 29. November 1899 § 1 Nr. 125. Gesetz betr. den Geschäftsbetrieb der öffentlichen Vorschußkassen vom 7. Juli 1897 (G.Bl. S. 79).

Materialien: Verhandlungen des Landesausschusses XIV. Session (1887)

deutschen Staaten die Sparkassen nur in überaus beschränktem Umfange zur Hebung des Personalkredites herangezogen werden können, so ist das Bedürfnis nach Kassen, die namentlich den Kleinbürgern und Bauern Darlehen gewähren, stark hervorgetreten. Ihm versuchen die öffentlichen Vorschußkassen Genüge zu leisten.

1. Die Errichtung der öffentlichen Vorschußkassen erfolgt durch das Ministerium auf Antrag der beteiligten Gemeinden. Bei der Beratung und Beschlußfassung der betreffenden Gemeinderatsbeschlüsse müssen in den kleinen Gemeinden (im Sinne der Gemeindeordnung) die Höchstbesteuerten mitwirken. Die Vorschußkassen können entweder für den Bezirk einer Gemeinde oder für örtlich abgegrenzte Teile einer Gemeinde oder für mehrere Gemeinden errichtet werden.[1])

Die Vorschußkassen sind öffentliche Anstalten[2]) — établissements publics — die bezüglich aller nach den Landesgesetzen zu erhebenden Steuern und Abgaben, der Gerichtskosten in dem Verfahren vor den Landesgerichten[3]) dieselben Vorrechte genießen wie der Landesfiskus.[4]) Daher sind auch die von ihnen aufgenommenen Verträge über Darlehen gebührenfrei. Fernerhin finden alle auf öffentliche Anstalten bezüglichen Vorschriften auf die Vorschußkassen Anwendung. Mithin ist beispielsweise die Eröffnung des Konkursverfahrens über das Vermögen der Kassen unzulässig, jedoch eine gerichtliche Zwangsvollstreckung auch bei Verfolgung nicht dinglicher Rechte gestattet.[5]) Die innere Verwaltung und Geschäftsordnung regelt ein von den beteiligten Gemeinderäten zu beratendes und von dem Ministerium festzustellendes Statut.[6])

Der Vorstand besteht aus dem Vorsitzenden, der von der Aufsichtsbehörde ernannt wird und vier Beisitzern, die gewählt werden. Umfaßt der Kassenbezirk eine Gemeinde oder einzelne Teile einer Gemeinde, so ist der Gemeinderat dieser Gemeinde wahlberechtigt, andernfalls erfolgt die Wahl nach den näheren Bestimmungen des Statuts durch die Gemeinderäte des Kassenbezirks oder durch Vertreter derselben. Der Vorstand

---

Bd. I Vorlage Nr. 11; Bd. II S. 229 ff., 438 ff.; S. 474 ff. (Kommissionsbericht), S. 495 ff. XXIV. Session (1897) Bd. I Vorlage Nr. 6; Bd. II S. 379 ff., 597 ff.; S. 606 ff. (Kommissionsbericht), S. 705 ff.

Litteratur: Leoni-Mandel S. 228 f., Kisch S. 150 ff.

[1]) § 1 Vorschußkassengesetz.

[2]) Begründung S. 11.

[3]) Gerichtskostengesetz § 4 Nr. 3, § 111.

[4]) § 6 Abs. 3 Vorschußkassengesetz.

[5]) Gesetz vom 13. November 1899 § 4 Abs. 2, § 11.

[6]) § 7 Vorschußkassengesetz.

und die Beisitzer müssen Einwohner des Kassenbezirks, Angehörige des Deutschen Reichs und im Besitz der bürgerlichen Ehrenrechte sein. Der Verlust einer dieser Voraussetzungen zieht den Verlust der Mitgliedschaft des Vorstandes nach sich. Einer der Beisitzer wird zum Stellvertreter des Vorsitzenden ernannt.[1]) Die Vorstandsmitglieder sind Ehrenbeamte, denen jedoch bare Auslagen gemäß den Statuten ersetzt werden können.[2]) Dem Vorstande liegt die gerichtliche und außergerichtliche Vertretung der Kasse ob;[3]) die Vertretung erstreckt sich auch auf die Geschäfte und Rechtshandlungen, die eine Spezialvollmacht erfordern. Geschäfte, die der Vorstand innerhalb der Grenze seiner gesetzlichen und statutarischen Vollmacht abschließt, berechtigen und verpflichten die Kasse unmittelbar.[4]) Die Beschlüsse des Vorstandes bedürfen, insoweit die Statuten nicht ein anderes vorschreiben, keiner Genehmigung. Es müssen nur von der Aufsichtsbehörde die Beschlüsse über die dem Rechner zu gewährende Vergütung und die von ihm zu bestellende Kaution, von dem Ministerium die Beschlüsse über die Aufnahme von Anleihen, insoweit sie nicht bei der Staatsdepositenverwaltung erfolgt, genehmigt werden[5]) und die Annahme unentgeltlicher Zuwendungen über 5000 Mark.[6]) Der Vorstand ist befugt, geschäftliche Anweisungen den im Dienst der Kasse verwendeten Beamten zu erteilen. Disziplinarbefugnisse stehen ihm jedoch gegenüber den Beamten nicht zu.[7]) Verweigert der Vorstand die Erfüllung seiner gesetzlichen oder statutarischen Obliegenheiten, so gelten die Funktionen seiner Mitglieder als erloschen. Die Aufsichtsbehörde hat alsdann die Befugnisse und Obliegenheiten der Kasse selbst oder durch einen von ihr zu ernennenden Vertreter auf Kosten der Kasse wahrzunehmen und die Neubesetzung des Vorstandes zu veranlassen.[8])

[1]) § 8 ebenda. [2]) § 10 ebenda.

[3]) Der Vorstand kann von öffentlichen Beamten und Behörden Auskunft und Beihilfe bei Entgegennahme und Begutachtung von Anträgen auf Gewährung von Darlehn verlangen § 12 Nr. 1 ebenda.

[4]) § 9 ebenda. Zur Legitimation des Vorstandes bei Rechtsgeschäften genügt die Bescheinigung der Aufsichtsbehörde, daß die darin bezeichneten Personen den Vorstand bilden.

[5]) § 19 Abs. 1 und 2 ebenda.

[6]) § 6 Abs. 1 und 3 A.G.B.G.B. Verordnung vom 5. Mai 1873 § 1. Die Meinung von Kisch S. 151 zu Anm. 27, daß das Ministerium für die Annahmeerklärung zuständig ist, weil die Vorschußkassen als „gemeinnützige Anstalten“ dem Dekret vom 2. April 1817 Art. 1 unterliegen, dürfte mit der von ihm auf S. 152 richtigen Ansicht, daß die Vorschußkassen öffentliche Anstalten sind, in Widerspruch stehen.

[7]) § 12 letzter Absatz ebenda. [8]) § 19 Abs. 5 ebenda.

Die Buch- und Kassenführung versieht ein von dem Vorstande zu ernennender und von der Aufsichtsbehörde zu bestätigender Rechner, der nicht zugleich Mitglied des Vorstandes sein kann. Er erhält aus Mitteln der Kasse eine feste Vergütung unter Ausschluß von Tantièmen. Der Rentmeister, sowie die Gemeinderechner sind verpflichtet, die Stelle zu übernehmen. Der Rechner ist kautionspflichtig.[1]) Über die Art und Form des Rechnungswesens, über die Aufstellung der Bilanzen haben die Statuten Bestimmungen zu treffen.[2]) Die Bilanzen sind den Gemeinderäten der beteiligten Gemeinden mitzuteilen; sie werden von der Aufsichtsbehörde ebenso wie die Jahresrechnungen geprüft. Entlastung erteilt dem Rechner die Aufsichtsbehörde.[3])

Für den Vorstand, sowie sämtliche in Angelegenheiten der Kasse tätigen Personen gilt das Kassengeheimnis; sie müssen über die bei ihren Verrichtungen zu ihrer Kenntnis kommenden Privatverhältnisse Stillschweigen beobachten.[4]) Die Verletzung des Geheimnisses ist auch hier nicht unter Strafe gestellt. Das Kassengeheimnis bedingt — wie oben S. 94 ausgeführt — das Recht zur Zeugnisverweigerung in Zivil- und Strafprozessen.

Zur Deckung von Verlusten muß aus dem erzielten Reingewinn ein Sicherheitsfonds im Betrage von mindestens 10 Prozent der Verbindlichkeiten der Kasse gebildet werden. Übersteigt er den durch die Statuten festgesetzten Höchstbetrag, so sind die beim Jahresschluß sich ergebenden weiteren Überschüsse den Gemeinden des Kassenbezirks zur Bestreitung gemeinnütziger, gesetzlich nicht gebotener Ausgaben zur Verfügung zu stellen. Sind die Überschüsse durch eine Verminderung der Verbindlichkeiten der Kasse entstanden, so dürfen sie erst an die Gemeinden nach Ablauf einer bestimmten statutarisch festzusetzenden Reihe von Jahren überwiesen worden.[5])

Die Aufsicht über die Vorschußkassen führen die Kreisdirektoren — in Straßburg und Metz die Bezirkspräsidenten —; die Aufsicht schließt das Recht in sich, die Befolgung der statutarischen und gesetzlichen Bestimmungen zu überwachen, die Finanzverwaltung zu kontrollieren, die Einsicht der Verhandlungen, Bücher und Rechnungen zu verlangen, die Kassenbestände jederzeit zu revidieren (bei der Revision ist der Bürgermeister der betreffenden Gemeinden zuzuziehen), die Einberufung des Vorstandes zu veranlassen und, falls dem Verlangen nicht entsprochen wird,

---

[1]) § 11 ebenda. Über die Kaution haben die Statuten die weiteren Vorschriften zu enthalten; vgl. auch die Verordnung vom 2. August 1902 (A.Bl. S. 201).

[2]) § 7 Abs. 2 Nr. 8 ebenda. [3]) § 19 Abs. 1 ebenda.

[4]) § 13 ebenda. [5]) § 16 ebenda.

die Sitzungen selbst anzuberaumen; in diesen auf Veranlassung der Aufsichtsbehörde anberaumten Sitzungen kann die Aufsichtsbehörde oder ein von ihr Beauftragter die Leitung der Verhandlungen selbst übernehmen.[1])

2. Der Geschäftsbetrieb der Vorschußkassen besteht hauptsächlich in der Gewährung verzinslicher Darlehen an Landwirte und Gewerbetreibende gegen Bürgschaft. Ihre Geschäftstätigkeit untersteht den allgemeinen Grundsätzen des Privat- und Handelsrechtes, insoweit nicht Abweichungen gesetzlich oder statutarisch zugelassen sind.

Von der Verpflichtung zur Eintragung in das Handelsregister sind die Vorschußkassen befreit.[2]) Mithin treten auch nicht ihre rechtlichen Folgen weder für noch gegen die Kassen ein.

Die Darlehen, die die Vorschußkassen gewähren, sind den Rechtsnormen der §§ 607 ff. Bürgerliches Gesetzbuch unterworfen, die jedoch in folgenden Punkten modifiziert sind.

a) Der Darlehensempfänger muß stets, der Bürge soll stets im Kassenbezirk wohnen.[3])

b) Die Darlehen werden bis zu 1000 Mark auf die Dauer von höchstens drei Jahren gewährt; ausnahmsweise können mit Zustimmung der Aufsichtsbehörde auch Darlehen bis zu 2000 Mark auf fünf Jahre gewährt werden. Den Mindestbetrag bestimmen die Statuten.[4])

c) Die Zinsen dürfen höchstens 4 Prozent betragen.[5])

d) Der Darlehensempfänger kann jederzeit das Darlehen ganz oder teilweise zurückzahlen; die Teilbeträge müssen aber fünf Mark mindestens betragen.[6])

e) Die Darlehen sollen verweigert werden, wenn aus Anlaß eines früher dem Antragsteller gewährten Darlehens der Kasse oder einem Bürgen Verluste entstanden sind, sowie wenn der Antragsteller ein früheres Darlehen durch falsche Angaben erschlichen hat.[7])

f) Die gewährten Darlehen einschließlich Zinsen und Kosten können im Wege der gerichtlichen und verwaltungsrechtlichen Zwangsvollstreckung beigetrieben werden.[8])

g) Sämtliche Zahlungen sind, soweit nicht ein Anderes bestimmt ist, von der Vorschußkasse zu holen.[9])

---

[1]) § 19 Abs. 1, 3 und 4 ebenda.
[2]) § 6 Abs. 2 ebenda. [3]) § 2 ebenda.
[4]) §§ 3 Abs. 1 und 7, Abs. 2 Nr. 4 ebenda.
[5]) § 3 Abs. 2 ebenda. A.G.B.G.B. § 9 im Gegensatze zu § 246 B.G.B.
[6]) § 3 Abs. 3 ebenda im Gegensatz zu § 266 B.G.B.
[7]) § 7 Abs. 2 Nr. 6 ebenda. [8]) § 15 ebenda. [9]) § 10 A.G.B.G.B.

h) Die Haftung der Vorschußkassen ist die nämliche wie die der Sparkassen. Nur sind, da die Vorschußkassen öffentliche Anstalten sind, ihre Beamten, denen die Annahme und Aufbewahrung von Geldern und geldeswerten Gegenständen obliegt, unbedingt für den Schaden verantwortlich, den die von ihnen angenommenen Stellvertreter und Gehilfen in Ausübung der Verrichtungen, zu welchen die Beamten bestellt sind, einem Dritten widerrechtlich zufügen.[1])

Das Rechtsverhältnis zwischen dem Darlehensempfänger und dem Bürgen bestimmt sich nach den §§ 765 ff. Bürgerliches Gesetzbuch.

Außer der Gewährung von Darlehen können die Vorschußkassen auch Forderungen aus Verkäufen oder aus Teilungen von Liegenschaften ankaufen, wenn die Forderungen durch erste Hypothek auf diese Liegenschaften und soweit erforderlich durch gute Bürgschaften vollständig sicher gestellt sind. Die aus einem und demselben Verkauf oder aus einer und derselben Erbteilung herrührenden Forderungen dürfen jedoch zusammen den Betrag von 30 000 Mark nicht übersteigen. Aus Verkäufen bebauter Grundstücke dürfen Forderungen nur dann übernommen werden, wenn 25 Prozent derselben bar bezahlt sind.[2])

3. Die erforderlichen Betriebsmittel werden den Kassen auf ihren Antrag durch die Landesdepositenverwaltung als Darlehen gegen eine Zinsvergütung von höchstens vier Prozent gewährt; die Höhe des Gesamtbetrages der Darlehen bestimmen die jährlichen Etatsgesetze. Das Ministerium setzt den Höchstbetrag fest, der an die einzelne Kasse überwiesen werden darf. Die Kosten der ersten Einrichtung der Kassen werden aus Landesmitteln, die der Haushaltsetat zur Verfügung zu stellen hat, bestritten.[3])

4. Reicht das Vermögen der Vorschußkassen nicht aus, um ihre Verbindlichkeiten zu decken, so haben die Gemeinden des Kassenbezirks zur Deckung des aus der Jahresbilanz sich ergebenden Fehlbetrages Zuschüsse an die Kasse nach dem Verhältnisse der von ihnen aufzubringenden Prinzipale der direkten Steuern zu leisten. Die Höhe der Zuschüsse darf fünf Prozent der Prinzipale nicht übersteigen; die Zuschüsse sind Pflichtausgaben der Gemeinden.[4])

Eine Vorschußkasse, die dauernd zur Erfüllung ihrer Verbindlichkeiten nicht imstande ist, kann durch das Ministerium aufgelöst werden.

---

[1]) §§ 37, 38 A.G.B.G.B.

[2]) Gesetz vom 7. Juli 1897. [3]) § 4.

[4]) Die Zuschüsse werden als außerordentliche Ausgaben der Gemeinden gebucht § 17.

Die Abwickelung der Geschäfte vollzieht der Vorstand; kommt dieser seiner Verpflichtung nicht nach, so hat die Aufsichtsbehörde die Abwickelung der Geschäfte zu veranlassen. Vom Ablauf des Rechnungsjahres ab, in dem die Auflösung der Kasse durch die Aufsichtsbehörde erfolgt ist, haften die Gemeinden noch fünf Jahre lang mit höchstens fünf Prozent der Prinzipale der direkten Steuern für die Verbindlichkeiten der Kassen.[1])

Vierter Abschnitt:

Das Versicherungswesen.

§ 126. Überblick. Die privaten Versicherungsunternehmungen.

I. Unter Versicherung versteht man diejenige Einrichtung, die die nachteiligen Folgen einzelner, zufälliger Ereignisse für das Vermögen einer Person dadurch beseitigt oder wenigstens vermindert, daß sie dieselben auf eine Reihe von Fällen verteilt, in denen die gleiche Gefahr droht, aber nicht wirklich eintritt.[2]) Der Gegenstand jeder Versicherung ist die Gefahr, einen Vermögensnachteil durch ein bestimmtes Ereignis zu erleiden. Das durch die Gefahr bedrohte Objekt ist entweder eine Sache (Realversicherung) oder das menschliche Leben (Personalversicherung). Die wichtigsten der Realversicherungszweige sind die Feuerversicherung, die Transportversicherung, die Hagel- und Viehversicherung[3]) und manche andere noch. Von den Personalversicherungen sind die bedeutendsten die Kranken-, Unfall-, Alters- und Invaliditätsversicherungen. Je nachdem wer der Versicherer ist, ob ein Privatunternehmer oder eine öffentliche Anstalt, lassen sich alle Versicherungen in private und öffentliche Versicherungsunternehmungen einteilen.

II. Bei allen Versicherungsunternehmungen sind zwei Gruppen von Rechtssätzen zu unterscheiden; solche, die das Rechtsverhältnis des Versicherers zu dem Versicherten und solche, die das Rechtsverhältnis des Versicherers zu dem Staate regeln. Sowohl das private als auch das öffentliche Recht von privaten Versicherungsunternehmungen war in Elsaß-Lothringen früher durch eine Reihe von Gesetzen und Verordnungen

---

[1]) § 18.

[2]) Adolf Wagner, Versicherungswesen in Schönbergs Handbuch der politischen Ökonomie. 1898. Bd. II, 2 S. 359, 361 ff.

[3]) Über diese „landwirtschaftlichen Versicherungen" oben § 115 S. 9 und § 118 S. 41.

geregelt. Lebensversicherungsgesellschaften auf Gegenseitigkeit oder auf Prämien und Tontinen bedurften einer besonderen Konzession.[1]) War eine deutsche Gesellschaft in einem Bundesstaate zugelassen, so konnte sie ihren Betrieb auf Elsaß-Lothringen ausdehnen, wenn sie durch eine notarielle Urkunde daselbst Domizil erwählte.[2]) Ausländischen Gesellschaften wurde nur auf Grund internationaler Verträge oder einer ausdrücklichen landesherrlichen Verordnung der Geschäftsbetrieb in Elsaß-Lothringen gestattet.[3]) Alle diese Bestimmungen sind nunmehr außer Kraft gesetzt: das privatrechtliche Verhältnis ist einheitlich durch das Reichsgesetz vom 30. Mai 1908 (Reichsgesetzblatt S. 263), das öffentlichrechtliche Verhältnis durch das Reichsgesetz vom 12. Mai 1901 über die privaten Versicherungsunternehmungen (Reichsgesetzblatt S. 139) geregelt worden.

Das Reichsgesetz vom 12. Mai 1901 bezieht sich unter Ausschluß des Besteuerungsrechtes nur auf das private Versicherungswesen und zwar auf Versicherungsunternehmungen, die ihren Mitgliedern einen Rechtsanspruch auf Unterstützung gewähren; es unterstehen ihm nicht die öffentlichen Versicherungsanstalten (§ 119)[4]) und eine Reihe anderer Unternehmungen (§§ 104, 116, 122).[5]) Sämtliche Versicherungsunternehmungen, für die das Reichsgesetz maßgebend ist, unterliegen staatlicher Aufsicht, die von dem Kaiserlichen Aufsichtsamt für Privatversicherung in Berlin, wenn der Geschäftsbetrieb durch die Satzung oder die sonstigen Geschäftsunterlagen über das Gebiet eines Bundesstaates hinausgeht, andernfalls durch Landesbehörden ausgeübt wird (§ 2); als solche sind für Elsaß-Lothringen die Bezirkspräsidenten und zwar der Bezirkspräsident, in dessen Bezirk die Unternehmung ihren Sitz hat,

---

[1]) Leoni-Mandel S. 215; vor allem das Dekret vom 22. Januar 1868.

[2]) Verordnung des Generalgouverneurs vom 19. Juni 1871 und Erlaß des Oberpräsidenten vom 19. Juli 1872.

[3]) Gesetz vom 30. Mai 1857 Art. 1 und 2; auf Grund dieser Bestimmungen verbot der Ministerialerlaß vom 11. März 1881 (Zeitschrift Bd. 7 S. 2 ff.) den ferneren Betrieb der bisher geduldeten französischen Versicherungsgesellschaften in Elsaß-Lothringen. Über die verschiedenen Streitfragen, die sich an das Gesetz vom 30. Mai 1857 anschlossen, Leoni-Mandel S. 216 Anm. 2, Kisch, Landesprivatrecht S. 273 Anm. 4.

[4]) Sie sind jedoch verpflichtet, nach näherer Anordnung des Bundesrates bestimmte statistische Nachweise über ihren Geschäftsbetrieb an das Aufsichtsamt einzureichen.

[5]) Über das Verhältnis des Reichsgesetzes zu den Hilfskassen vgl. den Abschnitt über das Armenrecht.

bezeichnet worden.[1]) Ausnahmsweise kann die Beaufsichtigung von Unternehmungen, deren Geschäftsbetrieb auf das Gebiet eines Bundesstaates beschränkt ist, der Reichsbehörde oder umgekehrt von Unternehmungen, die sich über einen Bundesstaat erstrecken, aber sachlich, örtlich oder hinsichtlich des Personenkreises eng begrenzt sind, der Landesbehörde des Bundesstaates, in dessen Gebiete sie ihren Sitz haben, übertragen werden (§ 3). Die Beaufsichtigung schließt das Recht und die Pflicht in sich, die Erlaubnis zum Geschäftsbetriebe (Konzession) zu geben; dem Antrage auf Erteilung der Konzession sind beizufügen der Geschäftsplan und als dessen Bestandteile vor allem der Gesellschaftsvertrag oder die Satzung, sowie die allgemeinen Versicherungsbedingungen und die technischen Geschäftsunterlagen, soweit solche nach der Art der zu betreibenden Versicherungen erforderlich sind (§ 4).[2]) Die Erlaubnis ist unabhängig von dem Nachweis eines Bedürfnisses, ohne Zeitbeschränkung und für den Umfang des Reichs zu erteilen; sie darf nur versagt werden, wenn einer der gesetzlich angeführten Hinderungsgründe vorliegt (§§ 5, 7). Personenvereinigungen, die die Versicherung ihrer Mitglieder nach dem Grundsatze der Gegenseitigkeit betreiben wollen, dürfen nur als Versicherungsvereine auf Gegenseitigkeit, Lebensversicherungen aller Art, Unfall-, Haftpflicht-, Feuer- oder Hagelversicherungen nur als Aktiengesellschaften oder als Versicherungsvereine auf Gegenseitigkeit konzessioniert werden (§ 6). Der ganze Geschäftsbetrieb der zugelassenen Unternehmungen unterliegt der dauernden Überwachung. Zu diesem Zweck haben die Aufsichtsbehörden diejenigen Anordnungen zu treffen, die geeignet sind, den Geschäftsbetrieb mit den gesetzlichen Vorschriften und dem Geschäftsplan im Einklang zu erhalten oder Mißstände zu beseitigen, durch welche die Interessen der Versicherten gefährdet werden oder der Geschäftsbetrieb mit den guten Sitten in Widerspruch gerät; die Anordnungen sind nötigenfalls mit Geldstrafe zu erzwingen. Um diese Funktionen ausüben zu können, haben die Aufsichtsbehörden weitgehende Befugnisse, unter Umständen sogar auf Untersagung des Ge-

[1]) Verordnung des Statthalters vom 20. Juni 1901 (A.Bl. S. 235). — Für die Genehmigungen, die die Bezirkspräsidenten erteilen, kann kein Stempel in Ansatz gebracht werden. Verf. vom 11. April 1902 (A.Bl. des Direktors der Verkehrssteuern S. 17).

[2]) Über den Inhalt des Gesellschaftsvertrages einer Aktiengesellschaft oder der Satzung einer Versicherungsunternehmung auf Gegenseitigkeit §§ 8, 17, über den Inhalt der allgemeinen Versicherungsbedingungen § 9, des Geschäftsplanes einer Lebensversicherungsunternehmung § 11. — Über die den Bezirkspräsidenten zu machenden Angaben Bekanntm. vom 12. Oktober 1901 (A.Bl. S. 305).

schäftsbetriebes. Tritt Zahlungsunfähigkeit oder Überschuldung ein, so kann die Aufsichtsbehörde Antrag auf Konkurseröffnung stellen oder Sanierungsmaßregeln ergreifen (§§ 64—69).

Die Verfassung und das Verfahren des Aufsichtsamtes ist in den §§ 70—83 des Gesetzes und durch die Kaiserliche Verordnung vom 23. Dezember 1901 (Reichsgesetzblatt S. 498) geregelt. Um den Geschäftsverkehr des Amtes mit den beaufsichtigten Unternehmungen zu erleichtern, können aus der Mitte der Landesbeamten besondere Kommissare bestellt werden. Zur Mitwirkung bei der Aufsicht ist bei dem Amt ein aus Sachverständigen des Versicherungswesens bestehender Versicherungsbeirat gebildet. In gewissen Fällen entscheidet das Amt auf Grund mündlicher Beratung in der Besetzung von drei Mitgliedern einschließlich des Vorsitzenden unter Zuziehung von zwei Mitgliedern des Versicherungsbeirates; hierher gehört die Erteilung der Erlaubnis zum Geschäftsbetrieb, die Änderungen des Geschäftsplanes, die Auflösung eines Versicherungsvereins auf Gegenseitigkeit u. a. m. Gegen diese Entscheidungen ist Rekurs an das durch einen richterlichen Beamten und ein Mitglied eines höchsten deutschen Verwaltungsgerichtshofes verstärkte Aufsichtsamt zulässig. Für das Verfahren der Landesbehörden bei Ausübung der Beaufsichtigung ist das Landesrecht maßgebend. Entscheidungen, die, wenn sie das Amt trifft, dem Rekurs unterliegen, können im Wege des Verwaltungsstreitverfahrens oder des Rekurses angefochten werden; in Elsaß-Lothringen ist hiernach Rekurs an den Kaiserlichen Rat zulässig.

Wie bereits erwähnt dürfen Personenvereinigungen, die ihre Mitglieder nach dem Grundsatz der Gegenseitigkeit versichern, nur in der Form der Versicherungsvereine auf Gegenseitigkeit zum Geschäftsbetrieb zugelassen werden; ihre Verfassung ist eingehend geregelt (§§ 15—63).[1]) Das Gesetz unterscheidet zwischen den größeren Unternehmungen, den eingetragenen Vereinen,[2]) und den kleineren Vereinen, die bestimmungsgemäß einen sachlich, örtlich oder hinsichtlich des Personenkreises engbegrenzten Wirkungskreis haben. Für die kleinen Vereine kommt grundsätzlich das Vereinsrecht des Bürgerlichen Gesetzbuchs in Betracht, insofern nicht auch für sie die Bestimmungen über die eingetragenen Vereine maßgebend sind (§ 53).

---

[1]) Damit ist die Verordnung vom 22. Januar 1868 zum größten Teil aufgehoben.

[2]) Über die Eintragung der Vereine in das Gesellschaftsregister Min. Verordnung vom 25. Juli 1902 (A.Bl. S. 199).

Ausländische Unternehmungen, die in Deutschland Geschäfte betreiben wollen, bedürfen der Erlaubnis, die der Reichskanzler nach seinem Ermessen erteilt. Die Erlaubnis darf nur dann erteilt werden, wenn das Aufsichtsamt sich gutachtlich dahin geäußert hat, daß keiner der gesetzlichen Versagungsgründe vorliegt, wenn die Unternehmung den Nachweis führt, daß sie an ihrem Sitze Rechte erwerben, Verbindlichkeiten eingehen, vor Gericht klagen und verklagt werden kann und sie sich verpflichtet, im Reichsgebiet eine Niederlassung zu unterhalten und einen Hauptbevollmächtigten zu bestellen (§ 86). Die Beaufsichtigung der zugelassenen ausländischen Unternehmungen steht dem Aufsichtsamt zu. Die Vorschriften des Reichsgesetzes finden grundsätzlich auf sie Anwendung.

§ 127. Die Feuerversicherung.

Die Versicherung von Immobilien gegen Feuersgefahr ist in Elsaß-Lothringen nicht staatlich organisiert. Es finden daher die Reichsgesetze vom 30. Mai 1908 und 12. Mai 1901 (Reichsgesetzblatt S. 263 und 139) im vollen Umfange Anwendung.

Ist ein mit einer Hypothek, Grund- oder Rentenschuld belastetes Gebäude gegen Feuersgefahr versichert und meldet der Gläubiger die Hypothek (Grundschuld, Rentenschuld) dem Versicherer an, so liegen diesem eine Reihe von Verpflichtungen ob:[1]) er muß dem Gläubiger spätestens einen Monat vor Ablauf der Versicherung den Endtermin bekannt geben und ihn von einer Herabsetzung der Versicherungssumme, sobald er davon Kenntnis erhält, benachrichtigen; der Gläubiger hat ein Recht, bei der Schadensfeststellung zugegen sein zu können und muß von dem Versicherer rechtzeitig über Ort, Tag und Stunde des Termins Nachricht erhalten;[2]) ebenso ist ihm ein Rechtsstreit über die Verpflichtung des Versicherers mitzuteilen. Der Versicherer kann von dem Vertrage wegen Nichtzahlung der Prämie durch den Versicherten erst dann zurücktreten, wenn er den Hypothekengläubigern die Nichtzahlung angezeigt hat und mindestens ein Monat seit Empfang der Anzeige verstrichen ist, ohne daß die gemeldete Leistung bewirkt wurde. Selbst wenn der Versicherte widerspricht, muß der Versicherer die Zahlung der Prämien durch den Hypothekengläubiger annehmen; tritt der Versicherer aus einem anderen Grunde zurück, so hat er dies dem Gläubiger anzuzeigen und

[1]) Ausführungsgesetz zum Bürgerlichen Gesetzbuch §§ 11 ff.

[2]) Über die Ernennung und Beeidigung eines Sachverständigen Ausführungsgesetz zum Reichsgesetz über die Angelegenheiten der freiwilligen Gerichtsbarkeit § 41.

ist ihm jedenfalls noch zwei Wochen seit der Anzeige aus dem Versicherungvertrage verpflichtet; die Versicherungssumme bleibt den Hypothekengläubigern auch dann verhaftet, wenn der Versicherte wegen Verschuldens seiner Rechte aus dem Versicherungsvertrage verlustig ist.

Die Übernahme und Aufgabe einer Agentur oder Unteragentur für eine Feuerversicherungsgesellschaft ist innerhalb acht Tagen dem Kreis-Polizeidirektor anzuzeigen.[1])

§ 128. Die Arbeiterversicherung.

Nach der Allerhöchsten Botschaft Kaiser Wilhelms I. vom 17. November 1881, die die soziale Fürsorge der Arbeiter im Deutschen Reich eingeleitet hat, sollen bei Krankheit, Unfall, Invalidität und Altersschwäche die Arbeiter einen gesetzlichen Anspruch auf Unterstützung, die sie vor Armenpflege bewahrt, haben. Die Durchführung dieses Prinzips ist durch Zwangsversicherung auf öffentlichrechtlicher Grundlage erfolgt.

Die Arbeiterversicherungsgesetzgebung, die in die drei großen Gebiete der Kranken-, Unfall- und Invalidenversicherung zerfällt, beruht auf Reichsrecht; der Landesgesetzgebung ist nur ein unbedeutender Spielraum gelassen. Unter ausdrücklichem Hinweis auf die reiche Spezialliteratur kann sich daher die folgende Darstellung auf die Hervorhebung der wichtigsten Gesichtspunkte beschränken.[2])

I. Krankenversicherung.[3])

Versicherungspflichtig sind alle gegen Gehalt oder Lohn in einem der in § 1 des Gesetzes aufgeführten Betriebe beschäftigten Personen, sofern

---

[1]) Gewerbeordnung § 14 Abs. 2. Ausf. Anwsg. § 6. Strafbestimmung Gewerbeordnung § 148 Ziffer 2.

[2]) Vgl. die Literaturangaben und eingehende Darstellung bei Laband Bd. III S. 262 ff.

[3]) Das Krankenversicherungsgesetz vom 10. April 1892 (R.G.Bl. S. 379) ist durch die Novelle vom 30. Juni 1900 (R.G.Bl. S. 332) und vom 25. Mai 1903 (R.G.Bl. S. 233) abgeändert worden. — Kommentierte Ausgabe von Piloty-Redenbacher, München 1904. — Die Zuständigkeit der Behörden in Elsaß-Lothringen ist durch die Verordnung des Statthalters vom 14. März 1884 (A.Bl. S. 61) geregelt, nach ihr sind Gemeindebehörde die Bürgermeister, höhere Verwaltungsbehörde die Bezirkspräsidenten, weiterer Kommunalverband die Bezirke; untere Verwaltungsbehörde (§ 1 Abs. 5) die Bürgermeister (Verordnung vom 12. August 1896 (A.Bl. S. 195). Für die Betriebe der Militärverwaltung des Reichs in Elsaß-Lothringen bestimmt die Verordnung vom 12. September 1896 (A.Bl. S. 199) und vom 30. April 1898 (A.Bl. S. 139), für die der Reichs-Post- und Telegraphenverwaltung in Elsaß-Lothringen die Verordnung vom 5. September 1885 (A.Bl. S. 175) die zuständigen Behörden.

nicht die Beschäftigung durch die Natur ihres Gegenstandes oder im voraus durch den Arbeitsvertrag auf einen Zeitraum von weniger als einer Woche beschränkt ist, und die in wirtschaftlicher Beziehung ungefähr gleichstehenden Betriebsbeamten mit einem Arbeitsverdienst unter 2000 Mark (§ 2b). Durch statutarische Bestimmungen kann die Versicherungspflicht ausgedehnt werden (§ 2); ausgenommen sind Personen des Soldatenstandes sowie solche in Betrieben oder im Dienste des Reichs, eines Staates oder Kommunalverbandes beschäftigten Personen, die dem Reiche, Staate oder Kommunalverbande gegenüber in Krankheitsfällen Anspruch auf Fortzahlung des Gehalts oder des Lohnes oder auf eine dem Krankenversicherungsgesetz entsprechende Unterstützung mindestens für dreizehn Wochen nach der Erkrankung und bei Fortdauer der Erkrankung für weitere dreizehn Wochen Anspruch auf diese Unterstützung oder auf Gehalt, Pension, Wartegeld oder ähnliche Bezüge mindestens im anderthalbfachen Betrage des Krankengeldes haben (§ 3).

Versicherungsberechtigt sind Personen, die der Versicherungspflicht nicht unterliegen und deren jährliches Gesamteinkommen zweitausend Mark nicht übersteigt, sowie Dienstboten (§ 4 Abs. 2).

Träger der Versicherung sind:

a) die Ortskrankenkassen. Dieselben können von Gemeinden für die in ihrem Bezirk beschäftigten versicherungspflichtigen Personen errichtet werden, sofern die Zahl der in der Kasse zu versichernden Personen mindestens einhundert beträgt oder die dauernde Leistungsfähigkeit der Kasse für ausreichend erachtet wird (§ 16 Abs. 1, § 18). Die Errichtung gemeinsamer Ortskrankenkassen für mehrere Gewerbszweige oder Betriebsarten (§ 16 Abs. 4 und 5) und für mehrere Gemeinden (§ 43) ist zulässig. Durch Anordnung der höheren Verwaltungsbehörde (Bezirkspräsidenten in Elsaß-Lothringen) kann die Gemeinde auf Antrag der Beteiligten zur Errichtung einer Ortskrankenkasse gezwungen werden (§ 17). Die Gewerbszweige und Betriebsarten, für welche eine Ortskrankenkasse errichtet wird, sind in dem Kassenstatut zu bezeichnen, das von der Gemeinde nach Anhörung der Beteiligten oder von Vertretern derselben zu errichten (§§ 19, 23) und von der höheren Verwaltungsbehörde (Bezirkspräsidenten) zu genehmigen ist (§ 24). Die Ortskrankenkassen sind juristische Personen, für ihre Verbindlichkeiten haftet den Gläubigern gegenüber nur das Vermögen der Kasse (§ 25). Die Kassen müssen Reservefonds im Mindestbetrage der durchschnittlichen Jahresausgabe der letzten drei Jahre ansammeln und erforderlichenfalls bis zu dieser Höhe ergänzen (§ 32). Organe der Kasse sind der Vorstand und die Generalversammlung. Der Vorstand, der von der Generalversammlung gewählt wird, vertritt die Kasse gerichtlich und außergerichtlich und führt die laufenden Verwaltungsgeschäfte (§§ 34, 35). Über die Zusammensetzung der Generalversammlung haben die Statuten die näheren Bestimmungen zu enthalten (§§ 37 ff.). Die Aufsicht über die Ortskrankenkassen, deren Bezirk über den Bezirk einer Gemeinde nicht hinausgeht, führen in Gemeinden von mehr als zehntausend Einwohnern die Bürgermeister, im übrigen die Kreisdirektoren; für gemeinsame Ortskrankenkassen mehrerer Gemeinden ist der für die Gemeinde, wo die Kasse ihren Sitz hat, zuständige Kreisdirektor die Aufsichtsbehörde.[1])

b) Betriebs-(Fabrik)krankenkassen können von dem Unternehmer dadurch errichtet werden, daß er durch den Arbeitsvertrag, Fabrikordnung, Reglement die in dem Betriebe beschäftigten Personen zum Beitritt verpflichtet.[2]) Er ist zu der Errichtung berechtigt, wenn er fünfzig oder mehr dem Krankenversicherungszwange unterliegende Personen beschäftigt (§ 60 Abs. 1); die Errichtung kann ihm auch bei einer geringeren Anzahl von Arbeitern gestattet werden, wenn die nachhaltige Leistungsfähigkeit der Kasse für ausreichend sichergestellt angesehen wird (§ 61 Abs. 2). Auf Antrag der Gemeinde, in welcher die Beschäftigung stattfindet, oder der Krankenkasse, welcher die beschäftigten Personen angehören, kann der Unternehmer zur Errichtung der Kasse durch Anordnung der höheren Verwaltungsbehörde (Bezirkspräsident) verpflichtet werden (§ 60 Abs. 2) und zwar, wenn eine besondere Krankheitsgefahr für die darin beschäftigten Personen besteht, auch dann, wenn weniger als fünfzig Personen beschäftigt werden (§ 61 Abs. 1). Kommt der Unternehmer der Verpflichtung nicht nach, so hat er für jede versicherungspflichtige, beschäftigte Person Beiträge bis zu fünf Prozent des verdienten Lohnes aus eigenen Mitteln zur Ortskrankenkasse zu entrichten (§ 62). Ist die Kasse errichtet, so gehören die versicherungspflichtigen Personen mit dem Tage des Eintritts in die Beschäftigung der Kasse als Mitglieder an (§ 63 Abs. 1). Nichtversicherungspflichtige Personen, die in dem Betriebe beschäftigt werden, können, wenn ihr jährliches Gesamteinkommen zweitausend Mark nicht übersteigt, der Kasse beitreten (§ 63 Abs. 2). Das Kassenstatut ist von dem Betriebsunternehmer zu errichten (§ 64 Ziff. 1). Reichen die Bestände der Kasse nicht aus, um die laufenden Ausgaben zu decken, so muß der Betriebsunternehmer die erforderlichen

[1]) Verordnung des Statthalters vom 14. März 1884 (A.Bl. S. 61).

[2]) Über die Vereinigung mehrerer Betriebskrankenkassen desselben Unternehmers zu einer Kasse § 67 c.

Vorschüsse leisten (§ 64 Ziff. 4). Er ist zu Zuschüssen aus eigenen Mitteln verpflichtet, wenn die gesetzlichen Mindestleistungen der Kasse durch die Beiträge nicht gedeckt werden (§ 65 Abs. 2). In gewissen Fällen können die Kassen geschlossen oder aufgelöst werden (§ 68). Im übrigen gelten für die Betriebskrankenkassen im wesentlichen dieselben Vorschriften wie für die Ortskrankenkassen.

c) Baukrankenkassen sind von den Bauherrn auf Anordnung der höheren Verwaltungsbehörde zu errichten, wenn sie zeitweilig eine größere Anzahl von Arbeitern beschäftigen. Auf sie finden die Bestimmungen über die Betriebskrankenkassen mit geringen Abänderungen Anwendung (§§ 69—72).

d) Innungskrankenkassen[1]) (§ 73), Knappschaftskassen (§ 74), auf Grund reichs- oder landesgesetzlicher[2]) Bestimmung beruhende eingeschriebene Hilfskassen (§ 75). Die statutenmäßigen Leistungen der Knappschaftskassen müssen die für die Betriebskrankenkassen vorgeschriebenen Mindestleistungen erreichen, und die Hilfskassen müssen mindestens diejenigen Leistungen gewähren, die von der Gemeinde, in deren Bezirk der Versicherungspflichtige beschäftigt ist, zu gewähren sind.

e) Gemeindekrankenversicherung. Sie tritt subsidiär für alle versicherungspflichtigen Personen ein, die keiner anderen Kasse angehören. Sie besitzt keine Rechtspersönlichkeit, sondern ist nur eine kommunale Verwaltungseinrichtung (§ 9). Die Gemeindekrankenkassenversicherung besteht in Elsaß-Lothringen nicht.

Abgesehen von den Mitgliedern der Hilfskassen, die die Bescheinigung nach § 75a besitzen, muß jeder Versicherungspflichtige einer Kasse und zwar gewöhnlich der Kasse angehören, die örtlich (Bezirk der Beschäftigung) und sachlich (Gewerbszweig, Betrieb, Bau) für ihn in Betracht kommt, oder es tritt kraft Gesetzes die Gemeindekrankenversicherung ein. Außerdem kann er freiwillig einer Hilfskasse angehören. Versicherungsberechtigte Personen dürfen sich in mehreren Kassen zu gleicher Zeit versichern. Jedoch tritt bei allen, die nicht nur einer Kasse angehören, eine Kürzung des Krankengeldes ein (§ 26a).

Die Leistungen der Gemeindekrankenversicherung, also die Mindestleistungen, die gewährt werden müssen, umfassen von Beginn der Krankheit ab freie ärztliche Behandlung, Arznei, Brillen, Bruchbänder und ähnliche Heilmittel und im Falle der Erwerbsunfähigkeit vom dritten Tage nach dem Tage der Erkrankung ab für jeden Arbeitstag ein Krankengeld

[1]) Innungskrankenkassen sind keine juristischen Personen. Piloty S. 65.

[2]) Über die landesrechtlichen Hilfskassen (§ 75 Abs. 4) unten „im Armenrecht".

in Höhe der Hälfte des ortsüblichen Tagelohnes gewöhnlicher Tagearbeiter. Die Krankenunterstützung endet spätestens mit dem Ablauf der 26. Woche nach Beginn der Krankheit bezw. des Krankengeldbezuges (§ 6). An Stelle dieser Leistungen kann unter gewissen Voraussetzungen freie Kur und Verpflegung in einem Krankenhause nebst der Hälfte des Krankengeldes für Angehörige treten. Bei den übrigen Kassen kommt noch ein Sterbegeld im zwanzigfachen Betrage des durchschnittlichen Tagelohnes und für Wöchnerinnen eine sechswöchentliche Krankenunterstützung hinzu (§ 20 Ziffer 2 und 3). Darüber hinaus ist die statutarische Erweiterung der Leistungen, vor allem die Ausdehnung der Krankenunterstützung auf einen längeren Zeitraum bis zu einem Jahr und der Wöchnerinnenunterstützung bis zu 12 Wochen, die Erhöhung des Krankengeldes bis zu drei Viertel und des Sterbegeldes bis zum vierzigfachen Betrage des durchschnittlichen Tagelohnes, die Gewährung des Krankengeldes schon vom Tage des Eintritts der Erwerbsunfähigkeit an und für Sonn- und Festtage, die Ausdehnung der Krankenfürsorge auf Familienangehörige und Rekonvaleszenten zulässig (§ 21). Die Übertragung der dem Unterstützungsberechtigten zustehenden Ansprüche auf Dritte, sowie die Verpfändung oder Pfändung hat nur beschränkte rechtliche Wirkung (§ 56).

Bei Konkurrenz von mehreren Ansprüchen in Erkrankungsfällen kommt zuerst der Anspruch gegen denjenigen, der kraft Gesetzes zur Leistung verpflichtet ist, alsdann der Anspruch gegen die Krankenkasse und zuletzt gegen den Armenverband (§ 57).

Die Beiträge für jede versicherungspflichtige Person sind zu einem Drittel von dem Arbeitgeber, zu zwei Drittel von dem Versicherten an die Kasse, der der Versicherungspflichtige angehört, einzuzahlen (§ 51, § 65 Abs. 1). Die Versicherten müssen sich bei den Lohnzahlungen die sie belastenden Beträge abziehen lassen (§ 53). Die Höhe der Beiträge beläuft sich bei der Gemeindekrankenversicherung auf ein bis zwei Prozent des ortsüblichen Tagelohnes gewöhnlicher Tagearbeiter, bei den übrigen Kassen auf drei bis vier Prozent des durchschnittlichen Tagelohnes derjenigen Klasse von Arbeitern, für die die Kasse errichtet ist, sofern nicht durch statutarische Bestimmung an Stelle des durchschnittlichen Tagelohnes der wirkliche nicht mehr als fünf Mark für den Arbeitstag betragende Arbeitsverdienst des einzelnen Versicherten gesetzt wird (§ 26 a).

Die Arbeitgeber müssen jede von ihnen beschäftigte versicherungspflichtige Person, die der Gemeindekrankenversicherung oder Ortskrankenkasse angehört, spätestens am dritten Tage nach Beginn der Beschäftigung anmelden und spätestens am dritten Tage nach Beendigung derselben wieder abmelden (§ 49). Durch statutarische Bestimmung, die der Genehmigung der höheren Verwaltungsbehörde bedarf, kann diese Meldepflicht auch bei den übrigen Kassen eingeführt werden (§ 54). Hilfskassen haben jedes Ausscheiden eines versicherungspflichtigen Mitgliedes aus der Kasse und jedes Übertreten eines solchen in eine niedrigere Mitgliederklasse innerhalb Monatsfrist anzumelden (§ 49 a). Die An- und Abmeldungen dienen nur Kontrollzwecken; sie sind auf die Begründung und Auflösung des Versicherungsverhältnisses ohne jeden Einfluß.

II. Unfallversicherung.*)

Bereits das Reichshaftpflichtgesetz vom 7. Juni 1871 hat dem Unternehmer für die in seinem Betriebe vorkommenden Unfälle, namentlich für die Vernachlässigungen seiner Angestellten eine selbständige Verantwortlichkeit auferlegt. Die den Verunglückten treffende Beweislast, die Mittellosigkeit des Entschädigungspflichtigen stellen jedoch den Erfolg dieses Gesetzes so oft in Frage, daß man im Anschluß an die Kaiserliche Botschaft vom 17. November 1881 den privatrechtlichen Grundsatz des Schadensersatzes vollkommen aufgab und an seiner Stelle ähnlich wie bei der Krankenversicherung eine auf öffentlich-rechtlicher Versicherung beruhende Fürsorge der Betriebsunternehmer für die durch Betriebsunfälle verletzten Arbeiter und deren Hinterbliebenen durchführte. Damit ist für den Normalfall die privatrechtliche Haftung des Betriebsunternehmers gegenüber dem Arbeiter beseitigt; nur wenn durch strafgerichtliches Urteil festgestellt ist, daß der in Anspruch Genommene den Unfall vorsätzlich herbeigeführt hat, haftet er dem Verletzten und seinen Hinterbliebenen für den die Unfallentschädigung übersteigenden Mehrbetrag, den entschädigungspflichtigen Berufsgenossenschaften und Krankenkassen auch ohne strafrechtliches Urteil und auch bei Fahrlässigkeit in vollem Umfange. Im übrigen ist die Haftung Dritter unberührt geblieben; doch geht der den Entschädigungsberechtigten zustehende Ersatzanspruch auf die Berufsgenossenschaft im Umfange ihrer durch das Unfallversicherungsgesetz begründeten Entschädigungspflicht über.[1])

1. Das Gewerbeunfallversicherungsgesetz[2]) zwingt zur Ver-

*) Bei der Revision der Unfallgesetze wurden bestimmte organisatorische Vorschriften in einem Mantelgesetz vom 30. Juni 1900 in der Fassung der Bekanntmachung vom 5. Juli 1900 (R.G.Bl. S. 573) vereinigt, dem die Unfallversicherungsgesetze für die einzelnen Berufsgruppen als Anlagen beigegeben sind.

[1]) Gewerbeunfallversicherungsgesetz § 135, 136, 140. U. G. für Landwirtschaft und Forstwirtschaft § 146 Abs. 1, 151; Bau-U. G. § 45 Abs. 2; See-U. G. § 133, 138 Abs. 2; Gefangenen-U. G. § 23, 26.

[2]) Das Gewerbeunfallversicherungsgesetz ist am 30. Juni 1900 (R.G.Bl. S. 585) erlassen. — Die Zuständigkeit der Landesbehörden ist in der Ver-

sicherung alle Arbeiter ohne Rücksicht auf Lohn, Betriebsbeamte, sofern ihr Jahresarbeitsverdienst an Lohn oder Gehalt 3000 Mark nicht übersteigt, wenn sie in bestimmten vom Gesetz aufgeführten versicherungspflichtigen Betrieben beschäftigt sind oder neben der Beschäftigung im Betriebe von ihren Arbeitgebern oder von deren Beauftragten zu häuslichen und anderen Diensten herangezogen werden (§§ 1—3). Die Versicherungspflicht kann (durch Statut der Berufsgenossenschaft) ausgedehnt werden auf: Betriebsunternehmer, die ein Jahresarbeitsverdienst unter 3000 Mark haben oder nicht regelmäßig mehr als zwei Lohnarbeiter beschäftigen, auf Hausgewerbetreibende ohne Rücksicht auf die Zahl der von ihnen beschäftigten Lohnarbeiter, auf Betriebsbeamte mit einem 3000 Mark übersteigenden Jahresarbeitsverdienste. Berechtigt sich selbst zu versichern sind Betriebsunternehmer, deren Jahresarbeitsverdienst 3000 Mark nicht übersteigt oder welche nicht regelmäßig mehr als zwei Lohnarbeiter beschäftigen. Durch Statut kann diese Berechtigung erstreckt werden auf Unternehmer mit einem höheren Jahresarbeitsverdienst, auf nicht versicherungspflichtige Personen, die im Betriebe beschäftigt sind oder die Betriebsstätten besuchen, auf Organe nnd Beamte der Berufsgenossenschaft (§ 5).

Träger der Versicherung sind Berufsgenossenschaften, die innerhalb bestimmter Bezirke alle Betriebe gewisser Gewerbszweige umfassen, wobei Nebenbetriebe gewöhnlich dem Hauptbetrieb folgen,[1]) oder die für das ganze Reichsgebiet gebildet werden. Für die Post-, Telegraphen-, Marine- und Heeresverwaltungen, sowie für die vom Reiche oder von einem Bundesstaate für Reichs- bezw. Staatsrechnung verwalteten Eisenbahnbetriebe einschließlich der Bauten tritt an die Stelle der Berufsgenossenschaft das Reich bezw. der Staat, für dessen Rechnung die Verwaltung geführt wird (§ 128). Die Berufsgenossenschaften besitzen Rechtspersönlichkeit; den Gläubigern gegenüber haftet nur das Genossenschaftsvermögen. Mitglieder sind die Unternehmer der zur Genossenschaft gehörigen Betriebe. Die Mitgliedschaft tritt ex lege ein. Jede Genossenschaft hat ein Statut, das die Genossenschaftsversammlung beschließt und das Reichsversicherungsamt zu genehmigen hat (§ 36, § 39). Organe sind die Ge-

ordnung vom 1. Oktober 1900 (R.Bl. S. 225) ganz ähnlich wie bei der Invalidenversicherung geregelt. Über Beschwerden gegen Straffestsetzungen des Genossenschaftsvorstandes (§ 149) entscheiden die Bezirkspräsidenten.

[1]) Land- und forstwirtschaftliche Nebenbetriebe können durch Statut zur gewerblichen Unfallversicherung einbezogen werden, wenn in ihnen überwiegend die im Hauptbetriebe verwendeten gewerblichen Arbeiter beschäftigt werden. Gew. U. § 28 Abs. 2.

nossenschaftsvorstände, denen die gesamte Verwaltung obliegt, und die Genossenschaftsversammlung. Das Statut kann die Genossenschaft in örtlich abgegrenzte Sektionen einteilen und Vertrauensmänner als örtliche Genossenschaftsorgane einsetzen (§ 38). Die Wahl zu Mitgliedern der Vorstände und zu Vertrauensmännern kann nur aus Gründen abgelehnt werden, aus denen das Amt eines Vormundes abgelehnt werden kann (§ 43); die Ämter sind Ehrenämter (§ 44). Die Genossenschaften haben Reservefonds anzusammeln, über deren Bildung genaue Vorschriften gegeben sind (§ 34). Die Befugnisse und Obliegenheiten der Genossenschaftsversammlung und des Vorstandes werden bei Reichs- und Staatsbetrieben durch Ausführungsbehörden wahrgenommen (§ 128).[1]) Die in jedem Rechnungsjahr geleisteten Entschädigungen, die Verwaltungskosten und die Rücklagen für den Reservefonds werden auf die Mitglieder der Berufsgenossenschaft umgelegt (Umlageverfahren). Jedes Mitglied hat nach Verhältnis des Risikos Beiträge zu leisten; für die Bemessung des Risikos sind die Gehälter und Löhne und die Einschätzung in den verschiedenen Gefahrenklassen des von der Genossenschaftsversammlung aufzustellenden Gefahrentarifs (§ 49) maßgebend (§ 29).[2])

Gegenstand der Versicherung ist der Ersatz des Schadens, den der Versicherte infolge eines Unfalls beim Betriebe oder Dienste durch Körperverletzung oder Tötung erleidet, vorausgesetzt, daß er den Unfall nicht vorsätzlich herbeigeführt hat. Die normale Entschädigung besteht 1) bei Verletzungen aus freier ärztlicher Behandlung vom Beginn der 14. Woche nach Eintritt des Unfalls ab (also im Anschluß an die Krankenversicherung) und in einer Rente für die Dauer der Erwerbsunfähigkeit, die bei völliger Erwerbsunfähigkeit zwei Drittel des Jahresarbeitsverdienstes (Vollrente), bei teilweiser Erwerbsunfähigkeit der durch den Unfall herbeigeführten Einbuße an Erwerbsfähigkeit (Teilrente) entspricht (§ 9); an die Stelle dieser Leistungen kann freie Anstaltspflege bis zum beendigten Heilverfahren und eine Rente an die Angehörigen wie im Todesfalle treten (§ 22); 2) bei Tötungen aus dem Sterbegeld, das den 15. Teil des Jahresarbeitsverdienstes, jedoch mindestens einen Betrag von 50 Mark

[1]) Ausführungsbehörde der Reichs-Eisenbahnverwaltung ist die Generaldirektion der Eisenbahnen in Elsaß-Lothringen. Bekanntm. vom 20. September 1885 (Centralblatt f. d. Deutsche Reich S. 469).

[2]) Die Beitreibung der rückständigen Beiträge richtet sich in Elsaß-Lothringen nach der Verwaltungs-Zwangsvollstreckungsordnung vom 26. Mai 1905 (Bd. II S. 67 ff.); die Anträge sind von den Berufsgenossenschaftsvorständen an die Steuerkassen zu richten. Min. Best. vom 26. März 1906 (A.Bl. S. 47).

betragen muß und eine den Hinterbliebenen vom Todestage des Verstorbenen ab zu gewährende Rente (Witwe, Kinder unter 15 Jahren, erwerbsunfähiger Witwer, bedürftige Eltern, Großeltern, elternlose Enkel von je 20 Prozent bis zu 60 Prozent des Jahresarbeitsverdienstes §§ 15 ff.). Bei völliger Erwerbsunfähigkeit muß die Unfallrente bis zu 100 Prozent des Jahresarbeitsverdienstes, bei unverschuldeter Arbeitslosigkeit kann die Teilrente durch den Genossenschaftsvorstand bis zur Vollrente erhöht werden (§ 9 Abs. 3 und 5). Als Jahresarbeitsverdienst gilt gewöhnlich das Dreihundertfache des durchschnittlichen täglichen Arbeitsverdienstes, mindestens aber das Dreihundertfache des ortsüblichen Tagelohnes gewöhnlicher Tagearbeiter; der 1500 Mark übersteigende Betrag kommt nur mit einem Drittel zur Anrechnung (§ 10).

Die Unfallfürsorge setzt erst mit Beginn der 14. Woche ein; während der ersten 13 Wochen haben die Krankenkassen oder in Ermangelung solcher die Unternehmer die Kosten des Heilverfahrens und die Entschädigungen zu tragen; vom Beginn der fünften Woche ab ist das Krankengeld für Rechnung des Betriebsunternehmers auf mindestens zwei Drittel des der Krankengeldberechnung zugrunde gelegten Arbeitslohnes zu erhöhen (§ 12).[1]) Um eine möglichst einheitliche und zweckdienliche Behandlung der Verletzten herbeizuführen, dürfen die Berufsgenossenschaften der Krankenkasse die Fürsorge für den Verletzten über den Beginn der 14. Woche hinaus bis zur Beendigung des Heilverfahrens gegen Erstattung der Kosten übertragen oder sie selbst schon während der ersten 13 Wochen gegen Erstattung der Kosten durch die Krankenkasse übernehmen (§ 11).

Die Feststellung der Entschädigung erfolgt, nachdem der Unfall polizeilich ermittelt ist (§ 63 ff.)[2]) von Amts wegen durch die Organe der Genossenschaft. Soll die Bewilligung einer Entschädigung abgelehnt oder soll eine Entschädigung bewilligt werden, so ist diese Absicht dem Verletzten oder seinen entschädigungsberechtigten Hinterbliebenen mitzuteilen, die sich auf diese Mitteilung innerhalb von zwei Wochen äußern können. Entschädigungsberechtigte, für welche die Entschädigung nicht von Amts wegen festgestellt ist, haben ihren Entschädigungsanspruch bei Vermeidung des Ausschlusses vor Ablauf von zwei Jahren nach dem Eintritt des Unfalls bei der Berufsgenossenschaft, der die Entschädigungspflicht obliegt,

[1]) Details in der Bekanntmachung vom 30. September 1885 (Amtliche Nachrichten des Reichsversicherungsamtes S. 283).

[2]) Das Formular zu Unfallanzeigen ist festgesetzt in der Bekanntmachung des Reichsversicherungsamtes vom 1. Oktober 1900 (Amtliche Nachrichten des Reichsversicherungsamtes S. 710).

anzumelden. Über die Feststellung der Entschädigung ist dem Entschädigungsberechtigten ein schriftlicher Bescheid zu erteilen, aus dem die Höhe der Entschädigung und die Art ihrer Berechnung zu ersehen ist. Gegen den Bescheid, durch welchen der Anspruch abgelehnt oder durch welchen die Entschädigung festgestellt wird, findet binnen einer Ausschlußfrist von einem Monat Berufung an das „Schiedsgericht für Arbeiterversicherung" statt.[1]) Handelt es sich um Rentenansprüche oder um Anstaltsbehandlung wegen voraussichtlich dauernder Erwerbsunfähigkeit, so können der Verletzte oder dessen Hinterbliebene sowie der Genossenschaftsvorstand binnen einer Ausschlußfrist von einem Monat Rekurs an das Reichsversicherungsamt, das in der Besetzung von sieben Mitgliedern einschließlich des Vorsitzenden entscheidet, einlegen (§§ 63—92).

Die Kosten des Heilverfahrens und die Sterbegelder sind binnen einer Woche nach ihrer Feststellung, Renten in monatlichen, und wenn sich der Jahresbetrag auf 60 Mark oder weniger beläuft, in vierteljährlichen Beträgen im voraus zu bezahlen; doch können für Rentenzahlungen auch längere Zeitabschnitte vereinbart und bei Teilrenten bis 15 Prozent der Vollrente Kapitalabfindungen gewährt werden (§ 95). Die Auszahlungen erfolgen auf Anweisung des Genossenschaftsvorstandes vorschußweise durch die Post, die nach Ablauf des Rechnungsjahres den Genossenschaftsvorständen Zahlungsnachweisungen zustellt (§§ 97, 98).

Da eine Verringerung der Betriebsgefahren im Interesse der Berufsgenossenschaften liegt, so dürfen diese — sie können im Aufsichtswege dazu angehalten werden — Unfallverhütungsvorschriften für die Unternehmer und für die Versicherten erlassen, durch die jene bei Vermeidung der Einschätzung ihrer Betriebe in eine höhere Gefahrenklasse oder einer Geldstrafe oder von Zuschlägen bis zum doppelten Betrage ihrer Beiträge zur Herstellung von zweckdienlichen Einrichtungen, und durch die die Arbeiter unter Androhung von Geldstrafen zur Befolgung jener Vorschriften angehalten werden können. Zur Beratung und Beschlußfassung über solche Vorschriften sind die Vertreter der Arbeiter mit vollem Stimmrecht und in gleicher Zahl wie die beteiligten Mitglieder der Genossenschaftsvorstände zuzuziehen;[2]) die Vorschriften bedürfen der Genehmi-

[1]) Gesetz betr. die Abänderung der Unfallversicherungsgesetze § 3ff. und unten S. 131.

[2]) Bestimmungen betreffend die auf Grund des Gewerbe- und des Bauunfallversicherungsgesetzes vorzunehmenden Wahlen von Vertretern der Arbeiter vom 15. August 1901 (Amtliche Nachrichten des Reichsversicherungsamtes XVII S. 549ff.).

gung des Reichsversicherungsamtes. Die Strafen gegen die Betriebsunternehmer werden von dem Genossenschaftsvorstand, gegen die Arbeiter von dem Vorstand der Betriebskrankenkasse oder, wenn eine solche nicht errichtet ist, von der Ortspolizeibehörde erlassen; über Beschwerden gegen die Strafverfügungen entscheidet im ersten Fall das Reichsversicherungsamt, im zweiten Fall die der Krankenkasse oder Ortspolizeibehörde vorgesetzte Aufsichtsbehörde (§§ 112—118).

Ferner sind die Genossenschaften befugt, durch technische Aufsichtsbeamte die Betriebe zu *überwachen*, und demgemäß müssen die Betriebsunternehmer den Beamten auf Erfordern den Zutritt zu ihren Betriebsstätten gestatten (§ 119).

Die Genossenschaften unterliegen der Beaufsichtigung durch das *Reichsversicherungsamt*.

2. Die übrigen Unfallversicherungsgesetze bauen sich im ganzen auf den gleichen Grundsätzen, die für das Gewerbeunfallversicherungsgesetz maßgebend sind, auf. Die wichtigsten Abweichungen bestehen in folgenden Punkten.

a) Die *landwirtschaftliche Unfallversicherung*[1]) umfaßt die ganze landwirtschaftliche und forstwirtschaftliche Bevölkerung; die Ausdehnung der Versicherung auf alle Betriebsunternehmer durch Landesgesetz und auf hauswirtschaftliche Verrichtungen und andere Dienste durch Statut ist zulässig. Die Berufsgenossenschaften sind nur nach örtlichen Bezirken abgegrenzt (§ 33). Die Befugnisse der Genossenschaftsorgane dürfen auf Organe der Selbstverwaltung oder auf bestehende Behörden übertragen werden (§ 42). Die Höhe der Rente bemißt sich nicht nach dem persönlichen Verdienst des Verletzten, sondern nach Durchschnittslöhnen, die die höhere Verwaltungsbehörde nach Anhörung der unteren Verwaltungsbehörde und von Sachverständigen aus dem Kreise der Arbeitgeber und Arbeitnehmer je besonders für männliche und weibliche, für jugendliche und erwachsene Arbeiter festsetzt (§ 10); für Betriebsbeamte und „Facharbeiter“ (§ 1 Abs. 6) erfolgt die Berechnung der Rente nach dem Jahresarbeits-

---

[1]) Das Gesetz ist am 30. Juni 1900 (R.G.Bl. S. 641 ff.) erlassen. Die Krankenversicherung ist geregelt durch Abschnitt B des Gesetzes vom 5. Mai 1886 (R.G.Bl. S. 131 ff.) — In Elsaß-Lothringen bestehen drei landwirtschaftliche Berufsgenossenschaften: für das Ober-Elsaß (Statut vom 15. Juni 1901 A.Bl. Beiblatt S. 40), für das Unter-Elsaß (Statut vom 23. November 1901 A.Bl. Beiblatt S. 250), für Lothringen (Statut vom 21. Juli 1901 A.Bl. Beiblatt S. 289). — Über die Einziehung und Abführung der Beiträge für die land- und forstwirtschaftliche Unfallversicherung in Lothringen Verordnungen vom 17. Januar 1904 (A.Bl. S. 21) und vom 10. Februar 1905 (A.Bl. S. 91).

verdienst (§ 9). Die Beiträge können anstatt nach Gefahrenklassen und Arbeitsbedarf (§ 51) durch Zuschläge zu den direkten Steuern aufgebracht werden, wenn die Genossenschaftsversammlung mit Zweidrittel-Mehrheit einen derartigen Beschluß faßt; Nebenbetriebe mit erhöhten Risiken haben Zuschläge zu den Beiträgen zu entrichten (§ 57).

b) Nach dem Bauunfallversicherungsgesetz[1]) sind Arbeiter, die in Betrieben des Hoch- und Tiefbauwesens und in Regie eines Bauherrn ausgeführt werden, gegen Unfall versichert, sofern sie nicht bereits durch das gewerbliche oder das land- und forstwirtschaftliche Unfallversicherungsgesetz versichert sind (§ 1, § 6 Ziffer 4 Abs. 1). Träger der Versicherungslast für alle Tiefbaubetriebe im ganzen Deutschen Reich ist die Tiefbauberufsgenossenschaft, deren Organisation mit den Grundsätzen des Gewerbeunfallversicherungsgesetzes übereinstimmt, nur tritt an Stelle des Umlageverfahrens das Kapitaldeckungsverfahren (§ 13). Die Versicherung aller Regiebauarbeiten erfolgt durch besondere den Berufsgenossenschaften angehängte Versicherungsanstalten (§ 18 ff.) und zwar bei Bauarbeiten, zu deren Ausführung einzeln genommen mehr als sechs Arbeitstage tatsächlich verwendet worden sind, auf Kosten des Unternehmers gegen Prämienzahluug (§ 23 lit. a § 24—31)[2]), und bei Arbeiten von geringerer Dauer auf Kosten der Gemeinden nach dem Umlagesystem (§ 23 lit. b § 32—36). Während der Wartezeit (die ersten 13 Wochen nach dem Unfall) hat die gesetzliche Fürsorge für die Regiebauarbeiter, soweit nicht ein Anspruch aus der Krankenversicherung oder aus sonstigem rechtlichem Grunde besteht, die Gemeinde des Beschäftigungsortes (§ 10). Die Unfallverhütung und Überwachung erstreckt sich auch auf Unternehmer von Regiebauten, die keiner Berufsgenossenschaft angehören (§ 40).

c) Das Seeunfallversicherungsgesetz[3]) umfaßt die Seeschiffahrt und die See- und Küstenfischerei. Die Großbetriebe werden von der See-Berufsgenossenschaft, die Kleinbetriebe von einer Versicherungsanstalt versichert. Für die Versicherung ist keine Einkommensgrenze maßgebend, jedoch gewöhnlich auf ein Jahresarbeitsverdienst bis 3000 Mk. beschränkt; der Jahresarbeitsverdienst wird nach Durchschnittslöhnen ermittelt, die nach Klassen von dem Reichskanzler festgesetzt werden.

3. Besonders geregelt ist die Unfallfürsorge für Gefangene und für Beamte und Personen des Soldatenstandes.

---

[1]) Erlassen am 30. Juni 1900 (R.G.Bl. S. 698 ff.).

[2]) Die in § 24 vorgeschriebene Nachweisung ist in Elsaß-Lothringen an die Bürgermeister zu richten. Verordnung vom 1. Oktober 1900 (A.Bl. S. 225).

[3]) Erlassen am 30. Juni 1900 (R.G.Bl. S. 716 ff.).

a) Nach dem Unfallfürsorgegesetz für Gefangene[1]) erhalten Gefangene für die Folgen eines Unfalls bei einer Tätigkeit, bei deren Ausübung freie Arbeiter nach den Bestimmungen der Reichsgesetze über Unfallversicherung versichert sein würden, eine Entschädigung. Den Gefangenen sind die in öffentlichen Besserungsanstalten, Arbeitshäusern und ähnlichen Zwangsanstalten untergebrachten Personen gleichgestellt, ebenso die zur Forst- oder Gemeindearbeit[2]) oder zu sonstigen Arbeiten auf Grund gesetzlicher oder polizeilicher Bestimmung zwangsweise angehaltenen Personen (§ 1). Die Entschädigung erfolgt durch den Bundesstaat, in dessen Gebiet die Anstalt liegt, in welcher der Unfall eingetreten ist oder in dessen Gebiete die zwangsweise Beschäftigung stattgefunden hat (§ 7 Abs. 1). Unternehmer, die auf Grund eines Vertrages mit der Anstaltsleitung Gefangene beschäftigen, können ganz oder teilweise zum Ersatz der Kosten herangezogen werden (§ 7 Abs. 4). Der Bundesstaat muß eine besondere Ausführungsbehörde einsetzen, der die Durchführung der Unfallfürsorge obliegt.[3])

b) Das Unfallfürsorgegesetz für Beamte und Personen des Soldatenstandes vom 18. Juni 1901 (Reichsgesetzblatt S. 211) gewährt den Beamten der Reichs-Zivilverwaltung, des Reichsheeres und der Kaiserlichen Marine, sowie Personen des Soldatenstandes, die in reichsgesetzlich der Unfallversicherung unterliegenden Betrieben beschäftigt sind, wenn sie infolge eines im Dienste oder bei häuslichen und anderen Diensten, zu denen sie von ihren Vorgesetzten herangezogen werden, erlittenen Betriebsunfalls dienstunfähig werden, eine Pension, die wie die Rente nach dem Gewerbeunfallversicherungsgesetz sich nach dem Grad der verminderten Erwerbsfähigkeit bemißt und bis zu 100 Prozent des Diensteinkommens steigen kann (§ 1). Die Hinterbliebenen von Personen, die infolge eines im Dienste erlittenen Betriebsunfalls gestorben sind, erhalten Sterbegeld und Rente (§ 2). Der Bezug der Pension beginnt mit dem Wegfall des Diensteinkommens, der Bezug der Hinterbliebenenrente mit dem Ablauf des Gnadenquartals oder Gnadenmonats oder der Zeit, für

[1]) Erlassen am 30. Juni 1900 (R.G.Bl. S. 536 ff.).

[2]) Die Frohnenpflichtigen fallen nicht unter § 1 des Gefangenenunfallfürsorgegesetzes, denn nach der feststehenden Rechtsprechung des Reichsversicherungsamtes gelten sie als versicherte Arbeiter der Gemeinden und unterliegen den Bestimmungen des Bauunfallversicherungsgesetzes.

[3]) In Elsaß-Lothringen ist Ausführungsbehörde der Vorstand der Gefängnisverwaltung in Straßburg. Über Beschwerden (§§ 11, 16) entscheidet das Ministerium, Abteilung für Justiz und Kultus. Min. Verordnung vom 25. Februar 1903 (A.Bl. S. 21).

welche das Diensteinkommen oder die Pension weiter bezogen ist. Der Anspruch auf das Sterbegeld und vom Beginn der vierzehnten Woche ab auch der Anspruch auf die Pension und auf den Ersatz der Kosten des Heilverfahrens geht in Höhe des Betrages, den die Krankenkasse gewährt, auf diese über (§ 6). Im übrigen ist die Unfallfürsorge ganz ähnlich wie nach dem Gewerbeunfallversicherungsgesetz geregelt.

Die Bestimmungen dieses Reichsgesetzes sind durch die Verordnung vom 20. Mai 1902 (Gesetzblatt S. 47) auf die elsaß-lothringischen Landesbeamten und deren Hinterbliebenen für anwendbar erklärt worden. (Bd. I S. 214 ff.).

III. Die Invalidenversicherung*). Auch die Invalidenversicherung beruht auf dem Prinzip des Versicherungszwanges; dieser tritt ein vom vollendeten 16. Lebensjahr für alle Lohnarbeiter in sämtlichen Berufszweigen einschließlich der Lehrlinge und Dienstboten, für Betriebsbeamte, Werkmeister und Techniker, Handlungsgehilfen und Lehrlinge und sonstige im Hauptberuf Angestellte, sowie Lehrer und Erzieher, sämtlich sofern ihr regelmäßiger Jahresarbeitsverdienst 2000 Mk. nicht übersteigt (§ 1). Durch Beschluß des Bundesrates kann die Versicherungspflicht ausgedehnt werden auf kleinere Betriebsunternehmer mit nur einem Lohnarbeiter und auf die Hausgewerbetreibenden (§ 2).[1]) Das Recht zur Selbstversicherung haben bis zum 40. Lebensjahr alle Angestellten, deren regelmäßiger Jahresarbeitsverdienst zwischen 2000 und 3000 Mk. beträgt, Gewerbetreibende und Betriebsunternehmer, die höchstens zwei Lohnarbeiter beschäftigen, Hausgewerbetreibende, auf die sich die Ver-

---

*) Das Reichsgesetz betreffend die Invaliditäts- und Altersversicherung vom 22. Juni 1889 (R.G.Bl. S. 97) ist ergänzt und abgeändert durch das Invalidenversicherungsgesetz vom 13. Juli 1899 und in neuer Fassung bekannt gemacht am 19. Juli 1899 (R.G.Bl. S. 463).

Nach der Verordnung des Statthalters vom 8. November 1899 (A.Bl. S. 138) sind höhere Verwaltungsbehörden die Bezirkspräsidenten, untere Verwaltungsbehörden die Kreisdirektoren, und in Gemeinden von über 10000 Einwohnern die Bürgermeister; die ortspolizeilichen Befugnisse nehmen die Bürgermeister, in Straßburg, Metz und Mülhausen die Revierpolizeikommissare wahr.

Aus der überaus reichen Literatur sind zu erwähnen: Rosin, Arbeiterversicherung Bd. II (1905), der Kommentar von Bosse und v. Woedtke und namentlich Ott-Meyer, Invalidenversicherungsgesetz, Handbuch für Elsaß-Lothringen (1908).

[1]) Für versicherungspflichtig sind bisher erklärt worden die Hausgewerbetreibenden der Tabakfabrikation (Bekanntm. des Reichskanzlers vom 16. Dezember 1891 (R.G.Bl. S. 395) und der Textilindustrie (Bekanntm. des Reichskanzlers vom 1. März 1904 und 9. November 1905 (R.G.Bl. S. 324 und 452).

sicherungspflicht nicht erstreckt und endlich Personen, die von dem Versicherungszwang wegen nicht bar bezahlter oder nur gelegentlicher Dienstleistung befreit sind. Zur Weiterversicherung, das heißt zur freiwilligen Fortsetzung oder Erneuerung des Versicherungsverhältnisses sind sowohl versicherungspflichtige als auch versicherungsberechtigte Personen befugt, wenn das bisherige Versicherungsverhältnis erlischt oder seine Voraussetzungen fortfallen (§ 14). Nichtversicherungspflichtig sind die Beamten des Reichs, der Bundesstaaten und Kommunalverbände, der Lehrer und Erzieher an öffentlichen Schulen und Anstalten während ihrer beruflichen Ausbildung oder bei Anwartschaft auf Pension im Mindestbetrage der Invalidenrente, ferner die pensionsberechtigten Beamten der Versicherungsanstalten und besonderen Kasseneinrichtungen, die Personen des Soldatenstandes, die dienstlich als Arbeiter beschäftigt werden, Personen, die während der wissenschaftlichen Ausbildung zu ihrem Beruf Unterricht gegen Entgelt erteilen, Personen, denen bereits eine Invalidenrente bewilligt oder deren Erwerbsfähigkeit durch Alter, Krankheit oder andere Gebrechen dauernd auf weniger als ein Drittel herabgesetzt ist und endlich Personen, deren Lohn im freien Unterhalt besteht oder die wegen bloßer Nebenbeschäftigung von der Versicherungspflicht befreit sind (§§ 5, 6).[1])

Gegenstand der Versicherung sind der Anspruch auf Gewährung einer Rente für den Fall der Erwerbsunfähigkeit oder des Alters (§ 15 Absatz 1); daneben tritt der Anspruch auf Erstattung der von den Versicherten geleisteten Beiträge für weibliche Personen, die vor Zubilligung einer Rente sich verheiraten (§ 42), für Versicherte, die durch einen Unfall dauernd erwerbsunfähig werden, aber eine Invalidenrente nicht beziehen, weil ihnen eine höhere Unfallrente zusteht (§ 43), für Hinterbliebene von Versicherten, die vor Erlangung einer Rente sterben (Witwe, eheliche Kinder unter 15 Jahren, erwerbsunfähiger Witwer § 44). Ist der Versicherte erkrankt und zu besorgen, daß die Krankheit Erwerbsunfähigkeit zur Folge haben wird, so tritt Krankenfürsorge und nötigenfalls auch Unterstützung der Angehörigen ein (§§ 18—22).

Invalidenrente erhält ohne Rücksicht auf das Lebensalter jeder Versicherte, der dauernd erwerbsunfähig ist (§ 15 Abs. 2) und der nicht dauernd erwerbsunfähige Versicherte, der während 26 Wochen ununter-

---

[1]) Auf die mit Pensionsberechtigung angestellten Beamten der Sparkasse der Stadt Straßburg, der Hospitalverwaltung, der Sparkasse und des Leihhauses zu Metz finden die §§ 5, 6 Anwendung. Bundesratsbeschluß vom 4. Dezember 1903 und 18. Januar 1906 (Amtliche Nachrichten des Reichsversicherungsamtes S. 351 und 485).

brochen erwerbsunfähig gewesen ist, für die weitere Dauer seiner Erwerbsunfähigkeit (§ 16). Ist die Erwerbsunfähigkeit vorsätzlich herbeigeführt oder hat sie der Versicherte sich bei Begehung eines durch strafgerichtliches Urteil festgestellten Verbrechens oder vorsätzlichen Vergehens oder durch Außerachtlassung der zu seiner Heilung getroffenen Maßnahmen zugezogen, so kann die Gewährung der Rente ganz oder teilweise versagt werden (§ 17, § 22). Außer dem Nachweise der Erwerbsunfähigkeit muß eine bestimmte Wartezeit verstrichen sein, die zweihundert Beitragswochen, wenn mindestens einhundert Beiträge auf Grund der Versicherungspflicht geleistet worden sind, andernfalls fünfhundert Beitragswochen beträgt; bei freiwilliger Versicherung müssen mindestens einhundert Beiträge auf Grund eines die Versicherungspflicht oder die Berechtigung zur Selbstversicherung begründenden Verhältnisses geleistet worden sein. Als Beitragswochen werden, ohne daß Beiträge entrichtet zu werden brauchen, diejenigen vollen Wochen in Anrechnung gebracht, während deren der Versicherte eine militärische Dienstleistung verrichtet hat oder wegen bescheinigter, mit zeitweiser Erwerbsunfähigkeit verbundener Krankheit (Genesung) an der Fortsetzung seiner Berufstätigkeit verhindert gewesen ist (§§ 29—31).[1])

Altersrente erhält ohne Rücksicht auf das Vorhandensein von Erwerbsunfähigkeit derjenige Versicherte, der das 70. Lebensjahr vollendet hat, nach einer Wartezeit von mindestens 1200 Beitragswochen; die für Berechnung der Wartezeit der Invalidenrente maßgebenden Vorschriften gelten auch hier (§ 15 Abs. 3, §§ 29—31).

Die Mittel zur Gewährung der Renten werden aufgebracht durch das Reich, den Arbeitgeber und den Versicherten. Für jede Woche, in der der Versicherte in einem die Versicherungspflicht begründenden Arbeits- oder Dienstverhältnisse gestanden hat, muß ein Versicherungsbeitrag entrichtet werden, den zur Hälfte der Arbeitgeber, zur Hälfte der Versicherte zu tragen hat. Zur Abstufung der Beiträge sind nach der Höhe des Jahresarbeitsverdienstes der Versicherten fünf Lohnklassen gebildet; als Jahresarbeitsverdienst gilt, abgesehen von der im voraus für Wochen, Monate, Vierteljahre oder Jahre fest vereinbarten baren Vergütung, nicht der tatsächliche Verdienst, sondern der für den Beruf des Versicherten nach der Kranken- oder Unfallversicherung in Betracht kommende Durchschnittslohn, im übrigen der dreihundertfache Betrag des ortsüblichen Tagelohnes gewöhnlicher Tagearbeiter des Beschäftigungsortes, soweit

---

[1]) Bei Krankheiten, die ununterbrochen länger als ein Jahr währen, kommt die über diesen Zeitraum hinausgehende Dauer der Krankheit als Beitragszeit nicht in Anrechnung § 30 Abs. 5.

nicht für einzelne Berufszweige von der höheren Verwaltungsbehörde ein anderer Jahresarbeitsverdienst festgesetzt wird;[1]) auf Grund von Vereinbarungen zwischen Arbeitgeber und Versicherten oder aus den eigenen Mitteln des Versicherten können Beiträge in einer höheren Lohnklasse entrichtet werden (§§ 30, 34). Die Beiträge sind so zu bemessen, daß durch dieselben gedeckt werden die Kapitalwerte der den Versicherungsanstalten zur Last fallenden Beträge der Renten, die Beitragserstattungen und die sonstigen Aufwendungen der Versicherungsanstalten; die Beiträge, die in den verschiedenen Lohnklassen gleich zu bemessen und lediglich nach der durchschnittlichen Höhe der in denselben von den Versicherungsanstalten zu gewährenden Renten abzustufen sind, betragen wöchentlich (bis zum 31. Dezember 1910) 14, 20, 24, 30, 36 Pfg. Die Entrichtung der Beiträge erfolgt durch Einklebung und Entwertung[2]) von Marken in Quittungskarten[3]) gewöhnlich seitens des Arbeitgebers, der den Versicherten während der Arbeitswoche beschäftigt hat; der Arbeitgeber hat die Beiträge zu verauslagen, kann sie aber zur Hälfte bei der Lohnzahlung in Abzug bringen (§§ 140, 142). Personen, die die Versicherung freiwillig eingehen, fortsetzen oder erneuern, müssen der Regel nach den ganzen Beitrag aus eigenen Mitteln bezahlen.

Die Invalidenrente setzt sich zusammen aus einem festen Zuschuß des Reichs, der jährlich 50 Mk. beträgt, aus einem Grundbetrage, der sich für die fünf Lohnklassen auf 60, 70, 80, 90, 100 Mk. beläuft, und einem Steigerungssatz, der für jede Beitragswoche in den fünf Lohnklassen festgesetzt ist auf 3, 6, 8, 10, 12 Pfg. (§§ 35, 36). Die Altersrente besteht aus dem Reichszuschuß in Höhe von 50 Mk. und aus festen Beträgen, die sich in den fünf Lohnklassen belaufen auf 60, 90, 120, 150, 180 Mk. Kommen Beiträge in verschiedenen Lohnklassen in Betracht, so wird der Durchschnitt der diesen Beiträgen entsprechenden Altersrente gewährt; bei mehr als 1200 Beitragswochen werden die 1200 Beiträge der höchsten Lohnklassen zugrunde gelegt (§ 37). Die Renten werden monatlich im voraus auf volle 5 Pfg. abgerundet, ausgezahlt und sind der Verpfändung und Beschlagnahme entzogen. Das Recht auf Bezug der Rente ruht, solange der Berechtigte in

[1]) Die ortsüblichen Tagelöhne in Elsaß-Lothringen und der durchschnittliche Jahresarbeitsverdienst land- und forstwirtschaftlicher Arbeiter sind zusammengestellt bei Ott-Meyer S. 358ff.

[2]) Bekanntmachung über die Entwertung und Vernichtung der Marken vom 9. November 1899 (R.G.Bl. S. 665) und vom 3. Juli 1905 (Ott-Meyer S. 345).

[3]) Über das Verfahren bei der Ausstellung, dem Umtausch und der Erneuerung von Quittungskarten vom 21. Oktober 1890 (Ott-Meyer S. 307ff.), vom 8. Dezember 1899 (ibid. S. 326), vom 18. Oktober 1902 (ibid. S. 331).

Haft ist oder im Ausland wohnt, wenn er bereits eine Unfallrente oder Pension erhält, solange und soweit diese mit jenen Bezügen zusammen den 7½fachen Grundbetrag seiner Invalidenrente übersteigt (§§ 38, 48, 55).

Träger der Versicherung ist in Elsaß-Lothringen die „Landesversicherungsanstalt Elsaß-Lothringen mit dem Sitz in Straßburg", die eine juristische Person ist und Selbstverwaltung nach Maßgabe des von ihr errichteten, von dem Reichsversicherungsamt genehmigten Statuts hat.[1]) Für ihre Verbindlichkeiten haftet ihr Vermögen und, soweit es nicht ausreicht, Elsaß-Lothringen. Die Anstalt wird gerichtlich und außergerichtlich vertreten durch den Vorstand, der aus denjenigen Beamten besteht, die zur Wahrnehmung der Geschäfte des Vorstandes bestellt worden sind, sowie aus je einem Vertreter der Arbeitgeber und der Versicherten. Der Vorstand hat die Eigenschaft einer öffentlichen Behörde. Den Vorsitz im Vorstand führt das von der Landesregierung bestellte und als Vorsitzender bezeichnete beamtete Vorstandsmitglied; er hat die laufenden Geschäfte zu erledigen und hat Beschlüsse von Organen der Anstalt, die gegen gesetzliche und statutarische Vorschriften verstoßen, mit aufschiebender Wirkung unter Angabe der Gründe zu beanstanden. Dem Vorstand ist beigeordnet ein Ausschuß, der aus je neun Vertretern der Arbeitgeber und der Versicherten besteht; in jedem Wahlbezirk (Ober-, Unter-Elsaß, Lothringen) werden je drei Vertreter gewählt.[2]) Der Ausschuß wählt aus seiner Mitte einen Vorsitzenden und mindestens einen Stellvertreter, der die Ausschuß-Verhandlungen zu leiten hat. Der Ausschuß hat eine große Reihe von Obliegenheiten und Befugnissen, unter anderem hat er bei der Aufstellung und Abnahme der Jahresrechnung mitzuwirken, die Vertreter der Arbeitgeber und Versicherten, die Mitglieder des Vorstandes sind, die Beisitzer der Schiedsgerichte zu wählen u. a. m.

Die bei der Landesversicherungsanstalt im Hauptamt beschäftigten Bureau-, Kanzlei- und Unterbeamten sind den Landesbeamten rechtlich gleichgestellt; ihre Anstellung erfolgt durch den Vorsitzenden des Vorstandes;[3]) zur Bestellung von Kontrollbeamten ist der Vorstand befugt.[4])

[1]) Verordnung des Statthalters vom 6. Juli 1890 (A.Bl. S. 202). Statut vom 30. Dezember 1899, abgeändert am 26. Februar 1902 und 31. Januar 1905 (Ott-Meyer S. 271). Rentenstellen (§§ 79—86) sind in Elsaß-Lothringen nicht errichtet.

[2]) Wahlordnung vom 21. November 1900 (A.Bl. S. 289).

[3]) Verordnung des Statthalters vom 17. Dezember 1899 (G.Bl. S. 247). Über das frühere Recht Zeitschrift Bd. 24 S. 154.

[4]) Die Versicherungskontrollstellen und die Kontrollvorschriften sind zusammengestellt und abgedruckt bei Ott-Meyer S. 347ff.

Die Versicherungsanstalt verwaltet ihre Einnahmen und ihr Vermögen selbständig. Da die Renten teilweise von allen Versicherungsträgern gemeinsam, teilweise von einzelnen Versicherungsträgern geleistet werden, ergibt sich die Unterscheidung in Gemeinlast und Sonderlast. Gemeinlast bilden drei Viertel sämtlicher Altersrenten, die Grundbeträge aller Invalidenrenten, die Rentensteigerungen infolge von Krankheitswochen und die Rentenabrundungen. Sonderlast sind die Steigerungssätze der Invalidenrente und ein Viertel sämtlicher Altersrenten (§ 33 Abs. 2). Dementsprechend wird buchungsmäßig ein Gemeinvermögen unterschieden, das aus vier Zehntel der Beiträge besteht; sechs Zehntel bilden das Sondervermögen. Die Verteilung der Renten auf die einzelnen Anstalten gehört mit zu den Befugnissen der bei dem Reichsversicherungsamt eingerichteten Versicherungsstelle. Die Bestände der Anstalt müssen mündelsicher, doch kann die Hälfte des Vermögens in solchen Veranstaltungen, die ausschließlich oder überwiegend der versicherungspflichtigen Bevölkerung zugute kommen, angelegt werden (§ 164).

Außer der Versicherungsanstalt sind Träger der Versicherung die besonderen „Kasseneinrichtungen"; als solche kommt in Elsaß-Lothringen nur die Pensionskasse für die Arbeiter der Reichseisenbahnverwaltung zu Straßburg in Betracht (§ 8).

Der Anspruch auf Bewilligung einer Rente ist unter Einreichung der zur Begründung dienenden Beweisstücke bei dem für den Wohnort oder Beschäftigungsort des Versicherten zuständigen Bürgermeister oder Kreisdirektor (als untere Verwaltungsbehörde) anzumelden und von diesem mit einer gutachtlichen Äußerung an den Vorstand der Landesversicherungsanstalt einzusenden.[1]) Der Vorstand kann den Antrag zur Anhörung der Beisitzer[2]) über bestimmte Punkte an die untere Verwaltungsbehörde zurückgeben; erkennt er den angemeldeten Anspruch an, so ist die Höhe und der Beginn der Rente sofort festzustellen und dem Empfangsberechtigten ein schriftlicher Bescheid zu erteilen, aus dem die Art der Berechnung zu ersehen ist; wird der Antrag abgelehnt, so müssen aus dem schriftlichen Bescheid die Ablehnungsgründe zu ersehen sein (§ 112).

---

[1]) Über das Verfahren Min. Anweisung vom 16. Dezember 1899 (Ott-Meyer S. 281).

[2]) Über die Zahl der Vertreter der Arbeitgeber und Versicherten bei den unteren Verwaltungsbehörden (§§ 59—64) Verordnung des Statthalters vom 8. November 1899, über das Wahlverfahren Wahlordnung vom 17. November 1899 (A.Bl. S. 141); über die den Vertretern zustehenden Bezüge Statut der Landesversicherungsanstalt § 16.

Gegen den Bescheid, durch den der Anspruch abgewiesen oder durch den die Höhe und der Beginn der Rente festgestellt wird, steht dem Rentenbewerber Berufung an das Schiedsgericht für Arbeiterversicherung, das für den Bezirk des Bürgermeisters zuständig ist, zu. Die Berufung, die keine aufschiebende Wirkung hat, muß binnen eines Monats nach der Zustellung des Bescheids bei dem Schiedsgericht oder einer anderen Behörde eingelegt werden. Das Schiedsgericht[1]) entscheidet einschließlich des Vorsitzenden in der Besetzung von fünf Mitgliedern, unter denen sich je zwei Arbeitgeber und zwei Versicherte befinden müssen. Die Beisitzer werden durch den Ausschuß der Landesversicherungsanstalt auf 5 Jahre gewählt; die Ablehnung der Wahl ist nur aus bestimmten Gründen zulässig.[2]) Den Vorsitzenden ernennt die Zentralbehörde aus der Zahl der öffentlichen Beamten. Die Entscheidungen der Schiedsgerichte ergehen nach Stimmenmehrheit.[3]) Gegen die Entscheidung des Schiedsgerichts können beide Teile Revision innerhalb eines Monats nach ihrer Zustellung bei dem Reichsversicherungsamt einlegen, das einschließlich des Vorsitzenden in der Besetzung von mindestens vier Mitgliedern, unter denen sich je ein Vertreter der Arbeitgeber und der Versicherten befinden muß, und unter Zuziehung eines richterlichen Beamten entscheidet. Die Revision kann sich nur stützen auf Nichtanwendung oder unrichtige Anwendung des bestehenden Rechtes, auf einen Verstoß wider den klaren Inhalt der Akten und auf wesentliche Mängel des Verfahrens (§§ 110, 116).[4]) Ist der Antrag auf Bewilligung der Invalidenrente wegen des Fehlens dauernder Erwerbsunfähigkeit endgültig abgelehnt, so kann er vor Ablauf eines Jahres seit der Zustellung der endgültigen Entscheidung nur dann wiederholt werden, wenn durch glaubhafte Bescheinigung der Eintritt von Umständen nachgewiesen wird, aus denen sich das Vorhandensein der dauernden Erwerbsunfähigkeit des Antragstellers ergibt (§ 120).

---

[1]) In Elsaß-Lothringen bestehen vier Schiedsgerichte und zwar zu Colmar für die Kreise Colmar, Gebweiler und Rappoltsweiler, zu Metz für den Bezirk Lothringen, zu Mülhausen für die Kreise Mülhausen, Altkirch und Thann, und zu Straßburg für den Bezirk Unter-Elsaß. Verordnung vom 2. Dezember 1900 (A.Bl. S. 293).

[2]) Satzungen der Landesversicherungsanstalt §§ 14ff.

[3]) Das Verfahren ist geregelt durch die Kaiserl. Verordnung vom 22. November 1900 (R.G.Bl. S. 1017).

[4]) Über die Formen des Verfahrens und den Geschäftsgang des Reichsversicherungsamtes Kaiserl. Verordnung vom 19. Oktober 1900 (R.G.Bl. S. 983).

Fünfter Abschnitt:

Öffentlicher Verkehr.

§ 129. Öffentliche Wege.*)

Nach französischem, somit auch elsaß-lothringischem Verwaltungsrecht werden alle Wege eingeteilt in Staats-, Bezirks-, Vizinal-, Ortsstraßen und Feldwege. Die beiden ersten Gruppen bilden das große Straßenwesen (grande voirie), die übrigen das kleine Straßenwesen (petite voirie). Abgesehen von den Ortsstraßen und Feldwegen, die durch ihre ausschließlich örtliche Bedeutung in einem Gegensatz zu allen übrigen Wegen stehen, ist die Gruppierung der Straßen nur durch historische Gründe zu rechtfertigen, im übrigen ist sie völlig unzeitgemäß. Ursprünglich waren die Staatsstraßen dazu bestimmt, den durchgehenden Verkehr zwischen größeren Landesteilen und den angrenzenden Staaten zu vermitteln, die Bezirksstraßen dienten dem Verkehr zwischen den größeren Städten, die Vizinalstraßen als Verbindungen einer Anzahl von Gemeinden. Dementsprechend waren auch die Wegebaulasten verteilt. Der Staat übernahm sie für die Staatsstraßen, der Bezirk für die Bezirksstraßen, besondere Wegeverbände der beteiligten Gemeinden für die Vizinalstraßen. Seitdem Eisenbahnen und Kanäle die modernen Verkehrsmittel geworden sind, ist die Mannigfaltigkeit der Straßen, insoweit sie rechtliche Unterschiede hervorruft, zwecklos geworden. Alle Straßen kommen heute nur noch als Verbindungen der einzelnen Gemeinden oder als Zufahrtsstraßen zu Eisenbahnen oder Kanälen in Betracht und haben größere oder geringere Wichtigkeit je nach ihrer Lage. Es wäre daher nur folgerichtig, wenn an die Stelle der verschiedenen Straßen die Einheitsstraße treten würde, deren Lasten die beteiligten Gemeinden gemeinsam zu tragen hätten. Diesen Schritt hat der Bezirk Lothringen auch getan. Im Jahre 1875 und 1876[1]) sind dort alle Bezirksstraßen als solche aufgegeben und zu Vizinalstraßen klassiert worden; zur Unterhaltung der Straßen eines Kreises (Kreisstraßen) haben die sämtlichen Gemeinden desselben Kreises innerhalb der gesetzlichen Grenzen beizutragen; an die Stelle der (116) Vizinalstraßenverbände traten (7) Vizinalstraßenverbände von gemeinsamem Interesse aller Gemeinden des Kreises. In Lothringen gibt es also außer den Staatsstraßen und den Straßen

---

*) Literatur: Leoni-Mandel S. 217ff. und die dort Angeführten.

[1]) Verhandlungen des Bezirkstages von Lothringen 1875 S. 6 und 48; 1876.

von nur örtlicher Bedeutung nur „Kreisstraßen".[1]) Ebenso hat auch der Bezirk Unter-Elsaß die Verschmelzung der Bezirksstraßen, der Vizinalstraßen des großen Verkehrs und der Vizinalstraßen von gemeinsamem Interesse zu einem Vizinalstraßenverband[2]) beschlossen und die Unterhaltungskosten den sämtlichen Gemeinden jedes Kreises, insoweit die Straßen im Gebiet des Kreises liegen, auferlegt.[3]) Mithin gibt es auch im Unter-Elsaß an Stelle der Bezirksstraßen und der verschiedenen Arten von Vizinalstraßen nur die Vizinalstraße. Der Versuch der Regierung, diese Maßnahmen gesetzlich zu sanktionieren und im ganzen Lande einzuführen, ist gescheitert.[4])

Ebenso wie die Einteilung der Wege in Staats-, Bezirks-, Vizinalstraßen hat auch die Gegenüberstellung von kleinem und großem Straßenwesen zum guten Teil ihre frühere rechtliche Bedeutung verloren. Die strafrichterliche Zuständigkeit der Bezirksräte bezüglich des großen Straßenwesens ist beseitigt;[5]) über die zivilrechtlichen Folgen einer Zuwiderhandlung erkennen nach wie vor die Verwaltungsgerichte auch insofern Vizinalwege in Betracht kommen.[6]) Praktisch ist die Gruppierung von Straßen in solche, die unter Verwaltung eines Staatsorganes stehen (Staats-, Bezirks-, Vizinalstraßen) und in solche, die der Gemeindeverwaltung unterliegen.[7])

Öffentlich ist ein Weg, wenn er durch einen besonderen Akt der zuständigen Behörde als solcher erklärt worden ist (Klassierung) oder wenn er tatsächlich dem allgemeinen Verkehr gewidmet, von einem Selbstverwaltungskörper unterhalten und polizeilich beaufsichtigt wird.[8]) Unbestritten

---

[1]) Die Kreisstraßen sind rechtlich Vizinalstraßen von gemeinsamem Interesse.

[2]) Die Vizinalstraßenverbände sind keine juristischen Personen, sondern „die in Beziehung auf den Unterhalt der Kreisstraßen zu einer finanziellen und verwaltungsrechtlichen Einheit verbundene Gesamtheit der Gemeinden eines Kreises"; sie werden prozessual vertreten von dem Bezirkspräsidenten. Zeitschrift Bd. 21 S. 533; Bd. 30 S. 360; Bd. 34 S. 123; vgl. dagegen Geigel in Zeitschrift Bd. 31 S. 217.

[3]) Verhandlungen des Bezirkstages des Unter-Elsaß 1893 S. 198 ff.; S. 116 ff. (Bezirksamtsblatt des Unter-Elsaß 1894 S. 113). Verordnung des Statthalters vom 24. Februar 1894 (A.Bl. S. 97).

[4]) Verhandlungen des Landesausschuß XIX. Session (1892) Bd. I Vorlage Nr. 10; Bd. II S. 34, 553.

[5]) Gesetz vom 29. Floreal X Art. 4. Einf. Gesetz zum Strafgesetzbuch Art. XI und XII.

[6]) Gesetz vom 28. Pluviôse VIII, vom 9. Ventôse XIII. Zeitschrift Bd. 14 S. 302; Entscheidungen des Kaiserlichen Rates Nr. 416.

[7]) Leoni-Mandel S. 217 Bem. 4.

[8]) v. Eschstruth, Der öffentliche Weg. Berlin 1902 S. 111.

ist der öffentliche Charakter der Staats-, Bezirks-, Vizinal- und Ortsstraßen; die Feldwege können, wie sofort zu erörtern sein wird, im öffentlichen oder im Privateigentum der Gemeinden stehen.

Das Recht, dem der Weg unterworfen ist, gilt auch für seine Bestandteile, für alle zur Vollständigkeit der Straßenanlage oder zum Schutze und zur Sicherheit derselben und ihrer Benutzung nötigen Anstalten und Vorrichtungen, wie Brücken, Durchlässe, Böschungen,[1] Straßengräben, Wegweiser, Entfernungszeichen, Warnungstafeln, Schutzgeländer, Brunnen, Entwässerungsanlagen, Baumpflanzungen, die der Straße noch nicht einverleibten, für ihre Verbreiterung aber bereits erworbenen Bodenstreifen. Dagegen werden die Beleuchtungsanlagen nicht als Bestandteile der Straße zu gelten haben und somit auch nicht zum öffentlichen Gut zu rechnen sein.[2])

Die öffentlichen Straßen und Plätze können von jedermann ihren Zwecken entsprechend benutzt werden. Diese Befugnisse, die man zusammenfassend Gemeingebrauch[3]) nennt, lassen sich nicht erschöpfend aufzählen oder ein für allemal abgrenzen. Eine Reihe von Faktoren, die im ewigen Wandel begriffen sind, sprechen mit. Herkommen, Gewohnheit, kulturelle Fortschritte wirken bestimmend auf die Benutzung der Straßen und Plätze ein. Besonders intensiv gestaltet sich diese Benutzung für die Anwohner, für die die Straßen und Plätze nicht nur Verkehrswege sind. Der Gemeingebrauch hat naturgemäß eine Abnutzung der Straße oder des Platzes zur Folge. Geht die Abnutzung über das normale Maß hinaus, so kann ein Beitrag zur Unterhaltung von dem gefordert werden, der den Vorteil hat. Eine ausdrückliche Anerkennung dieses Satzes findet sich in Artikel 14 des Gesetzes vom 21. Mai 1836. Wird durch den Betrieb von Bergwerken, Steinbrüchen, Forsten oder sonstigen industriellen Unternehmungen[4]) ein Vizinalweg[5])

---

[1]) Zeitschrift Bd. 28 S. 235.

[2]) RG. Entscheidungen Bd. 39, 205; 48, 268. — Bestritten ist, ob die „usoirs" zu der öffentlichen Straße gehören. Nach der vom Oberlandesgericht in konstanter Rechtsprechung vertretenen Ansicht gehören sie bis zum Beweis des Gegenteils zum öffentlichen Eigentum. Zeitschrift Bd. 20 S. 255; Bd. 24 S. 144; Bd. 26 S. 310.

[3]) Otto Mayer, Deutsches Verwaltungsrecht Bd. II S. 110 ff.

[4]) Hierher gehört auch der Geschäftsbetrieb eines Bauunternehmers. Entscheidungen des Kaiserl. Rates Nr. 479.

[5]) Unter Vizinalweg sind die Vizinalwege aller Art, in Lothringen also auch die „Kreisstraßen" zu verstehen. Dalloz, V° voirie par terre Nr. 886. Entscheidungen des Kaiserl. Rates Nr. 200.

ständig oder zeitweilig verdorben, so können von dem Unternehmer besondere zu der außerordentlichen Verschlechterung des Weges im Verhältnis stehende Beiträge verlangt werden, die entweder vertragsmäßig von dem Bezirkspräsidenten im Bezirksrat oder auf Antrag der Gemeinden durch den Bezirksrat nach Anhörung von Sachverständigen festgesetzt [1]) und wie eine direkte Steuer beigetrieben werden. Ein besonderes Entgelt kann aber auch in der Form der Gebühr verlangt werden für die Benutzung der Straße im einzelnen Fall: Brückengelder, Wegeabgaben an Unternehmer, die Kunstbauten herstellen, sind hierher gehörige Beispiele. Jedoch bedarf es zur Erhebung derartiger Gebühren einer besonderen durch landesherrliche Verordnung zu erteilenden Ermächtigung. [2])

Umgekehrt können aus der ganz oder teilweise entzogenen Ausübung des Gemeingebrauchs für den Einzelnen Entschädigungsansprüche erwachsen. So ist nach den allgemeinen zivilrechtlichen Grundsätzen Ersatz zu leisten von dem Subjekt, dem die Erhaltung der Straße oder des Platzes obliegt für den Schaden, der durch die mangelhafte Beschaffenheit des Verkehrsweges verursacht wird. [3]) Ist der Weg so schlecht, daß er als Verkehrsmittel unbenutzbar wird, so dürfen die angrenzenden Grundstücke in Anspruch genommen werden, ohne daß Strafe verwirkt wird; jedoch ist der Grundstückseigentümer berechtigt, Schadensersatz von dem, der die Wegebaulast zu tragen hat, zu fordern. [4]) Ein besonderer Nachteil entsteht für den Anlieger einer öffentlichen Straße durch ihre Veränderung, also durch die Entziehung oder Erschwerung des Gemeingebrauchs. In diesem Fall ist aber der Ersatzanspruch nicht generell gegeben, sondern noch an bestimmte Voraussetzungen geknüpft. Nur der Eigentümer eines überbauten Grundstücks (Wohnhäuser, industrielle Anlagen usw.), das an einer öffentlichen Straße im Wohngebiet einer Gemeinde liegt, [5])

[1]) Die Beihilfe kann in Geld oder Naturalleistungen gewährt werden. — Gegen die Entscheidung ist Rekurs an den Kaiserl. Rat zulässig. Über den Begriff der „entreprise industrielle“ Entscheidungen des Kaiserl. Rates Nr. 200, 201, 283.

[2]) Gesetz vom 14. Floreal X Art. 9—11; Finanzgesetz vom 24. April 1833. Gesetz vom 31. März 1879 (G.Bl. S. 5) Anlage D Ziffer II. Verordnung vom 23. November 1907 (R.G.Bl. S. 759). Art. 40 der Reichsverfassung.

[3]) So haftet für die Schädigung der Gesundheit eines Fußgängers, der auf einem unbeleuchteten über den Graben einer Vizinalstraße führenden schadhaften Notsteg zu Falle gekommen ist, gegebenenfalls der Vizinalstraßenverband. Zeitschrift Bd. 30 S. 359.

[4]) Feldpolizeistrafgesetz § 29 Abs. 3.

[5]) Außerhalb des Wohngebietes wird durch die Veränderung der Straße kein Ersatzanspruch ausgelöst, weil die Straße nicht „zur Anbauung zur Verfügung gestellt war“.

kann Ersatz beanspruchen, wenn durch die Beseitigung oder die Veränderung einer ausgebauten[1]) Straße die Möglichkeit, die Straße in der bisherigen Weise zum Verkehr oder zur Befriedigung des Luft- und Lichtbedürfnisses zu benutzen, dauernd entzogen oder erschwert wird. Der hierdurch verursachte Vermögensschaden ist von dem Veranstalter oder Unternehmer der öffentlichen Arbeit zu ersetzen; über den Anspruch entscheiden die ordentlichen Gerichte.[2]) Beispiele derartiger Schadensersatzansprüche bieten die völlige Unterdrückung einer Straße, ihre dauernde Absperrung für den Verkehr, wesentliche Veränderung ihrer Höhenlage durch Aufführung von Rampen; dagegen genügt nicht die einseitige Absperrung der Straße (aus der durchgehenden Straße wird eine Sackgasse),[3]) vorübergehende Störung des Verkehrs durch Straßenarbeiten.

Außer oder neben dem Gemeingebrauch kann an den öffentlichen Straßen und Plätzen ein jederzeit widerrufbarer[4]) Sondergebrauch dem Einzelnen verliehen werden. So wird die Erlaubnis zur Aufstellung von Anschlagssäulen, von Zeitungskiosken, Trinkbuden, zum Aufstellen von Wagen, zur Ablagerung von Waren usw. oftmals gegen Entrichtung eines Standgeldes erteilt.[5])

Endlich sind Gebrauchsrechte an öffentlichen Straßen und Plätzen möglich, die dem Berechtigten die Befugnis verleihen, den Straßenkörper etwa zur Legung von Gas-, Kanalisationsröhren, Elektrizitätskabeln, Eisenbahnschienen zu benutzen. Auch diese Rechte dürfen gewöhnlich gegen Entschädigung stets widerrufen werden, wenn es das öffentliche Interesse erfordert. Rechtlich völlig hiervon verschieden sind die den Vorschriften des Bürgerlichen Gesetzbuchs unterstehenden Übertragungen der Nebennutzungen an Straßen und Plätzen, die die zuständigen Verwaltungsbehörden vornehmen. In Betracht kommen namentlich die Verpachtung von Grasnutzungen, der Verkauf von Bäumen, von Obst u. dergl. mehr.

Die Staatsstraßen. Die Klassierung einer Staatsstraße erfolgt auf Grund eines besonderen Vorverfahrens durch Gesetz; zur Verbindung

---

[1]) Änderungen an projektierten, noch nicht ausgebauten Straßen (Gesetz vom 21. Mai 1879) genügen nicht zur Geltendmachung des Anspruchs. Juristische Wochenschrift 1902 S. 192ff.

[2]) Gesetz vom 13. Februar 1905 (G.Bl. S. 3) Art. 3 Ziffer II Abs. 2. Über das frühere Recht Leoni-Mandel S. 225.

[3]) Reichsgericht-Entscheidungen Bd. 56 S. 101.

[4]) Zeitschrift Bd. 21 S. 424.

[5]) Der Sondergebrauch gibt keinen privatrechtlichen Titel und keinen zivilrechtlichen Schutz, sondern wird nur von der Polizei gegen unberechtigte Eingriffe geschützt. Zeitschrift Bd. 29 S. 495.

oder Verlegung von Teilen einer Staatsstraße, überhaupt zu allen Arbeiten von geringerer Bedeutung genügt eine Kaiserliche vom Statthalter zu vollziehende Verordnung, wenn die erforderlichen Geldmittel zur Verfügung stehen.[1]) Die Klassierungsverordnung hat die Richtung und Breite der Straße anzugeben. Die gesamten Herstellungs- und Unterhaltungskosten trägt der Staat als Eigentümer der Straße. Die Eigenschaft als Staatsstraße kann ihr nur in der Form der Deklassierung durch eine Kaiserliche vom Statthalter zu vollziehende Verordnung genommen werden. Durch die Deklassierung wird die Staatsstraße entweder zu einer Straße niederer Ordnung, wenn der Verband, der in Zukunft die Wegelast zu tragen hat, zustimmt, oder sie hört auf, überhaupt eine Straße zu sein. Im letzteren Falle dürfen die überflüssigen Straßenstrecken veräußert werden; jedoch soll nötigenfalls in Berücksichtigung der Lage der anliegenden Grundeigentümer durch Beschluß des Bezirkspräsidenten im Bezirksrat ein Wirtschaftsweg gelassen werden, der höchstens fünf Meter breit sein darf.[2]) — Eine Staatsstraße bleibt auch im Durchzug von Ortschaften Staatsstraße, tritt also nicht unter die Verwaltung der Gemeinde.[3])

Die Bezirksstraßen sind öffentliches Eigentum der Bezirke,[4]) die die Herstellungs- und Unterhaltungskosten jedoch mit einer Beihülfe aus Staatsmitteln zu tragen haben;[5]) für die Räumung und Unterhaltung der Gräben hat der Staat aufzukommen.[6]) Die Bezirksstraßen, die über das Gebiet eines Bezirks hinausgehen, werden durch Kaiserliche vom Statthalter zu vollziehende Verordnung klassiert, nachdem die beteiligten Bezirksräte gutachtlich vorher angehört sind.[7]) Weigert sich ein Bezirk zur Übernahme der ihn treffenden Kosten, so wird durch ein Gesetz, dem

---

[1]) Gesetz vom 3. Mai 1841 Tit. I Art. 3. Gesetz vom 27. Juli 1870. Ordonnanz vom 18. Februar 1834. Senatsbeschluß vom 25. Dezember 1852 Art. 4.

[2]) Gesetz vom 24. Mai 1842. Gesetz vom 18. Juli 1866 Art. 1 Ziffer 6 und 7. Den Angrenzern sind die freiwerdenden Stücke zum „Verkauf" anzubieten (Gesetz vom 3. Mai 1841 Art. 61). Auf dieses Recht können die Vorschriften des Bürgerlichen Gesetzbuchs über das Vorkaufsrecht nicht angewendet werden. Gutachtliche Bemerkungen über die Einwirkung des B.G.B. auf das geltende Privatrecht S. 36 ff.

[3]) Gesetz vom 14. Oktober 1790. Gesetz vom 8. Juni 1864.

[4]) Ob die durch das Dekret vom 16. Dezember 1811 klassierten Bezirksstraßen zum öffentlichen Eigentum der Bezirke gehören, ist bestritten. Leoni-Mandel S. 218 Bem. 4.

[5]) Gesetz vom 10. Mai 1838 Art. 12 Ziffer 10.

[6]) Gesetz vom 12. Mai 1825 Art. 2.

[7]) Gesetz vom 16. Dezember 1811 Art. 20, 21.

ein Vorverfahren[1]) vorauszugehen hat, über die Verteilung der Herstellungs- und Unterhaltungskosten entschieden.[2]) Die Klassierung einer Bezirksstraße, die über einen Bezirk nicht hinausreicht, wird von dem Bezirkstag nach Abhaltung eines Vorverfahrens vorgenommen.[3]) Die Deklassierung der Bezirksstraßen erfolgt ebenso wie ihre Klassierung.[4]) — Auch die Bezirksstraßen verlieren ihren Charakter nicht, wenn sie durch Ortschaften hindurchgehen.[5])

Die Staats- und Bezirksstraßen werden von dem Bezirkspräsidenten verwaltet;[6]) nur die Kostenanschläge für die Arbeiten an Staatsstraßen unterliegen in technischer Beziehung der Prüfung durch das Ministerium. Die frühere Verpflichtung der Angrenzer zur Anpflanzung von Bäumen auf dem Straßenkörper oder längst desselben ist beseitigt. Die Bäume können, soweit sie nicht auf der Straße selbst stehen, von dem Eigentümer nunmehr gefällt werden.[7]) Auch für den Abstand der Pflanzungen von der Straße gelten keine besonderen Bestimmungen mehr.

Die Vizinalstraßen[8]) lassen sich charakterisieren als „voies publiques d'intérêt principalement communal". Sie gehören zu dem öffentlichen Eigentum der Gemeinde, in deren Gebiet sie angelegt sind.[9]) Man teilt sie ein in Vizinalstraßen des großen Verkehrs, von gemeinsamem Interesse und in gewöhnliche Vizinalstraßen. Ob ein Weg als Vizinalstraße anzusehen und in welche Kategorie er einzureihen ist, hängt von seiner Klassierung ab.[10]) Diese Einteilung ist jedoch nur noch im Ober-Elsaß praktisch. In Lothringen und im Unter-Elsaß gibt es bloß eine Art von Vizinalstraßen.

---

[1]) Ordonnanz vom 7. September 1842.

[2]) Gesetz vom 25. Juni 1841.

[3]) Gesetz vom 18. Juli 1866 Art. 1 Ziffer 6. Gesetz vom 20. März 1835, vom 3. Mai 1841 Art. 3.

[4]) Gesetz vom 18. Juli 1866 Art. 1 Ziffer 9.

[5]) Gesetz vom 14. Oktober 1790. Gesetz vom 8. Juni 1864.

[6]) Gesetz vom 28. Pluviôse VIII Titel II § 1 Art. 3. Gesetz vom 22. Dezember 1789 Sektion III Art. 2 Ziffer 5—7.

[7]) Über das frühere Recht Leoni-Mandel S. 219. Gesetz vom 29. November 1899 (G.Bl. S. 175) § 1 Ziffer 39 und 62.

[8]) Gesetz vom 28. Juli 1824, Gesetz vom 21. Mai 1836. — Ségéral, Chemins vicinaux et ruraux. Montdidier 1887. Henry, Traité pratique des chemins vicinaux. Paris 1897.

[9]) Gesetz vom 21. Mai 1836 Art. 1. v. Eschstruth S. 59. Dadurch, daß der Bezirkspräsident einen Weg zum Vizinalweg erklärt, erwirbt die Gemeinde nicht schon das Eigentum an ihm. Zeitschrift Bd. 24 S. 355.

[10]) Entscheidung des Staatsrates vom 17. Juni 1818 (Eschstruth S. 59)

Die Vizinalstraßen des großen Verkehrs (chemins vicinaux de grande communication) und die Vizinalstraßen von gemeinsamem Interesse (chemins vicinaux d'intérêt commun) werden klassiert von dem Bezirkstag, der ihnen auch ihre Richtung gibt; die Gemeinderäte und Kreistage werden vorher gutachtlich angehört.[1]) Ebenso erfolgt auch ihre Deklassierung durch Beschluß des Bezirkstages; gehen sie über das Gebiet eines Bezirks hinaus, so können sie nur durch landesherrliche Verordnung deklassiert werden.[2]) Der Bezirkstag bezeichnet ferner die Gemeinden, die zur Anlage und Unterhaltung der Vizinalstraßen beitragen müssen, wobei er nicht nur auf die Gemeinden beschränkt ist, durch deren Gebiet die Straße zieht.[3]) Der Bezirkspräsident setzt Breite und Grenzen der Straße und die Baufluchtpläne fest und bestimmt jährlich das Verhältnis, nach dem die einzelnen Gemeinden zur Unterhaltung der vizinalen Strecke, zu der sie gehören, beizutragen haben.[4]) Er trifft Bestimmungen über die Ausführungen der Bauten und genehmigt die Anschläge.[5]) Die gewöhnlichen Vizinalwege (chemins vicinaux ordinaires) werden nach Anhörung des Gemeinderates klassiert und deklassiert von dem Bezirkspräsidenten und verwaltet von dem Gemeinderat.[6])

Bei der Klassierung sämtlicher Vizinalstraßen sind zwei Fälle zu unterscheiden: die Verbreiterung (élargissement) und die Neuanlage oder Verlegung (ouverture ou redressement d'un chemin vicinal). Der Beschluß des Bezirkspräsidenten, der die Breite eines Vizinalweges anerkennt und festsetzt, bewirkt, daß der Grund und Boden innerhalb dieser festgesetzten Grenze der Straße zuwächst; die angrenzenden Eigentümer haben nur Anspruch auf Entschädigung, die auf gütlichem Wege oder von dem Amtsrichter nach Anhörung von Sachverständigen bestimmt wird.[7]) Der Übergang des Eigentums ist an die vorherige Zahlung der Entschädigung nicht gebunden. Sind die Flächen, durch die der Weg ver-

---

[1]) Gesetz vom 18. Juli 1866 Art. 1 Ziffer 7.

[2]) Gesetz vom 18. Juli 1866 Art. 1 Ziffer 9. Leoni-Mandel S. 219 Bem. 11.

[3]) Gesetz vom 18. Juli 1866 Art. 1 Ziffer 7.

[4]) Gesetz vom 21. Mai 1836 Art. 7. Auch die Vizinalstraßen von gemeinsamem Interesse werden tatsächlich von dem Bezirkspräsidenten verwaltet. — In Rechtsstreitigkeiten über Vizinalstraßen des großen Verkehrs werden die beteiligten Gemeinden durch den Bezirkspräsidenten vertreten. Zeitschrift Bd. 25 S. 314.

[5]) Ebenda Art. 9.

[6]) Gesetz vom 28. Juli 1824 Art. 1.

[7]) Der Eigentümer und Kreisdirektor (bei Meinungsverschiedenheiten auch der Bezirksrat) ernennen je einen Sachverständigen. Gesetz vom 21. Mai 1836 Art. 15. Die Entschädigungsklage verjährt in zwei Jahren. Ebenda Art. 18.

breitert werden soll, mit Häusern bebaut oder mit Mauern abgegrenzt, so ist Zwangsenteignung notwendig.[1]) Die Arbeiten zur Neuanlage oder Verlegung einer Vizinalstraße verfügt der Bezirkspräsident.[2]) Die Erwerbung des notwendigen Grund und Bodens erfolgt auf gütlichem Wege (acquisition à l'amiable) oder durch Enteignung (par expropriation). Über die Entschädigung erkennt die Jury, die aus vier aus der Urliste der Enteignungsgeschworenen von dem Landgericht ausgewählten und im Enteignungsurteil bezeichneten Geschworenen besteht; den Vorsitzenden bestimmt das Landgericht; seine Stimme gibt bei Stimmengleichheit den Ausschlag.[3]) Die festgesetzten Entschädigungen sind vor der Inbesitznahme der Grundstücke den Berechtigten auszuhändigen.[4]) Bei Arbeiten an Vizinalstraßen können die anliegenden Grundstücke zur Entnahme von Baustoffen, zum Ablagern von Erde auf Anweisung des Bezirkspräsidenten hin benutzt werden. Kommt keine gütliche Einigung über die Entschädigung zustande, so bestimmt sie bei Straßen für den großen Verkehr der Bezirkspräsident, andernfalls der Bezirksrat.[5])

Die näheren Vorschriften über die Festsetzung der Wegbreite, Abmarkung der Wege, die Fronen, das Rechnungswesen, die Vergebung der Arbeiten, die Räumung der Gräben, Anpflanzung von Bäumen, den Abfluß des Wassers u. a. m. enthalten die in den drei Bezirken fast völlig übereinstimmenden Vizinalwegeordnungen.[6])

Die Kosten, die die Anlage und Unterhaltung der Vizinalstraßen verursachen, werden von Gemeinde, Bezirk und Staat gemeinsam getragen. Die Gemeinden müssen für alle in ihrem Bann liegenden Vizinalstraßen und Vizinalwege Geldzuschüsse oder Fronen (Bd. I S. 328 ff.) leisten. Die Bezirke zahlen regelmäßige Beihilfen für die Vizinalstraßen des großen Verkehrs, außerordentliche für die übrigen Vizinalstraßen. Die Verteilung der Beihilfen nimmt der Bezirkstag vor; die Leistungsfähigkeit und die Bedürfnisse der Gemeinden bilden hierbei den Maßstab.[7])

---

[1]) Gesetz vom 8. Juni 1864 Art. 2. Entscheidung des Staatsrates vom 24. Januar 1856 (v. Eschstruth S. 61).

[2]) Gesetz vom 21. Mai 1836 Art. 16 Abs. 1.

[3]) Ebenda Art. 16 Abs. 2—6. [4]) Gesetz vom 3. Mai 1841 Art. 53.

[5]) Gesetz vom 21. Mai 1836 Art. 17 und 18. Dekret vom 13. April 1861 Tab. A Nr. 62.

[6]) Die Vizinalwegeordnungen sind auf Grund Art. 21 des Gesetzes vom 21. Mai 1836 nach einem von dem Minister des Innern unter dem 21. Juli 1854 veröffentlichten Entwurf erlassen. Die näheren Angaben befinden sich bei v. Möller G.S. Bd. II S. 760.

[7]) Gesetz vom 21. Mai 1836 Art. 8, 12. Gesetz vom 18. Juli 1866 Art. 1 Ziff. 7.

Reichen die Einnahmen der Bezirke nicht aus, so können Zuschläge zu den direkten Steuern einschließlich der Bergwerkssteuern erhoben werden.[1]) Im Landeshaushaltsetat werden jährlich zweihunderttausend Mark bereitgestellt, um die Geld- und Naturalleistungen der Gemeinden zu vermindern. Erhöhen die Bezirke die im Etat von 1897/98 vorgesehenen ordentlichen Aufwendungen für Straßen und Wege, so erhalten sie einen dem Betrage der Erhöhung entsprechenden Zuschuß, der jedoch höchstens für den Bezirk Unter-Elsaß 77000 Mk., für den Bezirk Ober-Elsaß 33000 Mk. und für den Bezirk Lothringen 90000 Mk. beträgt.[2])

Die staatliche Wegebauverwaltung wird von dem Bezirkspräsidenten geleitet, zu dessen Unterstützung die ihm beigegebenen Bauräte fungieren. Unter ihm steht in jedem Kreis ein Kreisbauinspektor, ein Bauschreiber, eine Reihe von Wegemeistern und Straßenwärtern, die sämtlich aus Staatsmitteln besoldet werden. Die Kreisbauinspektoren werden vom Statthalter,[3]) die übrigen Beamten von den Bezirkspräsidenten ernannt.[4]) Die Wegebaukommissionen, die aus Mitgliedern des Bezirkstages, der Kreistage, Bürgermeistern und anderen Personen von den Bezirkspräsidenten gebildet werden, stehen diesen als begutachtende Organe zur Seite.[5])

Die Ortsstraßen — die öffentlichen Straßen und Plätze innerhalb einer bebauten Ortschaft, soweit sie nicht Teile von Staats-, Bezirks- und Vizinalstraßen sind — gehören zu dem öffentlichen Eigentum der Gemeinden und werden von dem Bürgermeister verwaltet. Über ihre Anlegung und Veränderung beschließt der Gemeinderat mit Genehmigung des Bezirkspräsidenten.[6]) Der erforderliche Grund und Boden wird nötigenfalls durch Zwangsenteignung erworben.[7]) In Mülhausen, Metz und Straßburg, wo das Dekret vom 26. März 1852 in Geltung ist, können die von der Zwangsenteignung berührten Grundstücke ihrem ganzen Um-

[1]) Gesetz vom 29. August 1898 (G.Bl. S. 85) § 4.

[2]) Ebenda §§ 1—3. Unter ordentlichen Aufwendungen sind die Anschläge für den Unterhalt der Bezirks- und Vizinal- (Kreis-) Straßen, sowie die Zuschüsse für den Ausbau der gewöhnlichen Vizinalwege zu verstehen § 2.

[3]) Ministerialverfügung vom 9. Mai 1887 (A.Bl. S. 97).

[4]) Gesetz vom 21. Mai 1836 Art. 11; Gesetz vom 30. Dezember 1871 § 21. Regulativ vom 5. Februar 1875 (Straßburger Zeitung Nr. 36). — Die allgemeinen Vertragsbedingungen für die Ausführung von Arbeiten und Lieferungen im Geschäftsbereich der Bauverwaltung siehe im A.Bl. 1902 S. 189.

[5]) Vizinalwegeordnungen Art. 274—280.

[6]) Gemeindeordnung §§ 56 Ziffer 7, 75 Ziffer 7.

[7]) Senatsbeschluß vom 25. Dezember 1852 Art. 4. Ordonnanz vom 23. August 1835.

fange nach verlangt werden, wenn nach Ansicht der Verwaltung die verbleibenden Abschnitte infolge ihres Umfangs oder ihrer Gestalt die Errichtung gesunder Bauten nicht gestatten. Zu einer eigenmächtigen Abgrenzung der Straßenbreite fehlt dem Bürgermeister die Zuständigkeit. Auch ohne formellen Klassierungsbeschluß wird ein Weg als öffentliche Ortsstraße dann angesehen, wenn er dem allgemeinen Verkehr tatsächlich gewidmet ist.[1]) Privatstraßen, die der allgemeinen Benutzung überlassen sind, unterliegen der Wegepolizei, sind aber keine öffentlichen Straßen. Die Deklassierung der Ortsstraßen und -Plätze erfolgt durch Gemeinderatsbeschluß; aus dem öffentlichen Eigentum wird Privateigentum der Gemeinde. Auch bei Deklassierung von Staats-, Bezirks- und Vizinalstraßen geht das Eigentum am Wegeboden, der früher zu einer Ortsstraße gehörte, auf die Gemeinde über.[2])

Die Herstellungs- und Unterhaltungskosten der Ortsstraßen haben die Gemeinden zu tragen. Jedoch haben die anliegenden Eigentümer die Pflasterungskosten der Straßen, soweit sie nicht zu den großen Straßen gehören, zu bezahlen, wenn es in der Gemeinde herkömmlich ist und die ordentlichen Gemeindeeinkünfte nicht ausreichen;[3]) außerdem sind die Kosten für die Anlegung von Trottoirs und Rinnen in den Straßen, deren Bebauungsplan festgesetzt ist, zur Hälfte den Adjazenten auferlegt, sofern sie ihnen nicht nach Ortsgebräuchen ganz oder in einem höheren Verhältnis zur Last fallen.[4])

Die Polizei der Ortsstraßen handhabt der Bürgermeister. Er trifft Bestimmung über die Numerierung der Häuser[5]) und über die Benennung der Straßen und Plätze; persönliche Ehrungen hierbei sind vom Statthalter zu genehmigen.[6]) Er hat für die Ordnung und die Sauberkeit auf den Straßen Sorge zu tragen.[7])

---

[1]) Kass. 4. Februar 1825 (Leoni-Mandel S. 223 Anm. 7).

[2]) Entscheidungen des Staatsrates vom 9. August 1893 und 8. August 1894.

[3]) Gesetz vom 11. Frimaire VII, Dekret vom 25. März 1807, Etatsgesetz vom 25. Juni 1841, Dezentralisationsdekret vom 13. April 1861 Art. 28. Ob in diesem und in dem Falle der Anm. 4 ein Ortsgebrauch vorliegt, entscheiden die Bezirksräte in erster, der Kaiserliche Rat in zweiter Instanz. Entscheidungen des Kaiserl. Rates Nr. 489 und 493.

[4]) Gesetz vom 7. Juni 1845. — Über die weitergehenden Verpflichtungen auf Grund des Dekrets vom 26. März 1852 und des Gesetzes vom 21. Mai 1879 Bruck, Gemeindeordnung S. 228 Bem. 7.

[5]) Dekret vom 15. Pluviôse XIII Art. 9 und 11; Ordonnanz vom 23. April 1823.

[6]) Bruck a. a. O. S. 81 Bem. 7.

[7]) Zeitschrift Bd. 25 S. 521. Die polizeilichen Befugnisse des Bürger-

Die Feldwege (chemins ruraux) sind öffentliches Eigentum der Gemeinden, wenn sie ausdrücklich klassiert sind, oder wenn sie dem öffentlichen Verkehr dienen und der Wille der Gemeinde, den Weg als öffentlichen zu behandeln, ohne Widerspruch der Interessenten häufig bekundet ist,[1]) oder wenn sie seit altersher bestehen und von Interessentenverbänden angelegt sind.[2]) Bei allen übrigen Feldwegen besteht die Vermutung, daß sie zum Privateigentum der Angrenzer gehören (chemins d'exploitation).[3])

Die Kosten der Anlage und Unterhaltung der öffentlichen Feldwege trägt die Gemeinde. Zu diesem Zweck können die Gemeinderäte — in kleinen Gemeinden unter Mitwirkung der Höchstbesteuerten — mit Zustimmung des Bezirkstages die Auferlegung eines vierten Frontages beschließen.[4]) Gemeinden, die ihre klassierten Vizinalwege vollständig ausgebaut haben, dürfen den Überschuß der Fronleistungen bis höchstens zu einem Drittel mit Genehmigung des Bezirkstages auf die öffentlichen Feldwege verwenden, wenn sie zum Unterhalt ihrer gewöhnlichen Vizinalwege vom Staat und Bezirk keine Unterstützung erhalten.[5]) Die Eigentümer, die an der Unterhaltung von Gemeindefeldwegen und an der Anlage und Unterhaltung von Privatfeldwegen ein Interesse haben, können von den Bezirkspräsidenten zu einer autorisierten Genossenschaft vereinigt werden. An eine derartige Genossenschaft dürfen durch Beschluß des Gemeinderates mit Genehmigung des Bezirkspräsidenten Gemeindefeldwege unentgeltlich abgetreten, sowie die von der Genossenschaft hergestellten Privatfeldwege für die Gemeinde erworben werden.[6])

Im Zusammenhange mit dem Wegerecht steht die Fuhrpolizei, deren Grundlage das Gesetz vom 30. Mai 1851 und die es ergänzenden

meisters bestehen neben denjenigen der Bezirkspräsidenten an derselben Straße. Ebenda Bd. 25 S. 551.

[1]) Zeitschrift Bd. 28 S. 462.

[2]) Kisch, Landesprivatrecht S. 389 und die dort angeführten Entscheidungen.

[3]) Über die Unterschiede zwischen chemins d'exploitation und Notweg Zeitschrift Bd. 27 S. 11. In Frankreich ist die Frage jetzt eingehend geregelt durch das Gesetz vom 20. August 1881. v. Eschstruth, S. 73 ff.

[4]) Gesetz vom 17. Juli 1884 (G. Bl. S. 105). Der Bezirkstag kann den Bezirkspräsidenten ermächtigen, die Genehmigung für ihn zu erteilen. Verhandlungen des Bezirkstages des Unter-Elsaß 1893 S. 160.

[5]) Gesetz vom 21. Juli 1870.

[6]) Gesetz vom 14. April 1884 (G. Bl. S. 87). Die dem Bezirkspräsidenten obliegenden Geschäfte können durch das Ministerium anderen Behörden übertragen werden. Gesetz vom 22. April 1902 (G. Bl. S. 31) § 2.

Verordnungen bilden. Sie bezweckt die Straßen gegen mißbräuchliche Benutzung zu schützen und die Sicherheit und Bequemlichkeiten des Verkehrs auf den Straßen aufrecht zu erhalten.[1])

§ 130. Die Wasserstraßen.*)

I. Das Recht der Wasserstraßen ist vornehmlich in zwei Gesetzen geregelt: in dem Gesetz vom 2. Juli 1891 betreffend Wasserbenutzung und Wasserschutz (Gesetzblatt S. 82)[2]) und in dem Ausführungsgesetz zum Bürgerlichen Gesetzbuch (§§ 44—47; 50—60). Jenes enthält mehr öffentlichrechtliche, dieses mehr privatrechtliche Vorschriften.

II. Die Wasserstraßen des Landes gliedern sich in zwei Gruppen: in natürliche und unnatürliche. Zu den letzten gehören die Kanäle, die Stauweiher und die Festungsgräben. Die Kanäle, die aus Staatsmitteln gebaut und unterhalten werden, sind öffentliches Staatsgut (§ 44 Abs. 2 Ausführungsgesetz zum Bürgerlichen Gesetzbuch). Sie sind öffentliches Gut auch dann, wenn ihre gesamten Herstellungs- und Unterhaltungskosten von einem anderen öffentlich-rechtlichen Verbande (beispielsweise Gemeinde, Bezirk) getragen werden, dagegen sind sie Privateigentum, wenn sie nicht auf Grund staatlicher Konzession gebaut sind.[3]) Die zu Be- und Entwässerungszwecken bestimmten Kanäle sind Privateigentum, wenn sie auf nicht öffentlichem Grund und Boden angelegt sind.[4]) Der Gemeingebrauch an den Schiffahrtskanälen ist nur in den von Polizeiverordnungen gezogenen Grenzen gestattet; die Polizeiverordnungen erläßt das Ministerium.[5]) Für die Benutzung des Rhein-Marne-Kanals von der französischen Grenze bis Straßburg, des Saarkanals einschließlich der kanalisierten Saar bis zur preußischen Grenze, des Rhein-Rhone-Kanals von Straßburg bis Mülhausen und des Colmarer Kanals werden Abgaben erhoben, die 0,18

[1]) Leoni-Mandel S. 226.

*) Literatur: Jacob-Fecht, Das Gesetz für Elsaß-Lothringen betreffend Wasserbenutzung und Wasserschutz vom 2. Juli 1891. Straßburg 1892. Huber, Die Wassergesetze Elsaß-Lothringens. Mannheim 1892 und die dort zitierten französischen Werke.; ferner Kisch, Landesprivatrecht, S. 673ff. Leoni-Mandel, S. 204ff.

[2]) Verhandlungen des Landesausschusses 18. Session (1891), Bd. I Nr. 6; Bd. II S. 65, 625, 677.

[3]) Staatsrat 21. Juli 1870 (D. P. 72. 3. 20).

[4]) Kisch, Landesprivatrecht, S. 675.

[5]) Gesetz vom 22. April 1902 (G.Bl. S. 31) § 3. — Ministerial-Polizeiordnung für die Schiffahrts-Kanäle und kanalisierten Flüsse vom 1. Oktober 1905 (A.Bl. S. 361).

Pfennig für den Tonnenkilometer betragen.[1]) Die Stauweiher, die die öffentlichen Kanäle speisen, sind öffentliches Staatsgut.

Zu den Wasserläufen gehören nicht die im Privateigentum stehenden Seen und Teiche und die Quellen. Die Quelle ist ein Bestandteil des Grundstücks, auf dem sie entspringt, und untersteht als solche den Grundsätzen des Privatrechtes.[2]) Im öffentlichen Interesse besteht für ihren Eigentümer insofern eine Einschränkung, als er ihren Lauf nicht ändern darf, wenn sie den Einwohnern einer Gemeinde oder einer Ortschaft das zu ihrem persönlichen Bedürfnis oder zur Pflege des Viehs erforderliche Wasser liefert.[3]) Für diese Beschränkung kann der Eigentümer Schadensersatz verlangen, wenn nicht die Einwohner das Recht auf den Gebrauch erworben oder das Gebrauchsrecht während dreißig Jahren ausgeübt haben.[4]) Besonderen Schutz genießen die Mineralquellen[5]) auf Grund des Gesetzes vom 14. Juli 1856.[6]) Sie können durch Kaiserliche vom Statthalter zu vollziehende Verordnung als gemeinnützig erklärt werden und gleichzeitig einen Schutzbezirk bekommen. Dem Erlaß der Verordnung hat ein besonderes Verfahren vorherzugehen, in dem das Gesuch vom medizinal- und bergtechnischen Standpunkt aus geprüft wird.[7]) Die Verleihung des Schutzbezirks, der übrigens den Umständen nach abgeändert werden kann, hat eine Reihe von Beschränkungen für die von ihm eingeschlossenen Grundstücke zur Folge. Bohrungen und unterirdische Arbeiten dürfen nur mit Genehmigung des Ministeriums vorgenommen werden; Erdarbeiten im Tagebau sind erlaubt, sofern nicht die den Schutzbezirk festsetzende Verordnung dem Eigentümer die Verpflichtung auferlegt, mindestens einen Monat vorher Anzeige bei dem Bezirkspräsidenten zu erstatten. Auch die genehmigten oder vorher angezeigten Arbeiten können auf Ansuchen des Eigentümers der Quelle durch den Bezirkspräsidenten verboten werden, wenn festgestellt wird, daß sie eine Änderung oder Minderung der Quelle

---

[1]) Gesetz vom 26. Mai 1892 (G.Bl. S. 49). Gesetz vom 30. März 1896 (G.Bl. S. 5) § 13.

[2]) Das Nähere bei Kisch S. 700ff.

[3]) Andere Zwecke (Bewässerung der Grundstücke) kommen nicht in Betracht. Zeitschrift Bd. 26 S. 234. Über die Zulässigkeit der Ablenkung einer Quelle, ebenda S. 196.

[4]) Ausführungsgesetz zum Bürgerlichen Gesetzbuch § 58.

[5]) Über die Soolquellen § 1 Berggesetz vom 16. Dezember 1873 (G.Bl. S. 397).

[6]) Die Bestimmungen des Gesetzes vom 14. Juli 1856 sind ausdrücklich aufrecht erhalten durch § 51 Nr. 3 des Gesetzes vom 2. Juli 1891.

[7]) Dekret vom 8. September 1856.

zur Folge haben können. Gegen den Beschluß des Bezirkspräsidenten ist Rekurs an den Bezirksrat und Kaiserlichen Rat zulässig; der Rekurs hat keinen Suspensiveffekt. Sogar Arbeiten, die außerhalb des Schutzbezirks und bevor die Quelle als gemeinnützig erklärt ist vorgenommen werden, können bei Gefährdung der Quelle durch den Bezirkspräsidenten vorläufig untersagt, jedoch wieder aufgenommen werden, wenn nicht binnen sechs Monaten der Eigentümer der Quelle die Vergrößerung des Schutzbezirks erlangt hat. Der Eigentümer der Quelle darf auf seinem Grund und Boden alle für Erhaltung, Leitung und Verteilung der Quelle erforderlichen Arbeiten vornehmen, wenn er hiervon einen Monat vorher dem Bezirkspräsidenten Mitteilung macht, der aber im öffentlichen Interesse Einspruch erheben kann; alsdann entscheidet das Ministerium. Dieselben Arbeiten können von dem Eigentümer der Quelle im Innern des Schutzbezirks auf fremdem Grund und Boden mit Ausnahme der Wohnhäuser und der dazu gehörigen Höfe vorgenommen werden, wenn sie vom Ministerium gestattet sind und die Besitzergreifung der Grundstücke durch den Bezirkspräsidenten genehmigt ist. Wird infolge der Besitzergreifung dem Eigentümer des Grundstücks der Ertrag desselben über ein Jahr entzogen oder ist das Grundstück nach den Arbeiten nicht mehr wie bisher zu gebrauchen, so kann der Eigentümer des Grundstücks den Eigentümer der Quelle zum Erwerb anhalten; die Entschädigung wird wie bei der Zwangsenteignung festgesetzt. Durch die Einbeziehung von dem Quelleneigentümer nicht gehörigen Grundstücken in den Schutzbezirk entstehen nur in den vom Gesetz (Art. 10) vorgesehenen Fällen Ansprüche auf Entschädigung; über sie entscheiden nötigenfalls die Gerichte. Wenn eine als gemeinnützig erklärte Quelle derart betrieben wird, daß ihre Erhaltung gefährdet oder daß den Bedürfnissen der öffentlichen Gesundheitspflege nicht genügt ist, so kann sie dem Eigentümer im Wege der Zwangsenteignung genommen und von der Regierung verwaltet werden.[1])

III. Die natürlichen Wasserstraßen zerfallen in schiffbare und nicht schiffbare.

1. Schiffbar sind die Wasserstraßen, die mit Schiffen oder zusammengebundenen Flößen befahren werden können; es genügt nicht, daß sie nur zur Trift (Flößerei von Scheitholz, flottage à bûche perdue)

---

[1]) Die Verordnungen vom 18. Juni 1823, 6. Nivose XI Art. 7, 28. Januar 1860 sind im wesentlichen nicht mehr in Kraft; dagegen ist auf Grund dieser Vorschriften eine Überwachung des Betriebes der Mineralwasserfabriken auch in den vom Hauptunternehmer getrennten Niederlagen zulässig. Leoni-Mandel S. 262 Bem. 1. Rabe, Gewerbeordnung (Gebweiler 1903) S. 16 Bem. 5.

dienen.[1]) Sie werden durch Kaiserliche vom Statthalter zu vollziehende Verordnung als schiffbar bezeichnet.[2]) Bestandteile der schiffbaren Wasserstraßen sind die Altwasser, Gießen, Arme, Einbuchtungen, Gräben und Mühlkanäle, die von ihrem Wasser gespeist werden,[3]) die Häfen, Ladeplätze, Quais.[4]) Die Grenze zwischen der Wasserstraße und dem Privateigentum bildet die Überschwemmungslinie;[5]) sie wird durch Beschluß des Bezirkspräsidenten festgesetzt. Wird die Überschwemmungslinie nicht eingehalten, so kann von den in Mitleidenschaft gezogenen Anliegern Entschädigung verlangt werden, nachdem von den ordentlichen Gerichten festgestellt ist, daß ihr Eigentum verletzt ist.[6]) Die schiff- oder flößbaren Wasserläufe (Wasser und Bett) sind öffentliches Eigentum des Staates.[7]) Inseln und andere Erderhöhungen, die sich in ihrem Bette bilden, sind Privateigentum des Staates.[8]) Trocknet ein Fluß dauernd aus oder wird er dauernd freigelegt, so bleibt das Bett Privateigentum des Staates; verändert der Fluß dauernd sein Bett, so fällt das verlassene Flußbett den durch den veränderten Lauf des Wassers geschädigten Eigentümern nach Verhältnis des ihnen entzogenen Bodens zu.[9])

Nicht schiffbare Wasserläufe sind alle, die nicht zu den schiff- oder flößbaren Wasserläufen gehören; ihre weitere Unterscheidung in Flüsse und Bäche läßt sich rechtlich nicht begründen.[10]) Die nicht schiffbaren Wasserläufe (Wasser und Bett) gehören niemandem; sie sind res communes omnium.[11]) Durch ausdrückliche Bestimmung sind sie für verkehrsunfähig erklärt.[12]) Inseln und andere Erderhöhungen, die sich in ihrem Bette bilden, gehören den Eigentümern der Ufer.[13]) Die Angrenzer

[1]) Huber S. 76 Bem. 2. Können auf dem Fluß nur kleine Nachen verkehren, so ist er nicht schiffbar. Zeitschrift Bd. 13 S. 450.

[2]) Fischereigesetz vom 2. Juli 1891 § 4.

[3]) Fischereigesetz § 1 Ziffer 2.

[4]) Huber S. 77 Bem. 4.

[5]) Zeitschrift Bd. 25 S. 143; Bd. 26 S. 99.

[6]) Huber S. 78 ff. Die Entschädigung ist vor den ordentlichen Gerichten einzuklagen. Zeitschrift Bd. 26 S. 99 (Urteil des Reichsgerichts vom 20. März 1900); Bd. 10 S. 253; Bd. 18 S. 247; Bd. 25 S. 143; Bd. 21 S. 62; Bd. 22 S. 97.

[7]) § 44 Abs. 2 und § 48 Ausführungsgesetz zum Bürgerlichen Gesetzbuch — Über besondere Rechte von Metz Zeitschrift Bd. 24 S. 126.

[8]) Ebenda § 53.

[9]) Ebenda § 56.

[10]) Entscheidungen des Reichsgerichts Bd. 30 S. 307.

[11]) Herrschende Ansicht. Statt Vieler Kisch S. 683 ff.

[12]) Ausführungsgesetz zum Bürgerlichen Gesetzbuch § 45.

[13]) Ebenda § 54.

dürfen das vorüberfließende Wasser zu allen möglichen Zwecken, vor allem zur Bewässerung ihrer Grundstücke benutzen.[1]) Gehören beide Ufern demselben Eigentümer, so ist die Ableitung des gesamten Wassers zulässig, wenn es in sein gewöhnliches Bett zurückgeleitet wird, bevor es das Grundstück eines Dritten berührt; diese weitergehenden Befugnisse hat der Anlieger nicht, wenn ihm nur ein Ufer gehört. Bei Konkurrenz der verschiedenen Beteiligten zustehenden Gebrauchsrechte entscheiden, sofern nicht besondere Vereinbarungen oder behördliche Regelungen vorliegen, die ordentlichen Gerichte, die bei ihren Entscheidungen neben dem Schutze der Rechte des Einzelnen die Interessen der Landwirtschaft und der Industrie zu berücksichtigen haben.[2])

2. An den Wasserläufen steht jedem ähnlich wie an den Wegen eine Reihe von Befugnissen zu, die unter der Bezeichnung Gemeingebrauch zusammengefaßt werden. Nach dem Gemeingebrauch ist es gestattet, Schiffahrt und Flößerei zu treiben, in den Flüssen zu baden, zu waschen, das Vieh zu schwemmen und zu tränken, Wasser zu schöpfen, Schlittschuh zu laufen u. a. m. Nur aus allgemeinen polizeilichen Gründen kann der Gemeingebrauch eingeschränkt oder sogar aufgehoben werden. So darf nur an Orten gebadet werden, an denen keine Untiefen sind, es darf nur Schlittschuh gelaufen werden, wenn der Eisspiegel die notwendige Tiefe hat. Die Rücksichtnahme auf die Sicherheit, Sittlichkeit und Gesundheit geht dem Gemeingebrauch vor. Besonderen Bestimmungen unterliegt die Verwendung von Dampfkesseln bei der Schiffahrt[3]) und die Schiffahrt auf dem Rheine.[4]) Auf allen natürlichen Wasserstraßen

[1]) Das Benutzungsrecht hat privatrechtlichen Charakter und genießt den gewöhnlichen rechtlichen Schutz. Kisch S. 686 f. Derjenige, der nicht unmittelbar an das Wasser angrenzt und doch das Benutzungsrecht geltend machen will, muß einen besonderen Erwerbstitel haben. Zeitschrift Bd. 27 S. 38.

[2]) Ausführungsgesetz zum Bürgerlichen Gesetzbuch §§ 46, 47. Zeitschrift Bd. 32 S. 561.

[3]) Verordnung vom 3. November 1884 (G.Bl. S. 113), vom 25. September 1889 (G.Bl. S. 87).

[4]) Rheinschiffahrts-Polizeiordnung vom 18. März 1905 (A.Bl. S. 108), vom 31. August 1906 (A.Bl. S. 151); über die Rheinschifferpatente Verordnung vom 2. Februar 1905 (A.Bl. S. 86), über die Beförderung feuergefährlicher, nicht zu den Sprengstoffen gehöriger Gegenstände auf dem Rhein Verordnung vom 5. Dezember 1902 (A.Bl. S. 286) und vom 17. November 1905 (A.Bl. S. 388), über die Beförderung ätzender und giftiger Stoffe auf dem Rhein Verordnung vom 10. Juli 1900 (A.Bl. S. 213, 214), über die Privatschiffe Verordnungen vom 26. und 27. Januar 1878 (A.Bl. S. 23 und 25). Brückenordnung für die Schiffbrücken über den Rhein auf der elsässisch-badischen Strom-

dürfen Schiffahrtsabgaben nur für die Benutzung besonderer Anstalten, die zur Erleichterung des Verkehrs bestimmt sind, erhoben werden. Diese Abgaben, sowie die Abgaben für die Befahrung der künstlichen Wasserstraßen, die Staatseigentum sind, dürfen die zur Unterhaltung und gewöhnlichen Herstellung der Anstalten und Anlagen erforderlichen Kosten nicht überschreiten.[1])

Jede über den Gemeingebrauch hinausgehende Nutzung unterliegt einer besonderen Erlaubnis, für deren Erteilung die Vorschriften des Gesetzes vom 2. Juli 1891 und der Gewerbeordnung in Betracht kommen.

a) Die Wasserbenutzung. Alle Veranstaltungen an sämtlichen Wasserläufen, die geeignet sind, den Lauf des Wassers zu verändern, zu stauen, zu hemmen oder zu beschleunigen, unterliegen der Genehmigung. Beispiele genehmigungspflichtiger Anlagen sind die Errichtung von Stauanlagen für Wässerungen und Wasseransammlungen, Wasserableitungen und Wasserentnahmen, Wassereinführungen in einen Wasserlauf, Veranstaltungen, die die Eigenschaften des Wassers durch Zuleitung fremder Stoffe verändern, in sonstiger Weise die Benutzung des Wassers verhindern, erschweren oder den Lauf des Wassers verändern, hemmen oder beschleunigen können, sowie die Beseitigung oder Abänderung derartiger Anlagen.[2]) Die Genehmigung hat einen verschiedenen Charakter, je nachdem, ob sie an schiff- oder flößbaren Flüssen erteilt wird. Abgesehen von der polizeilichen Bedeutung schließt sie an jenen die Erlaubnis zur Benutzung von öffentlichem Gut in sich, während sie bezüglich der nicht schiff- und flößbaren Flüsse nur feststellt, daß die Ausübung keine Rechte Dritter verletzt. Verletzungsfähige Interessen Dritter können an öffentlichen Flüssen kaum bestehen; sind sie an nicht öffentlichen Flüssen mißachtet worden, so kann der Betroffene auf Entschädigung oder Beseitigung der Anlage klagen. Die Genehmigung muß versagt werden, wenn die Veranstaltung erhebliche Nachteile für benachbarte oder sonst von der Anlage berührte Grundstücke herbeiführt oder öffentliche Interessen gefährdet; im übrigen ist ihre Erteilung in das Ermessen[3]) der Verwaltungsbehörde gestellt. Das öffentliche Interesse ist in erster Linie das wasserpolizeiliche, außer-

strecke vom 16. Februar 1908 (A.Bl. S. 48). — Die Rheinschiffahrtsakte vom 17. Oktober 1868, auf denen der Erlaß der Rheinschiffahrts-Polizeiordnung beruht, haben eine Zentralkommission in Mannheim geschaffen, die aus Bevollmächtigten der Uferstaaten (Preußen, Bayern, Baden, Niederlande, Hessen, Elsaß-Lothringen) besteht.

[1]) Reichsverfassung Art. 54 Abs. 3 u. 4.

[2]) § 1 des Wassergesetzes.

[3]) Huber S. 211 ff.

dem schließt es die allgemeinen Interessen der Gesundheit und Sicherheit in sich.[1])

Über die Anträge auf Genehmigung entscheidet der Kreisdirektor (Polizeidirektor), in dessen Bezirk die Anlage oder der größere Teil derselben errichtet werden soll, nach Erledigung eines vom Ministerium bestimmten Verfahrens.[2]) Kann die Genehmigung erteilt werden, so ist eine Genehmigungsurkunde auszufertigen, andernfalls ist der ablehnende Bescheid mit Gründen zu versehen und den Beteiligten schriftlich gegen Behändigungsschein zu eröffnen. Gegen den Bescheid ist Rekurs an den Kaiserlichen Rat zulässig.[3]) Außer der Genehmigung ist Erlaubnis an schiff- oder flößbaren Wasserläufen zu jeder Benutzung des Wassers oder des Bettes, mit welcher eine besondere Vorrichtung verbunden ist (Waschpritschen, Waschschiffe, Einrammung von Pfählen, Schiffsmühlen u. a.), zum Betriebe von Fähren, zum Abführen von Steinen, Sand, Schlamm, Pflanzen und sonstigen Stoffen aus dem Flußbett, sowie zur Eisnutzung erforderlich.[4]) Die Erlaubnis erteilt der Wasserbauinspektor, in der Beschwerdeinstanz das Ministerium.[5]) Die Genehmigung oder Erlaubnis bei schiff- oder flößbaren Wasserläufen kann von der Entrichtung einer besonderen Abgabe an die Landeskasse abhängig gemacht werden.[6]) Wird die Genehmigung oder Erlaubnis aus Gründen eines öffentlichen Interesses widerrufen — zu einem derartigen Widerruf ist die Verwaltungsbehörde jederzeit befugt — so kann keine Entschädigung für eine entzogene Veranstaltung oder Nutzung an schiff- oder flößbaren Wasserläufen beansprucht werden.[7]) Dagegen ist bei nicht schiff- oder flößbaren Wasserläufen der Ersatzanspruch anerkannt, es sei denn, daß die Aufhebung oder Beschränkung der Genehmigung durch neue Verteilung des Wassers notwendig geworden

---

[1]) Leoni-Mandel S. 207.

[2]) Ksl. Verordnung vom 1. September 1902 (G.Bl. S. 59) § 1. Über die Fälle, in denen der Bezirkspräsident die Genehmigung erteilt § 3 Ausführungsvorschriften vom 30. September 1902 (A.Bl. S. 217) Art. 1—22.

[3]) §§ 3 ff. ebenda. Über den Beginn der Rekurszeit Entscheidung des Kaiserlichen Rates Nr. 454.

[4]) Wassergesetz § 3.

[5]) Ausführungsbestimmungen vom 30. September 1902 Art. 23—25.

[6]) Wassergesetz § 4. Die Abgabe dient als Ersatz für die Vorteile des Berechtigten.

[7]) Für die Beschränkung oder Beseitigung von privaten Nutzungsrechten an öffentlichen Flüssen, die in früheren Zeiten begründet wurden, wird jedoch Entschädigung geleistet. In Betracht kommen hier die sogenannten Triebwerke mit gesetzlicher Existenz. Leoni-Mandel S. 208, Huber S. 196, Jakob-Fecht S. 105.

ist.[1]) Diese Unterscheidung rechtfertigt sich durch die verschiedene Rechtsnatur der Flüsse. Bei den im öffentlichen Eigentum stehenden Flüssen kann niemand ein subjektives Recht besitzen, an Privatflüssen gibt es gesetzlich anerkannte Benutzungsrechte. Der Entschädigungsanspruch ist bei Vermeidung des Ausschlusses binnen Jahresfrist nach der Herstellung des der Anordnung der Behörde entsprechenden Zustandes anzumelden; über Grund und Betrag erkennt das Ministerium, gegen dessen Entscheidung binnen sechs Monaten der Rechtsweg offen steht.[2]) Der Widerruf und die Beschränkung der Genehmigung und Erlaubnis erfolgt durch die Behörde, die die Genehmigung oder Erlaubnis erteilt hat; gegen ihren Bescheid ist Beschwerde an das Ministerium zulässig; nötigenfalls wird die Beseitigung auf Kosten der Beteiligten durchgeführt. Gegen diese Anordnung gibt es Beschwerde an das Ministerium und bei Meinungsverschiedenheiten darüber, ob die Veranstaltung den Vorschriften des Gesetzes widerspricht, Beschwerde an den Bezirksrat und Rekurs an den Kaiserlichen Rat.[3])

Die Stauanlagen für Wassertriebwerke unterstehen den Vorschriften der Gewerbeordnung, insoweit sie nach ihrem Inkrafttreten eingerichtet sind.[4]) Die Genehmigung wird von denselben Behörden erteilt wie bei genehmigungspflichtigen Veranstaltungen an Wasserläufen;[5]) jedoch hat ihr ein Vorverfahren vorauszugehen, in dem alle nicht auf privatrechtlichem Titel beruhenden Einwendungen (beispielsweise die des Nachbarrechtes) geltend zu machen sind, andernfalls nur Entschädigung oder Vornahme von Schutzmaßregeln, nicht mehr Beseitigung verlangt werden kann.[6]) Über die auf besonderen privatrechtlichen Titeln beruhenden Einwendungen haben die Gerichte zu entscheiden.[7]) Die Genehmigung ist zu erteilen, wenn die Anlage keine erheblichen Gefahren, Nachteile oder Belästigungen für das Publikum herbeiführt und wenn die bau-, feuer-, gesundheitspolizeilichen Vorschriften beobachtet sind. Der Widerruf der Genehmigung ist jederzeit aus wasserpolizeilichen Gründen zulässig.[8])

b) Eichzeichen. Für Stauvorrichtungen jeder Art kann angeordnet

---

[1]) Ebenda § 5.

[2]) Wassergesetz § 6. Min. Ver. v. 14. März 1892 (A. Bl. S. 119) Art. 1.

[3]) Wassergesetz § 47. Min. Ver. v. 14. März 1892 Art. 8.

[4]) Gewerbeordnung §§ 16 ff.

[5]) Verordnung vom 1. September 1902. Ausführungsvorschriften vom 30. September 1902 Art. 3 ff.

[6]) § 26 Gewerbeordnung.

[7]) Beispiele in den Entscheidungen des Kaiserl. Rates Nr. 213, 169, 327.

[8]) Vgl. auch §§ 51, 52 Gewerbeordnung.

werden, daß behufs Bezeichnung der zugelassenen größten Stauhöhe (bei schiffbaren Wasserläufen auch die Unterstauung) an einer für jeden sichtbaren, den Wasserpolizeibeamten zugänglichen Stelle ein Eichzeichen angebracht wird, das nur nach vorgängiger Genehmigung der Verwaltungsbehörde geändert, erneuert, ausgebessert oder neu befestigt werden darf.[1]) Zuständig zu den Anordnungen ist der Wasserbauinspektor, sofern nicht in der Genehmigungsurkunde Bestimmungen getroffen werden; gegen seine Anordnung ist Beschwerde an das Ministerium zulässig, die aufschiebende Wirkung hat, wenn sie innerhalb vierzehn Tagen vom Tage der Eröffnung der Anordnung an eingelegt wird.[2])

c) Wasserverteilung.[3]) Reicht das Wasser zur Befriedigung der oftmals unvereinbaren Bedürfnisse der Landwirtschaft und Industrie nicht aus, so müssen die den Nutzungsberechtigten zustehenden Ansprüche in bindender Weise festgestellt werden, sofern nicht Ortsgebräuche und bisweilen uralte Verordnungen vorhanden sind. Andernfalls erfolgt die Verteilung im öffentlichen Interesse durch Verordnung des Statthalters; auf dieselbe Weise ist die Neuregelung vorzunehmen, wenn die Ortsgebräuche oder Verordnungen dem öffentlichen Interesse nicht mehr entsprechen. Dem Erlaß der Verordnung hat ein besonders geregeltes Verfahren vorherzugehen.[4]) Bei der Verteilung brauchen privatrechtliche Ansprüche nicht geschont zu werden, ohne daß ein Anspruch auf Entschädigung gegeben ist. Die Verteilung findet in der Weise statt, daß den Wässerungsberechtigten entweder die ganze Wassermasse für bestimmte Zeiten überlassen oder daß ihnen das Quantum des zu entnehmenden Wassers vorgeschrieben wird. Die zur Ausführung der Ortsgebräuche oder Verordnungen erforderlichen Anordnungen erläßt das Ministerium,[5]) das auch die Kostenverteilung vornimmt. Bezüglich der Einziehung dieser Kosten und der Rechtsmittel gegen ihre Veranlagung finden die Vorschriften über die direkten Steuern Anwendung.

d) Zahlreiche Beschränkungen des Eigentums sind durch das Wasserrecht geschaffen worden.

---

[1]) Wassergesetz §§ 7, 8. Bei Triebwerken mit Stauwehren kann die Anbringung eines zweiten Eichzeichens in der Nähe des Wehres vorgeschrieben werden. — Über die Bestrafung der Unterstauung Feldpolizeistrafgesetz § 31. Zeitschrift Bd. 10 S. 402.

[2]) Verordnung vom 14. März 1892 Art. 3.

[3]) Wassergesetz §§ 9, 10.

[4]) Ausf. Vorschriften vom 1. Februar 1903 (A.Bl. S. 19) Art. 1—11.

[5]) Verordnung vom 1. Februar 1903 Art. 12.

1. Im Interesse der Landwirtschaft oder der öffentlichen Gesundheitspflege[1]) kann die Duldung von Wasserleitungsanlagen auf fremden Grundstücken von dem verlangt werden, der das Wasser, über das er verfügen darf, seinem Grundstück zum Zweck der Bewässerung zuführen will, oder der das Wasser von den in dieser Art bewässerten Grundstücken ableiten, oder der seine Grundstücke entwässern will; die gleiche Befugnis steht den Genossenschaften zu, die der Leitung des Wassers behufs Bewässerung der Grundstücke der Genossenschaftsmitglieder bedürfen. Die Belastung der fremden Grundstücke besteht darin, daß die Eigentümer die zur Leitung des Wassers erforderlichen Anlagen dulden müssen; allerdings müssen sie vorher in vollem Umfange entschädigt sein. Voraussetzung ist, daß der den Eigentümern der belasteten Grundstücke erwachsende Schaden nicht außer Verhältnis zu dem Nutzen der Anlage steht, und daß auf andere Weise derselbe Erfolg zweckmäßig nicht erreicht werden kann. Gebäude oder mit Gebäuden zusammenhängende Höfe, Gärten, Parke und sonstige eingefriedigte Grundstücke dürfen zur Leitung des Wassers keinesfalls benutzt werden; auch öffentliches Staatsgut ist nicht in Anspruch zu nehmen. Ob diese Bedingungen erfüllt und in welcher Weise die Anlagen auszuführen sind, entscheidet in erster Instanz der Meliorationsbauinspektor, in zweiter Instanz das Ministerium;[2]) im übrigen (Höhe der Entschädigung, Zulässigkeit der Anlage) sind die ordentlichen Gerichte zuständig. Die Eigentümer der belasteten Grundstücke können die Anlagen nach Verhältnis ihrer Fläche mitbenutzen, haben jedoch in diesem Falle einen entsprechenden Teil der Anlage- und Unterhaltungskosten und bei späterem Anschlusse außerdem diejenigen Kosten zu tragen, die durch die erforderlichen Änderungen verursacht werden.

Wird zum Zwecke der Anlage einer Bewässerung die Anlehnung eines Stauwerkes an dem gegenüberliegenden Ufer notwendig, so hat der Eigentümer die erforderlichen Anlagen auf seinem Grundstück zu dulden; sogar Parke und eingefriedigte Grundstücke unterliegen dieser Dienstbarkeit. Dritte Personen können eine vorhandene Stauanlage mit Ausnahme der vom Staat zu öffentlichen Zwecken errichteten Stauanlagen gegen Übernahme der Kosten mitbenutzen, wenn hierdurch nicht die Benutzung der Anlage durch die Eigentümer unverhältnismäßig beeinträchtigt oder erschwert wird.

---

[1]) Wassergesetz §§ 11—17; aufrecht erhalten durch § 61 Ausführungsgesetz zum Bürgerlichen Gesetzbuch.

[2]) Ausf. Vorschr. vom 14. März 1892 Art. 4.

Der Eigentümer des belasteten Grundstücks kann die Abänderung oder nötigenfalls die Beseitigung der Anlage verlangen, wenn er auf dem Grundstück ein Gebäude, das mit dem Fortbestand der Anlage unvereinbar ist, errichten will; er hat in diesem Falle dem Berechtigten Entschädigung (Ersatz der Kosten der Anlage und der Wiederbeseitigung) zu leisten, über deren Höhe die ordentlichen Gerichte entscheiden.

2. Der Leinpfad.[1]) Im Interesse der Schiffahrt ist an schiff- und flößbar erklärten Wasserläufen auf Verlangen der Verwaltungsbehörde an beiden Ufern ein Raum für den Verkehr zum Zwecke der Benutzung für die Schiffahrt, die vom Staate vergebene Fischerei und die Aufsicht hierüber frei zu halten. Die Breite des Leinpfades wird nach Bedürfnis festgesetzt, darf jedoch 3,25 Meter und, soweit zur Zeit auf dem Ufer ein Schiffszug stattfindet, 7,80 Meter nicht übersteigen; in diesem Falle kann außerdem verlangt werden, daß auf einem weiteren Raume bis zu einer Breite von 1,95 Meter keine Gebäude, Einfriedigungen oder Gräben angelegt werden.[2]) Auch an Wasserläufen, die erst nachträglich für schiff- oder flößbar erklärt werden, oder wenn ein Schiffszug auf einem Ufer, auf welchem derselbe zur Zeit nicht besteht, neu eingeführt wird, muß der Leinpfad geduldet werden; jedoch steht den Grundeigentümern ein Anspruch auf Entschädigung zu, die von dem Ministerium vorbehaltlich des Rechtsweges festgesetzt wird. Der Leinpfad ist eine öffentlich-rechtliche Dienstbarkeit; der Eigentümer des mit ihm belasteten Grundstückes muß alle Verkehrshindernisse fernhalten.

3. Die Besitzer von Ufergrundstücken müssen dulden,[3]) daß ihre Grundstücke zu Räumungszwecken betreten und zur vorübergehenden Ablagerung von Ausraum benützt werden. Hierfür können sie keine Entschädigung verlangen; nur bei den künstlichen Mühl- und Gewerbskanälen, die Eigentum des Werksbesitzes sind und von ihnen unterhalten werden, ist der Anspruch auf Entschädigung anerkannt. Außerdem müssen die Uferbesitzer die vorübergehende Ablagerung der zur Unterhaltung der Ufer erforderlichen Materialien auf ihren Grundstücken gegen Entschädigung gestatten. Triebwerksbesitzer können zum zeitweisen Stillstand ihrer Wasserkraftmaschinen ohne Entschädigung angehalten werden.

---

[1]) Wassergesetz §§ 18, 19. Vorschriften betreffend die Leinpfade vom 1. März 1892 (A.Bl. S. 112).

[2]) Dieser Streifen bildet nicht einen Bestandteil des Leinpfades, darf also nicht jederzeit von Schiffern, Fischern und dem Aufsichtspersonal betreten werden. Jakob-Fecht S. 50.

[3]) Wassergesetz § 29.

4. Im Überschwemmungsgebiet des Rheins[1]) — das ist das Gelände zwischen den Korrektionswerken und den Hauptrheindämmen, mindestens aber ein Geländestreifen in der Breite von 1000 Meter von der wasserseitigen Kante des Korrektionswerkes ab — dürfen ohne Genehmigung des Wasserbauinspektors[2]) keine Bauten errichtet oder Veranstaltungen getroffen werden, die auf den natürlichen Ablauf des Wassers einwirken. Ferner müssen die Eigentümer die Anlage und Verstärkung der Hochwasserdämme durch den Staat, die Entnahme der zur Ausführung, Verbesserung und Unterhaltung dieser Dammarbeiten erforderlichen Materialien aus ihren Grundstücken, den Transport der Baumaterialien und ihre Lagerung gegen Entschädigung dulden.[3])

Bei drohender oder bereits eingetretener Wassergefahr haben alle benachbarten Gemeinden, auch wenn sie selbst nicht bedroht sind, Hand- und Spanndienste zu leisten und für die Stellung von Mannschaften und Lieferungen Sorge zu tragen; die zu leistende Hilfe kann im voraus organisiert werden.[4])

e) Wasserschutz.

1. Die Unterhaltung (Ausräumung auf Normal-Breite und -Tiefe, Auskrautung, Instandhaltung, Verbesserung der Ufer-, Damm- und Kunstbauten, einschließlich der Flutgräben) der schiff- und flößbaren Wasserläufe[5]) erfolgt durch den Staat. Doch können zu den Kosten, sofern es sich nicht ausschließlich um Arbeiten im Interesse der Schiffahrt handelt, diejenigen Grundeigentümer, deren Grundstücke durch die Unterhaltung vor Abbruch, Versumpfung oder Überschwemmung geschützt werden, und die Privatpersonen oder Körperschaften, die das Wasser als Triebkraft oder zu anderen Zwecken für einen bleibenden Betrieb benutzen, herangezogen werden;[6])

---

[1]) Wassergesetz §§ 39—41. Ausführungsbestimmungen vom 14. Februar 1892 (A.Bl. S. 110).

[2]) Gegen die Entscheidung des Wasserbauinspektors ist Beschwerde an das Ministerium zulässig. Ausf.Best. § 6.

[3]) Ausf.Best. §§ 7 ff. Zum Schutze der Korrektionswerke und Hochwasserdämme hat das Ministerium nähere Anweisungen in den Ausf.Best. §§ 13 ff. erlassen.

[4]) Wasserwehrordnung vom 14. Februar 1892 (A.Bl. S. 97); 17. Februar 1907 (A.Bl. S. 29).

[5]) Wassergesetz §§ 21, 27.

[6]) Der Anspruch auf die Beitragsleistung ist zwar kein dinglicher, immerhin haftet aber der Nachfolger im Besitz persönlich für die Verbindlichkeiten seines Vorgängers, er tritt in die Gesamtheit der Rechtsbeziehungen seines Vorgängers ein. Entscheidung des Kaiserlichen Rates Nr. 185. Die Verpflichtung zur Zahlung des Beitrags ist von der Tatsache des Eigentums an dem Grundstück, nicht von seinem augenblicklichen Ertrage abhängig. Ebenda Nr. 464.

in jedem Falle muß der Staat mindestens zehn Prozent der Kosten tragen. Die Beiträge werden durch Verordnung des Statthalters auf Grund eines Vorverfahrens[1]) festgesetzt; die Einzelverteilung nimmt das Ministerium vor. Die Beiträge sind den direkten Steuern gleichgestellt.

Die gewöhnlichen Unterhaltungsarbeiten am korrigierten Rheinbett und an den Hochwasserdämmen trägt der Staat.[2])

2. Zur Unterhaltung der nicht schiff- oder flößbaren Wasserläufe sind gemeinsam verpflichtet die Grundeigentümer und die Werkbesitzer.[3]) Die Verteilung der Unterhaltspflicht richtet sich in erster Linie nach Ortsgebräuchen oder Verordnungen. Bestehen solche nicht oder ist eine anderwertige Regelung der Beitragspflicht im öffentlichen Interesse dringend erwünscht, so regelt die Unterhaltspflicht eine Verordnung des Ministeriums; die ausführenden Verordnungen erläßt der Kreisdirektor.[4])

Bei Wasserarbeiten von größerem Umfange ist es zweckmäßig, wenn die Beteiligten durch ein ständiges Organ ihre Interessen vertreten lassen. Da die Syndikatsgenossenschaften in diesem Falle oftmals ungeeignet sind, ist die Bildung besonderer Vertretungskörper, die den Namen Flußbauverbände tragen, vorgesehen. Die Flußbauverbände[5]) werden zur Unterhaltung, Eindämmung und Regulierung des Flußbettes von größeren, nicht schiff- oder flößbaren Wasserläufen, zur Herstellung von Bauten behufs Verbesserung der Hochwassernutzung und des Hochwasserabzuges im Überschwemmungsgebiet, sowie bei schiff- oder flößbaren Wasserläufen[6]) zur Herstellung und Unterhaltung von Hochwasserdämmen, Kunstbauten und Flußgräben durch Verordnung des Statthalters gebildet. Die Verordnung, deren Erlaß ein Untersuchungsverfahren vorausgeht,[7]) hat den Gegenstand des Unternehmens, die Umgrenzung des Verbandsgebietes, die Bildung und Befugnisse des Vorstandes, die Grundlagen der Kosten-

[1]) Ministerialvorschriften vom 2. März 1892 (A.Bl. S. 113); vom 1. Februar 1903 (A.Bl. S. 19) Art. 15.

[2]) Wassergesetz § 38.

[3]) Wassergesetz §§ 22 ff. Die Grundeigentümer und Werkbesitzer bilden zusammen einen „Verband". Über die juristische Struktur dieser Verbände Otto Mayer, Deutsches Verwaltungsrecht Bd. II S. 284 ff.

[4]) Der Kreisdirektor erklärt die Heberollen für vollstreckbar. Verordnung vom 1. Februar 1903 Art. 13, 14.

[5]) Wassergesetz §§ 30—35. Über die Befugnis des Kreisdirektors zur Vertretung eines Flußbauverbandes bei Beurkundung des obligatorischen Kaufvertrages Ausführungsgesetz zum RG. über die Angelegenheiten der freiwilligen Gerichtsbarkeit § 45 Ziffer 2.

[6]) Mit Ausnahme des Rheins § 38 ebenda.

[7]) Vorschriften vom 2. März 1892 Art. 14; vom 1. Februar 1903 Art. 17.

verteilung, die technische Leitung der Arbeiten, das Rechnungswesen, die Aufsichtsbefugnisse der Verwaltungsbehörde zu regeln.[1]) Auch können den Grundstückseigentümern innerhalb und außerhalb des Verbandsgebietes Eigentumsbeschränkungen auferlegt werden. Der Flußbauverband ist eine juristische Person; Mitglieder sind alle diejenigen, die zu den Kosten der Unterhaltung beizutragen haben, also die Grundeigentümer und die Triebwerksbesitzer. Die für das Unternehmen notwendigen Beiträge werden von den Mitgliedern wie direkte Steuern[2]) eingezogen; die Verpflichtung zur Beitragsleistung geht auf die Rechtsnachfolger der Eigentümer der Grundstücke und Triebwerke über. Zwangsenteignungen für Flußbauverbände finden in den einfacheren Formen für Vizinalwege statt. Wird infolge der Regulierung eines Wasserlaufs sein Bett verlegt, so wird der Flußbauverband[3]) Eigentümer des alten Bettes.

Zur Sicherung des Wasserlaufs können die Besitzer von Triebwerken angehalten werden, an ihren Betriebskanälen Einrichtungen auf eigene Kosten herzustellen und zu unterhalten, die den ungehinderten Durchfluß des bei bordvollem Zustande des ungestauten Wasserlaufs zufließenden Wassers sicher stellen.[4]) Zuständig zu den Anordnungen ist der Bezirkspräsident, auf Beschwerde hin das Ministerium. In Dringlichkeitsfällen kann der Wasserbauinspektor die einstweilige Verfügung treffen.[5]) Aus demselben Grunde ist zur Vornahme von Uferbauten und sonstigen Bauten am Ufer[6]) eines Wasserlaufs, von Einbauten in das Bett eines Wasserlaufs, von Überbauungen oder Überbrückungen eines Wasserlaufs, zur Abänderung bestehender Veranstaltungen dieser Art, zum Ablagern von

---

[1]) Entstehen Streitigkeiten, ob ein Grundstück zu dem Verbandsgebiet gehört, so entscheidet der Bezirksrat, auf Rekurs der Kaiserliche Rat. Wassergesetz § 32 Abs. 3. Die Verwaltungsgerichte haben nur die Frage zu entscheiden, ob ein Grundstück tatsächlich zum Flußbauverband gehört, nicht ob die Abgrenzung des Gebiets sachlich gerechtfertigt war. Entscheidungen des Kaiserlichen Rates Nr. 335, 248, 271.

[2]) Bei Reklamationen sind der Bezirksrat und der Kaiserliche Rat zuständig. Entscheidungen des Kaiserl. Rates Nr. 384. Die Verwaltungsgerichte haben nur zu prüfen, ob die Aufstellung der Hebeliste den Grundsätzen entspricht, die die Verordnung für die Bildung des Verbandes als maßgebend aufgestellt hat. Ebenda Nr. 334.

[3]) Ebenso auch eine autorisierte Genossenschaft. § 50 Wassergesetz.

[4]) Wassergesetz § 36.

[5]) Min. Vorschriften vom 14. März 1892 Art. 6.

[6]) Die Grenze des Ufers setzt der Bezirkspräsident fest; gegen seine Entscheidung ist Beschwerde an das Ministerium zulässig. Min. Vorschriften vom 14. März 1892 Art. 7.

Steinen, Schutt, Erde, sowie der Anpflanzung von Bäumen und Gesträuchen in einem Wasserlauf Genehmigung notwendig, die bei den der Wasserbauverwaltung unterstellten Wasserläufen das Ministerium, bei den übrigen Wasserläufen der Bauinspektor erteilt. Gegen die Entscheidung des Wasserbauinspektors ist Beschwerde an das Ministerium zulässig.[1])

f) Bei Zuwiderhandlungen gegen die Vorschriften über Wasserschutz und Wassernutzung ist Strafe verwirkt.[2]) Unabhängig von der Bestrafung kann die Beseitigung der gesetzwidrigen Veranstaltungen verlangt und nötigenfalls auf Kosten der Beteiligten zwangsweise durchgeführt werden.[3]) Entstehen Meinungsverschiedenheiten, ob eine Veranstaltung den Vorschriften des Gesetzes widerspricht, so entscheiden die Verwaltungsgerichte, jedoch kann stets bei Gefahren für öffentliche oder erhebliche private Interessen die einstweilige Beseitigung von dem Bauinspektor befohlen werden.

IV. Die staatliche Verwaltung der Wasserstraßen ist in oberster Instanz dem Ministerium, Abteilung für Landwirtschaft und öffentliche Arbeiten unterstellt;[4]) sie gliedert sich nach schiffbaren und nichtschiffbaren Flüssen in die Wasserbauverwaltung und in die Meliorationsbauverwaltung. Zu der Wasserbauverwaltung gehören die Angelegenheiten der Schiffahrt und Flößerei und das gesamte Wasserbauwesen an dem Rhein, der Ill, der Saar, der Mosel und sämtlichen Schiffahrtskanälen.[5]) Organe für die örtliche Kontrolle und Ausführung sind die Wasserbauinspektoren. Die Meliorationsbauverwaltung umfaßt[6]) den Wasserbau an allen Wasserläufen des Landes mit Ausnahme der zu der Wasserbauverwaltung gehörenden Strömen, ferner ihre regelmäßige Unterhaltung, sowie den wasserpolizeilichen Dienst, die Ausführung der Ent- und Bewässerungsanlagen für Verbände, Genossenschaften, Gemeinden, die Aus-

---

[1]) Verordnung vom 30. September 1902 Art. 26, 27.

[2]) Wassergesetz §§ 42—46.

[3]) Wassergesetz § 47. Nach den Min. Vorschriften vom 14. März 1892 Art. 8 ist diejenige Behörde zuständig, die zur Erteilung der Genehmigung oder der Erlaubnis zuständig wäre, beziehungsweise welche den Widerruf oder die Beschränkung verfügt hat. Die Aufführung der verschiedenen Behörden siehe bei Jacob-Fecht S. 104. Über die Bezeichnung der Fristen und das Verhältnis zwischen der Verwaltungsrechtsbeschwerde und der Verwaltungsbeschwerde Entscheidungen des Kaiserlichen Rates Nr. 198.

[4]) Gesetz vom 30. Dezember 1871 (G.Bl. 1872 S. 49) § 6, § 16; Gesetz vom 4. Juli 1879 (R.G.Bl. S. 165) § 3 und Bd. I, S. 144.

[5]) Jakob-Fecht S. 170. Über Ausnahmen ebenda S. 173.

[6]) Jakob-Fecht S. 172.

führung von Wasserleitungen für Gemeinden, bei welchen ein landwirtschaftliches Interesse in Frage kommt, und die Anlage von Sammelweihern zum Zwecke der Verstärkung der Niederwasser in den zu landwirtschaftlichen und industriellen Zwecken ausgenutzten Flüssen. Die Organe der Meliorationsbauverwaltung sind die Meliorationsbauinspektoren und die ihnen beigegebenen Wiesenbaumeister und Flußwärter; sie unterstehen den Bezirkspräsidenten, jedoch leitet den gesamten technischen Dienst unmittelbar das Ministerium.

§ 131. Eisenbahnen.

I.[1]) Bei der Wiedervereinigung Elsaß-Lothringens mit dem Deutschen Reich befanden sich die in dem Gebiet des heutigen Reichslandes betriebenen Eisenbahnlinien in dem Besitz der „Compagnie des chemins de fer de l'Est", die eine Konzession bis zum 27. November 1954 besaß. Durch den Zusatzartikel I zum Frankfurter Friedensvertrage verpflichtete sich die französische Regierung zum Rückkauf der der Ostbahngesellschaft verliehenen Konzessionen und zur Abtretung der ihr somit zustehenden Rechte gegen Bezahlung von 325 Millionen Franken an das Deutsche Reich. Den vollständigen Ausbau, die Verwaltung und den Betrieb der Reichseisenbahnen in Elsaß-Lothringen übertrug der Allerhöchste Erlaß vom 9. Dezember 1871 (Gesetzblatt 1872 S. 4) der „Kaiserlichen Generaldirektion der Eisenbahnen in Elsaß-Lothringen" mit dem Sitz in Straßburg und verlieh ihr alle Befugnisse und Pflichten einer öffentlichen Behörde. Die Generaldirektion ressortierte im Anfang ihrer Tätigkeit unmittelbar vom Reichskanzleramte; der Allerhöchste Erlaß vom 27. Mai 1878 (Reichsgesetzblatt 1879 S. 193) betraute mit ihrer Leitung das „Reichsamt für die Verwaltung der Reichseisenbahnen", eine dem Reichskanzler unmittelbar unterstellte Zentralbehörde. Da in dem Zusatzartikel die deutsche Regierung sich bereit erklärt hatte, in alle für die französische Ostbahn aus den Konventionen mit der Wilhelm-Luxemburg-Bahn-Gesellschaft erwachsenden Rechte einzutreten, wurde auf Grund einer Übereinkunft vom 11. Juni 1872 (Reichsgesetz vom 15. Juli 1872. Reichsgesetzblatt S. 329) die Verwaltung und der Betrieb dieser Bahn der Generaldirektion bis zum 31. Dezember 1912 übertragen.

II. An den Erwerb der französischen Eisenbahnlinien durch das Deutsche Reich knüpft sich die bis auf die Gegenwart unausgetragene

[1]) Föhlinger, Geschichte der Eisenbahnen in Elsaß-Lothringen und ihres Transportverkehrs. Straßburg 1897.

Streitfrage nach der staatsrechtlichen Stellung der Reichseisenbahnen in Elsaß-Lothringen.[1]) Nach der einen Ansicht hat das Reich die Eisenbahnhoheit in Elsaß-Lothringen behalten und auch nicht durch das Verfassungsgesetz vom 9. Juni 1871 auf den Kaiser übertragen. Die entgegenstehende Ansicht behauptet, Elsaß-Lothringen besitze die Eisenbahnhoheit. Da die Eisenbahnhoheit eine Erscheinungsform der Staatshoheit ist, so widerlegt sich die letzte Meinung schon durch den Hinweis auf die früheren Darstellungen, nach denen Elsaß-Lothringen kein Staat ist, mithin auch keine Eisenbahnhoheit haben kann. Aber abgesehen von diesem schwerwiegenden Moment führen noch eine Reihe anderer Gründe zu demselben Resultat.

Um die Streitfrage entscheiden zu können, ist es notwendig, auf die rechtlichen Beziehungen, die zwischen dem französischen Staat und der Ostbahngesellschaft bestanden haben, einzugehen und der Veränderungen zu gedenken, die der Frankfurter Friedensvertrag veranlaßt hat.

Nach der Auffassung des französischen Rechtes gehören die Eisenbahnen zu den öffentlichen Wegen. Artikel 1 des Gesetzes vom 15. Juli 1845 spricht die Zugehörigkeit der vom Staate erbauten oder konzessionierten Eisenbahnen zum großen Straßenwesen aus. Die Wegehoheit bezeichnet das Rechtsverhältnis, in dem der Staat zu dem Eisenbahnunternehmer steht. Die große Verschiedenheit aber, die zwischen den öffentlichen Straßen und den Eisenbahnen vorhanden ist, hat zur Folge, daß nicht alle Rechte, die für die Wege gelten, auch auf die Eisenbahn Anwendung finden können. So bestimmt das Gesetz vom 27. Juli 1870, daß der Bau jeder Eisenbahn ohne Rücksicht darauf, ob er von dem Staat oder einem Privatunternehmer mit oder ohne Zwangsenteignung unternommen wird, durch ein Gesetz gestattet werden muß. Von diesem Erfordernis wird nur abgesehen und eine landesherrliche Verordnung als genügend betrachtet bei dem Bau von Zweigeisenbahnen von weniger als 20 Kilometer. Da das Gesetz vom 27. Juli 1870 nicht mehr in dem ganzen heutigen Elsaß-Lothringen Rechtskraft erlangen konnte, weil bereits die Besetzung des Landes durch die verbündeten deutschen Truppen begonnen hatte, so gilt für diese Gebiete noch Artikel 4 des Senatskonsults vom 25. Dezember 1852, das eine landesherrliche Verordnung zum Bau einer Eisenbahn verlangt. Die französische Gesetzgebung, die unverändert geblieben ist, sieht also in keinem Falle bei Eisenbahnbauten von staatlicher Ermächtigung ab. Ebenso wie die Frage, ob eine Eisenbahn gebaut werden soll, ist auch die Frage,

[1]) Otto Mayer im Archiv für öffentliches Recht Bd. 15 S. 511ff.; Rosenberg in Hirths Annalen 1902 S. 1ff.; Witzmann, Enteignungshoheit und Reichseisenbahnen in Elsaß-Lothringen. (Straßburger Ing.-Diss.) Straßburg 1906.

wie sie gebaut werden soll, der Entscheidung des Unternehmers nicht anheimgegeben. Die oberste staatliche Behörde hat den Bauplan zu genehmigen und damit auch im einzelnen die Veränderungen zu bestimmen, die das private und öffentliche Eigentum durch den Eisenbahnbau erleiden. Der genehmigte Bauplan schafft zugunsten der Eisenbahnen ein besonderes „Wegeveränderungsrecht".[1]) Mit Rücksicht auf die eminente Bedeutung der Eisenbahnen für die gesamte Verkehrsentwickelung hat der Staat ferner die Befugnis, bei der Bestimmung der Tarife mitzuwirken. Endlich sorgt der Staat für die Ordnung und Sicherheit des Bahnbetriebes, indem er einigen Beamten Polizeigewalt verleiht.[2]) Diese vier Rechte bilden den typischen Inhalt der Eisenbahnhoheit.[3]) Sie besaß das französische Reich zur Zeit des Abschlusses des Frankfurter Friedensvertrages und sie gingen als Bestandteile der Souveränetät über das abgetretene Gebiet auf das Deutsche Reich über. Am 2. März 1871, dem Tage des Austauschs der Ratifikationen, erlangte das Deutsche Reich mit der Souveränetät über Elsaß-Lothringen auch die Eisenbahnhoheitsrechte. Außer diesen mußte das Reich aber noch diejenigen Befugnisse erwerben, welche der Compagnie des chemins de fer de l'Est als Konzessionsinhaberin zustanden. Infolgedessen verpflichtete sich die französische Regierung, alle Rechte dem Deutschen Reich abzutreten, die sie durch den „rachat des concessions" erwerben würde. Da diese Verpflichtung erfüllt worden ist, so besitzt das Deutsche Reich nunmehr volle Freiheit zum Betrieb und Ausbau der elsaß-lothringischen Eisenbahnen, aber nicht als Rechtsnachfolgerin der Ostbahngesellschaft, sondern als Rechtsnachfolgerin des französischen Staates.[4]) In diesen Zustand könnte nur das Gesetz vom 9. Juni 1871 eine Änderung gebracht haben, wenn man annimmt, daß es Elsaß-Lothringen zu einem Staat erhoben hat. Sieht man von dieser Streitfrage ab, deren Lösung die früheren Ausführungen enthalten, so müßte Elsaß-Lothringen die typischen Rechte der Eisenbahnhoheit besitzen und damit in dem merkwürdigen Verhältnis zu dem Reich stehen, daß dieses konzessionierte Inhaberin der Eisenbahnen im Reichslande wäre. Wie Wißmann treffend nachgewiesen hat, hat Elsaß-Lothringen tatsächlich keines der Rechte. Gemäß der langjährigen Praxis wird niemals die Genehmigung zum Bau von Eisenbahnen durch das Reich von der elsaß-lothringischen Regierung nachgesucht, ebensowenig hat diese dem Bauplan zuzustimmen. Für die Festsetzung der Tarife kommt Artikel 44 der Ordonnanz vom

[1]) Otto Mayer im Archiv für öffentliches Recht Bd. 15 S. 516ff.

[2]) Gesetz vom 15. Juli 1845 Art. 23. [3]) Wißmann S. 34.

[4]) Derselben Ansicht sind Otto Mayer a. a. O. S. 542. Rosenberg S. 6.

15. November 1846 in Betracht: „aucune taxe.. ne pourra être perçue par la compagnie qu'en vertu d'une homologation du ministre des travaux publics". Nach richtiger Ansicht kann „homologation" nur als synonym mit „approbation" angesehen werden.[1]) Der Nachfolger des Ministers der öffentlichen Arbeiten ist jedoch in diesem Falle nicht der Statthalter, sondern der Reichskanzler. Wie in Band I S. 15 ausgeführt ist, übertrug der Reichskanzler durch Bekanntmachung vom 29. Januar 1872 dem Oberpräsidenten alle Befugnisse, soweit sie nicht bereits durch Reichsgesetze, Landesgesetze oder durch Kaiserliche Verfügung geregelt waren, eine derartige Regelung lag aber für die Reichseisenbahnen durch die Einsetzung der Generaldirektion und ihre unmittelbare Unterstellung unter den Reichskanzler vor. Dieser Auffassung entsprechen auch die Tatsachen: der Statthalter hat bei der Tarifbildung nicht mitzuwirken. Endlich übt das Reich die Bahnpolizei aus und läßt durch seine Behörden die Beamten vereidigen;[2]) ein elsaß-lothringisches Hoheitsrecht kommt hier ebensowenig wie in den anderen Fällen zur Betätigung.

Es ergibt sich also, daß dem Reich in Elsaß-Lothringen die Eisenbahnhoheit zusteht, ein Resultat, das sich in vollkommener Übereinstimmung mit der staatsrechtlichen Struktur des Reichslandes befindet. Eine elsaß-lothringische Eisenbahnhoheit gibt es nur in dem Umfange, in dem eine elsaß-lothringische Staatsgewalt vorhanden ist. Wie das Reich auf manchen Gebieten auf Ausübung seiner Gewalt in Elsaß-Lothringen verzichtet und Elsaß-Lothringen „als" Staat behandelt, so gewährt es ihm auch die Möglichkeit, seine Eisenbahnhoheitsrechte zu betätigen, wenn es selbst kein Interesse an ihrer Betätigung hat. Der Verzicht des Reichs bringt das Recht Elsaß-Lothringens erst zur Entstehung. Während sonst generell die Kompetenz der Reichsbehörden von der der Landesbehörden abgegrenzt ist, muß in Eisenbahnangelegenheiten von Fall zu Fall festgestellt werden, ob das Reich die betreffende Eisenbahnlinie nicht bauen will, erst dann darf Elsaß-Lothringen selbst bauen oder eine Konzession erteilen.[3]) In diesen Fällen hat Elsaß-Lothringen die Eisenbahnhoheit, und der Statthalter nimmt alle Befugnisse wahr, die er von dem ministre des travaux publics überkommen hat, insbesondere kontrasigniert er Gesetze und Kaiserliche Verordnungen.

---

[1]) Wißmann S. 42 und 59; a. Ans. Rosenberg S. 7.

[2]) Otto Mayer, a. a. O. S. 544. In Luxemburg werden die Vereidigungen von luxemburgischen Behörden vorgenommen, denn das Reich ist dort nur Eisenbahnunternehmer.

[3]) Verhandlungen des Landesausschusses 1903 Bd. II S. 174 ff.

Dreizehntes Kapitel.

Armenrecht.*)

§ 132. Grundbegriffe.

I. Arm im verwaltungsrechtlichen Sinne ist der Mensch, der die zu seiner Erhaltung und zur Erhaltung seiner Familie notdürftigsten Mittel nicht besitzt. Die große Gefahr, die die Armut nicht nur für den Armen selbst, sondern auch für die Allgemeinheit in sich birgt, erheischt das Einschreiten des Staates. Ist seine Tätigkeit einheitlich auf die Bekämpfung jeder Armut gerichtet, so sind die Mittel, die er verwendet, um sein Ziel zu erreichen, verschieden, je nachdem, ob die Armut verschuldet oder unverschuldet ist.

Die verschuldete Armut ruft die Fürsorgetätigkeit des Staates nur in seinem eigenen Interesse hervor. Er reagiert gegen eine Armut, die trotz vorhandener Arbeitsfähigkeit entstanden ist, mit seiner Strafgewalt, weil derjenige eine Rechtsnorm verletzt, der seine Existenzmittel sich nicht erwerben will. Bei Bestrafung wegen Bettelei, Landstreicherei, Arbeitsscheu, selbst verschuldeter Obdachlosigkeit, Verletzung der Unterhaltspflicht (Strafgesetzbuch § 361 Ziffer 3, 4, 5, 7, 8) handelt es sich in erster Linie nicht mehr um Armenpflege, sondern um Sicherheitspolizei. Jedoch ist die häufige Wirkungslosigkeit dieser Strafbestimmungen eine

*) Literatur: Die historische Entwicklung des Armenrechts behandeln v. Reitzenstein, Die Armengesetzgebung Frankreichs in den Grundzügen ihrer historischen Entwicklung (Schmollers Jahrbuch 1881 S. 115 ff.); Schwander, Die Armenpolitik Frankreichs während der großen Revolution. Straßburg 1904 (unvollendet). — Das französische Recht ist dargestellt bei de Watteville, Législation charitable. Paris 1863 ff. Das bisherige elsaß-lothringische Recht haben bearbeitet: Leoni-Mandel S. 151—180; v. Reichlin, Gemeindegesetzgebung. Zweiter Abschnitt: Wohltätigkeitsanstalten der Gemeinden; Schwander, Das Armenrecht in Elsaß-Lothringen. Freiburg 1899. — Handwörterbuch der Staatswissenschaften (Jena 1909) Bd. II S. 1 ff. verbo „Armenwesen"; Handbuch der Politischen Ökonomie (Tübingen 1898) Bd. III, 2. verbo „Armenwesen".

oft beklagte Tatsache. Sie versagen gegenüber den „mauvais pauvres“, die eine Haftstrafe in Kauf nehmen, um sich eine Zeitlang auf öffentliche Kosten verpflegen zu lassen. Man muß daher andere Zwangsmaßnahmen ergreifen.

Den Gegensatz zu den verschuldeten Armen bilden die unverschuldeten Armen (les véritables pauvres). Die unverschuldete Armut beruht entweder auf relativer oder absoluter Arbeitsunfähigkeit. Die relative Arbeitsunfähigkeit ist gegeben, wenn ein Arbeitsfähiger keine Möglichkeit hat, Arbeit zu finden. Inwieweit die Bekämpfung der Arbeitslosigkeit Sorge des Staates sein muß, kann an dieser Stelle nicht erörtert werden. Dagegen sind die absolut Arbeitsunfähigen, für die durch Alter oder Krankheit die Beschaffung von Existenzmitteln unmöglich wird, die Objekte der Armenpflege.

Die Armenpflege ist nach ihrem Träger entweder privat oder öffentlich. Die öffentliche Armenpflege (assistance publique), die hier lediglich in Betracht kommt, kann unmittelbar von dem Staate selbst (Staats-Armenpflege) oder von den höheren oder niederen Kommunalverbänden (Bezirks-, Gemeinde-Armenpflege) oder von besonderen Anstalten des öffentlichen Rechtes (Anstalts-Armenpflege) ausgeübt werden.

Muß der Träger der Armenpflege sich bestimmter Armen annehmen, so ist sie obligatorisch, andernfalls ist sie nur fakultativ, der Arme kann, muß aber nicht der Fürsorge teilhaftig werden. Auch bei der Bereitstellung der Mittel für die durch die Armenpflege verursachten Kosten ist zwischen dem obligatorischen und dem fakultativen System zu unterscheiden. Jenes, die Zwangsarmenpflege, sieht in der Fürsorge der Armen eine der großen Kulturaufgaben, deren Mittel bereit gestellt werden müssen. Ebenso wie die unentgeltliche Aufnahme eines Kindes in eine öffentliche Unterrichtsanstalt nicht aus Mangel an Mitteln abgelehnt werden kann, so kann auch die Betätigung der Armenfürsorge nicht unterbleiben, weil keine Mittel vorhanden sind. Bei diesem System ist also die Armenpflege gleichwertig mit den sonstigen staatlichen Funktionen. Das fakultative System löst die Fragen, wie die Kosten beschafft werden, und ob die Kosten beschafft sind, überhaupt nicht. Es verlangt nur, daß Armenpflege nach Maßgabe der vorhandenen Mittel geübt wird. Da diese oftmals nicht ausreichen, wird die Armenpflege illusorisch. Sie steht also nach dem freiwilligen System allen übrigen Kulturaufgaben nach.

Das Ziel der Armenpflege ist nicht nur die Ausgleichung wirtschaftlicher Übel durch Gewährung von Unterstützungen in irgend einer

Form, sondern es ist auch darauf gerichtet, der drohenden Armut vorzubeugen. So ergeben sich zwei weite Gebiete, auf denen die öffentliche Fürsorge teils präventiv, teils reparierend sich zu betätigen hat. Die präventive oder vorbeugende Armenpflege äußert sich in zweifacher Weise: sie greift einmal in Augenblicken ein, in denen der wirtschaftlichen Existenz besonders schwere Gefahren drohen. Derartige kritische Augenblicke sind gekommen, wenn Darlehen aufgenommen werden müssen, um flüssige Gelder zu erhalten. Ist der Darlehnsnehmer stets der wirtschaftlich Schwächere gegenüber dem Darleiher, so sind die unteren Schichten der Bevölkerung im erhöhten Maße geeignet, dem Wucher zum Opfer zu fallen. Will der Staat die Bevölkerung vor Verarmung retten, so muß er Sorge tragen, daß der Übervorteilung des Schwächeren entgegengesteuert wird. Leihhäuser (Bd. III § 124), Vorschußkassen (Bd. III § 125) verdanken dieser Erwägung mit ihre Entstehung. Zum zweiten betätigt sich die präventive Armenpflege dadurch, daß in Tagen des Wohlergehens die Bildung von Kapitalien ermöglicht wird, die aushelfen sollen, wenn die Stunden der Not schlagen. Mithin sind auch Sparkassen (§ 125) und Hilfskassen Einrichtungen der vorbeugenden Armenpflege. Die reparierende Armenpflege setzt erst ein, wenn ein Mensch arm in dem eingangs angeführten Sinne ist. Sie wird ausgeübt bald als offene durch Gewährung von Unterstützungen in der Wohnung des Armen, bald als geschlossene durch Aufnahme in eine Anstalt.

Der Armenpflege wird oftmals die Armenpolizei als die staatliche Tätigkeit gegenübergestellt, die durch Beschränkung der persönlichen Freiheit der Verarmung vorzubeugen und die der öffentlichen Ordnung nachteiligen Erscheinungen der Armut zu beseitigen strebt. Als armenpolizeiliche Maßnahmen werden die oben erwähnten Strafnormen angeführt, die Aufenthaltsbeschränkungen und die Ausweisungen. Insoweit die strafrechtlichen Bestimmungen in Betracht kommen, ist früher schon hervorgehoben worden, daß die Armenfürsorge nicht der legislatorische Grund gewesen ist, dem sie entstammen. Bei der Aufenthaltsbeschränkung und der Ausweisung handelt es sich nicht um eine polizeiliche Maßnahme, sondern um ein durch Finanzrücksichten gebotenes Einschreiten.[1] Jeder Träger der Armenpflege hat ein Interesse, Personen, die ihm lästig fallen, abzuschieben. Wenn auch die Abschiebung der Regel nach durch Zwang ausgeführt wird, so ist sie doch keine Tätigkeit, die eingreift, um eine Gefährdung des Staatswohles oder eines Einzelnen zu verhindern.

[1]) Otto Mayer, Deutsches Verwaltungsrecht Bd. II S. 437.

Wie sich später zeigen wird, ist es ein Kriterium der armenrechtlichen Aufenthaltsbeschränkung und Ausweisung, daß sie nicht eher verfügt werden, bevor ein anderer Aufnahmebereiter ermittelt ist. Sie verschieben also im Grunde genommen nur die Armenlast. Seitdem das Freizügigkeitsgesetz einheitlich die armenrechtlichen Aufenthaltsbeschränkungen geregelt hat, und Verträge zwischen dem Deutschen Reich und den größeren ausländischen Staaten die gegenseitige Übernahme eines bestimmten Kreises von Personen gesichert haben, erscheint es zutreffender zu sein, von interkommunalem, interterritorialem, internationalem Armenfürsorgerecht zu sprechen, je nachdem ob eine Gemeinde, ein deutscher Bundesstaat oder ein ausländischer Staat zur Übernahme verpflichtet ist.

II. In der Geschichte des reichsländischen Armenrechtes bildet der 1. April 1910 den entscheidenden Wendepunkt.

Bis zum 1. April 1910 war das reichsländische Armenrecht in seinen Grundzügen noch immer das französische Armenrecht aus der Mitte des vorigen Jahrhunderts. Die Stürme der Revolution hatten an seiner Wiege gebraust. Hieraus erklärten sich seine Eigentümlichkeiten. Es nahm eine Sonderstellung im deutschen Recht ein, die durch weiter nichts ernstlich gerechtfertigt war als durch überzähes Festhalten überlebter Traditionen. Das elsaß-lothringische Armenrecht baute sich auf dem fakultativen System auf: die Armenfürsorge griff nur in dem Umfange der vorhandenen Mittel ein. Dieser charakteristische Zug haftete ihm seit den Gesetzen aus dem Jahre 1793 an, die auf dem nur zu idealen Standpunkt standen, die Armenfürsorge sei eine geheiligte Schuld der Nation, mit freiwillig aufgebrachten Mitteln sollten unter staatlicher Aufsicht die Kosten der öffentlichen Armenpflege gedeckt werden.[1]) Obwohl nur nach Maßgabe der vorhandenen Mittel Unterstützungen gewährt wurden, waren die Sorge für die Waisen und Geisteskranken den Bezirken zur gesetzlichen Pflicht gemacht.[2]) Die Armenlast lag verschiedenen Trägern ob. Abgesehen von den Waisen und Geisteskranken war die Armenpflege den Wohltätigkeitsanstalten (établissements de bienfaisance) — Spitälern, Armenräten — überlassen; die historische Entwickelung dieser Institute hatte sie zu établissements publics ge-

[1]) In der Erklärung der Menschenrechte Art. 21 heißt es „die öffentliche Armenpflege ist eine geheiligte Schuld". Denselben Gedanken wiederholen das Gesetz vom 19. März 1793 und die Konstitution vom 24. Juni 1793.

[2]) Die Aufbringung der hierzu erforderlichen Mittel war auch nicht sichergestellt, denn die Ausgaben waren seit dem Gesetz vom 18. Juli 1866 keine Pflichtausgaben mehr.

macht.[1]) Den Armenräten war die offene, den Spitälern die geschlossene Armenpflege zugewiesen. Die Unmöglichkeit eines Nicht-Elsaß-Lothringers in Elsaß-Lothringen den Unterstützungswohnsitz zu erwerben, führte für die Angehörigen der deutschen Bundesstaaten zu schweren Mißständen. Um diese zu beseitigen, ging Elsaß-Lothringen Verträge mit Baden, Württemberg, Hessen, Preußen und Oldenburg ein, die den grundsätzlichen Unterschied zwischen dem elsaß-lothringischen und dem altdeutschen Armenrechts-System mildern sollten. Auch diese Verträge sind zu dem 1. April 1910 als gegenstandslos gekündigt worden. Noch merkwürdiger war die Stellung der Angehörigen einer Reihe von außerdeutschen Staaten, mit denen das Deutsche Reich Verträge abgeschlossen hat. Für sie bestand Staatsarmenpflege, die nur nach dem Bedürfnis geübt wurde. So kam es, daß Reichsausländer in Elsaß-Lothringen besser gestellt waren als die eigenen Landesangehörigen.

Der 1. April 1910 ist der Tag, an dem in Elsaß-Lothringen das Reichsgesetz über den Unterstützungswohnsitz in der Fassung der Novelle vom 30. Mai 1908 (Reichsgesetzblatt S. 377) in Kraft tritt.[2]) An die Stelle des fakultativen Systems wird die Zwangsarmenpflege gesetzt und damit das bisherige Armenrecht grundsätzlich umgestaltet. Durch seine Einführung in Elsaß-Lothringen wird die Einheit des Rechtes mit Altdeutschland auf einem der wichtigsten Gebiete hergestellt. Die Regelung der der Landesgesetzgebung überlassenen Fragen ist in dem Gesetz zur Ausführung des Gesetzes über den Unterstützungswohnsitz vom 30. Mai 1908 vom 8. November 1909 (Gesetzblatt S. 105)

---

[1]) Den Wohltätigkeitsanstalten lag schon vor der großen Revolution die örtliche Armenpflege ob. Nach dem durch die Verfassung vom 3./14. September 1791 Tit. 1 eine Staatsarmenpflege geschaffen war, beschloß der Konvent durch das Gesetz vom 19. März 1793 u. a. die Einziehung der Spitalgüter. Hierdurch wurden die Spitäler öffentliche Anstalten und konnten zu ihrer rein privatrechtlichen Selbständigkeit nicht mehr zurückkehren, als sie durch die Gesetze vom 28. Germinal IV (17. April 1796) und 16. Vendémiaire V (7. Oktober 1796) ihre eingezogenen Güter zurück erhielten.

[2]) Unter den Schriften, die sich für die Einführung des Reichsgesetzes in Elsaß-Lothringen ausgesprochen haben, sind besonders hervorzuheben: Sittel, Reform der Armenpflege in Elsaß-Lothringen. Freiburg 1893. Ruhland, Das System der Armenpflege in Alt-Deutschland und in den Reichslanden (27. Heft der Schriften des deutschen Vereins für Armenpflege und Wohltätigkeit). Leipzig 1896. Ruhland, Die wechselseitige Unterstützung von Reichsangehörigen in den einzelnen Bundesstaaten; ebenda Heft 38. Wilden, Zur Ausdehnung des Reichsarmenrechtes auf Elsaß-Lothringen. Straßburg 1904. — Kommentar zu dem Unterstützungswohnsitzgesetz von Wohlers-Krech. Berlin 1908.

erfolgt.[1]) Es wird erläutert in den Vollzugsbestimmungen des Ministeriums vom 7. Dezember 1909 (Zentral- und Bezirks-Amtsblatt S. 147).

Die oberste Leitung und Aufsicht über das Armenwesen und die Wohltätigkeitsanstalten steht dem Ministerium, Abteilung des Innern zu (Verordnung vom 23. Juli 1879 § 2 Nr. 9).

Erster Abschnitt:

Die präventive Armenpflege.

§ 133. Hilfskassen.

I. Hilfskassen haben den Zweck, ihre Mitglieder im Falle der Not zu unterstützen. Sie sind also auch im hohen Maße Institute der vorbeugenden Armenpflege, die den Einzelnen vor Verarmung retten wollen, wenn die Quellen versiegen, aus denen die Subsistenzmittel fließen.

Die Hilfskassen sind freie Kassen; sie beruhen auf dem freiwilligen Beitritt von Mitgliedern, sie sind auch nicht zur Aufnahme von Mitgliedern verpflichtet, selbst wenn diese die statutarischen Bedingungen erfüllen; ihre Verwaltung steht nur den Mitgliedern, nicht ihren Arbeitgebern zu. Trotzdem wird insofern ein Zwang auf sie ausgeübt, als sie unter Aufsicht von staatlichen Organen stehen, als sie aufgelöst werden, wenn sie gewissen Bedingungen nicht nachkommen.

Bis zum Inkrafttreten des Reichsgesetzes über die privaten Versicherungsunternehmungen vom 12. Mai 1901 (Reichsgesetzblatt S. 139) ist die Errichtung von Hilfskassen nur in der Form der eingeschriebenen Hilfskasse auf Grund reichsgesetzlicher Bestimmungen oder in der Form

[1]) Am 4. Mai 1904 faßte der Landesausschuß den Beschluß, die Regierung um Vorlage einer Denkschrift über die Lage der Armenpflege in Elsaß-Lothringen zu ersuchen. Dem Landesausschuß ging darauf in seiner XXXIII. Session (1906) eine „Denkschrift über die Reform der Armengesetzgebung" zu (Vorlage Nr. 5). Gelegentlich der Besprechung dieser Denkschrift verlangte der Landesausschuß die Vorlage von Grundzügen zu einem Ausführungsgesetz. Dem Verlangen entsprach die Regierung während der XXXIV. Session (1907) mit der Vorlage Nr. 8, die im Plenum (Bd. II der Verhandlungen S. 345 ff. S. 610) und in einer Kommission (Drucksache Nr. 178 S. 599 ff.) durchberaten wurde. Nachdem dann in der XXXV. Session (1908) eine statistisch-kartographische Darstellung der in Elsaß-Lothringen vorhandenen Krankenhäuser eingebracht worden war (Vorlage Nr. 3), kam in der XXXVI. Session (1909) das endgiltige Ausführungsgesetz zur Beratung und Annahme. — Kommentar zu dem Unterstützungswohnsitzgesetz und dem Ausführungsgesetz von Sommer, Elsaß-lothringisches Armenrecht. Straßburg 1910.

der Hilfsgenossenschaft auf Gegenseitigkeit gemäß landesrechtlichen Vorschriften möglich gewesen. Seitdem ist die Neuerrichtung von Hilfsgenossenschaften nur noch im Einklang mit den an anderer Stelle (§ 126) erwähnten Bestimmungen des Reichsgesetzes (§ 6) zulässig.

Aber auch auf die bestehenden Hilfskassen ist das erwähnte Reichsgesetz von nachhaltigem Einfluß.

Sowohl die Hilfsgenossenschaften, als auch die eingeschriebenen Hilfskassen teilen sich je nachdem, ob sie Träger der Krankenversicherung — im Sinne des Krankenversicherungsgesetzes — sind oder nicht in zwei Unterabteilungen.

Gewähren die eingeschriebenen Hilfskassen ihren Mitgliedern die im § 75 des Krankenversicherungsgesetzes aufgeführten „Minimalleistungen", so sind ihre Mitglieder von der Verpflichtung, der Gemeinde-Krankenversicherung oder einer nach Maßgabe des Krankenversicherungsgesetzes errichteten Krankenkasse anzugehören befreit; die gleiche Wirkung hat die Mitgliedschaft bei einer Hilfsgenossenschaft, wenn ihr Statut von einer Staatsbehörde genehmigt ist — dieses Erfordernis erfüllen alle reichsländischen Hilfsgenossenschaften — und wenn für die Ansammlung eines ausreichenden Reservefonds gemäß den §§ 32, 33 des Krankenversicherungsgesetzes Sorge getragen ist. Solange die Kassen den Anforderungen des § 75 genügen, unterstehen sie nicht den Vorschriften des Reichsgesetzes über die privaten Versicherungsunternehmungen (§ 122). Werden dagegen die Minimalleistungen nicht gewährt, so erfahren die Hilfskassen eine verschiedene rechtliche Beurteilung.

Die auf Grund reichsgesetzlicher Bestimmungen errichteten eingeschriebenen Hilfskassen mit juristischer Persönlichkeit bleiben nach wie vor von der Unterstellung unter das Reichsgesetz über die privaten Versicherungsunternehmungen befreit.

Die landesrechtlichen Hilfsgenossenschaften müssen, sofern sie die Bescheinigung verlieren oder niemals besessen haben, falls sie die Versicherung ihrer Mitglieder nach dem Grundsatz der Gegenseitigkeit weiter betreiben und sich nicht in Aktiengesellschaften umwandeln wollen, zu Versicherungsvereinen auf Gegenseitigkeit gemäß § 15 ff. des in Betracht kommenden Reichsgesetzes umgestaltet werden (§ 101).[1] Da aber den meisten der Hilfsgenossenschaften statutengemäß ein sachlich, örtlich oder hinsichtlich des Personenkreises bloß eng begrenzter Wirkungskreis zugewiesen ist, so werden sie als kleinere Vereine im Sinne des § 53 nur

[1]) Nur die Vorschriften über die Bildung eines Gründungs- und Reservefonds (Dekret vom 22. Januar 1868 Art. 29—32) bleiben bestehen.

teilweise den Rechtsnormen des Reichsgesetzes über die Privatversicherungsunternehmungen und subsidiär dem Vereinsrecht des Bürgerlichen Gesetzbuches zu unterstellen sein. Zur Fortsetzung ihres Geschäftsbetriebes in den bisher eingehaltenen oder gestatteten Grenzen bedürfen sie keiner neuen Erlaubnis.[1]) Für die große Zahl der Hilfsgenossenschaften, die keine Rechtsfähigkeit besitzen, bleibt das frühere Recht in Geltung. Ebenso wird das Recht der Personenvereinigungen, die ihren Mitgliedern zwar Unterstützung gewähren, ihnen aber keinen Rechtsanspruch darauf einräumen, nicht berührt.[2]) Die Aufsichtsbehörde kann sie jedoch auffordern, ihre Zulassung gemäß den Vorschriften des Reichsgesetzes zu beantragen.[3])

Hiernach bestehen zur Zeit Hilfsgenossenschaften auf Gegenseitigkeit, eingeschriebene Hilfskassen und Versicherungsunternehmungen im Sinne des Reichsgesetzes. Da die Letzteren nicht mehr als Einrichtungen der vorbeugenden Armenpflege aufgefaßt werden können, ist auf sie in anderem Zusammenhange eingegangen worden (§ 126).

II. Die Hilfsgenossenschaften auf Gegenseitigkeit*) — sociétés de secours mutuel — gewähren ihren Mitgliedern bei Unfällen oder Erkrankungen die statutenmäßigen Unterstützungen und Zuschüsse zu den Beerdigungskosten;[4]) falls sie eine genügende Anzahl von Ehrenmitgliedern haben, können sie auch Altersrenten zusagen.[5]) Sie sind juristische Personen des öffentlichen Rechtes und zwar gemeinnützige Anstalten (établissements d'utilité publique). Sie genießen daher nicht die Vorrechte der öffentlichen Anstalten — mithin ist die Eröffnung des Konkursverfahrens, die gerichtliche Zwangsvollstreckung unbeschränkt zulässig[6]) — immerhin werden sie dadurch bevorzugt, daß ihnen Stempel- und Verkehrssteuer-Freiheit zugesichert ist,[7]) daß ihnen die Gemeinden, und bei Unzulänglichkeit ihrer Mittel die Bezirke die notwendigen Ge-

---

[1]) § 92 Reichsgesetz vom 12. Mai 1901.

[2]) § 1 Abs. 2 ebenda. Gedacht ist an Vereine, die freiwillige Zuschüsse zu den Krankengeldern oder Invaliden- und Altersrenten leisten.

[3]) § 103 ebenda.

*Gesetzgebung: Gesetz vom 15. Juli 1850. Dekret vom 14. Juni 1851. Dekret vom 26. März 1852. Dekret vom 18. Juni 1864. Von dem Hilfskassengesetz § 36 sind diese Vorschriften aufrecht erhalten worden.

Literatur: Kisch, Landesprivatrecht S. 143ff.

[4]) Gesetz vom 15. Juli 1850 Art. 2. Dekret vom 26. März 1852 Art. 6 Abs. 1.

[5]) Ebenda Art. 6 Abs. 2.

[6]) Gesetz vom 13. November 1899 (G. Bl. S. 157) §§ 4 und 11.

[7]) Dekret vom 26. März 1852 Art. 11 und 17.

schäftsräume und die zur Verwaltung und zum Rechnungswesen erforderlichen Bücher und Register zur Verfügung stellen müssen,[1]) daß ihnen ein Nachlaß von zwei Dritteln auf die Kirchhofskonzessionen gewährt wird,[2]) daß die von ihnen bei der Staatsdepositenverwaltung eingezahlten Gelder höher (mit 3½ % und bereits mit dem Beginn der auf den Tag der Einzahlung folgenden Monatsdekade) verzinst werden[3]) und daß endlich ihre Guthaben bei den Sparkassen 10 000 M. betragen können.[4])

Entsprechend ihrer Entstehungsart lassen sich unterscheiden

a) anerkannte Hilfsgenossenschaften (sociétés reconnues), d. h. Genossenschaften, die durch kaiserliche vom Statthalter zu vollziehende Verordnung als gemeinnützige Anstalten erklärt werden;[5])

b) genehmigte Hilfsgenossenschaften (sociétés approuvées), d. h. Genossenschaften, die von dem Bezirkspräsidenten auf das Gutachten des Gemeinderates genehmigt werden;[6])

c) erlaubte oder freie Hilfsgenossenschaften (sociétés libres), d. h. Vereine, die keine Rechtsfähigkeit besitzen und unter Vereinsrecht stehen.[7]) Ihre Statuten pflegen sie den von anerkannten oder genehmigten Hilfsgenossenschaften nachzubilden. Sie sind weit häufiger als die mit juristischer Persönlichkeit begabten Hilfsgenossenschaften.

Abgesehen davon, daß die Behörden verschiedene sind, die die anerkannten und genehmigten Genossenschaften ins Leben rufen, sie auflösen, ihre Statuten genehmigen usw., unterscheiden sich die Genossenschaften in einem wesentlichen Punkte voneinander: die anerkannten Genossenschaften besitzen volle Rechtsfähigkeit, die genehmigten sind ebenfalls rechtsfähig, aber mit einer Einschränkung: sie können nur Grundstücke pachten, bewegliche Sachen „besitzen" und alle auf diese Rechte bezüglichen Handlungen vornehmen, nicht aber Eigentum an Grundstücken haben.[8])

---

[1]) Ebenda Art. 9 und 17.

[2]) Ebenda Art. 10 und 17.

[3]) Gesetz vom 12. Mai 1897; Verordnung vom 19. Dezember 1899 § 5.

[4]) Gesetz vom 14. Juli 1895 § 8 Abs. 2.

[5]) Gesetz vom 15. Juli 1850 Art. 1. Dekret vom 14. Juni 1851 Art. 1. Verordnung vom 23. November 1907 (R. G. Bl. S. 759). Der Antrag um Anerkennung ist an den Bezirkspräsidenten zu richten. Dekret vom 14. Juni 1851 Art. 2.

[6]) Die Genossenschaft kann für mehrere Gemeinden errichtet werden, wenn jede Gemeinde nicht mehr als tausend Mitglieder hat. Dekret vom 26. März 1852 Art. 1.

[7]) Gesetz vom 15. Juli 1850 Art. 12 Abs. 3.

[8]) Dekret vom 26. März 1852 Art. 8.

Die Organisation der Genossenschaften regeln Statuten, die vom Statthalter bei anerkannten, vom Bezirkspräsidenten bei genehmigten Hilfsgenossenschaften genehmigt werden müssen.[1]) Auch Statutenänderungen unterliegen derselben Genehmigung.[2]) Die Statuten haben insbesondere den Zweck der Genossenschaft, die Voraussetzungen der Aufnahme und Ausschließung,[3]) die Höhe der Beiträge, die Höhe der Unterstützungen und Begräbniskosten, die Art und Weise der Verwaltung festzustellen.[4])

Außer den ordentlichen Mitgliedern,[5]) denen das Recht auf die Unterstützungen in dem statutarisch bestimmten Umfange zusteht,[6]) können auch Ehrenmitglieder der Genossenschaft angehören, das sind Personen, die nur Beiträge leisten, die aber keine Rechte haben.[7]) Über die Aufnahme von Ehrenmitgliedern entscheiden der Vorsitzende und Vorstand. Die ordentlichen Mitglieder können nur mit Stimmenmehrheit der Generalversammlung auf Grund geheimer Abstimmung aufgenommen werden.[8]) Die Mitgliederanzahl ist beschränkt: sie soll nicht unter Hundert und über Tausend bei den anerkannten, und über Fünfhundert bei den genehmigten Genossenschaften gehen.[9])

Die Organe der Genossenschaften sind der Vorstand und die Generalversammlung. Die Vorstandsmitglieder werden von der Generalversammlung ernannt und entlassen;[10]) die Mitglieder versehen die Funktionen des Kassierers, des Schriftführers. Den Vorsitzenden ernennt der Statthalter auf fünf Jahre.[11]) Der Vorstand vertritt die Genossenschaft gerichtlich und außergerichtlich. Sämtliche Mitglieder bilden die Generalversammlung. Die Beschlüsse des Vorstandes und der Generalversammlung unterliegen, da sie keine Verwaltungsakte sind, der Nach-

---

[1]) Dekret vom 14. Juni 1851 Art. 3. Verordnung vom 23. November 1907 (R. G. Bl. S. 759) Nr. 1.

[2]) Dekret vom 26. März 1852 Art. 7.

[3]) Dekret vom 14. Juni 1851 Art. 5. Dekret vom 26. März 1852 Art. 15.

[4]) Dekret vom 14. Juni 1851 Art. 4. Dekret vom 26. März 1852 Art. 7.

[5]) Das Gesetz spricht von „Mitgliedern mit Anteilen"; die Mitglieder haben aber etwa kein Recht auf Teilung.

[6]) Der Pfändung sind die Ansprüche auf Unterstützung nicht entzogen.

[7]) Dekret vom 26. März 1852 Art. 2.

[8]) Dekret vom 26. März 1852 Art. 5.

[9]) Gesetz vom 15. Juli 1850 Art. 3; Dekret vom 26. März 1852 Art. 5. Ausnahmen läßt bei den anerkannten der Statthalter, bei den genehmigten der Bezirkspräsident zu.

[10]) Dekret vom 26. März 1852 Art. 3.

[11]) ibid. Art. 3. Dekret vom 18. Juni 1864. Verordnung vom 23. November 1907 (R. G. Bl. S. 759).

prüfung der ordentlichen Gerichte.[1]) Die Aufsicht führen die Gemeindebehörden; der Bürgermeister oder sein gesetzlicher Vertreter sind berechtigt, den Sitzungen beizuwohnen und den Vorsitz zu übernehmen.[2])

Ist das bare Vermögen einer Genossenschaft von mehr als hundert Mitgliedern größer als 2400 M., so ist der Überschuß an die Staatsdepositenkasse abzuführen, bei Genossenschaften mit weniger Mitgliedern hat die Übersendung der Gelder schon von 800 M. an zu geschehen.[3]) Die Geschäftsführung der Genossenschaften ist selbständig, nur für die Annahme von Zuwendungen über 5000 M. ist die Genehmigung des Statthalters erforderlich.[4]) Über ihre gesamte Tätigkeit haben die Genossenschaften alljährlich dem zuständigen Bürgermeister und dem Bezirkspräsidenten einen Verwaltungsbericht einzureichen.[5])

Die Auflösung der Genossenschaften kann freiwillig und zwangsweise erfolgen. Die freiwillige Auflösung verlangt einen Beschluß der Generalversammlung, der mit absoluter Mehrheit und mit 3/4 Majorität der anwesenden Mitglieder gefaßt ist.[6]) Der Beschluß bedarf bei anerkannten Genossenschaften der Genehmigung des Statthalters,[7]) bei genehmigten der des Bezirkspräsidenten.[8]) Die zwangsweise Auflösung setzt voraus, daß die Genossenschaft die Statuten nicht beobachtet, den gesetzlichen Bestimmungen zuwider handelt[9]) oder die Mitgliederanzahl unter ein gewisses Minimum sinkt.[10]) Sie wird ausgesprochen auf das Gutachten des Bürgermeisters und Bezirkspräsidenten durch den Statthalter bei anerkannten[11]), und durch den Bezirkspräsidenten bei den genehmigten

---

[1]) Zeitschrift Bd. 13 S. 76.

[2]) Gesetz vom 15. Juli 1850 Art. 4 Abs. 1; Dekret vom 14. Juni 1851 Art. 9.

[3]) Gesetz vom 15. Juli 1850 Art. 6; Dekret vom 26. März 1852 Art. 13.

[4]) Gesetz vom 15. Juli 1850 Art. 7; Dekret vom 26. März 1852 Art. 8. Dekret vom 2. April 1817. § 6 A. G. B. G. B. — Der Vorsitzende kann vorläufig zur Wahrung der Rechte die Zuwendungen annehmen.

[5]) Gesetz vom 15. Juli 1850 Art. 13; Dekret vom 14. Juni 1851 Art. 8; Dekret vom 26. März 1852 Art. 20. Die statistischen Übersichten haben gemäß der zu § 27 Hilfskassengesetz ergangenen Bekanntmachung des Reichskanzlers vom 16. November 1892 (Zentr. Bl. S. 671) und vom 26. November 1897 (Zentr. Bl. S. 329) zu erfolgen. § 36 Hilfskassengesetz.

[6]) Dekret vom 14. Juni 1851 Art. 13.

[7]) ibid. Art. 16. [8]) Dekret vom 26. März 1852 Art. 15 Abs. 2.

[9]) Dekret vom 14. Juni 1851 Art. 14; Dekret vom 26. März 1852 Art. 16.

[10]) Dekret vom 14. Juni 1851 Art. 15.

[11]) ibid. Art. 16. — Eine zeitweilige Aufhebung der Genossenschaften kann der Bezirkspräsident bei betrügerischer Geschäftsführung oder sonstigen Unregelmäßigkeiten verfügen. ibid. Art. 10—12. Dekret vom 26. März 1852 Art. 16.

Hilfsgenossenschaften.[1]) Die Liquidation erfolgt unter Aufsicht des Bezirkspräsidenten oder des von ihm Beauftragten.[2]) Das Vermögen wird unter die zur Zeit der Auflösung vorhandenen Mitglieder im Verhältnis der geleisteten Einlagen nach Abzug der Kosten verteilt.[3]) Das dann noch verbleibende Vermögen ist Genossenschaften mit denselben Zwecken oder Wohltätigkeitsanstalten, in Ermangelung dieser Genossenschaften desselben Bezirks nach Verhältnis der Mitgliederanzahl zu überweisen.[4])

III. Die eingeschriebenen Hilfskassen*) bezwecken die gegenseitige Unterstützung ihrer Mitglieder für den Fall der Krankheit und beruhen auf freier Übereinkunft.[5]) Über ihre Zulassung entscheidet der Bezirkspräsident.[6]) Die Zulassung darf nur versagt werden, wenn das Statut nicht den gesetzlichen Anforderungen entspricht. Gegen die mit Gründen zu versehende Versagung ist der Rekurs an den kaiserlichen Rat gestattet.[7]) Mit Zulassung der Kasse erlangt sie juristische Persönlichkeit.[8])

Das Statut muß die gesamten organisatorischen Bestimmungen über die Kasse enthalten; insbesondere muß es die Höhe der Beiträge und die Voraussetzungen, die Art und den Umfang der Unterstützungen bezeichnen. Seine Genehmigung, sowie die Genehmigung jeder Abänderung steht dem Bezirkspräsidenten zu.[9])

Für die Erwerbung der Mitgliedschaft ist eine schriftliche Erklärung oder die Unterzeichnung der Statuten erforderlich;[10]) der Ausschluß von Mitgliedern ist nur aus den statutarisch festgesetzten Gründen zulässig.[11]) Die Mitglieder müssen die durch die Statuten bestimmten Beiträge leisten, die Höhe der Beiträge dürfen nach Maßgabe des Geschlechtes, des Gesundheitszustandes, des Lebensalters, der Beschäftigung, des Beschäftigungsortes verschieden sein.[12])

---

[1]) Dekret vom 26. März 1852 Art. 15 Abs. 2.

[2]) Dekret vom 14. Juni 1851 Art. 17.

[3]) Dekret vom 26. März 1852 Art. 15 Abs. 3.

[4]) ibid Art. 15 Abs. 4.

*) Gesetzgebung: Reichsgesetz über die eingeschriebenen Hilfskassen vom 7. April 1876 in der Fassung des Reichsgesetzes vom 1. Juni 1884 (R. G. Bl. S. 54).

[5]) § 1 Gesetz vom 7. April 1876.

[6]) § 4 Abs. 1 ibid. Verordnung vom 21. November 1884 (A. Bl. S. 265) Nr. 2.

[7]) § 4 Abs. 2 Gesetz von 1876.

[8]) Der Bezirkspräsident hat die Kassen in ein besonderes Register einzutragen. Die Eintragung ist gebühren- und stempelfrei. ibid. § 4 Abs. 5; § 35a; § 5.

[9]) §§ 3, 4 Abs. 1 und Abs. 3. Abänderungen der Statuten bedürfen der Genehmigung der Generalversammlung § 20 Abs. 3.

[10]) § 6. [11]) § 15. [12]) § 8.

Das Recht auf Unterstützung beginnt für sämtliche Mitglieder spätestens mit dem Ablauf der dreizehnten auf den Beitritt folgenden Woche.[1]) Soll jedoch die Kasse Träger der Krankenversicherung sein, so darf diese Karenzzeit für kein Mitglied bestehen.[2]) Desgleichen darf die Kasse auch nicht von der Befugnis Gebrauch machen, Krankenunterstützung erst eine Woche nach Beginn der Krankheit gewähren zu dürfen.[3]) Die Minimalleistungen sind nur für die Kassen vorgeschrieben, die die gesetzlichen Krankenversicherungskassen ersetzen. Im übrigen können die Kassen ihren Mitgliedern und in gewissem Umfange auch ihren Familienangehörigen Krankenunterstützung und dürfen den Hinterbliebenen verstorbener Mitglieder Beihülfen in beschränktem Maße gewähren. Jede andere Unterstützung ist ihnen ausdrücklich untersagt.[4]) Der Anspruch auf Unterstützung ist dem Zugriff der Gläubiger entzogen und darf nur auf geschuldete Beiträge aufgerechnet werden.[5])

Die Organe der Kasse sind:

a) ein Vorstand, der von der Generalversammlung gewählt wird. Er vertritt die Kasse gerichtlich und außergerichtlich nach der ihm in den Statuten erteilten Vollmacht.[6])

Neben dem Vorstande kann zur Überwachung der Geschäftsführung ein gleichfalls von der Generalversammlung zu wählender Ausschuß bestellt werden.[7]) Zur Erleichterung der laufenden Geschäfte ist die Errichtung von örtlichen Verwaltungsstellen zulässig.[8])

b) die Generalversammlung, der die Beschlußfassung über alle Angelegenheiten zusteht, die nicht von dem Vorstande oder Ausschuß wahrgenommen werden. Stimmberechtigt ist jedes Mitglied, das großjährig und im Besitz der bürgerlichen Ehrenrechte ist. Mitglieder, die mit Beiträgen im Rückstande sind, können von der Teilnahme an der Abstimmung ausgeschlossen werden.[9])

Die Einnahmen und Ausgaben der Kasse sind getrennt von allen den Zwecken der Kasse fremden Vereinnahmungen und Verausgabungen festzustellen und zu verrechnen. Die verfügbaren Gelder müssen in einer Sparkasse oder sonst mündelsicher angelegt werden.[10]) Zur Deckung von Ausfällen muß ein Reservefonds im Mindestbetrage der durchschnittlichen Jahresausgabe der letzten fünf Rechnungsjahre gebildet sein.[11])

---

[1]) § 7 Abs. 1.
[2]) § 75 Krankenversicherungsgesetz. — Reger, Bd. 17 S. 300.
[3]) § 7 Abs. 3. [4]) §§ 12 und 13. [5]) § 10.
[6]) §§ 16—18; § 35a. [7]) § 19. [8]) §§ 19a—19d.
[9]) §§ 20—23. [10]) § 24. [11]) §§ 25, 26.

Die Aufsicht über die Hilfskassen und ihre örtlichen Verwaltungsstellen führen in Gemeinden von mehr als 10000 Einwohnern die Bürgermeister, im übrigen die Kreisdirektoren.[1])

Die Auflösung der Kassen erfolgt freiwillig durch Beschluß der Generalversammlung unter Zustimmung von mindestens vier Fünfteln sämtlicher vertretener Stimmen.[2]) Die zwangsweise Auflösung vollzieht der Bezirkspräsident, wenn eine der gesetzlich bestimmten Voraussetzungen erfüllt ist. Gegen seinen Bescheid ist der Rekurs an den kaiserlichen Rat zulässig.[3]) Die Eröffnung des Konkursverfahrens über die Kasse zieht ihre Schließung kraft Gesetzes nach sich.[4]) Die Abwickelung der Geschäfte hat der Vorstand und, falls er seinen Verpflichtungen nicht nachkommt, die Aufsichtsbehörde vorzunehmen. Die Mitglieder haften noch solange, als sie das Statut für den Fall ihres Austrittes aus der Kasse verpflichtet.[5])

Endlich können mehrere Kassen sich zu einem Verbande behufs gegenseitiger Unterstützung vereinigen, wenn die Generalversammlungen der einzelnen Kassen zustimmen, und ein schriftliches Statut errichtet wird. Der Verband wird durch einen Vorstand verwaltet, der von dem Vorstand oder den Ausschüssen der einzelnen Kassen gewählt wird. Der Verband steht unter Aufsicht des Bezirkspräsidenten des Bezirks, in dem der Vorstand seinen Sitz hat Im übrigen finden auf den Verband alle Vorschriften Anwendung, die für die einzelnen Kassen gelten.[6])

Zweiter Abschnitt:

Die reparierende Armenpflege.

§ 134. Organisation der Armenpflege.

I. Nach dem Unterstützungswohnsitzgesetz wird die öffentliche Unterstützung Hilfsbedürftiger, abgesehen von Beihilfen, die aus Landesfonds bestritten werden, durch Ortsarmenverbände und Landarmenverbände ausgeübt.

1. In der Regel bildet jede Gemeinde einen Ortsarmenverband (Ausführungsgesetz § 3 Abs. 1); Ortsarmenverband und Gemeinde

[1]) § 33. Verordnung vom 21. November 1884 (A. Bl. S. 265) Nr. 1. Über die Handhabung der Aufsicht ist die Verordnung vom 2. Dezember 1884 (A. Bl. S. 271 ff.) zu vergleichen.

[2]) § 28. [3]) § 29 Abs. 1 und 2. [4]) § 29 Abs. 3.

[5]) §§ 31 und 32. [6]) § 35.

sind identisch. Er ist keine von dem Selbstverwaltungskörper der Gemeinde verschiedene für sich bestehende Rechtsperson, sondern er ist die Gemeinde selbst in ihrer auf die Ausübung der öffentlichen Armenpflege gerichteten Tätigkeit.[1]) Die Kosten, die der Ortsarmenverband durch die ihm obliegende Armenpflege aufzuwenden hat, sind Pflichtausgaben der Gemeinde, die also unter allen Umständen in den Budgets der Gemeinden berücksichtigt sein müssen. Um kleinen, wenig steuerkräftigen Gemeinden die Armenlasten zu erleichtern, können sich benachbarte Gemeinden desselben Bezirks zu einem Gesamtarmenverband vereinigen. Die Auflösung eines derartigen Verbandes, der vollkommen an die Stelle der einzelnen Ortsarmenverbände tritt, ist nur mit Genehmigung des Bezirkstages zulässig (Ausführungsgesetz § 4).[2])

Jeder der drei Bezirke des Landes bildet einen Landarmenverband (Ausführungsgesetz § 10 Abs. 1). Der Landarmenverband steht zu dem Bezirk in demselben rechtlichen Verhältnis wie der Ortsarmenverband zu der Gemeinde: er bildet mit dem Bezirk eine einheitliche Persönlichkeit des öffentlichen Rechtes, er ist eine Einrichtung des Bezirks mit besonderer Rechnungsführung. Alle Ausgaben des Landarmenverbandes für Armenpflege sind Pflichtausgaben des Bezirks (§ 10 Abs. 2).

2. Bilden die Gemeinden einen selbständigen Ortsarmenverband, so erfolgt die Verwaltung der öffentlichen Armenpflege nach denselben von der Gemeindeordnung vorgeschriebenen Grundsätzen, die für die Verwaltung der sonstigen Gemeindeangelegenheiten in Betracht kommen (Ausführungsgesetz § 5). Als besonderes Verwaltungsorgan kann von dem Gemeinderat ein Armenrat errichtet oder der Verwaltungsrat eines in der Gemeinde bestehenden Pflege- oder Krankenhauses bezeichnet werden (§ 6). Um die unmittelbare Ausübung der offenen Armenpflege in den größeren Ortsarmenverbänden zu erleichtern, sieht das Gesetz die Möglichkeit vor, daß durch Beschluß des Gemeinderates „ein der Verbandsverwaltung nachgeordneter Ausschuß aus Gemeindeeinwohnern gebildet" wird.[3]) Die Aufstellung seiner Geschäftsordnung, die Ernennung seiner Mitglieder — auch Frauen dürfen hierzu berufen werden — steht, wenn sie nicht der Gemeinderat sich selbst vorbehalten

[1]) Begründung S. 19.

[2]) Die Errichtung und Auflösung wird von dem Bezirkspräsidenten im Zentral- und Bezirksamtsblatt bekannt gemacht. Vollzugsbestimmungen § 4.

[3]) Der Einwohnerausschuß kann in Unterabteilungen (Bezirkskommissionen) für örtlich abgegrenzte Gebiete des Ortsarmenverbandes eingeteilt werden. Vollzugsbestimmungen § 7.

oder dem Armenrat oder dem Verwaltungsrat übertragen hat, dem Gemeindevorstand zu. Ein Zusammenwirken der privaten organisierten Armenpflege mit diesem Ausschuß wird dadurch erreicht, daß die Leiter und Verwalter der mit freiwilliger Armenpflege befaßten Vereine und Stiftungen, und von den in der Gemeinde vertretenen religiösen Bekenntnissen je ein Geistlicher zu den Ausschußberatungen hinzugezogen werden sollen, wenn sie nicht bereits ernannte Armenpfleger sind (§ 7).

Die Organisation eines Gesamtarmenverbandes, seine Vertretung, die Art seiner Beschlußfassung, seine Geschäftsführung und die Verteilung der Kosten auf die Gemeinden wird durch eine Satzung, die die beteiligten Gemeinden zu vereinbaren haben, geregelt. Kommt eine Vereinbarung nicht zustande, so erläßt der Bezirkspräsident nach Anhörung der Beteiligten und mit Zustimmung des Bezirkstags die Satzung (§ 9 Abs. 1).[1])

Der Landarmenverband wird von einem Ausschuß verwaltet, der bei den Bezirkspräsidien gebildet wird. Er besteht aus dem Bezirkspräsidenten oder seinem Vertreter, einem höheren Verwaltungsbeamten des Bezirkspräsidiums, als Vorsitzenden und so viel von dem Bezirkstage auf sechs Jahre zu wählenden Mitgliedern, als der Bezirk Kreise hat; für jeden Kreis ist ein Mitglied und ein Stellvertreter zu wählen, die in dem betreffenden Kreise angesessen sein müssen, aber nicht Bezirkstagsmitglieder zu sein brauchen. Ferner hat der Bezirkstag einen Vertreter der im Bezirke bestehenden öffentlichen Kranken- und Pflegehäuser zum Ausschußmitglied zu ernennen. Der Ausschuß ist beschlußfähig, wenn wenigstens die Hälfte der Mitglieder anwesend ist; bei Stimmengleichheit entscheidet die Stimme des Vorsitzenden. Die laufenden Geschäfte erledigt der Vorsitzende; die von ihm vorläufig getroffenen Verfügungen sind dem Ausschuß bei seinem nächsten Zusammentreten zur endgiltigen Beschlußfassung vorzulegen.[2]) Da der Landarmenverband seine Mittel aus dem Vermögen des Bezirks erhält, so hat er die Beschlußfassung des Bezirks über alle Angelegenheiten herbeizuführen, die auf dem Gebiete der Bezirksvermögensverwaltung liegen; nur zur Erhebung von Klagen und zur Einlassung auf solche im Verwaltungsstreitverfahren bedarf er nicht der Zustimmung des Bezirkstages (Ausführungsgesetz § 11).

3. Die Aufsicht über die Verwaltung des Ortsarmenverbandes

[1]) Über die Bildung eines Ausschusses in einem Gesamtarmenverband trifft § 9 Abs. 2 Bestimmungen.

[2]) Das Nähere über den Geschäftsgang bestimmt eine Satzung, die von dem Ausschuß mit Genehmigung des Ministeriums beschlossen wird. § 11 Abs. 4.

wird von den staatlichen Behörden nach Maßgabe der Gemeindeordnung geführt (§ 12); Aufsichtsbehörde ist also in der Regel der Kreisdirektor, nur in Gemeinden von 25 000 und mehr Einwohnern und in den diesen Gemeinden gleichgestellten Gemeinden der Bezirkspräsident. Bei Gesamtarmenverbänden ist die Aufsichtsbehörde der größten beteiligten Gemeinde zuständig. Der Inhalt der Aufsichtsbefugnis wird durch die Vorschriften der Gemeindeordnung für die großen Gemeinden (Bd. I S. 254) bestimmt.

Die Aufsicht über die Landarmenverbände führt das Ministerium; seine Rechnungen werden wie die Verwaltungsrechnungen der Bezirke (Bd. I S. 385 ff.) behandelt (Ausführungsgesetz § 12 Abs. 2).

II. Nach dem Prinzip des Unterstützungswohnsitzgesetzes ist die Unterstützungspflicht, deren jeder hilfsbedürftige Deutsche teilhaftig werden muß, „vorläufig" oder endgültig". Die vorläufige Unterstützungspflicht liegt demjenigen Ortsarmenverband ob, in dessen Bezirk sich der Hilfsbedürftige bei dem Eintritt der Hilfsbedürftigkeit befindet (Unterstützungswohnsitzgesetz § 28). Es kommt also nur auf den tatsächlichen Aufenthaltsort an. Die Unterstützung ist zu gewähren, sobald die Hilfsbedürftigkeit für die Behörden des Ortsarmenverbandes in erkennbarer Weise hervorgetreten ist;[1]) sie kann auch von der Polizei oder der Aufsichtsbehörde angeordnet werden, wenn der Ortsarmenverband säumig ist. Welche Staatsangehörigkeit der Hilfsbedürftige besitzt, ist für das Maß oder die Art der Unterstützung vollkommen gleichgiltig; ein Elsaß-Lothringer darf nicht anders behandelt werden als beispielsweise ein Preuße. Der Ortsarmenverband, der einen Hilfsbedürftigen unterstützt hat, hat einen Anspruch „auf Erstattung der Kosten oder auf Übernahme des Hilfsbedürftigen gegen den hierzu verpflichteten Armenverband" (§ 28). Der Anspruch des vorläufig unterstützenden Armenverbandes richtet sich gegen den Ortsarmenverband des Unterstützungswohnsitzes, wenn der Unterstützte einen solchen hat; wenn der Unterstützungswohnsitz nicht zu ermitteln ist, gegen denjenigen Landarmenverband, in dessen Bezirk sich der Hilfsbedürftige bei Eintritt der Hilfsbedürftigkeit befand oder, falls er im hilfsbedürftigen Zustande aus einer Straf-, Kranken-, Bewahr- oder Heilanstalt entlassen wurde, gegen denjenigen Landarmenverband, aus welchem seine Einlieferung in die Anstalt erfolgt ist (§ 30 Abs. 1 Unterstützungswohnsitzgesetz). Dieser Ortsarmenverband des Unterstützungswohnsitzes oder der Landarmenverband ist der

---

[1]) Entscheidung des Bundesamtes Bd. 16 S. 53; 21 S. 60; 23 S. 77 u. a.

endgültige Träger der Armenlast. Der Anspruch des Armenverbandes, welcher die Unterstützung vorläufig gewährt hat, löst sich in zwei Teile auf: entweder kann die Erstattung der erwachsenen Kosten, wobei die allgemeinen Kosten der Armenanstalten und die besonderen Gebühren für die Hilfeleistung fest besoldeter Armenärzte nicht in Ansatz gebracht werden dürfen, verlangt werden (§ 30),[1]) oder es wird die Übernahme des Hilfsbedürftigen in eigene Fürsorge gefordert (§ 31).[2]) Um die Erfüllung der Fürsorgepflicht den Land- und Ortsarmenverbänden zu erleichtern, ist vorgesehen, daß die Landarmenverbände die ihrer Fürsorge anheimfallenden Personen dem Ortsarmenverband, der vorläufig die Unterstützung gewährt hat, gegen Entschädigung überweisen dürfen; und umgekehrt soll der Landarmenverband in seinen Pflegeanstalten, soweit es ihr Zweck und Raum gestattet, gegen Entschädigung die dem Ortsarmenverband anheimfallenden Personen auf Antrag dieses Verbandes übernehmen (Ausführungsgesetz § 22).[3])

Abgesehen von dem Fall, daß der Ortsarmenverband, der vorläufig unterstützt hat, auch der Armenverband des Unterstützungswohnsitzes ist, liegt dem vorläufig unterstützenden Armenverbande die endgültige Fürsorgepflicht ob, wenn eine Person, die an einem Orte mindestens eine Woche hindurch gegen Lohn oder Gehalt in ein und demselben Dienst- oder Arbeitsverhältnisse gestanden hat, während der Fortdauer dieses Dienst- oder Arbeitsverhältnisses oder innerhalb einer Woche nach seiner Beendigung erkrankt. Die Unterstützung, die die ersten sechsundzwanzig Wochen nach Beginn der Krankenpflege dauert, hat der Ortsarmenverband des Dienst- und Arbeitsortes zu gewähren (Unterstützungswohnsitzgesetz § 29).[4])

Soll der zum Tragen der Armenlast endgültig verpflichtete Armenverband zur Erstattung der Kosten herangezogen werden, so ist von dem Ortsarmenverband, der vorläufig die Unterstützung gewährt hat, nach Vernehmung des Hilfsbedürftigen der Ersatzanspruch bei dem Vorsitzenden des vermeintlich verpflichteten Armenverbandes oder, wenn dieser zunächst

[1]) Die für die Höhe der Ersatzleistungen maßgebenden Tarife werden von dem Ministerium nach Anhörung der Bezirkstage festgestellt. Ausführungsgesetz § 27.

[2]) Der Verpflichtung zur Übernahme entspricht das Recht, die Überführung des Hilfsbedürftigen in unmittelbare Fürsorge verlangen zu können. § 32 Unterstützungswohnsitzgesetz.

[3]) Das Recht auf Überweisung und die Pflicht zur Aufnahme besteht nur, wenn der Ortsarmenverband in dem Bezirk des Landarmenverbandes liegt. Vollzugsanweisung § 22.

[4]) Dsa Nähere bei Wohlers-Krech S. 123 ff.

nicht bezeichnet werden kann, bei der zuständigen Aufsichtsbehörde anzumelden; dabei ist ausdrücklich zu bemerken, ob der neu anziehende Hilfsbedürftige abgewiesen oder ob einem Hilfsbedürftigen die Fortsetzung des Aufenthaltes versagt werden soll. Die Anmeldung muß bei Vermeidung des Verlustes des Anspruchs binnen sechs Monaten nach begonnener Unterstützung angemeldet werden. Geht innerhalb vierzehn Tagen nach Empfang der Anzeige keine zustimmende Antwort ein, so gilt dieses als Ablehnung des Anspruchs.[1])

Um den Ortsarmenverbänden die Armenlasten zu erleichtern, sind die Ausgaben für unheilbar körperliche Kranke (Sieche) und krüppelhafte Personen, für Geisteskranke, Blöde, Epileptische, Taubstumme und Blinde zum größten Teil den leistungsfähigeren Landarmenverbänden auferlegt (Ausführungsgesetz § 19). Außerdem tragen die Landarmenverbände und der Staat zu den Kosten der Armenpflege durch die Ortsarmenverbände bei. Die Landarmenverbände müssen den Ortsarmenverbänden Beihilfe leisten, wenn die betreffenden Gemeinden weniger als 25 000 Einwohner zählen, mehr als 30 Zuschläge zur Deckung der ordentlichen Ausgaben erheben und die ihnen obliegenden Verpflichtungen ohne unverhältnismäßige Belastung nicht zu erfüllen vermögen. Der Antrag auf Beihilfe darf erst dann berücksichtigt werden, wenn die Gemeinde nachweist, daß ihr Aufwand für die laufenden Kosten der Armenpflege den Betrag von fünf Zuschlagspfennigen zu den direkten Steuern überschreitet. Die Unterstützung soll sich der Regel nach zwischen zwei Fünfteln und vier Fünfteln der Überschreitung bewegen; ausnahmsweise kann der Bezirkstag höhere Beihilfe gewähren (Ausführungsgesetz § 28).[2]) Der Staat unterstützt Ortsarmenverbände, die wenig leistungsfähig sind, und Landarmenverbände durch Beihilfen zur Errichtung von Krankenanstalten ganz abgesehen davon, daß er außer den Kosten für die Waisenpflege, die Kosten der Zwangserziehung, der Unterbringung verurteilter Personen in ein Arbeitshaus, der Unterstützung von Ausländern trägt; die Beihilfen müssen durch den Landeshaushaltsetat bewilligt werden (Ausführungsgesetz § 29).

§ 135. Unterstützungswohnsitz.

I. Nach dem französischen Gesetz vom 24. Vendémiaire II (15. Oktober 1793), dessen Geltung in Elsaß-Lothringen erst mit dem

[1]) Unterstützungswohnsitzgesetz §§ 34, 35. Vollzugsbestimmungen § 1.

[2]) Die Anträge auf Gewährung von Beihilfen sind durch Vermittlung der Aufsichtsbehörden an den Verwaltungsausschuß des Landarmenverbandes zu richten. Vollzugsbestimmungen § 28.

Inkrafttreten des Unterstützungswohnsitzgesetzes (1. April 1910) aufgehoben ist, ist der Unterstützungswohnsitz (domicile de secours) die Zugehörigkeit einer Person zu einer Gemeinde. Die Zugehörigkeit wird durch die Erfüllung bestimmter Voraussetzungen geschaffen, äußert aber erst Wirkungen, wenn die Person hilfsbedürftig wird. Sie gibt ihr ein „Recht auf Unterstützung" (Art. 1); da aber dem Recht keine erzwingbare Pflicht irgend eines Verbandes gegenübersteht, so ist das Recht ein nudum jus.[1]) Es konnte also geschehen, daß der Bedürftige selbst an seinem Unterstützungswohnsitz keine Unterstützung fand. Die Zugehörigkeit besteht regelmäßig nur zu einer Gemeinde unter Ausschluß aller übrigen Gemeinden des Landes (Art. 11). Der Unterstützungswohnsitz ist ein höchst persönliches Recht des Hilfsbedürftigen, welches er selbst nicht mit seinen Familienangehörigen, seiner Ehefrau,[2]) seinen Kindern teilt. Es gibt keine Familie im armenrechtlichen Sinne, vielmehr kann die Ehefrau einen anderen Unterstützungswohnsitz haben als der Ehemann, aber auch einen anderen als die Kinder.[3]) Mithin ist der Unterstützungswohnsitz — im Sinne des angeführten französischen Gesetzes — die Gemeinde, von der der Bedürftige die Unterstützung seiner Person verlangen, aber nicht erzwingen kann.

Nach feststehender Verwaltungspraxis war der Besitz des Unterstützungswohnsitzes an die allgemeine Voraussetzung geknüpft, daß der Hilfsbedürftige elsaß-lothringischer Landesangehöriger war.[4]) Die Angehörigen anderer Bundesstaaten waren Ausländer für den Geltungsbereich des elsaß-lothringischen Unterstützungswohnsitzgesetzes, ebenso wie umgekehrt die Elsaß-Lothringer Ausländer für den Geltungsbereich des Unterstützungswohnsitzgesetzes waren. Durchbrochen wurde dieser Grundsatz nur bei der Erkrankung einer Person; der erkrankte Hilfsbedürftige mußte ohne Rücksicht darauf, ob er in der Gemeinde seines Aufenthaltes den Unterstützungswohnsitz hatte oder nicht, unterstützt werden. Die Unterstützung wurde durch Aufnahme in das Spital oder, wenn kein Spital in der Gemeinde bestand, durch den Armenrat oder die Gemeinde gewährt (Gesetz vom 7. August 1851 Art. 1, Art. 18).

Der Unterstützungswohnsitz wurde von Minderjährigen durch Geburt (als Geburtsort galt der gewöhnliche Wohnsitz — in Ermangelung der

[1]) Zeitschrift Bd. 23 S. 136.

[2]) So auch Schwander S. 17 a. E.; anderer Ansicht Leoni-Mandel S. 154.

[3]) Ministerialerlaß vom 11. Februar 1842.

[4]) Ministerialerlaß von 1841 (Bull. de l'Intér. 1851 S. 104).

Aufenthaltsort — der Mutter zur Zeit der Geburt), von Großjährigen durch mindestens einjährigen Aufenthalt in einer Gemeinde [1]) erworben; er ging verloren durch Erwerbung eines neuen Unterstützungswohnsitzes, nicht aber durch noch so lange Abwesenheit. Auch der Verlust der elsaß-lothringischen Landesangehörigkeit zog den Verlust des Unterstützungswohnsitzes nach sich.

II. Nach dem Unterstützungswohnsitzgesetz kommt der Unterstützungswohnsitz lediglich für das Verhältnis der Armenverbände untereinander in Betracht: er ist der endgültige Träger der Armenlast ohne Rücksicht darauf, wo und wann die Hilfsbedürftigkeit hervorgetreten ist. Für den Hilfsbedürftigen ist sein Unterstützungswohnsitz nur insofern von Bedeutung, als ihm der Aufenthalt in diesem Orte selbst bei dauernder Verarmung nicht verboten werden darf (Freizügigkeitsgesetz § 5). Unterstützung muß ihm von jedem Ortsarmenverband, in dessen Bezirk er hilfsbedürftig wird, gewährt werden. Die durch den Unterstützungswohnsitz begründete Zugehörigkeit einer Person zu einem Ortsarmenverband äußert erst im Falle der Verarmung Wirkungen, entsteht, wechselt und wird aufgehoben dagegen unabhängig von dem Eintritt der Hilfsbedürftigkeit.[2])

1. Der Unterstützungswohnsitz wird selbständig durch Aufenthalt oder abgeleitet durch Verehelichung oder Abstammung erworben.

a) Der selbständige Erwerb verlangt einen einjährigen ununterbrochenen Aufenthalt innerhalb eines Ortsarmenverbandes nach zurückgelegtem sechzehnten Lebensjahr; eine Änderung der örtlichen Abgrenzung der Ortsarmenverbände während des Laufs der einjährigen Frist wird in ihren Wirkungen auf den Beginn der Frist zurückbezogen (§ 10). Der Erwerb muß selbständig d. h. unabhängig von den Unterstützungswohnsitzverhältnissen des Familienhauptes [3]) und auf freier Selbstbestimmung beruhend sein. Die freie Selbstbestimmung darf weder bei dem Beginn noch irgend wann während des Laufs der Frist ausgeschlossen werden (§ 12); daher kommt die Zeit während der jemand beispielsweise eine Strafe in einer Strafanstalt verbüßte, in einer Irrenanstalt sich aufhielt, seiner Militärpflicht genügte für die Berechnung der einjährigen Frist nicht in Betracht. Die Anstellung oder Versetzung eines Geistlichen, Lehrers, öffentlichen oder Privatbeamten, sowie einer nicht bloß zur Er-

[1]) Entscheidungen des Bundesamts Bd. 26 S. 35; Bd. 27 S. 70.

[2]) Personen, die in Privatdiensten standen, mußten sich zwei Jahre in einer Gemeinde aufgehalten haben, um den Unterstützungswohnsitz zu erwerben.

[3]) Entscheidungen des Bundesamtes Bd. 29 S. 7.

füllung der Militärpflicht dienenden Militärperson gilt nicht als ein die freie Selbstbestimmung bei der Wahl des Aufenthaltsortes ausschließender Umstand (§ 26). Die einjährige Frist läuft von dem Tage ab, an dem der Aufenthalt begonnen ist; im Interesse der Armenverbände hemmt der Eintritt in eine Kranken-, Bewahr- oder Heilanstalt den Beginn, nicht aber den Lauf der Frist. Findet für ländliches oder städtisches Gesinde, Arbeitsleute, Wirtschaftsbeamte, Pächter oder andere Mietsleute der Wechsel des Wohnortes an bestimmten durch Gesetz oder ortsübliches Herkommen festgesetzten Terminen statt, so gilt der übliche Umzugstermin als Anfang des Aufenthalts, wenn nicht zwischen diesem Termin und dem Tage, an dem der Aufenthalt wirklich beginnt, mehr als sieben Tage liegen (§ 11). Der Aufenthalt hat ununterbrochen ein Jahr zu dauern, wobei eine freiwillige Entfernung nicht als Unterbrechung gilt, wenn aus den Umständen sich die Absicht ergibt, den Aufenthalt beizubehalten (§ 13).[1])

Der Lauf der Frist ruht, abgesehen beim Mangel freier Selbstbestimmung in der Wahl des Aufenthaltsortes (§ 12 Abs. 2), während der Dauer der von einem Armenverbande gewährten öffentlichen Unterstützung (§ 14 Abs. 1). Mit dem Tage, an dem tatsächlich zuerst Unterstützung gewährt wurde, beginnt die Frist. Die einem Familienangehörigen zuteil gewordene Unterstützung gilt als solche des Familienhauptes, auch wenn weder eine Unterhaltspflicht besteht, noch der unterstützte Angehörige im Haushalte des Familienhauptes sich befindet.[2]) Der Lauf der Frist wird unterbrochen, wenn von einem Armenverbande auf Grund des § 5 des Freizügigkeitsgesetzes der Antrag auf Anerkennung der Verpflichtung zur Übernahme eines Hilfsbedürftigen gestellt wird; mit dem Tage der Absendung des Antrages beginnt die Unterbrechung, die jedoch nur dann als erfolgt gilt, wenn dem Antrag binnen zwei Monaten stattgegeben wird (§ 14 Abs. 2 und 3). Die Unterbrechung hat im Gegensatz zu dem Ruhen der Frist die Wirkung, daß die bisher abgelaufene Zeitdauer nicht weiter zur Anrechnung kommt.[3])

b) Der abgeleitete Unterstützungswohnsitz wird erworben durch

[1]) Die Beweislast hat der Armenverband, der aus der Unterbrechung oder Nichtunterbrechung die endgiltige Fürsorgepflicht eines anderen Armenverbandes herleitet. Krech im Handwörterbuch der Staatswissenschaften verbo „Armenwesen" S. 36.

[2]) Wohlers-Krech S. 43 f. — Über die armenrechtliche Familiengemeinschaft, Zentralblatt für das Deutsche Reich 1883 S. 87; auch Sommer, Einleitung S. XIV ff.

[3]) Wohlers-Krech S. 45 Anm. 8.

Verehelichung oder Abstammung (§ 9). Die Ehefrau und die Kinder „teilen“ den Unterstützungswohnsitz des Mannes bezw. des Vaters; sie bilden mit ihm eine Familie im armenrechtlichen Sinne und nehmen an allen Veränderungen des Unterstützungswohnsitzes des Familienoberhauptes Teil. Daher werden sie landarm, wenn der Mann bezw. Vater die Landarmeneigenschaft erwirbt.[1]) Für die Ehefrau tritt die Gemeinschaftlichkeit des Unterstützungswohnsitzes mit dem des Mannes vom Zeitpunkte der Eheschließung ein (§ 15), sie verliert mithin ihren früheren Unterstützungswohnsitz. Wird die Ehe durch den Tod des Mannes oder rechtskräftig geschieden, so behält die Frau so lange den bei Auflösung der Ehe gehabten Unterstützungswohnsitz, bis sie denselben durch einjährige ununterbrochene Abwesenheit nach zurückgelegtem sechzehnten Lebensjahre verloren oder durch Aufenthalt einen anderweitigen Unterstützungswohnsitz erworben hat (§ 16), abgesehen von den Fällen ihrer Wiederverheiratung und ihrer Annahme an Kindes Statt.[2]) Dieselbe Selbständigkeit in Beziehung auf den Erwerb und Verlust des Unterstützungswohnsitzes hat die Ehefrau auch während der Dauer der Ehe, solange der Mann sie böswillig verlassen hat oder solange sie befugt ist, von dem Manne getrennt zu leben und ohne dessen Beihilfe sich ernährt (§ 17). Eheliche und den ehelichen gesetzlich gleichstehende Kinder teilen den Unterstützungswohnsitz des Vaters, und nach seinem Tode den der Mutter, uneheliche den der Mutter, bis sie selbständig einen neuen erworben oder den alten verloren haben (§§ 18, 19 Abs. 1, § 21). Ist die Ehe geschieden und steht der Mutter die Erziehung des Kindes zu oder liegt einer der Fälle vor, in denen die Frau selbständig den Unterstützungswohnsitz erwerben und verlieren kann und sind ihr die Kinder bei Trennung ihres Hausstandes von dem des Vaters gefolgt, so ist sie Familienhaupt, und die Kinder teilen ihren Unterstützungswohnsitz (§ 19 Abs. 2, § 20).

2. Der Verlust des Unterstützungswohnsitzes tritt durch Erwerbung eines anderweitigen Unterstützungswohnsitzes oder durch einjährige ununterbrochene Abwesenheit nach zurückgelegtem sechzehnten Lebensjahre ein (§ 22). Die für den Erwerb des Unterstützungswohnsitzes geltenden Bestimmungen über Beginn, Ruhen, Unterbrechung der Frist finden entsprechende Anwendung (§§ 23—27); auch hier wird nur die Rückkehr als Unterbrechung der Abwesenheit angesehen, wenn sie in der Absicht erfolgt, den Aufenthalt dauernd fortzusetzen (§ 25).

III. § 65 des Unterstützungswohnsitzgesetzes im Zusammenhang mit

[1]) Entscheidungen des Bundesamtes Bd. 3 S. 17, 21.

[2]) Entscheidungen des Bundesamtes Bd. 26 S. 47.

Artikel 5 des Reichsgesetzes vom 30. Mai 1908 (R.G.Bl. S. 377) bestimmt, daß das bis zum 1. April 1910 in Kraft befindliche Landesrecht noch insoweit zur Anwendung kommt, „als es sich um die Feststellung des Unterstützungswohnsitzes für die Zeit vor dem 1. April 1910 handelt". Die Frage also, in welcher Gemeinde dem Hilfsbedürftigen Unterstützung zu gewähren ist, beantwortet sich nach den eingangs angeführten Grundsätzen des französischen Gesetzes vom 24. Vendémiaire II, auch wenn die öffentliche Armenpflege erst nach dem Inkrafttreten des Unterstützungswohnsitzgesetzes in Elsaß-Lothringen notwendig wurde vorausgesetzt, daß der Hilfsbedürftige nicht bereits einen andern Unterstützungswohnsitz erworben (§ 65 Ziffer 4, 5) oder den am 1. April 1910 begründeten wieder verloren hat.[1])

Diejenigen Elsaß-Lothringer, die am 31. März 1910 den Unterstützungswohnsitz nach französischem Recht besitzen, haben ihn vom 1. April 1910 an mit den Folgen und Maßgaben des Unterstützungswohnsitzgesetzes, obwohl die Voraussetzungen des Erwerbes andere geworden sind (§ 65 Absatz 2, Ziffer 2 Unterstützungswohnsitzgesetz). Da von Minderjährigen der Unterstützungswohnsitz durch Geburt erworben wurde, so können am 1. April 1910 die in Elsaß-Lothringen geborenen Deutschen mit elsaß-lothringischer Landesangehörigkeit nicht landarm sein, sondern haben den Unterstützungswohnsitz am Geburtsort.

Ist am 1. April 1910 die Frist für den Erwerb oder Verlust des Unterstützungswohnsitzes noch nicht abgelaufen, so wird infolge der dem Unterstützungswohnsitzgesetz beigelegten rückwirkenden Kraft (§ 65 Abs. 2 Nr. 4) diese Zeit der nach dem 1. April 1910 fortgesetzten Anwesenheit oder Abwesenheit hinzugerechnet, wenn sie nach den Grundsätzen des Unterstützungswohnsitzgesetzes zur Anrechnung kommen kann. Mithin muß die betreffende Person das sechzehnte Lebensjahr vollendet haben, der Aufenthalt muß ununterbrochen (im Sinne des Unterstützungswohnsitzgesetzes) sein.[2])

---

[1]) Entscheidungen des Bundesamtes Bd. 5 S. 136. Wohlers-Krech S. 263. — Eine Unterstützung aus öffentlichen Mitteln, die eine elsaß-lothringische Armenbehörde einem Hilfsbedürftigen gewährt, löst die in §§ 14 Abs. 1 und 27 Abs. 1 vorgesehene Wirkung nicht aus. Anderer Ansicht Sommer S. XIX.

[2]) Ist einem Deutschen, der aus dem vor dem 1. April 1910 vorhandenen Geltungsbereich des Unterstützungswohnsitzgesetzes nach Elsaß-Lothringen verzogen ist, von einer elsaß-lothringischen Armenbehörde Unterstützung gewährt worden, so hat diese Unterstützung nicht die im § 14 Abs. 1 vorgesehene Wirkung; der Lauf der Frist ruht also nicht. Entscheidungen des Bundesamtes Bd. 3 S. 31; Bd. 4 S. 23.

Deutsche, die die elsaß-lothringische Landesangehörigkeit nicht erworben haben, sind am 1. April 1910 landarm, sofern sie auch ihren früheren Unterstützungswohnsitz verloren haben. Bayern gegenüber treten in diesem Falle die Bestimmungen des Gothaer Vertrages (§ 143) in Kraft.

§ 136. Die Ausübung der Armenpflege im allgemeinen.

Die Hilfsbedürftigkeit ist die Voraussetzung der öffentlichen Armenunterstützung. Der Begriff der Hilfsbedürftigkeit ist weder reichsgesetzlich noch landesgesetzlich bestimmt. Man wird vielleicht sagen können — wie oben S. 163 ausgeführt wurde — daß hilfsbedürftig der Mensch ist, der die zu seiner Erhaltung und zur Erhaltung seiner Familie notdürftigsten Mittel nicht besitzt. Damit die öffentliche Unterstützung eingreifen soll, darf der Arme keine Subsistenzmittel mehr haben oder zu fordern berechtigt sein. So wird Hilfsbedürftigkeit nicht angenommen, wenn sie durch private oder kirchliche Wohltätigkeit oder durch die Fürsorge öffentlicher Behörden beseitigt ist,[1]) wenn ihr durch eigene Arbeitskraft oder durch eigenes Vermögen abgeholfen werden kann, wobei zum eigenen Vermögen auch der Anspruch auf Gewährung des Unterhalts gehört, den dritte Personen zu leisten verpflichtet sind.[2]) Die Unterstützung, die arbeitsfähigen Hilfsbedürftigen zuteil werden soll, besteht in der Anweisung der ihren Kräften entsprechenden Arbeit außerhalb oder innerhalb einer Arbeitsanstalt (Ausführungsgesetz § 2). Es ist hierbei gedacht an die Gewährung von Arbeitsgelegenheit im Wegebau, beim Steinklopfen, überhaupt bei den „Notstandsarbeiten". Das Entgelt für derartige Arbeiten ist die Verschaffung des unentbehrlichen Lebensunterhaltes. Arbeitsscheue Arme können zwangsweise in eine Arbeitsanstalt untergebracht werden (Ausführungsgesetz § 37). Voraussetzung hierfür ist, daß die Unterstützung nicht nur vorübergehend gewährt wird und daß der Unterstützte sich weigert, die ihm angewiesene Arbeit zu verrichten. Die Unterbringung erfolgt auf Antrag des unterstützungspflichtigen Armenverbandes durch Beschluß des Schiedsamtes (§ 145). Der Beschluß kann binnen einem Monat nach seiner Zustellung durch Klage bei dem Bezirksrat, der endgiltig entscheidet, angefochten werden. Die Entlassung aus der Anstalt ist zu verfügen, sobald die gesetzlichen Voraussetzungen der Unterbringung weggefallen sind; über das Fortbestehen der Voraus-

[1]) Entscheidungen des Bundesamtes Bd. 30 S. 60; 20 S. 125; 25 S. 104.

[2]) Brunn, Die Rechtsprechung des Bundesamts für Heimatwesen. Berlin 1908. S. 291.

setzungen entscheidet das Schiedsamt oder in gewissen Fällen der Vorsitzende allein auf Antrag des Unterstützten. Aus dem erzielten Arbeitsverdienst sind in erster Linie die Kosten der Unterbringung zu decken, der Überschuß ist zum Ersatze der Unterstützung zu verwenden, die der Untergebrachte selbst oder in der Person seiner hilfsbedürftigen Angehörigen von dem Armenverband erhalten hat, den Rest bekommt der Untergebrachte bei seiner Entlassung ausgehändigt. In dieser Maßnahme liegt eine glückliche Ergänzung der Strafvorschriften gegen säumige Nährpflichtige.

Der Armenverband, der Unterstützung gewähren muß, kann die Personen, die auf Grund gesetzlicher Vorschriften zum Unterhalt des Hilfsbedürftigen verpflichtet sind,[1]) anhalten, daß sie die dem Hilfsbedürftigen nach Maßgabe ihrer Unterhaltspflicht zu gewährende fortlaufende Unterstützung an den Armenverband zahlen. Dem Armenverband liegt also im Vergleich zu den Privatverpflichteten nur eine vorläufige Unterstützungspflicht ob und er übt sie auch nur vorbehaltlich des Rückgriffs auf diese aus. Zur Geltendmachung des Regreßanspruchs ist ein Beschluß des Schiedsamtes des Land- oder Stadtkreises, in dem die in Anspruch genommene Person ihren Wohnsitz oder, falls sie einen solchen im Inlande nicht besitzt, ihren Aufenthalt hat, notwendig; die Beitreibung erfolgt gemäß der Verwaltungszwangsvollstreckungsordnung (Bd. II S. 67 ff.). Einwendungen, die den Anspruch selbst betreffen, sind im Wege der Klage bei den ordentlichen Gerichten geltend zu machen (Ausführungsgesetz § 38).[2]) Das Verwaltungszwangsverfahren ist aber nur zulässig für die Zahlung gegenwärtiger und zukünftiger Unterstützungen durch Privatverpflichtete. Handelt es sich um den Ersatz bereits früher geleisteter Beträge, so ist die Klage im ordentlichen Rechtswege gegen den Unterstützten selbst[3]) oder dritte Personen insoweit gegeben, als diese bei Berücksichtigung ihrer sonstigen Verpflichtungen ohne Gefährdung ihres standesgemäßen Unterhalts zur Ersatzleistung in der Lage sind (Ausführungsgesetz § 39).

[1]) Eine Zusammenstellung der hauptsächlich in Betracht kommenden Vorschriften findet sich in der Begründung des Entwurfs S. 50ff.

[2]) Auf gleiche Weise werden die Beiträge beigetrieben, deren Zahlung der Unterhaltspflichtige durch schriftliche von einem elsaß-lothringischen Bürgermeister oder dessen Stellvertreter beglaubigte Erklärung zugesagt hat. Ausführungsgesetz § 38 Abs. 3.

[3]) Ersatz von dem Unterstützten selbst kann wohl nur verlangt werden, wenn er arglistig Hilfsbedürftigkeit vorgespiegelt hat. Hierüber Kisch, Landesprivatrecht S. 320 Anm. 24; Sommer Anm. 11 zu § 39 Ausführungsgesetz.

Steht dem Kranken auf Grund des Krankenversicherungsgesetzes ein Unterstützungsanspruch für einen Zeitraum zu, so geht der Anspruch im Betrage der geleisteten Unterstützungen auf den Armenverband über. Als Pauschquantum für die gewährte freie ärztliche Behandlung, Arznei usw. gilt die Hälfte des gesetzlichen Mindestbetrages des Krankengeldes.[1]) Desgleichen wird den Armenverbänden durch Überweisung von Rentenbeträgen seitens der Berufsgenossenschaften Ersatz geleistet, falls dem Unterstützten ein Entschädigungsanspruch gegen sie zustand oder zusteht. Ist die geleistete Unterstützung eine vorübergehende, so können als Ersatz höchstens drei Monatsbeträge der Rente und zwar mit nicht mehr als der Hälfte in Anspruch genommen werden. Ist die Unterstützung eine fortlaufende, so kann als Ersatz, wenn die Unterstützung in der Gewährung des Unterhalts in einer Anstalt besteht, für dessen Dauer und in dem zur Ersatzleistung erforderlichen Betrage die fortlaufende Überweisung der vollen Rente, im übrigen die fortlaufende Überweisung der halben Rente beansprucht werden.[2]) Derselbe Regreßanspruch steht dem Armenverband gegen die Landesversicherungsanstalt und die zugelassenen Kasseneinrichtungen zu.[3])

Die Hilfsbedürftigkeit der Angehörigen ist mittelbar auch eine Hilfsbedürftigkeit des Familienhauptes. Zur Familie im armenrechtlichen Sinne gehören alle diejenigen, die den Unterstützungswohnsitz des Familienhauptes teilen (S. 183 ff.).

Der Hilfsbedürftige hat keinen Rechtsanspruch auf Unterstützung überhaupt oder in einer bestimmten Höhe oder Form. Der Verpflichtung des Armenverbandes zur Unterstützung steht nur die Befugnis des Staates gegenüber, die Armenverbände zur Erfüllung ihrer Pflicht anhalten zu

---

[1]) Krankenversicherungsgesetz § 57 Abs. 2 und 5. — Olshausen-Helling, Das Verhältnis der Armenverbände zu den Versicherungsanstalten (Schriften d. deutschen Vereins für Armenpflege und Wohltätigkeit. Heft 53 Leipzig 1901).

[2]) Als Ersatz für die gewährte freie ärztliche Behandlung, Arznei usw. gilt die Hälfte des gesetzlichen Mindestbetrages des Krankengeldes der unter das Krankenversicherungsgesetz fallenden Kassen, sofern nicht höhere Aufwendungen nachgewiesen werden. § 25 Abs. 2—5 Gewerbeunfallversicherungsgesetz vom 30. Juni 1900. Der Antrag auf Überweisung von Rentenbeträgen ist bei der Berufsgenossenschaft anzumelden und zwar binnen einer Ausschlußfrist von drei Monaten seit Beendigung der Unterstützung, falls es sich um Ersatz für eine vorübergehende Unterstützung handelt.

[3]) § 49 Abs. 2—4, § 173 Invalidenversicherungsgesetz vom 13. Juli 1899. Der Antrag auf Überweisung von Rentenbeträgen ist bei der unteren Verwaltungsbehörde oder Rentenstelle anzumelden; die Anmeldung ist auch dann noch zulässig, wenn die hilfsbedürftige Person verstorben ist. § 50 ibid.

können. Der Arme kann also niemals, auch nicht gegen den Ortsarmenverband seines Unterstützungswohnsitzes auf Gewährung von Unterstützung klagen; er kann sich nur beschweren, und zwar ist die Beschwerde an das zuständige Schiedsamt zu richten, wenn sie die Verwaltung eines Ortsarmenverbandes betrifft, sie geht an das Ministerium, wenn sie die Verwaltung eines Landarmenverbandes zum Gegenstande hat (§ 36 Ausführungsgesetz).

Die Unterstützung besteht in Gewährung des Obdachs, des unentgeltlichen Lebensunterhaltes, der erforderlichen Pflege in Krankheitsfällen und eines angemessenen Begräbnisses nach dem Tode (Ausführungsgesetz § 1, § 18).[1]) In welcher Form im einzelnen die Unterstützung zu gewähren ist, bleibt dem Ermessen der Armenverbände überlassen.[2]) Im allgemeinen und vornehmlich in Landgemeinden wird die Verabreichung von Nahrungsmitteln, Holz, Kohlen, Kleidern, Betten oder dergleichen sich mehr empfehlen als die baren Geldes. Hilfsbedürftigen Kranken ist freie ärztliche Behandlung, die vom Armenarzt verordneten Heilmittel, sowie die unbedingt erforderliche Krankenpflege zu gewähren. Hält der Arzt[3]) Anstaltspflege für geboten, so kann die Unterbringung des Kranken in ein Krankenhaus von der Verwaltung des Armenverbandes angeordnet werden; bei Kranken, die verheiratet sind oder eine eigene Haushaltung führen, ist ihre Zustimmung notwendig, es sei denn, daß die Art der Krankheit Anforderungen an die Behandlung stellt, welchen in der Familie des Kranken nicht genügt werden kann oder wenn die Krankheit übertragbar ist (Ausführungsgesetz § 16). Die Ortsarmenverbände müssen die für die örtliche Krankenpflege erforderlichen Einrichtungen treffen oder mit benachbarten Verbänden solche Einrichtungen gemeinschaftlich herstellen oder sich die Mitbenutzung von Krankenhäusern in auswärtigen Gemeinden vertragsmäßig sichern (§ 17).

---

[1]) Über die Fälle, in denen die Kosten des Begräbnisses von den Gotteshausverwaltungen zu tragen sind Vollzugsbestimmungen § 18.

[2]) Der Bezug von Armenunterstützungen hat den Verlust des Wahlrechtes zum Gemeinderat, zu den Bezirks- und Kreistagen zu Folge. Gemeindeordnung § 30 Abs. 3 Nr. 3. Gesetz vom 15. Juli 1896 § 1 Abs. 2. Über den in Reichsgesetzen vorgesehenen Verlust öffentlicher Rechte infolge des Bezugs von Armenunterstützung Reichsgesetz vom 15. März 1909 (R. G. Bl. S. 319).

[3]) Die Armenärzte werden von den Ortsarmenverbänden bestellt. Ihre Obliegenheiten können den Kantonalärzten (Bd. II S. 213 ff.) übertragen werden oder es werden besondere Gemeinde- oder Armenärzte ernannt. — Dringende ärztliche Hilfe durch einen nicht von der Verbandsverwaltung bestellten Arzt muß der Ortsarmenverband ersetzen, sofern ein Anspruch hierauf binnen drei Tagen bei dem Verbande angemeldet wird. Ausführungsgesetz § 16 Abs. 3.

Die Armenpflege kann also offen in der Wohnung des Bedürftigen oder geschlossen durch Unterbringung in einem Arbeitshause, Pflegehause (Hospiz) oder Krankenhause ausgeübt werden. Nur der physischen Not soll durch die Unterstützung abgeholfen werden; die Fürsorge für die Erziehung der Kinder, für Erteilung von Unterricht gehört nicht in den Aufgabenkreis der Armenverbände. Die Unterstützung muß solange dauern, als Hilfsbedürftigkeit vorhanden oder der Arme von seiner Unterstützungswohnsitzgemeinde übernommen ist, sofern er nicht vorher freiwillig seinen Aufenthaltsort verläßt.

1. Offene Armenpflege.

§ 137. Armenräte.

Nach dem bis zum Inkrafttreten des Unterstützungswohnsitzgesetzes geltenden Recht sind die Armenräte (bureaux de bienfaisance) öffentliche Anstalten (établissements publics), denen ausschließlich die öffentliche Armenpflege obliegt. Mit der Einführung des genannten Gesetzes ändert sich ihre Rechtslage.

In einer Gemeinde, die einen selbständigen Ortsarmenverband bildet, kann ihr Gemeinderat anstatt selbst die öffentliche Armenpflege zu verwalten, die Verwaltung einem Armenrat übertragen, sofern nicht mit seinen Obliegenheiten der Verwaltungsrat eines in der Gemeinde bestehenden Pflege- oder Krankenhauses beauftragt wird (Ausführungsgesetz § 6). Die bestehenden Armenräte verlieren die Eigenschaft einer juristischen Person, wenn nicht ihnen die Verwaltung der Armenpflege übertragen und beschlossen wird, ihnen die Rechtsfähigkeit zu belassen (Ausführungsgesetz § 8).

Die neu errichteten Armenräte, die mit ihren Befugnissen betrauten Verwaltungsräte eines Pflege- oder Krankenhauses und die bestehenden Armenräte, die mit dem Inkrafttreten des Unterstützungswohnsitzgesetzes die Rechtsfähigkeit verlieren, sind Verwaltungsorgane des Ortsarmenverbandes. Soll den Armenverwaltungen später, nach dem 1. April 1910, die Rechtsfähigkeit genommen werden, so ist hierzu ein Beschluß des Gemeinderats, der der Zustimmung des Bezirkstags bedarf, notwendig. Bei Verlust der juristischen Persönlichkeit geht das gesamte Vermögen des Armenrates mit allen Rechten und Pflichten auf die Gemeinde über (Ausführungsgesetz § 8).

Die Errichtung eines Armenrates erfolgt durch Beschluß des Gemeinderates.[1]) Der Armenrat ist eine Verwaltungskommission (commission administrative), die aus fünf auf die Dauer von fünf Jahren von dem Gemeinderat zu ernennenden Mitgliedern und dem Bürgermeister oder seinem gesetzlichen Stellvertreter als Vorsitzenden besteht;[2]) bei Abwesenheit das Bürgermeisters führt das nach Dienst- und Lebensjahren älteste Mitglied den Vorsitz.[3]) Der Armenrat beschließt mit Stimmenmehrheit der Anwesenden; die Stimme des Vorsitzenden gibt bei Stimmengleichheit den Ausschlag.[4]) Die Beschlüsse sind in ein besonderes Register einzutragen.[5]) Die Anzahl der Mitglieder kann mit Rücksicht auf die örtlichen Verhältnisse und die Wichtigkeit des Armenrates auf das Gutachten des Ministeriums durch Verordnung des Statthalters erhöht werden.[6]) Der Armenrat erneuert sich jährlich um ein Fünftel; das ausscheidende Mitglied kann aufs neue gewählt werden.[7]) Er kann durch Ministerialbeschluß aufgelöst werden;[8]) die vorläufige Absetzung der Mitglieder verfügt der Bezirkspräsident,[9]) die endgültige das Ministerium.[10]) Die Armenratsmitglieder sind öffentliche Ehrenbeamte, die in der Gemeinde wohnen sollen;[11]) sie können gleichzeitig der Verwaltungskommission des Spitals angehören.[12]) Der Vorsitzende des Armenrates vertritt ihn gerichtlich und außergerichtlich nach außen.

---

[1]) Die Bestimmung des Art. 14 des Gesetzes vom 24. Juli 1867, wonach die Errichtung von Armenräten auf das Gutachten der betreffenden Gemeinderäte durch die Bezirkspräsidenten erfolgt, ist durch § 6 des Ausführungsgesetzes als aufgehoben anzusehen.

[2]) Dekret vom 23. März 1852 Art. 1; Dekret vom 17. Juni 1852. Gemeindeordnung § 58.

[3]) Dekret vom 23. März 1852 Art. 1 Abs. 3. Der Armenrat kann aber ein für allemal einen ständigen Stellvertreter ernennen.

[4]) Ebenda Art. 1 Abs. 2.

[5]) Min. Instr. vom 8. Februar 1823. Die Register können nicht wie die des Gemeinderates von jedem Gemeindeeinwohner, sondern nur von den Mitgliedern des Verwaltungsrates und von der Aufsichtsbehörde eingesehen werden.

[6]) Dekret vom 23. März 1852 Art. 4. Gesetz vom 30. Dezember 1871 § 9; Gesetz vom 4. Juli 1879 § 3. Verordnung vom 1. Juni 1904 (G. Bl. S. 41).

[7]) Dekret vom 23. März 1852 Art. 2.

[8]) Ebenda Art. 3 Abs. 1; Gesetz vom 4. Juli 1879 § 2.

[9]) Zirkular vom 6. Juni 1852 (Lamarque, Traité des établissements de bienfaisance S. 39).

[10]) Ebenda Art. 3 Abs. 2.

[11]) Gesetz vom 7. Frimaire V Art. 5; Ordonnanz vom 31. Oktober 1821 Art. 7.

[12]) Ordonnanz vom 31. Oktober 1821 Art. 5. Die Mitgliedschaft zum Gemeinderat ist vereinbar mit der in der Verwaltungskommission des Armen-

Der Gemeinderat hat darüber Beschluß zu fassen, ob der Armenrat die laufenden Geschäfte selbst oder unter Heranziehung eines besonderen aus Sekretariats-, Kanzlei- und Erkundigungsbeamten bestehenden Armenamtes oder unter Beihilfe eines Einwohnerausschusses erledigen soll.[1]) Die Beamten des Armenamtes ernennt der Bezirkspräsident auf Vorschlag des Armenrates;[2]) zu ihrer vorläufigen Entlassung ist der Bezirkspräsident, zu ihrer endgiltigen das Ministerium zuständig.[3])

Wird mit den Obliegenheiten des Armenrates der Verwaltungsrat eines in der Gemeinde bestehenden Pflege- oder Krankenhauses beauftragt, so finden auf dessen Verwaltung die Vorschriften des Gesetzes über die Pflege- und Krankenhäuser vom 7. August 1851 Anwendung, auf die in anderem Zusammenhange eingegangen werden wird (§ 138).

Die bestehenden Armenräte[4]) können je nach der Beschlußfassung des Gemeinderates mit oder ohne juristische Persönlichkeit erhalten oder ganz kassiert werden.

Die Obliegenheiten des Armenrates bestehen hauptsächlich in der Unterstützung aller Hilfsbedürftigen, zu deren Fürsorge der Ortsarmenverband gesetzlich verpflichtet ist; er kann allgemeine Grundsätze über Art und Umfang der zu gewährenden Unterstützungen aufstellen. Er hat ferner für die Verwaltung seines Vermögens und seiner Anstalten,

---

rates. Gemeindeordnung § 40. Min. Zirk. vom 16. September 1830 (Bull. de l'Int. 1830 S. 424). Zwei oder mehrere nahe Verwandte sollen nicht gleichzeitig Mitglieder des Armenrates sein; ein Gemeindelehrer, welcher von der Armenverwaltung für den Unterricht armer Kinder Gehalt erhält, kann nicht Mitglied des Armenrates sein. v. Reichlin S. 281/282. — Auch die Angehörigen der übrigen Bundesstaaten können zu Mitgliedern der Armenräte ernannt werden, nicht jedoch Ausländer. Reichs-Verf. Art. 3 Abs. 1. — Da die Mitglieder der Armenräte öffentliche Beamte sind, so erwerben sie die Wahlberechtigung zum Gemeinderat, zu dem Bezirks- und Kreistag durch Besitz der Reichsangehörigkeit und Vollendung des 25. Lebensjahres. Gemeindeordnung § 30 Abs. 1 Nr. 3. Gesetz vom 15. Juli 1896 § 1 Abs. 2. — Sie sind als Beamte im Sinne des § 359 St. G. B. aufzufassen. Entsch. d. Reichsger. (in Strafsachen) Bd. 1 S. 153, Bd. 14 S. 130. — Für ihre Vernehmung als Zeugen und Sachverständige besteht die Beschränkung aus § 376, 404 Z. P. O.; § 53, 72 St. P. O.; §§ 189, 208 Mil. St. G. O.

[1]) Vollzugsbestimmungen § 6.

[2]) Ordonnanz vom 31. Oktober 1821 Art. 18; Dekret vom 25. März 1852 Art. 5 Nr. 9.

[3]) Min. Instr. vom 5. Mai 1852. — Die Beamten des Armenamtes sind grundsätzlich nach 30jähriger Dienstzeit pensionsberechtigt; die Pension setzt der Bezirkspräsident fest. Dekret vom 7. Februar 1809. Ordonnanz vom 6. September 1820. Dekret vom 13. April 1861 Tab. A Nr. 44.

[4]) Im Jahre 1894 bestanden in 1705 Gemeinden nur 568 Armenräte.

sowie der ihm zur Ausübung der öffentlichen Armenpflege vom Gemeinderat nach Bedarf zur Verfügung gestellten Geldmittel, für die Aufstellung des Jahresvoranschlags, der Rechnungen und für die Erstattung des Jahresberichts zu sorgen. Behält der Armenrat die Eigenschaft einer juristischen Person, so sind seine Einkünfte, soweit sie nicht durch stiftungsmäßige Anordnungen in Anspruch genommen sind, vorweg für die den Ortsarmenverbänden obliegenden Leistungen zu verwenden (Ausführungsgesetz § 8 Abs. 1); verliert der Armenrat die Rechtsfähigkeit, so sind seine Einkünfte vorbehaltlich der auf besonderem Rechtstitel beruhenden Verpflichtungen für die Zwecke der öffentlichen Armenpflege sicher zu stellen (Ausführungsgesetz § 8 Abs. 2).

Für die Vermögensverwaltung und das Rechnungswesen der Armenräte, denen die Rechtsfähigkeit belassen wird, gelten die entsprechenden Vorschriften der Gemeindeordnung (Bd. I § 56).[1])

Die Einkünfte der mit eigener Rechtsfähigkeit bestehenden Armenräte setzen sich aus zwei Gruppen zusammen. In die erste gehören die Einkünfte, die den Armenräten kraft Gesetzes zufallen, in die zweite die, welche den Armenräten freiwillig zugewendet werden. Kraft Gesetzes erhalten die Armenräte ein Drittel der für die Überlassung von Grund und Boden in den Kirchhöfen zur Anlegung von Begräbnissen gezahlten Gebühren,[2]) ferner bekommen sie die Beträge, die die Presse erhalten hat auf Grund einer öffentlichen Aufforderung, die wegen einer strafbaren Handlung erkannten Geldstrafe und Kosten aufzubringen,[3]) endlich erhebt der Armenrat eine Armensteuer (droit des pauvres).[4])

Die Armensteuer ist geschuldet, wenn drei Voraussetzungen zusammentreffen. Es muß eine Veranstaltung sein, die sich als Schaustellung oder Vergnügen erweist; die Veranstaltung muß öffentlich sein und muß zur Erhebung eines Eintrittsgeldes in irgend einer Form Veranlassung geben.[5]) Die erste Voraussetzung ist bei jedem Fest, jeder Versammlung,

---

[1]) Anweisung über das Gemeinderechnungswesen § 52.

[2]) Art. 3 Abs. 2 Ordonnanz vom 6. Dezember 1843. Min. Erl. vom 7. August 1865 (Bull. de l'Int. 1866 S. 68). In Straßburg erhält der Armenrat nur $1/6$ der Abgaben; das andere Sechstel bekommen die Zivilhospizien.

[3]) Preßgesetz § 16.

[4]) Die Armensteuer ist durch Gesetz vom 7. Frimaire V Art. 1 ursprünglich auf die Dauer von sechs Monaten eingeführt worden. Art. 3 Dekret vom 9. Dezember 1809 hielt sie auf unbestimmte Zeit aufrecht. Seit 1817 ist sie durch jährliche Etatsgesetze genehmigt worden. Worms, Le droit des pauvres. Paris 1900.

[5]) Unerheblich ist der Zweck, den der Unternehmer im Auge hat. Worms S. 32.

überhaupt bei jeder Veranstaltung erfüllt, durch die der Vergnügungssinn des Publikums angelockt wird.[1]) Öffentlich ist die Veranstaltung,[2]) zu der jedermann Zutritt hat. Daher sind Vergnügungen, die Vereine oder Gesellschaften für ihre Mitglieder veranstalten, steuerfrei; stehen die Vergnügungen aber einem größeren Kreis von Menschen offen, so ist die Steuer geschuldet, selbst wenn persönliche Einladungen ergehen oder Eintrittskarten auf den Namen ausgestellt werden.[3]) Entgeltlich ist jede Veranstaltung, bei der eine Einnahme erzielt wird.

So ist beispielsweise ein Konzert steuerpflichtig, wenn der Eintritt im allgemeinen frei ist und nur reservierte Plätze Eintritt kosten.[4])

Die angegebenen Voraussetzungen sind vornehmlich erfüllt bei allen Theatervorstellungen,[5]) öffentlichen Tanzbelustigungen,[6]) Konzerten aller Art,[7])

---

[1]) Staatsr. Entsch. vom 19. Februar 1817, vom 13. Juni 1873.

[2]) Ob die Veranstaltung nur auf die Befriedigung der gewöhnlichen Schaulust berechnet ist oder höhere Zwecke verfolgt, ist gleich. Entscheidungen d. Ksl. Rates vom 9. November 1894 Nr. 36.

[3]) Staatsr. Entsch. vom 17. Februar 1899.

[4]) Staatsr. Entsch. vom 17. Februar 1899. Der Eintritt braucht nicht bar bezahlt zu werden, sondern es genügt, wenn er eingeschätzt werden kann. Worms S. 31.

[5]) Gesetz vom 7. Frimaire V Art. 1. Die Steuer wird von allen Plätzen erhoben; Dienst (Frei)-Billette unterliegen ihr. Trib. Seine vom 25. Januar 1844. Dalloz, Rép. verbo Théât. Nr. 117 und 131. Für Wohltätigkeitsvorstellungen wird die Steuer geschuldet. Trib. Seine vom 11. April 1851. Benefizvorstellungen sind nur von der Armensteuer für den Aufschlag auf den gewöhnlichen Preis der Plätze befreit. Dekret vom 9. Dezember 1809 Art. 4. — Vorträge, die erklärend in Verbindung mit dramatischen oder musikalischen Veranstaltungen gehalten werden, unterliegen der Steuer (Gesetz vom 24. Mai 1834 Art. 5); an und für sich sind Vorträge steuerfrei. Worms S. 47.

[6]) Armenbälle (Worms S. 38), Maskenbälle (Ordonnanz vom 12. Februar 1817), Fastnachtsbälle u. dergl. gehören hierher; der Unternehmer, der in der erhobenen Tanzgebühr nur zu den Kosten beisteuern läßt, oder der Sammelteller aufstellt, schuldet die Steuer. Min. Zirk. vom 26. Fructidor X (Worms S. 39 Anm. 3).

[7]) Kirchenkonzerte sind steuerpflichtig, wenn der Eintritt nur gegen Bezahlung möglich ist (Staatsr. Gutachten vom 2. November 1806); desgleichen unterliegen Wohltätigkeitskonzerte der Steuer (Staatsr. Entsch. vom 20. November 1885). Ist der Eintritt zu einem Konzert frei, aber für die während seiner Dauer verabreichten Getränke und Speisen werden erhöhte Preise gefordert, so ist der Unterschied zwischen den erhöhten und gewöhnlichen Preisen der Speise- und Getränkkarte steuerpflichtig. Staatsr. Entsch. vom 5. August 1831 (Worms, S. 45 Anm. 1). Auch die Musikautomaten dürften der Armensteuer unterliegen.

Pferderennen,[1]) Radrennen, Automobilwettfahren,[2]) Ausstellungen,[3]) Eisbahnen,[4]) Schaustellungen aller Art.[5])

Für die Höhe der Armensteuer zerfallen sämtliche steuerpflichtigen Veranstaltungen in zwei Gruppen. Die erste Gruppe bilden solche Unternehmungen, für die die Armensteuer in einem Aufschlage von einem Zehntel auf die Eintrittspreise besteht.[6]) Hierher gehören Theatervorstellungen, täglich stattfindende Konzerte, Zirkusaufführungen und ähnliche Veranstaltungen.[7]) Für die zweite Gruppe kann die Armensteuer bis auf ein Viertel des Bruttoertrages festgesetzt werden;[8]) sie ist zu entrichten für Tanzbelustigungen, Rennen, Turnfeste, nicht täglich stattfindende Konzerte.[9]) Durch Beschluß der Armenverwaltung darf im einzelnen Falle die Steuer ganz oder teilweise erlassen werden.[10])

Die Erhebung der Steuer erfolgt entweder in eigener Regie der Armenverwaltung oder durch Verpachtung; ihre Erhebung in Form einer Pauschalsumme ist nur mit Genehmigung der Aufsichtsbehörde und nur für diejenigen Veranstaltungen zulässig, deren Einnahmen sich der regelmäßigen Kontrolle mit großen Schwierigkeiten und Unkosten unterwerfen lassen.[11])

Beigetrieben wird die Armensteuer wie eine frühere direkte Steuer nach altem System; über Einsprüche gegen die Veranlagung entscheiden die Bezirksräte in erster, der kaiserliche Rat in zweiter und letzter Instanz.[12])

Der Ertrag der Steuer ist für die Bedürfnisse des Armenrates zu

---

1) Gesetz vom 7. Frimaire V. 2) Worms S. 55.

3) Kunstausstellungen sind steuerpflichtig. Entsch. d. C. préf. Seine vom 14. Januar 1856.

4) Entsch. d. C. préf. Seine-Inférieure vom 5. Juli 1895.

5) Panoramen (Arr. v. 10. Thermidor XI Art. 2), Zirkus, Panoptikum, Aufsteigen eines Fesselballons u. a. m.

6) Die Steuer trägt der Besucher.

7) Gesetz vom 31. März 1879 Anlage D Nr. XI, 1.

8) Ein Abzug der Ausgaben findet nicht statt. Staatsr. E. vom 5. August 1831.

9) ibid. Nr. XI, 2. Meistenteils wird für die Erhebung ein Einheitssatz von 10% zugrunde gelegt.

10) ibid. Nr. XI, letzter Absatz. Der Erlaß wird gewährt, wenn der Zweck der Veranstaltung wohltätig, frei von jeder Absicht auf Verdienst ist; z. B. Veranstaltungen der Jünglings- und Jungfrauenvereine.

11) Beispiele bilden Tanzbelustigungen, Konzerte in Bierlokalen, Messen. Ordonnanz vom 31. Oktober 1821. Gesetz vom 31. März 1879. Anlage D Nr. XI, letzter Absatz.

12) Verordnung vom 10. Thermidor XI Art. 3; Verordnung vom 8. Fruktidor XII Art. 3.

verwenden; er kann auch teilweise den Pflegehäusern zugewendet werden. Die Verteilung nimmt der Bezirkspräsident vor.[1])

Die freiwilligen Zuwendungen der Armenräte bestehen in Erträgnissen von Wohltätigkeitsfesten, von Sammlungen,[2]) in Lotterien, Schenkungen unter Lebenden und von Todes wegen und in letztwilligen Zuwendungen (Vermächtnissen und Erbeinsetzungen).[3]) Zum Erwerb von Freigebigkeiten ist, wenn sie unter 5000 M. bleiben, keine Genehmigung notwendig.[4]) Über diese Grenze hinaus ist der Bezirkspräsident zur Annahme zuständig, falls keine Widersprüche der Erben vorliegen;[5]) in diesem Falle erteilt die Annahmeermächtigung das Ministerium.[6]) Beschlüsse des Armenrates, durch die auf Freigebigkeiten verzichtet wird, müssen stets von dem Bezirkspräsidenten genehmigt werden.[7])

§ 138. Geschlossene Armenpflege der Ortsarmenverbände.

Nach dem bisherigen französischen Recht sind die Kranken- und Pflegehäuser die selbständigen Träger eines Teiles der öffentlichen Armen-

[1]) Gesetz vom 7. Frimaire V und 8. Thermidor V. Min. Entsch. vom 7. Januar 1855 (de Watteville II S. 241).

[2]) Der Armenrat kann in Kirchen eigenmächtig Sammlungen veranstalten und einen Opferstock aufstellen. Dekret vom 12. September 1806. Dekret vom 30. Dezember 1809 Art. 75.

[3]) In Betracht kommen vornehmlich §§ 516 ff.; 2301; 158 ff.; 2074—2076 B.G.B. Hervorzuheben sind folgende Punkte: Liegt die Vollziehung der einer Schenkung hinzugefügten Auflage im öffentlichen Interesse, so kann die Vollziehung der Auflage nach dem Tode des Schenkers auch die zuständige Behörde verlangen. § 525 Abs. 2, § 2194 B. G. B. — Entgegen dem im Art. 900 des Code civil ausgesprochenen Grundsatz, nach dem alle Bedingungen, qui seront contraires aux lois ou aux mœurs als nicht geschrieben gelten (das heißt die Freigebigkeit wird ohne Bedingung aufrecht erhalten), bewirkt nach dem Bürgerlichen Gesetzbuch eine derartige Bedingung die Unwirksamkeit des gesamten Rechtsaktes. §§ 138, 139 B. G. B. Motive zum Entwurf eines B. G. B. Bd. V S. 19. — Hat der Erblasser die Armen ohne nähere Bestimmung bedacht, so ist im Zweifel anzunehmen, daß der Armenrat der Gemeinde, in deren Bezirk er seinen letzten Wohnsitz gehabt hat, unter der Auflage bedacht ist, das Zugewendete unter Arme zu verteilen. § 2072 B. G. B.

[4]) Der Vorsitzende des Armenrates ist zur vorläufigen Annahme berechtigt. Leoni-Mandel II S. 167 Anm. 6. — Der Notar, der ein Testament in Verwahrung hat, das eine Zuwendung an den Armenrat verfügt, hat dem zuständigen Bezirkspräsidenten Mitteilung zu machen. v. Reichlin. S. 293 Anm. 1. Art. 86 E. G. B. G. B.

[5]) Dekret vom 13. April 1861 Art. 6 Nr. 19.

[6]) Verordnung vom 5. Mai 1873.

[7]) Ordonnanz vom 6. Juli 1846. Dekret vom 25. März 1852.

pflege, und zwar fällt den Krankenhäusern (Spitälern) die Aufgabe zu, erkrankte Personen vorübergehend aufzunehmen, und den Pflegehäusern (Hospizen, Siechenhäusern) Personen, die dauernd unfähig sind, sich selbst zu erhalten, aufzunehmen. Beide Anstalten sind häufig miteinander verbunden (hôpital-hospice). Kranken- und Pflegehäuser sind öffentliche Anstalten, établissements publics.[1]) Mit der Einführung des Unterstützungswohnsitzgesetzes tritt auch hier eine wesentliche Änderung ein.

1. Den bestehenden Pflege- und Krankenhäusern wird im Gegensatz zu den Armenräten die Rechtsfähigkeit grundsätzlich belassen.[2]) Jedoch sind sie verpflichtet, soweit nicht stiftungsmäßige Anordnungen oder vertragsmäßig übernommene Verpflichtungen entgegenstehen, die unentgeltliche Fürsorge der ihnen von dem Ortsarmenverband ihres Sitzes überwiesenen Pflegebedürftigen und Kranken nach Maßgabe der verfügbaren Räume zu übernehmen.[3]) Streitigkeiten über den Umfang der Pflicht der Fürsorge werden im Verwaltungsstreitverfahren entschieden, zuständig ist in erster Instanz der Bezirksrat, in zweiter Instanz der Kaiserliche Rat (Ausführungsgesetz § 34). Die stiftungsmäßigen Beschränkungen des Anstaltsvermögens bleiben fortdauernd in Geltung, dagegen erlöschen die vertraglichen Verpflichtungen spätestens am 1. April 1910 kraft Gesetzes. Bei der Aufnahme der den Anstalten überwiesenen Armen müssen sie bis an die Grenzen ihrer Leistungsfähigkeit gehen. Erst wenn die eigenen Einkünfte nicht mehr ausreichen, kann von dem Ortsarmenverband Zahlung von Pflegegeld verlangt werden, dessen Höhe der Verwaltungsausschuß des Landarmenverbandes nach Anhörung des Verwaltungsrates der Anstalt und des Ortsarmenverbandes festsetzt. Erweisen sich die Anstaltsräume als unzureichend, so können Erweiterungsbauten nur mit Zustimmung des Ortsarmenverbandes ausgeführt werden; der Ortsarmenverband kann sogar die Vornahme von Erweiterungsbauten verlangen, wenn der Armenverband die erforderlichen Mittel zur Verfügung stellt oder sie die An-

[1]) Die Eröffnung des Konkursverfahrens ist unzulässig; dagegen ist gerichtliche Zwangsvollstreckung möglich. Gesetz vom 13. November 1899 §§ 4, 11.

[2]) Als Gründe dieser Maßnahmen werden angeführt: der nicht unerhebliche Grund- und Kapitalbesitz einer großen Anzahl dieser Anstalten, ferner der Umstand, daß sie in erster Linie der Krankenpflege und nicht der Armenpflege dienen. Begründung S. 28ff.

[3]) Erst wenn die Anstalt diesen Verpflichtungen nachgekommen ist, kann sie Pflegebedürftige oder Kranke aus anderen Armenverbänden vertragsmäßig übernehmen. — Zur Unterstützungen von Greisen in ihren Wohnungen (malades de l'extérieur) bedürfen die Anstalten der Genehmigung des Bezirkspräsidenten. Gesetz vom 7. August 1851 Art. 17.

stalt besitzt. Ist die Anstalt zur Aufnahme von Pflegebedürftigen oder Kranken aus mehreren Gemeinden stiftungsgemäß bestimmt, ohne daß die Zahl der aus jeder Gemeinde Aufzunehmenden festgesetzt ist, so trifft der Verwaltungsausschuß des Landarmenverbandes die notwendigen Feststellungen; ebenso bestimmt er auch im Notfalle das ziffernmäßige Verhältnis zwischen Kranken und Pflegebedürftigen einer Anstalt (Ausführungsgesetz §§ 14, 15).[1])

Die Verwaltung des Pflege- und Krankenhauses liegt einem Verwaltungsrat ob, für dessen Bildung und Geschäftsführung dieselben Grundsätze gelten wie für den des Armenrates.[2]) Die Regelung des inneren und äußeren Dienstes erfolgt durch Satzungen, die der Bezirkspräsident auf Vorschlag des Verwaltungsrates zu genehmigen hat.[3]) Der Verwaltungsrat ernennt selbständig die Beamten: Direktor, Ökonom, Spitalinspektor, Sekretär, Ärzte, Apotheker; abgesetzt können diese Beamten nur mit Genehmigung des Bezirkspräsidenten werden.[4]) Ihre Dienstanweisungen erläßt der Verwaltungsrat. Er vollzieht gleichfalls die Anstellung und Entlassung des Hauspersonals.[5]) Als Pflegerinnen können Ordensschwestern angestellt werden; der Vertrag mit der Kongregation unterliegt der Genehmigung des Bezirkspräsidenten.[6]) Der Anstaltsrechner wird von dem Bezirkspräsidenten ernannt; dem Verwaltungsrat steht das Vorschlagsrecht zu.[7]) Übersteigen die Einnahmen der Anstalt nicht den Betrag von 2400 M., so werden seine Funktionen von dem Gemeinderechner wahrgenommen.

Die Aufnahmen der Kranken besorgt der Direktor oder der von ihm beauftragte Beamte. Sie findet der Regel nach nur statt, wenn die Art oder Schwere der Krankheit von dem Anstaltsarzt bescheinigt ist oder häusliche Verhältnisse die Spitalbehandlung erfordern. An Orten,

---

[1]) Streitigkeiten zwischen einem Ortsarmenverband und einem Pflegehaus oder Krankenhaus über das Recht und die Pflicht zur Erweiterung der Anstaltsbauten werden im Verwaltungsstreitverfahren entschieden. Ausführungsgesetz § 34.

[2]) Dekret vom 23. März 1852; Gemeindeordnung § 58.

[3]) Ordonnanz vom 31. Oktober 1821 Art. 17; ein Normalreglement ist in dem Min. Zirk. vom 31. Januar 1840 (de Watteville Bd. I S. 531) mitgeteilt.

[4]) Gesetz vom 7. August 1851 Art. 14. — Pensionen können nach 30jähriger Dienstzeit von dem Bezirkspräsidenten bewilligt werden. Dekret vom 7. Februar 1809.

[5]) Der Verwaltungsrat kann die Ernennungsbefugnis einem Beamten (gewöhnlich Direktor) übertragen.

[6]) Ebenda Art. 8.

[7]) Ebenda Art. 14. Dekret vom 25. März 1852 Art. 5 Nr. 9.

die kein Militärlazarett oder Gefängnisspital besitzen, müssen die Spitäler Militärpersonen oder Gefangene gegen Bezahlung der Kosten aufnehmen.[1]) Auch die Aufnahme von Kranken, die ihre Verpflegung aus eigenen Mitteln bezahlen, ist zulässig.[2]) Mit dem Eintritt des Kranken in das Spital ist er zur Befolgung der sein persönliches Verhalten gegenüber der Anstalt und ihren Einrichtungen regelnden Hausordnung verpflichtet. Zuwiderhandlungen werden mit Entlassung bestraft, sofern nicht Normen des Strafgesetzbuchs verletzt sind. Die Entlassung aus dem Spital erfolgt nach eingetretener Heilung oder Wegfall der Bedürftigkeit auf Antrag des Arztes durch den Direktor, eine Beurlaubung (vorläufige Entlassung) findet in der Regel nicht statt.

Der Verwaltungsrat der Pflege- und Krankenanstalten beschließt über die Art und Weise der Verwaltung ihres Vermögens. Endgültig sind seine Beschlüsse nur dann, wenn sie zum Gegenstande haben:[3]) die Verwaltungsart der Güter und Einkünfte, die Bedingungen bei Miet- und Pachtverträgen ländlicher Grundstücke bis zu achtzehn, bei anderen Grundstücken bis zu neun Jahren, die Bedingungen für Lieferungen und Unterhaltungsarbeiten mit einer Dauer bis zu einem Jahre, die Ausführung von Arbeiten bis zu 2400 M. Diese Beschlüsse sind vollstreckbar, wenn nicht binnen 30 Tagen nach ihrer amtlichen Mitteilung die Aufsichtsbehörde sie wegen Gesetzesverletzung oder auf Antrag aus Zweckmäßigkeitsgründen aufhebt. In allen übrigen Fällen müssen die Beschlüsse dem Gemeinderat der Gemeinde, in der die Anstalt liegt, zur Begutachtung unterbreitet und von dem Bezirkspräsidenten oder der Aufsichtsbehörde genehmigt werden.[4]) Veräußerungen von Grundstücken, die zu dem Stiftungsvermögen der Anstalten gehören, dürfen nur auf das zustimmende Gutachten des Gemeinderates hin genehmigt werden.[5])

Die staatliche Aufsicht über die Pflege- und Krankenhäuser regelt sich nach den Vorschriften über die Verwaltung der Gemeinde, in

---

[1]) Verordnung vom 24. Thermidor VIII Art. 9. Gesetz vom 4. Vendémiaire VI Art. 15; Dekret vom 8. Januar 1810.

[2]) Ebenso werden in Pflegeanstalten Gebrechliche gegen Entgelt (einmalige Zahlung oder Zahlung der täglichen Kosten) als Pensionäre aufgenommen. Ein Drittel des Ertrages der von dem Aufgenommenen geleisteten Arbeit gehört ihm und wird ihm regelmäßig ausgezahlt. Min. Instr. vom 26. Juni 1859.

[3]) Gesetz vom 7. August 1851 Art. 8.

[4]) Ebenda Art. 10.

[5]) Für die Aufnahme von Anleihen kommt Art. 12 Gesetz vom 24. Juli 1867 in Betracht; die Genehmigung erteilt eine Kaiserliche vom Statthalter zu vollziehende Verordnung (Verordnung vom 23. November 1907 Ziffer 1 Abs. 7).

welcher sie ihren Sitz haben (Ausführungsgesetz § 15 Abs. 5). Hiernach sind Aufsichtsbehörden die Kreisdirektoren in Anstalten in kleinen Gemeindebezirken, die Bezirkspräsidenten in Anstalten in großen Gemeindebezirken. Zuständig zur Genehmigung von Beschlüssen (Art. 10 Gesetz vom 7. August 1851) ist die Behörde, die die Genehmigung erteilen würde, wenn der Beschluß von dem Gemeinderat gefaßt wäre. Ist der Gemeinderatsbeschluß seit Inkrafttreten der Gemeindeordnung von der Genehmigung befreit, so erteilt die Aufsichtsbehörde dem Beschluß des Pflege- oder Krankenhauses die Genehmigung.[1])

Sind Kranke aufgenommen worden, die nicht der öffentlichen Armenpflege anheimfallen, so können die Pflege- und Krankenhäuser Ersatz ihrer Pflegekosten von dem Kranken und von seinen unterhaltspflichtigen Verwandten beanspruchen.[2]) Den Kranken- und Pflegehäusern fallen ferner an Stelle des Fiskus, wenn eine bei ihnen aufgenommene[3]) Person ohne Hinterlassung von Verwandten oder eines Ehegatten stirbt, die von ihr eingebrachten, zu ihrem persönlichen Gebrauch bestimmten Sachen[4]) zu. Der Feststellung des Erbrechtes der Anstalt hat in diesem Fall die öffentliche Aufforderung des Nachlaßgerichts, innerhalb einer bestimmten Frist, Rechte anzumelden, voranzugehen. Vor der Feststellung kann weder von der Anstalt noch gegen sie ein Recht geltend gemacht werden.[5]) Ist die Person unentgeltlich verpflegt worden, so erfolgt der Anfall an die Anstalt stets, ohne Rücksicht, ob andere Erben vorhanden sind oder nicht.[6])

Das Rechnungswesen vollzieht sich in der Weise des Gemeinderechnungswesens.[7]) Einnahmen, für die keine besondere Art der Eintreibung vorgesehen ist, werden auf Grund von Verzeichnissen, die durch die Bürgermeister auf Vorschlag des Verwaltungsrates aufgestellt werden, eingezogen. Die Verzeichnisse sind vollstreckbar, nachdem sie von der Aufsichtsbehörde bescheinigt sind. Werden Einsprüche erhoben, so kann sich der Verwaltungsrat ohne Ermächtigung des Bezirkspräsidenten auf sie einlassen. Die ordentlichen Gerichte sind zuständig. Die Budgets

---

[1]) Leoni-Mandel S. 169. Vollzugsbestimmungen § 15.

[2]) Gesetz vom 7. August 1851 Art. 5; Einführungsgesetz zum B. G. B. Art. 103. Entscheidung des Reichsgerichts in Zivilsachen Bd. 35 S. 329.

[3]) Die Aufnahme muß dauernd, nicht nur vorübergehend erfolgt sein.

[4]) Was hierunter zu verstehen ist siehe bei Kisch, Landesprivatrecht S. 967 ff.

[5]) §§ 1964—1966 B. G. B.; Ausführungsgesetz zum B. G. B. § 167 Abs. 1, § 168.

[6]) § 167 Abs. 2 ebenda.

[7]) Gesetz vom 7. August 1851 Art. 12 ff.

und Jahresrechnungen unterliegen ohne Rücksicht darauf, ob das Kranken- und Pflegehaus einen Zuschuß aus Gemeindemitteln bezieht oder nicht, der Begutachtung des Gemeinderates; sie müssen von der Aufsichtsbehörde genehmigt werden, wenn die Anstalten in kleinen Gemeinden liegen.[1])

2. Mit dem Inkrafttreten des Unterstützungswohnsitzgesetzes ist die Neuerrichtung von Pflege- und Krankenhäusern als selbständige Anstalten des öffentlichen Rechtes nicht mehr zulässig; sie können nur noch als unselbständige Gemeindeeinrichtung von einem Ortsarmenverband errichtet werden; sie stehen im Eigentum der Gemeinde bezw. im Gesamtarmenverbande im Miteigentum der zum Verband vereinigten Gemeinden.[2]) Wird einem Pflege- oder Krankenhause die Rechtsfähigkeit durch Beschluß des Gemeinderates mit Zustimmung des Bezirkstages entzogen, so gehen sein Vermögen, sowie seine Rechte und Pflichten auf die Gemeinde über, in der es seinen Sitz hatte. Seine Einkünfte werden vorbehaltlich der auf besonderem Rechtstitel beruhenden Verpflichtungen für die Zwecke der öffentlichen Armenpflege sichergestellt. Streitigkeiten zwischen den Gemeinden oder zwischen einer Gemeinde und anderen Beteiligten über die Verwendung des Vermögens werden, soweit nicht die Zuständigkeit der ordentlichen Gerichte begründet ist, im Verwaltungsstreitverfahren und zwar in erster Instanz von dem Bezirksrat, in zweiter und letzter Instanz von dem Kaiserlichen Rat entschieden (Ausführungsgesetz §§ 13, 15, 34).

§ 139. Geschlossene Armenpflege der Landarmenverbände.

I. Die Anstaltspflege der Landarmenverbände hat einen obligatorischen und fakultativen Charakter.[3])

Fakultativ ist die Fürsorge für unheilbar körperlich kranke (Sieche) und krüppelhafte Personen und die Errichtung von Wanderarbeitsstätten und Pflegestationen. Beschließt der Landarmenverband die Fürsorge für diese Personen den Ortsarmenverbänden abzunehmen, so muß er sie auf alle Gemeinden seines Bezirks erstrecken; er hat aber jederzeit die Befugnis, sie wieder aufzugeben. Obligatorisch ist die Anstaltspflege der hilfsbedürftigen Geisteskranken, Blöden, Epileptischen, Taubstummen und Blinden „soweit sie der Anstaltspflege bedürfen“ und der unheilbar körperlich Kranken, die mit einer abschreckenden oder ansteckenden

[1]) Gemeindeordnung § 59 Nr. 2.

[2]) Die Satzung kann die Eigentumsverhältnisse anders bestimmen. Ausführungsgesetz § 13 Abs. 2.

[3]) Ausführungsgesetz §§ 19—21; 23.

Krankheit behaftet sind. Verpflichtet zur Aufnahme und Verpflegung ist zunächst derjenige Landarmenverband, dem der vorläufig unterstützungspflichtige Ortsarmenverband angehört. Auf diese Weise wird die ungesäumte Fürsorge für den Hilfsbedürftigen sicher gestellt. Der Landarmenverband ist aber berechtigt, die Übernahme des Hilfsbedürftigen und den Ersatz der aufgewendeten Kosten von dem anderen Landarmenverbande zu verlangen, dem der endgültig unterstützungspflichtige Ortsarmenverband angehört. Ausnahmsweise können auch Gemeinden eigene Taubstummen-, Siechen- und Blindenanstalten (nicht Irrenanstalten) mit Genehmigung der Aufsichtsbehörde errichten; Verträge mit fremden Anstalten wegen Unterbringung derartiger Pflegebedürftigen dürfen sie nicht abschließen, um den Krankendienst des Landarmenverbandes nicht gegenstandslos zu machen.

Die allgemeinen Verwaltungskosten der von den Landarmenverbänden errichteten Anstalten, sowie die Kosten einer von der Anstalt bewirkten Beerdigung trägt der Landarmenverband; daher sind zu seinen Lasten die Aufwendungen der Anstaltsverwaltungen für Löhne, Gehälter, Unterhalt der Gebäude, für Verzinsung und Tilgung des Anlagekapitals, Steuern und Abgaben, für Anstaltskleidung, Wäsche und Lagerstätten, Heizung, Beleuchtung und Reinhaltung der Räume.[1]) Die übrigen Kosten (Ausgaben für Verpflegung, Arzneien, besonderen Kuraufwand) können ganz oder teilweise von dem endgültig unterstützungspflichtigen Ortsarmenverband nach einem von dem Bezirkstage festzusetzenden Beitragsverhältnis zurückgefordert werden, sofern es sich nicht um Landarme handelt.

II. Jeder der Bezirke besitzt bereits eine Siechenanstalt und zwar Unter-Elsaß in Bischweiler die „Bezirks-Pflege-Anstalt" (seit 1888),[2] Ober-Elsaß in Colmar eine „Bezirks-Siechen-Anstalt" (seit 1895)[3]) und Lothringen in Gorze eine „Bezirks-Armenanstalt".[4]) Mit dem Inkrafttreten des Unterstützungswohnsitzgesetzes gehen diese Anstalten in die Verwaltung des betreffenden Landarmenverbandes über.

Die Leitung der Anstalten liegt Direktoren ob, die auf Vorschlag der Bezirkstage von den Bezirkspräsidenten ernannt und entlassen werden;

---

[1]) Vollzugsbestimmungen § 20.

[2]) Die Verwaltung ist geregelt durch Bestimmungen des Bezirkspräsidenten vom 10. Januar 1891 und vom 23. Januar 1890.

[3]) Die Verfügung des Bezirkspräsidenten vom 2. August 1895 regelt die innere Verwaltung.

[4]) Die Armenanstalt in Gorze ist 1844 als „dépôt de mendicité" gegründet worden und hat erst unter deutscher Verwaltung den Charakter einer Wohltätigkeitsanstalt bekommen. Über die Verwaltung der Anstalt Verhandlungen des Bezirkstages 1880 S. 233ff.

auf demselben Wege werden auch die anderen Anstaltsbeamten (Verwalter, Ärzte, Geistliche) ernannt und entlassen. Den Direktoren zur Seite stehen als beratende und begutachtende Organe Aufsichtsräte. Die Aufsichtsräte werden von fünf Mitgliedern gebildet, die der Bezirkspräsident auf Vorschlag des Bezirkstages ernennt; alljährlich scheidet ein Mitglied aus. Die Aufsichtsräte wählen ihren Präsidenten nnd Vizepräsidenten.[1]) Zur Beschlußfassung ist die Anwesenheit von mindestens drei Mitgliedern erforderlich; die Beschlüsse werden nach Stimmenmehrheit gefaßt. Bei Gleichheit der Stimmen gibt die Stimme des Vorsitzenden den Ausschlag. Die Aufsichtsräte haben über alle wichtigen Verwaltungsangelegenheiten ihr Gutachten abzugeben; insbesondere unterliegen ihrer Begutachtung die Anstellung, Entlassung, Besoldung, Pensionierung, Kautionsleistung der Beamten, die Prüfung und Begutachtung der von dem Direktor und Verwalter aufzustellenden Etats.

Die Aufsichtsbehörde für die gesamte Verwaltung sind die Bezirkspräsidenten, deren Anordnungen für den Direktor und alle übrigen Beamten maßgebend sind. Die Entscheidung der Bezirkstage sind einzuholen bei Festsetzung und Abänderung der Satzungen, der Aufnahmebedingungen und bei allen die Bezirksfinanzen berührenden Fragen.

Die Budgets, Geld- und Natural-Rechnungen unterliegen der Prüfung und Festsetzung durch die Bezirkstage. Die Einteilung und die Form der Budgets lehnt sich an die des Staatsbudgets an. Das Gleichgewicht zwischen Einnahmen[2]) und Ausgaben wird erforderlichenfalls durch Bezirkszuschüsse hergestellt. Die Budgets werden als Teile der Bezirkshaushaltsetats von dem Rechnungshofe des Deutschen Reiches geprüft.

In den Siechenanstalten finden arme Hilfsbedürftige Aufnahme, die unheilbar geisteskrank sind, aber keiner besonderen Pflege und Beaufsichtigung bedürfen, ferner Sieche, Gebrechliche oder aus irgend einem Grunde Erwerbsunfähige, wenn sie der Anstaltspflege bedürfen und der öffentlichen Fürsorge anheimgefallen sind. Soweit es die Räume und Verhältnisse gestatten, können auch andere Pflegebedürftige aufgenommen werden.[3])

[1]) Den Vorsitz des Aufsichtsrates für Gorze führt der Bezirkspräsident von Lothringen, der als seinen Stellvertreter ein Mitglied des Aufsichtsrates bezeichnet. Statuten § 17.

[2]) Das Erbrecht der Bezirksarmenanstalten bestimmt sich nach § 167 AGBGB. Der Anfall vollzieht sich zugunsten der Bezirke.

[3]) Für Kranke, die auf eigene oder Kosten ihrer Angehörigen untergebracht werden, bleibt die Festsetzung des Betrags freier Vereinbarung vorbehalten. Die Aufnahme kann auch gegen Abtretung des Vermögens oder gegen Zahlung einer einmaligen Abfindungssumme erfolgen.

Die Aufnahme erfolgt durch Beschluß des Bezirkspräsidenten. Mit dem Eintritt in die Anstalt unterstehen die Pfleglinge der Hauspolizei des Direktors. Zuwiderhandlungen gegen die Hausordnungen[1]) haben Verweise, schlimmstenfalls Entlassung zur Folge. Die Entlassung kann nur mit Genehmigung des Bezirkspräsidenten geschehen. Die Entlassung von Personen, die genesen oder der Anstaltspflege überhaupt nicht mehr bedürftig sind, erfolgt durch den Direktor. Die Entlassungen sind nachträglich allmonatlich dem Bezirkspräsidenten mitzuteilen.

III. Die Irrenpflege gehörte immer schon zu den obligatorischen Aufgaben der Bezirke, an deren Stelle nunmehr die Landarmenverbände treten.

1. Die Rechtssätze, die den geistig erkrankten Menschen eine Sonderstellung verschaffen, sind Schutznormen: sie dienen zum Schutze für die Geisteskranken und zum Schutze vor den Geisteskranken. Die Fürsorge gewährt das bürgerliche und öffentliche Recht. Das Bürgerliche Gesetzbuch stuft nach verschiedenen Graden der psychischen Erkrankung die Geschäftsfähigkeit des Kranken ab. Sein geistiges Gebrechen wird der Regel nach aber erst dann berücksichtigt, wenn die Entmündigung ausdrücklich ausgesprochen ist oder wenn es sich zu einer dauernden, die freie Willensbestimmung ausschließenden krankhaften Störung der Geistestätigkeit entwickelt hat (Bürgerliches Gesetzbuch § 104 Nr. 2). Zur Entmündigung kommt es verhältnismäßig selten. Abgesehen von der Langwierigkeit des Verfahrens und den durch es verursachten Kosten und Unannehmlichkeiten fehlt bei der überwiegenden Zahl von Geisteskranken jedes Vermögen und damit die Veranlassung, ihre Geschäftsfähigkeit dauernd zu zerstören. Intensiver als der Schutz des bürgerlichen Rechtes ist der des öffentlichen Rechtes. Zielt das bürgerliche Recht darauf hin, in die Rechtssphäre des Geisteskranken einzugreifen, so will das öffentliche Recht in erster Linie die Gesellschaft vor ihm schützen, die öffentliche Sicherheit und Ordnung vor Störungen bewahren. Allerdings erschöpft sich hierdurch nicht der Inhalt des öffentlichen Irrenrechtes. Es sorgt auch für die Irren, indem es auch den sich selbst gefährlichen Kranken die notwendige Aufsicht und ärztliche Behandlung ermöglicht und endlich erweist es sich als Armengesetz, indem es die Pflegekosten der vermögenslosen Kranken bestimmten Verbänden auferlegt. Die öffentliche Irrenfürsorge greift unabhängig von dem zivilrechtlichen Schutze ein. Ihre Betätigung ist ebenso wenig abhängig von der Entmündigung, als die Entmündigung ohne Rücksicht darauf ausgesprochen wird, ob der Kranke

[1]) Die Hausordnungen unterliegen der Genehmigung des Ministeriums. Gesetz vom 30. Juni 1838 § 7.

in einer Anstalt untergebracht ist oder nicht. Aus den angedeuteten Gründen sind die meisten Irren nicht entmündigt, haben daher keinen Vormund. Entsteht ein Bedürfnis, dem nicht bevormundeten, geisteskranken Großjährigen einen gesetzlichen Vertreter zu bestellen, so kann ihm sowohl für die Besorgung seiner Angelegenheiten in ihrer Allgemeinheit,[1]) als auch für die Besorgung eines bestimmtes Kreises seiner Angelegenheiten,[2]) insbesondere seiner Vermögensverwaltung ein Pfleger bestellt werden.[3]) Die Pflegschaft darf nur mit Einwilligung des Kranken angeordnet werden, es sei denn, daß eine Verständigung mit ihm nicht möglich ist.[4])

2. Jeder der drei Bezirke besitzt bereits, wie es das Irrengesetz vom 30. Juni 1838 vorschreibt, eine Anstalt, die nur zur Aufnahme und zur Verpflegung von Geisteskranken bestimmt ist. Die Irrenanstalt von Unter-Elsaß liegt in Stephansfeld—Hördt, die von Lothringen in Steinbach und die von Ober-Elsaß in Rufach. Mit dem Inkrafttreten des Unterstützungswohnsitzgesetzes gehen auch diese Anstalten in die Verwaltung des Landarmenverbandes insoweit über, als es sich um unver-

---

[1]) Entscheidung des Reichsgerichts (in Zivilsachen) Bd. 52 S. 240 ff. Deutsche Juristen-Zeitung 1900 S. 142, S. 336 ff. — Da die Unterbringung eines Kranken in eine Anstalt keinen Wohnsitz begründet, so bleibt das vor der Unterbringung zuständige Amtsgericht zur Anordnung der Vormundschaft oder Pflegschaft zuständig (Zeitschrift Bd. 25 S. 338), sofern nicht von § 650 ZPO. Gebrauch gemacht wird. Ist der Kranke von seinem gesetzlichen Vertreter in der Anstalt untergebracht, so hat der Kranke dort seinen Wohnsitz, vorausgesetzt, daß die Unterbringung für immer erfolgte.

[2]) Beispiele: Zur Stellung eines Antrages auf Gewährung der Alters- oder Invalidenrente, zur Vertretung im Prozesse (Scheidungsprozeß).

[3]) § 1910 Abs. 2 B.G.B. Auf die Pflegschaft finden die Vorschriften über die Vormundschaft Anwendung § 1915. Die Vorschriften des Irrengesetzes, nach denen die Verwaltungs- oder Aufsichtskommission die Verrichtungen eines einstweiligen Vermögensverwalters ausübt (Art. 31 ff. des Gesetzes vom 30. Juni 1838) sind aufgehoben. Gesetz vom 29. November 1899 § 1 Nr. 87. Die vor dem Inkrafttreten des Bürgerlichen Gesetzbuchs gemäß Art. 31 eingetretene einstweilige Vermögensverwaltung der Verwaltungskommission oder des von ihr beauftragten Mitgliedes hat als Pflegschaft fortzubestehen. § 1910 Abs. 2 B.G.B. Art. 210 E.G.B.G.B. Verfügung des Oberlandesgerichtspräsidenten vom 11. November 1899 Nr. 7.

[4]) § 1910 Abs. 3 B.G.B. Die Aufhebung der angeordneten Pflegschaft hat unterm anderem dann zu erfolgen, wenn der Pflegebefohlene die Aufhebung beantragt. § 1920 B.G.B. Daher muß eine ohne Einwilligung des Kranken angeordnete Pflegschaft aufgehoben werden, wenn er später die Fähigkeit erlangt, den Aufhebungsantrag zu stellen.

mögende Geisteskranke handelt; insoweit es sich um vermögende Geisteskranke handelt, kann die Verwaltung dem Landarmenverbande übertragen werden (Ausführungsgesetz § 21).

Die Anstalten stehen unter staatlicher Leitung (Direktion), der zuständige Staatsanwalt hat sie mindestens einmal in jedem Halbjahre zu besuchen, alle Beschwerden entgegen zu nehmen und alle Erkundigungen einzuziehen.[1])

Die innere Verwaltung der Anstalten regeln Hausordnungen, die der Genehmigung des Ministeriums unterliegen,[2]) im übrigen gehört das Verordnungsrecht, der Erlaß von Dienstanweisungen, Reglements usw. zur Zuständigkeit des Landarmenverbandes. An der Spitze der Verwaltung steht der verantwortliche Vorstand (Direktor), der von dem Ministerium ernannt und entlassen wird. Er führt die gesamten Verwaltungsgeschäfte der Anstalt,[3]) er besorgt die Aufnahme und Entlassung der Kranken, er ernennt und entläßt die Unterbeamten, er übt nach Maßgabe der Hausordnung die Anstaltspolizei aus.[4])

Neben dem Direktor steht eine Aufsichtskommission (commission de surveillance), die aus fünf vom Bezirkspräsidenten im Ehrenamt zu ernennenden Mitgliedern gebildet ist und sich alljährlich zu einem Fünftel erneuert. Die Entlassung der Mitglieder hat auf Bericht des Bezirkspräsidenten hin durch das Ministerium zu erfolgen. Die Aufsichtskommission ernennt ihren Vorsitzenden und Schriftführer.[5]) Ihr liegt die Überwachung des gesamten Betriebes und die Abgabe von Gutachten in allen wichtigen, die Anstalt betreffenden Angelegenheiten ob.[6]) Sie tritt regelmäßig jeden Monat zusammen, kann aber außer-

---

[1]) Irrengesetz Art. 2 und 4. Bei der Staatsanwaltschaft werden besondere Register für jede Anstalt des Landgerichtsbezirks geführt. Geschäftsordnung für die Sekretariate der Staatsanwaltschaften vom 16. Dezember 1902 § 19 (Sammlung, Bd. 27 S. 516 ff.). Die übrigen im Art. 4 vorgeschriebenen Besichtigungen durch den Landgerichtspräsidenten, Amtsrichter, Bürgermeister finden heute nicht mehr statt.

[2]) Art. 7 Irrengesetz. — Die Hausordnung für Saargemünd ist aufgestellt am 31. Oktober 1879 mit Nachträgen vom 1. März 1885 und 7. Juli 1895. Für Stephansfeld ist keine Hausordnung erlassen.

[3]) Über die gesamte Verwaltung erstattet er alljährlich einen Bericht.

[4]) Der Direktor muß in der Anstalt wohnen. Ordonnanz vom 18. Dezember 1839 Art. 3, 6 und 7.

[5]) Art. 2 ibid.

[6]) Art. 4 ibid. Die Aufsichts-Kommission führt also weder Verwaltungsgeschäfte, noch vertritt sie die Anstalt, Funktionen, die sonst die commissions administratives wahrnehmen.

dem, so oft es die Interessen des Dienstes erfordern, von dem Verwaltungsausschuß des Landarmenverbandes einberufen werden. An den Sitzungen der Aufsichtskommission kann der Direktor mit beratender Stimme teilnehmen, muß sich aber zurückziehen, wenn über Verwaltungsrechnungen oder über unmittelbar an den Landarmenverband zu erstattende Berichte Beschluß gefaßt wird.[1]) Die Aufsichtskommissionen bleiben unverändert bestehen; sie werden Organe des Landarmenverbandes, soweit die Verwaltung der Anstalt vom Landarmenverbande geführt wird (Ausführungsgesetz § 21 Abs. 2).

Der ärztliche Dienst wird von dem Oberarzt geleitet, der im Verhinderungsfalle von dem zweiten Arzt vertreten wird. Der Oberarzt hat die notwendigen ärztlichen Gutachten abzugeben, ihm sind die übrigen Ärzte, Apotheker, das Wartepersonal[2]) usw. disziplinarisch untergeordnet.[3]) Seine Stelle pflegt mit der des Direktors vereinigt zu werden.[4]) Der zweite Arzt und die Assistenzärzte werden von dem Verwaltungsausschuß des Landarmenverbandes ernannt und entlassen.[5])

Das Rechnungswesen besorgt ein besonderer Rechner.[6]) Das Rechnungsjahr läuft vom 1. April bis zum 31. März;[7]) für jedes Jahr wird ein Haushaltsetat und ein Ergänzungsetat aufgestellt, der der Genehmigung des Bezirkstages unterliegt.[8]) Bei der Rechnungslegung sind die der Armenpflege zur Last fallenden Kosten von den übrigen Ausgaben zu trennen (Ausführungsgesetz § 21 Abs. 1). Die Form des

---

1) Art. 4 und 5 ibid.

2) In allen öffentlichen und privaten Irrenanstalten dürfen männliche Kranke nur von Männern, weibliche nur von Frauen bedient werden. Art. 34 ibid.

3) Art. 3, 8—10 ibid.

4) Die Befugnis zu dieser Vereinigung spricht Art. 13 ibid. aus.

5) Dekret vom 25. März 1852 Art. 5 Nr. 4. Pensionsberechtigt sind in Stephansfeld-Hördt: der Direktor, der zweite Arzt (Rendant in Stephansfeld), Verwalter, zwei Sekretäre (Inspektor in Stephansfeld). Verhandlungen des Bezirkstages 1892 S. 156. Außerdem ist am 11. Januar 1902 eine Kasse für die Hinterbliebenen der Warte- und Dienstleute errichtet worden. In Saargemünd sind pensionsberechtigt: der Direktor, der zweite Arzt, Verwalter, Rechner, zwei Sekretäre, Oberwärter. Verhandlungen des Bezirkstages 1893 S. 212 ff., 310.

6) Dekret vom 25. März 1852 Art. 5 Nr. 4. Dekret vom 31. Mai 1862 Art. 574. Geschäftsanweisung für den Rechner der lothringischen Irrenanstalt vom 28. Februar 1902. — Der Rechner hat Kaution, deren Höhe der Bezirkspräsident festsetzt, zu leisten. Gesetz vom 8. Juni 1864 Art. 25. Verordnung vom 23. November 1873 § 2 Nr. VIII. 2. Verordnung vom 3. Februar 1904.

7) Der Finalabschluß findet am 10. Mai statt.

8) Gesetz vom 18. Juli 1866 Art. 1 Nr. 15.

Etats stimmt mit dem der übrigen Wohltätigkeitsanstalten überein,[1]) nur verbleiben die Überschüsse nicht der Anstalt, sondern fallen dem Landarmenverband zu. Die Einziehung aller der Anstalt geschuldeten Beträge besorgt ausschließlich das Verkehrssteueramt.[2])

Abteilungen für Geisteskranke dürfen in öffentlichen Pflegehäusern nur eingerichtet werden, wenn sie in der Lage sind, mindestens fünfzig Kranke aufzunehmen und zu behandeln. Derartige Irrenabteilungen unterstehen einem, von dem Bezirkspräsidenten zu ernennenden, verantwortlichen Direktor, der dieselben Verpflichtungen hat wie der Vorstand einer Irrenanstalt des Landarmenverbandes. Eine besondere Aufsichtskommission wird nicht eingesetzt; ihre Befugnisse übt der Verwaltungsrat des Krankenhauses aus. Da jedes Spital und Hospiz verpflichtet ist, auf Anweisung des Bezirkspräsidenten und Bürgermeisters Geisteskranke vorübergehend[3]) aufzunehmen, so müssen die Kranken und Pflegeanstalten stets zur Aufnahme geeignete Räumlichkeiten bereit halten.[4])

---

[1]) Ordonnanz vom 18. Dezember 1839 Art. 16. Dekret vom 31. Mai 1862 Art. 569.

[2]) Art. 27 Abs. 3 Irrengesetz.

[3]) Die vorläufige Unterbringung soll nicht über 14 Tage dauern. — Die Kosten werden dem Spital oder Hospiz vergütet.

[4]) Die Errichtung einer **Privatanstalt** ist nur mit Erlaubnis des Bezirkspräsidenten, in dessen Bezirk die zu errichtende Anstalt liegt, zulässig. Gegen die die Errichtung versagende Verfügung des Bezirkspräsidenten ist der Rekurs an den Kaiserlichen Rat gestattet. Die Privatirrenanstalten stehen unter staatlicher Aufsicht (surveillance); der Erste Staatsanwalt hat sie mindestens vierteljährlich einmal an einem vorher nicht zu bestimmenden Tage zu besichtigen. Im übrigen gelten auch für sie die gleich zu erwähnenden Vorschriften über die Aufnahme, Behandlung und Entlassung der Kranken. Für die Leitung und Verwaltung der Anstalt kann ein Stellvertreter vorbehaltlich seiner Bestätigung durch den Bezirkspräsidenten ernannt werden. Ist kein Vertreter ernannt, so müssen, falls der Unternehmer aus irgend einem Grunde den Betrieb einstellt, seine Erben oder Rechtsnachfolger einen vorläufigen Leiter bezeichnen, andernfalls der Bezirkspräsident ermächtigt ist, einen vorläufigen Leiter zu ernennen. § 30 Gewerbe-Ordnung. Ausführungs-Anweisung vom 27. Dezember 1888 § 21 ff. Einführungsverordnung vom 24. Dezember 1888 § 13. Die Artikel 5 und 6 des Gesetzes vom 30. Juni 1838 und die Artt. 17—33 der Ordonnanz vom 18. Dezember 1839 sind durch die Gewerbe-Ordnung als aufgehoben zu betrachten. Derselben Ansicht **Leoni-Mandel** S. 157. — Für die Konzession ist ein Stempel in Höhe von 1 M. für jedes Bett, mindestens aber 5 M., zu entrichten. § 12 des Stempelgesetzes vom 21. Juni 1897. — Über die Gründe, aus denen die Erlaubnis versagt oder die erteilte Erlaubnis zurückgenommen wird, sind zu vergleichen die §§ 30, 49, 53 Gew.O. Der Betrieb einer Privatirrenanstalt ohne Erlaubnis ist strafbar nach §§ 15, 147 Nr. 1 ibid.

Die Aufnahme der Geisteskranken kann auf zweierlei Weise herbeigeführt werden: die Unterbringung kann unmittelbar von Behörden verfügt werden (placement d'office) oder freiwillig erfolgen (placement volontaire). Zu der ersten sind die Bezirkspräsidenten und die Bürgermeister zuständig. Die Bezirkspräsidenten müssen von Amts wegen die Aufnahme jeder Person, deren zerrütteter Zustand die öffentliche Ordnung oder persönliche Sicherheit gefährden könnte, in eine Irrenanstalt anordnen. Der Aufnahmebeschluß ist mit Gründen zu versehen, aus denen sich die Notwendigkeit der Anordnung ergibt.[1]) Die Bürgermeister[2]) sind befugt, im Falle drohender Gefahr, die durch ärztliches Gutachten bezeugt oder offenkundig ist,[3]) die vorläufige Aufnahme der Kranken in eine Anstalt anzuordnen, müssen aber binnen 24 Stunden durch Vermittelung des Kreisdirektors dem Bezirkspräsidenten Bericht erstatten. Der Bezirkspräsident entscheidet endgültig über die Aufnahme.[4]) Gegen seinen Beschluß ist Beschwerde an das Ministerium zulässig.

Endlich müssen die Irrenanstalten Angeschuldigte aufnehmen, deren geistiger Zustand beobachtet werden soll;[5]) ferner können Strafgefangene, Untersuchungsgefangene, die in Geisteskrankheit verfallen sind,[6]) Personen,

---

[1]) Art. 18 Irrengesetz.

[2]) In Straßburg und Metz die Polizeidirektoren. Das den Bürgermeistern (Polizeidirektoren) eingeräumte Recht gilt auch gemeingefährlichen Kranken gegenüber, die die Verpflegungskosten selbst bestreiten.

[3]) Die Offenkundigkeit wird durch eine amtliche Bescheinigung des Bürgermeisters nachgewiesen.

[4]) Auf Grund der von dem Bezirkspräsidenten beschlossenen Aufnahme eines Kranken in eine Anstalt ist es zulässig, den Kranken gewaltsam in die Anstalt zu bringen oder zurückzubringen. Uniformierte Gendarmen oder Gemeindediener sollen den Transport nicht ausführen. Ministerialverordnung vom 21. April 1885. (Sammlung Bd. X S. 279). Die Anwendung von körperlichem Zwang zur Durchführung einer Heilmethode und zum Schutze der Sicherheit ist zulässig. Leoni-Mandel S. 159.

[5]) § 81 Str.P.O. § 217 Militärstrafgerichtsordnung. Die durch eine nach § 81 Str.P.O. verfügte Unterbringung entstandenen Kosten trägt der Gerichtskostenfonds. Ministerial-Verordnung vom 3. Dezember 1900. (Sammlung Bd. 25 S. 808.) — Der Aufnahmebeschluß des Bezirkspräsidenten ergeht nur der Ordnung halber.

[6]) §§ 203, 485, 487 Str.P.O. §§ 452, 455 Militärstrafgerichtsordnung. Der Antrag um Aufnahme ist an den zuständigen Bezirkspräsidenten, hat der Gefangene in Elsaß-Lothringen keinen Unterstützungswohnsitz an den Bezirkspräsidenten, in dessen Bezirk die Anstalt liegt, zu richten. Die Verpflegungs- und Transportkosten gehen mit dem Tage, an dem die Strafvollstreckung eintritt, auf den Bezirk über. Ministerial-Verordnung vom 3. Dezember 1900.

die strafrechtlich verfolgt, aber wegen krankhafter Störung der Geistestätigkeit außer Verfolgung gesetzt werden,[1]) aufgenommen werden. Schließlich können auch zu Entmündigende zur Feststellung ihres Geisteszustandes in eine öffentliche Irrenanstalt verbracht werden.[2]) Die freiwillige Unterbringung Geisteskranker kann nur erfolgen[3]) auf Grund eines von dem Antragsteller unterschriebenen Aufnahmegesuches, eines ärztlichen Zeugnisses über den Geisteszustand des Kranken und die Notwendigkeit seiner Unterbringung in einer Anstalt[4]) und eines die Persönlichkeit des Unterzubringenden feststellenden Schriftstückes (Paß, Geburtsschein, Heiratsurkunde usw.).[5]) Über die Aufnahme entscheidet der Vorstand der öffentlichen oder der Leiter der Privatanstalt. Der Aufnahmeschein ist sofort dem Bezirkspräsidenten einzusenden, der, falls die Aufnahme in eine Privatanstalt erfolgt ist, nach Ablauf von drei Tagen eine neue Untersuchung durch von ihm zu bestimmende Sachverständige zu veranlassen hat.[6]) Zwei Wochen nach jeder freiwillig erfolgten Unterbringung ist dem Bezirkspräsidenten ein neues ärztliches Gutachten einzureichen.[7]) Droht der Geisteszustand einer freiwillig aufgenommenen Person die öffentliche Ordnung und Sicherheit zu gefährden, so kann der Bezirkspräsident in einem begründeten Beschluß den Austritt des Kranken aus der Anstalt untersagen.[8])

Über jede freiwillig erfolgte Unterbringung in eine öffentliche oder Privatanstalt ist von dem Bezirkspräsidenten an den Ersten Staatsanwalt des Bezirks, in dem die Anstalt liegt und des Bezirks, in dem der Kranke wohnt, binnen drei Tagen seit Empfang des Aufnahmescheines zu berichten; die durch Behörden verfügten Unterbringungen sind außerdem

[1]) § 51 Str.G.B.

[2]) § 656 Z.P.O.

[3]) Das Gesuch hat u. a. die wesentlichen Personalangaben des Gesuchstellers und des Aufzunehmenden, das Verwandtschaftsverhältnis oder die sonstigen Beziehungen, die zwischen beiden bestehen, zu enthalten. Kann der Gesuchsteller nicht schreiben, so ist eine entsprechende Urkunde durch den Bürgermeister oder Polizeikommissar aufzunehmen. Gesetz vom 30. Juni 1838 Art. 8 Nr. 1.

[4]) Das Zeugnis darf nicht seit länger als 14 Tagen ausgestellt sein oder von einem Anstaltsarzt oder einem Verwandten des Vorstandes unterzeichnet sein. In Dringlichkeitsfällen können die Direktoren der öffentlichen Anstalten von der Beibringung des Zeugnisses absehen. Art. 8 Nr. 2 ibid.

[5]) Irrengesetz Art. 8.

[6]) Art. 8 letzter Absatz. Art. 9 ibid. Die Kosten trägt die Privatanstalt. Art. 29 Etatsgesetz vom 25. Juni 1841.

[7]) Art. 11 ibid.

[8]) Art. 21, Art. 14 vorletzter Absatz Irrengesetz.

durch Vermittelung des Kreisdirektors (Polizeidirektors) dem Bürgermeister des Wohnortes des Kranken mitzuteilen.[1])

Eine genaue Kontrolle über alle in einer Anstalt untergebrachten Kranken wird dadurch ermöglicht, daß in jeder Anstalt ein vom Bürgermeister mit Seitenanzahl und Handzug versehenes Register zu führen ist, in das die Personalangaben der Kranken, der Tag ihrer Aufnahme, die Angabe, ob die Aufnahme freiwillig oder von Amts wegen erfolgt ist, die ärztlichen Gutachten[2]) zu vermerken sind. Durch die Register sind weiterhin die Abgänge und Todesfälle festzustellen. Die Register sind dem Ersten Staatsanwalt bei den Revisionen vorzulegen und als gesehen zu bescheinigen oder es sind von ihm Erinnerungen einzutragen.[3])

Die Entlassung der Kranken, sowohl der von den Behörden verfügten als auch der freiwillig aufgenommenen, kann bei dem Landgericht des Bezirks, in dem die Anstalt liegt, beantragt werden. Berechtigt zur Antragstellung ist der Kranke selbst,[4]) sein gesetzlicher Vertreter, der Erste Staatsanwalt, die Person, die die Aufnahme veranlaßt hat, endlich „jeder Freund und Verwandte".[5]) Vor der Entscheidung des Landgerichts ist die Staatsanwaltschaft zu hören; ihr sind sämtliche Verfügungen bekannt zu geben. Sie ist befugt, den zur Feststellung des Sachverhaltes bestimmten Terminen beizuwohnen.[6]) Gegen die Entscheidung des Landgerichtes ist Beschwerde an das Oberlandesgericht zulässig, die vom Antragsteller und von der Staatsanwaltschaft[7]) eingelegt werden kann. Das Oberlandesgericht entscheidet endgültig.

In Konkurrenz mit den ordentlichen Gerichten ist der Bezirkspräsident befugt, die unmittelbar von den Behörden eingebrachten Personen zu entlassen, sobald sie nach dem ärztlichen Gutachten nicht mehr gemeingefährlich sind.[8]) In dem ersten Monat jedes Halbjahrs hat der Vorstand der Anstalt dem Bezirkspräsidenten einen von dem dirigierenden

---

[1]) Art. 10 und 22 ibid.

[2]) Die Gutachten sollen allmonatlich abgestattet werden. Art. 12 Irrengesetz.

[3]) Art. 12, Art. 18 Abs. 2 ibid.

[4]) Ist der Kranke entmündigt, so kann nur noch sein Vormund die Entlassung beantragen. Ist er nicht entmündigt, so ist von Fall zu Fall zu untersuchen, ob der Kranke die erforderliche Einsicht besessen hat.

[5]) Art. 29 ibid.

[6]) § 13 Abs. 2 A.F.G.

[7]) Zeitschrift Bd. 16 S. 529.

[8]) Personen, die zwar nicht mehr gemeingefährlich, aber doch noch geisteskrank sind, werden gewöhnlich, wenn sie nicht in die Klasse der freiwillig Untergebrachten versetzt werden, in die Bezirkssiechenanstalten überführt.

Arzt abgefaßten Bericht über den Zustand aller Kranken, über die Natur ihrer Krankheit, die Ergebnisse der Behandlung einzureichen. Der Bezirkspräsident trifft Entscheidung über den Verbleib des Kranken.[1]) Wird in der Zwischenzeit ein Kranker entlassen, so hat der Bezirkspräsident auf Bericht des Vorstandes hin unverzüglich endgültige Entscheidung zu treffen.[2])

Die Entlassung der freiwillig untergebrachten Personen hat zu erfolgen:

a) durch den Vorstand der Anstalt, sobald die Ärzte den Kranken für geheilt erklären. Vor der Entlassung eines Minderjährigen oder Entmündigten sind sofort die Personen, denen er wieder zugeführt werden muß, sowie der Erste Staatsanwalt zu benachrichtigen.[3])

b) ohne Rücksicht auf den Zustand des Kranken ist seine Entlassung zu bewirken, sobald sie beantragt wird von dem gesetzlichen Vertreter, dem Ehegatten, den Aszendenten, in Ermangelung dieser von den Deszendenten, von dem, der die Aufnahme beantragt hat, vorausgesetzt, daß kein Verwandter Einspruch erhebt, endlich von jedem Beauftragten des Vormundschaftsgerichts.[4]) Die Entlassung eines Minderjährigen oder Entmündigten kann nur auf Antrag seines gesetzlichen Vertreters erfolgen.[5])

c) schließlich kann der Bezirkspräsident (Landarmenverband) stets die Entlassung anordnen.[6])

Ein Minderjähriger oder Entmündigter darf bei seiner Entlassung nur seinem gesetzlichen Vertreter zugeführt werden.[7])

Die verantwortlichen Leiter der Anstalt sind strafbar, wenn sie den Vorschriften über die Aufnahme und Entlassung von Kranken zuwiderhandeln, wenn sie Beschwerden, Gesuche unterdrücken oder zurückhalten.[8])

IV. Endlich können die Landarmenverbände **Wanderarbeitsstätten und Pflegestationen** auf ihre Kosten errichten, in denen mittellosen arbeitsfähigen Männern, die außerhalb ihres Wohnortes Arbeit suchen, solche vermittelt und gegen Arbeitsleistung vorübergehend Beköstigung und Obdach gewährt wird. Auch ein einzelner Ortsarmenverband kann mit Genehmigung der Aufsichtsbehörde eine Wanderarbeitsstätte oder Pflegestation auf seine Kosten errichten. Die Wanderarbeits-

---

[1]) Art. 20 Irrengesetz. [2]) Art. 23 ibid. [3]) Art. 13 ibid.

[4]) Das Vormundschaftsgericht hat zu entscheiden, wenn zwischen Aszendenten und Deszendenten Streit über die Entlassung herrscht und Einspruch eingelegt ist. Art. 14.

[5]) Art. 14. [6]) Art. 16. [7]) Art. 17.

[8]) Artt. 30, 41; Strafgesetzbuch § 239.

stätten sind den in Elsaß-Lothringen bestehenden und aus Landesmitteln unterstützten Arbeitsnachweisstellen und dem mitteldeutschen Arbeitsnachweisverbande anzuschließen; in diesem Falle werden ihre Kosten, abgesehen von den Bau- und Einrichtungskosten, zu einem Drittel vom Lande oder, wenn sie von einem Ortsarmenverbande errichtet sind und der Landarmenverband noch keine errichtet hat, von dem Landarmenverbande getragen. Die unmittelbare Verwaltung einer Wanderarbeitsstätte, Pflegestation hat ein im Hauptamt angestellter Verwalter oder der Leiter einer bereits bestehenden Pflegeanstalt des Armenverbandes. Über den Betrieb der Wanderarbeitsstätte und Pflegestation ist vom Landarmenverbande oder vom Bürgermeister nach Anhörung des Gemeinderates eine vom Ministerium zu genehmigende Wanderordnung zu erlassen, die auch Bestimmungen über die Aufnahmebedingungen zu treffen hat.[1])

3. Kinderfürsorge.

§ 140. Die Waisenpflege.

Die bestimmten Gruppen von Kindern in Form dauernder und zeitweiser Unterstützung zu leistende Armenpflege (service des enfants assistés) war stets eine Verpflichtung der Bezirke. Hieran ändert das Unterstützungswohnsitzgesetz nur insofern etwas, als es an die Stelle des Bezirks den Landarmenverband, an die Stelle der Gemeinde den Ortsarmenverband setzt (§ 26 Ausführungsgesetz zum Unterstützungswohnsitzgesetz).

I. Die Waisenpflege erstreckt sich auf drei Gruppen von Kindern.

a) Die Findelkinder (enfants trouvés). Als solche gelten die Kinder, die von unbekannten Eltern abstammen und an irgend einem Orte ausgesetzt gefunden oder in die zu ihrer Aufnahme bestimmten Pflegehäuser gebracht werden.[2]) Den Findelkindern werden die Kinder gleichgestellt, die im Spital geboren werden, ohne daß ihre Mutter für sie sorgen kann.[3]) Die Findelkinder sind in ein Register einzutragen, aus dem der Tag ihrer Aufnahme, die näheren Umstände, unter denen sie

[1]) Ausführungsgesetz §§ 23—25.

[2]) Dekret vom 19. Januar 1811 Art. 2. Die im Art. 2 daselbst vorgesehene Lade (tour) hat in den Pflegehäusern des Unter- und Ober-Elsaß niemals bestanden, in dem Pflegehaus von Metz ist sie seit 1856 aufgehoben. Möllers G. S. II S. 324 Anm. 2.

[3]) Min. Instr. vom 8. Februar 1823.

gefunden worden sind und die körperlichen Merkmale des Kindes hervorgehen.[1])

b) Die verlassenen Kinder (enfants abandonnés) sind Kinder, die zwar von bekannten Eltern abstammen und auch eine Zeitlang von ihnen oder Dritten an Stelle der Eltern erzogen werden, später aber verlassen worden sind, ohne daß man weiß, was aus den Eltern geworden ist oder ohne daß man sich an sie oder Unterhaltspflichtige halten könnte.[2]) Ihnen werden die Kinder armer in Untersuchungs- oder Strafhaft befindlichen Eltern oder von Eltern, die in einem Spital oder einer Irrenanstalt vorübergehend oder dauernd behandelt werden, für die Dauer der Haft oder Krankheit gleichgestellt.[3])

c) Die armen Waisen (orphelins pauvres) sind Kinder, deren Eltern gestorben sind und die kein Vermögen besitzen.[4])

Die Fürsorge für diese Kinder, die den Landarmenverbänden obliegt, ist grundsätzlich die gleiche wie für alle übrigen Hilfsbedürftigen. Sie wird in folgender Weise betätigt.

a) Die Kinder dürfen nur in die von dem Bezirkspräsidenten bestimmten Pflegehäuser (hospices dépositaires) aufgenommen werden, sofern ihre Statuten die Aufnahme ausdrücklich gestatten.[5]) Ihre vorläufige

---

[1]) Dekret vom 19. Januar 1811 Art. 4. Ähnliche Verpflichtungen legt § 24 des Personenstandsgesetzes auf.

[2]) Dekret vom 19. Januar 1811 Art. 5. Kehren die Eltern verlassener Kinder in die Gemeinde zurück oder werden die Eltern von Findelkindern bekannt, so müssen die Eltern den Kindern wiedergegeben werden, ohne daß die Eltern zuvor die Pflegekosten zurückerstatten müssen, jedoch muß den Eltern noch die Sorge für die Person des Kindes zustehen. Bürgerliches Gesetzbuch § 1632; anders das französische Recht (Dekret vom 29. Januar 1811 Art. 21).

[3]) v. Reitzenstein, Armengesetzgebung S. 171.

[4]) Dekret vom 19. Januar 1811 Art. 6.

[5]) Nach Art. 22 des Dekrets vom 19. Januar 1811 soll die Bestimmung durch eine Ministerialverordnung getroffen werden; eine derartige Verordnung ist nie erlassen worden. Die Rechtsprechung erklärte den Bezirkspräsidenten für befugt. Dalloz, Rép. v° secours publics Nr. 147 Suppl. Nr. 110. Als Aufnahmehospizien sind bestimmt für: Unter-Elsaß die Bezirks-, Findel- und Waisenanstalt zu Straßburg, jetzt Zivilhospizien der Stadt Straßburg [über die weitergehende Verpflichtung der Zivilhospizien als Rechtsnachfolger des städtischen Waisenhauses Sommer S. 157 Bem. 16] (Verordnung vom 19. Oktober 1861 Art. 6), für Ober-Elsaß die Spitäler zu Colmar und Mülhausen (bestanden schon vor 1862 Präfekturakten 1862 S. 260 Art. 6), Thann (Verordnung vom 26. Juli 1871 A. Bl. des Bezirks Ober-Elsaß 1870/71 S. 88), Altkirch (Verordnung vom 25. Juli 1871 ibid. S. 105), für Lothringen das Hospiz St. Nikolaus zu Metz (Verordnung vom 5. Juni 1893 Art. 6). — Der

Aufnahme, die von jedermann beantragt werden kann, verfügt der Anstaltsvorstand, also in der Regel der Bürgermeister als Vorsitzender des Verwaltungsrates; ihre endgültige Aufnahme ordnet der Bezirkspräsident in einem begründeten Beschlusse an; sie ist unverzüglich von dem Bezirkspräsidenten dem zuständigen Vormundschaftsgericht mitzuteilen.[1])

b) In dem Lebenslauf der Kinder spielen die Erreichung des sechsten und einundzwanzigsten Lebensjahres eine große Rolle.

Bis zum sechsten Lebensjahre sollen die neugeborenen Findelkinder von einer Amme oder einer Person, die sie entwöhnen soll, aufgezogen werden. Die Kinder erhalten Wickelzeug und Windeln.[2]) Von dem sechsten Lebensjahre an werden die Kinder, sofern es ihre Gesundheit nur irgendwie zuläßt, auf das Land zu Bauern oder Handwerkern in Pflege gegeben;[3]) nur die Krüppel und Gebrechlichen bleiben im Pflegehaus;[4]) dorthin werden auch die Kinder zurückgebracht, die sich schlecht betragen oder lasterhafte Neigungen gezeigt haben.[5]) Die Kinder sind gegen eine Vergütung von ihren Pflegeeltern zu erziehen und zu unterhalten; sie bekommen freie Kleidung, unentgeltlichen Elementarunterricht[6]) und freie ärztliche Behandlung einschließlich der erforderlichen Arzneien,[7])

Dienst der unterstützten Kinder ist geregelt durch Verordnungen der Bezirkspräsidenten des Unter-Elsaß vom 19. Oktober 1861, 5. Januar 1899; des Ober-Elsaß vom 20. Juli 1862, 20. Dezember 1865, 15. September 1872; von Lothringen vom 5. Juni 1893 (A.Bl. S. 205 ff.) und 9. Januar 1905 (A.Bl. Beiblatt S. 13 ff.). Im wesentlichen stimmen die Verordnungen mit einander überein.

[1]) § 140 A.G.B.G.B. Die Mitteilung ist erforderlich, weil dem Vormundschaftsgericht die vormundschaftliche Aufsicht zusteht. Zuständig bleibt das Gericht, das vor der Aufnahme des Kindes zuständig war §§ 36 ff. F.G.

[2]) Dekret vom 19. Januar 1811 Artt. 7 und 8.

[3]) Wer ein Kind in Pflege nehmen will, muß in einer von dem Bürgermeister und Pfarrer unterschriebenen Bescheinigung nachweisen, daß die erforderlichen wirtschaftlichen und moralischen Bedingungen erfüllt sind.

[4]) Artt. 9 und 10 Dekret vom 19. Januar 1811. Artt. 2 und 3 Verordnung vom 30. Ventôse V.

[5]) Sie sind getrennt von den übrigen in der Anstalt untergebrachten Kindern zu halten. Art. 17 Dekret vom 19. Januar 1811. Sind die Voraussetzungen der Zwangserziehung gegeben, so ist ihre Anordnung zu beantragen. Verordnung vom 10. Januar 1900 (A.Bl. S. 34) § 3 Abs. 2.

[6]) Dekret vom 31. Dezember 1853 Art. 13. Die Lehrer und Lehrerinnen liefern den Kindern unentgeltlich gegen eine besondere Vergütung die Unterrichtsgegenstände. Verordnung vom 5. Juni 1893 Art. 46.

[7]) Gesetz vom 5. Mai 1869 Art. 3 Nr. 2 und 6. Min.E. vom 3. August 1869 (de Watteville Bd. III S. 313 ff.). Kantonalarztordnung vom 2. Juni 1891

auch werden den Pflegeeltern die Beerdigungskosten nach einem festen Tarif ersetzt. Die Pflegeeltern werden häufig kontrolliert;[1]) sie erhalten Prämien für gute Behandlung und Erziehung der Kinder.[2])

Sobald die Kinder nicht mehr schulpflichtig sind, also die Mädchen vom 14., die Knaben vom 15. Lebensjahre an[3]) werden sie in die Lehre gegeben. Die Knaben kommen zu Ackersleuten oder Handwerkern, die Mädchen in Familien, in Fabriken oder sonstige Gewerbebetriebe, um ein ihren Wünschen und Fähigkeiten entsprechendes Handwerk zu lernen.[4]) Die Arbeits-, Dienst- und Lehrverträge werden von dem Bezirkswaiseninspektor aufgestellt und müssen von dem Vormunde genehmigt werden. Außerdem unterliegen sie der Genehmigung des Vormundschaftsgerichtes, falls sie für länger als ein Jahr abgeschlossen werden.[5]) Auch in diesem Stadium der Erziehung bleiben nur die Kranken in dem Pflegehaus.[6])

Mit Erlangung der Volljährigkeit endigt die Waisenpflege.

Die **Aufsicht** über die Kinder führt in erster Linie der Bezirkswaisen-Inspektor,[7]) der ein oder mehrere Male die Kinder besucht.

Nr. 8. Stehen die Kinder in einem dauernden Dienstverhältnis nach § 617 B.G.B., so tritt die Verpflichtung des Dienstherrn ein.

[1]) Am Schlusse jedes Vierteljahrs haben sie sich von den Bürgermeistern eine Lebensbescheinigung des Pfleglings ausstellen zu lassen.

[2]) Art. 6—9 Verordnung vom 30. Ventôse V. Derartige Belohnungen werden für besonders sorgsame Pflege in den ersten Lebensjahren der Kinder, nach der ersten Kommunion oder Konfirmation in Aussicht gestellt. — Den Pflegeeltern liegt die Schadensersatzpflicht nach § 832 B.G.B. ob; sie sind strafbar, wenn sie die Kinder zum Betteln anleiten oder ausschicken oder nicht vom Betteln abhalten § 361 Nr. 4 Str.G.B.; sie sind haftbar für den Wertersatz, Ersatzgeld und Kosten, zu denen die Kinder verurteilt werden. Die Haftbarkeit wird gewöhnlich (in den letzten Fällen) unmittelbar sein, sie tritt nicht ein, wenn sie die Tat nachweisbar nicht verhindern konnten. Gesetz vom 28. April 1880 §§ 3 und 4. Ebenso haften die Pflegeeltern auf Grund des Feldpolizeistrafgesetzes vom 9. Juli 1888 §§ 3 und 4.

[3]) Verordnung vom 18. April 1871 § 2. Nach den französischen Gesetzen treten die Kinder bereits mit vollendetem 12. Lebensjahre in das zweite Stadium ihrer Erziehung. Verordnung vom 30. Ventôse V Art. 17.

[4]) Verordnung vom 19. Januar 1811 Art. 17. Verordnung vom 30. Ventôse V Art. 13.

[5]) Das Vormundschaftsgericht soll vorher den Mündel hören § 1822 Nr. 6 und 7, § 1827 B.G.B.

[6]) Verordnung vom 30. Ventôse V Art. 20.

[7]) Die Bezirkswaiseninspektoren sind durch Min. Zirk. vom 12. März 1839 (de Watteville Bd. I S. 496) eingeführt worden und sind seit dem Gesetz vom 5. Mai 1869 gesetzlich anerkannt. Eine eingehende Dienstanweisung enthält das Min. Zirk. vom 3. August 1869 (Bull. de l'Int. 1869 S. 452 ff.) § III. Sie sind Landesbeamte.

Er ist als Organ des Bezirkspräsidenten befugt, mit den Verwaltungskommissionen der Pflegehäuser zu verhandeln; er erstattet regelmäßig Bericht über den Pflegedienst. Abgesehen von der dem Vormundschaftsgericht zustehenden Überwachung[1]) ist auch der Gemeindewaisenrat angewiesen, den in Familien untergebrachten Kindern seine Aufmerksamkeit zu schenken, Mißbräuche oder Vernachlässigungen in der Pflege zur Anzeige zu bringen.[2])

Für alle Pflegekinder ist eine gesetzliche Vormundschaft des Verwaltungsrates des Aufnahmepflegehauses begründet; der Verwaltungsrat hat eins seiner Mitglieder als Vertreter des Mündels zu bezeichnen. Das zuständige[3]) Vormundschaftsgericht behält aber die Befugnis, nötigenfalls dem Kinde einen anderen Vormund oder einen Mitvormund[4]) zu bestellen.[5]) Die allgemeinen Voraussetzungen für die Anordnung der Vormundschaft, die auch bei Eintritt einer gesetzlichen Vormundschaft erfüllt sein müssen, werden in der Regel bei den Bezirkspflegekindern gegeben sein. Standen die Kinder, bevor sie in Bezirkspflege übernommen wurden, unter Vormundschaft, so erlischt diese, um der gesetzlichen Vormundschaft Platz zu machen. Die gesetzliche Vormundschaft endigt aus den Gründen, aus denen auch eine bestellte Vormundschaft aufhört;[6]) sie bleibt bestehen, wenn der Minderjährige unter Aufsicht des Verwaltungsrates in einer Familie oder Anstalt erzogen oder verpflegt wird.[7]) Hat der Mündel nach Beendigung seiner Erziehung oder Verpflegung seinen Aufenthalt an einem von dem Sitze des Aufnahme-Pflegehauses ent-

---

[1]) Das Aufnahmepflegehaus führt nur die Aufsicht über die in ihm untergebrachten Kinder.

[2]) § 1850 B.G.B. — In jeder Gemeinde sollen zur Beaufsichtigung der Kinder „comités de patronage" aus dem Bürgermeister, dem Pfarrer und anderen Gemeindeeingesessenen gebildet werden. Nach Schwander, Armenrecht S. 53 sind die Komitees fast nirgends errichtet.

[3]) Welches Vormundschaftsgericht bei Findelkindern zuständig ist Zeitschrift Bd. 25 S. 459, 534, Bd. 26 S. 42, 253.

[4]) §§ 1775, 1797 Abs. 2 B.G.B.

[5]) § 136 A.G.B.G.B. Die Verfügung, durch welche an Stelle des Verwaltungsrates ein anderer Vormund bestellt wird, ist dem Vorsitzenden des Verwaltungsrates bekannt zu geben. A.G.F.G. § 16. Da der Verwaltungsrat kein Recht hat, die Vormundschaft zu führen, so steht ihm auch nicht die Beschwerde zu, wenn er übergangen und ein anderer Vormund bestellt wird. Anders, wenn diese Verfügung des Vormundschaftsgerichtes das Interesse des Kindes tatsächlich verletzt oder gefährdet. § 57 Nr. 9 F.G. Kisch, Landesprivatrecht S. 961 Anm. 30.

[6]) § 1882 B.G.B.   [7]) § 136 A.G.B.G.B.

fernten Orte, so kann der Verwaltungsrat mit Genehmigung des Vormundschaftsgerichtes die Vormundschaft dem Verwaltungsrate desjenigen Pflegehauses übertragen, das dem Aufenthaltsorte des Mündels zunächst liegt. Der Verwaltungsrat dieses Pflegehauses ist zur Übernahme der Vormundschaft verpflichtet.[1])

Dem von dem Verwaltungsrat als Vormund Bezeichneten liegt die Sorge für die Person[2]) und die Sorge für das Vermögen[3]) ob. Bei Meinungsverschiedenheiten innerhalb des Verwaltungsrates über die Vornahme einer den Mündel betreffenden Handlung entscheidet die Stimme des Vorsitzenden;[4]) die einzelnen Mitglieder stehen sich nicht als Mitvormünder gegenüber. Ob sich das als Vormund bezeichnete Verwaltungsratsmitglied bei der Vermögensaufnahme der Hilfe des Pflegehausrechners bedienen will, steht in seinem Belieben. Selbst wenn aber der Rechner die gesamte Vermögensverwaltung von dem Verwaltungsrate übertragen bekommt, bleibt nach außen hin das Verwaltungsratmitglied Vormund; der Rechner ist nur sein Gehilfe. Demnach haftet dem Mündel für den ganzen Kreis vormundschaftlicher Geschäfte der Verwaltungsrat.[5]) Dagegen kann das Vormundschaftsgericht im einzelnen Falle den Rechner zum Mitvormunde bestellen.

Die Stellung, die dem Vormunde zugewiesen ist, ist im wesentlichen die des sogenannten „befreiten Vormundes". Die Bestellung eines Gegenvormundes ist ausgeschlossen.[6]) Der Verwaltungsrat kann Mündelgeld bei einer Sparkasse, Bank oder Hinterlegungsstelle anlegen, ohne daß zur Erhebung die Genehmigung des Vormundschaftsgerichtes erforderlich ist.[7]) Desgleichen ist der Verwaltungsrat selbständig in der Verfügung über Forderungen und Wertpapiere.[8]) Weitere Befreiungen stehen dem Verwaltungsrate nicht zu. Er muß daher wie jeder andere Vormund ein Vermögensverzeichnis bei Übernahme der Vormundschaft aufstellen,[9]) periodische Rechnung legen[10]) und die Schlußrechnung erstatten;[11]) er muß das Geld mündelsicher anlegen,[12]) er bedarf in den Fällen der

---

[1]) § 137 ibid.

[2]) Maßgebend für den Umfang der Sorge sind die Verordnungen über den Dienst der Kinder.

[3]) §§ 1793 ff. B.G.B.

[4]) Dekret vom 23. März 1852 Art. 1 Abs. 2.

[5]) § 1833 B.G.B. [6]) § 138 A.G.B.G.B.

[7]) §§ 1852 Abs. 2, 1809, 1807 Abs. 1 Nr. 5, 1808 B.G.B., § 138 A.G.B.G.B.

[8]) § 1852 Abs. 2, 1812 B.G.B., § 138 A.G.B.G.B.

[9]) § 1802 B.G.B. [10]) § 1840 ibid. [11]) § 1890 ibid.

[12]) § 1807 ibid.

§§ 1821, 1822 BGB. der Genehmigung des Vormundschaftsgerichtes, er ist zur Sicherheitsleistung verpflichtet[1]) u. a. m. Die Aufsicht über die Vormundschaft führt das Vormundschaftsgericht;[2]) insofern also untersteht die Tätigkeit des Verwaltungsrates nicht der Kontrolle der Verwaltungsbehörde. Daher kann das Vormundschaftsgericht den Verwaltungsrat in Ordnungsstrafe nehmen.[3])

Die Kosten der Bezirkspflege zerfallen in innere, äußere Kosten und Kosten der Aufsicht und Überwachung.[4]) Innere Kosten sind die, die durch den Aufenthalt der Kinder in den Pflegehäusern entstehen, die Auslagen für Ammen, die in den Pflegehäusern wohnen, und die Kosten des Wickelzeuges.[5]) Die Kosten des Wickelzeugs und die Aufenthaltskosten in den zur Aufnahme von Findelkindern bestimmten Pflegehäusern werden alle fünf Jahre auf Vorschlag des Verwaltungsrates dieser Anstalten und der Gutachten der Bezirkstage von dem Bezirkspräsidenten festgesetzt.[6])

Die äußeren Kosten bilden die durch die Pflege außerhalb der Anstalt verursachten Auslagen. Den Tarif der Pflegekosten stellt der Bezirkspräsident im Einverständnis mit dem Bezirkstage auf.[7]) Ferner sind äußere Kosten die Ausgaben für Kleider, die Umzugskosten für Ammen oder Kinder und die für die Andingung der Ammen nötigen Auslagen, die Kosten für Krankheit und Beerdigung, die Kosten der Drucksachen und die besonderen Geldprämien.[8])

Zu den Kosten für Beaufsichtigung und Überwachung gehören die Gehälter, Reisespesen der Bezirkswaiseninspektoren, sowie alle durch die Überwachung der Kinder entstehenden Auslagen.[9]) Die zuletzt genannten Kosten trägt der Staat.[10])

Die inneren und äußeren Kosten werden zunächst aus den Erträgnissen der Vermögen der Pflegekinder oder durch die von ihnen verdienten Löhne gedeckt. Reichen diese nicht aus, so kann Ersatz von den Unterhaltsverpflichteten der Pfleglinge verlangt werden.[11]) Stirbt der

---

[1]) § 1844 ibid. [2]) §§ 1837 ff. ibid. [3]) § 1837 ibid.

[4]) Gesetz vom 5. Mai 1869 Art. 1.

[5]) Art. 2 ibid. [6]) Art. 5 ibid.

[7]) Dekret vom 13. April 1861 A. Nr. 23. Gesetz vom 18. Juli 1866 Art. 1 Nr. 16.

[8]) Gesetz vom 5. Mai 1869 Art. 3.

[9]) Art. 4 ibid. [10]) Art. 6 ibid.

[11]) § 136 Abs. 1 A.G.B.G.B. Wer und in welchem Umfange unterhaltspflichtig ist, bestimmen §§ 1601 ff. B.G.B. Die Ersatzforderungen verjähren in 30 Jahren.

Pflegling während bestehender Vormundschaft, ohne Verwandte oder einen Ehegatten zu hinterlassen, so ist das Pflegehaus an Stelle des Fiskus gesetzlicher Erbe.[1]) Es kann mithin die angefallene Erbschaft nicht ausschlagen.[2]) Bevor das Pflegehaus Erbe wird, hat das Nachlaßgericht, falls innerhalb einer den Umständen entsprechenden Frist kein Erbe ermittelt ist, festzustellen, daß ein anderer Erbe als das Pflegehaus nicht vorhanden ist. Erst nach dieser Feststellung kann ein Recht von dem Pflegehaus oder gegen das Pflegehaus geltend gemacht werden.[3]) Dem Pflegehaus ist der Ersatz seiner Aufwendungen gesichert sowohl für den Fall, wenn es Erbe ist, als auch, wenn es Erbe ist, für die Nachlaßverbindlichkeiten aber nicht unbeschränkt haftet.[4]) Insoweit die inneren und äußeren Kosten ungedeckt sind, werden sie aus dem Ertrag der Stiftungen, die sämtlichen Pflegehäusern des Bezirks zugewendet sind,[5]) durch Überweisungen aus dem gemeinsamen Fonds der Strafgelder[6]) bezahlt. Die Tilgung der alsdann noch verbleibenden Kosten wird folgendermaßen vorgenommen: der Staat bezahlt ein Fünftel der inneren Kosten,[7]) die Ortsarmenverbände können bis zu einem Fünftel der äußeren Auslagen herangezogen werden. Den Rest tragen die Landarmenverbände. Die Beiträge der Ortsarmenverbände setzen alljährlich die Bezirkstage fest.[8]) Die den Ortsarmenverbänden und Landarmenverbänden hieraus entstehenden Ausgaben sind Pflichtausgaben. Beitragspflichtig ist der

---

[1]) § 166 A.G.B.G.B., Art. 138 und 139 E.G.B.G.B. Auf die Staatsangehörigkeit des Pfleglings kommt es nicht an. Der Pflegling kann aber rechtsgültig über sein Vermögen unter Ausschluß des Pflegehauses verfügen. Kisch, Landesprivatrecht S. 964 f., daselbst auch über die Vorrechte des gesetzlichen Erben.

[2]) § 1942 Abs. 2 B.G.B.

[3]) § 168 A.G.B.G.B.; §§ 1964, 1966 B.G.B.

[4]) § 139 Abs. 2 A.G.B.G.B.

[5]) Nötigenfalls entscheiden die ordentlichen Gerichte über die Heranziehung der Pflegehäuser. Leoni-Mandel S. 164 Anm.

[6]) Gesetz vom 5. Mai 1869 Art. 5 Nr. 1 und 2. Ordonnanz vom 30. Dezember 1823 Art. 6 Nr. 3.

[7]) Art. 5 Nr. 5 Gesetz von 1869.

[8]) Art. 5 Nr. 4 Abs. 2 Gesetz von 1869. Sie sind auf das gesetzliche Maximum in allen drei Bezirken festgesetzt. Als Maßstab für die Verteilung auf die einzelnen Gemeinden gilt in Ober-Elsaß das Verhältnis der Einwohnerzahl, in Unter-Elsaß werden sie verteilt: 1/5 nach Maßgabe der Einkünfte, 1/5 nach Maßgabe der Bevölkerung, 3/5 nach Maßgabe der Zahl der Kinder, die in den betreffenden Gemeinden ihren Unterstützungswohnsitz haben. In Lothringen werden sie nach Maßgabe der für das betreffende Rechnungsjahr festgesetzten Steuerprinzipale verteilt; der Verteilungsberechnung wird die Istausgabe des vorigen Rechnungsjahres zugrunde gelegt.

Landarmenverband, in dessen Gebiet die Hülfsbedürftigkeit hervorgetreten ist, vorbehaltlich des Anspruchs auf Übernahme und Erstattung der Kosten gegen den Landarmenverband, in dem das Kind seinen Unterstützungswohnsitz hat. Wird dieser nicht ermittelt, so bleiben sie dem Landarmenverband zur Last, der die Unterstützung geleistet hat. Die äußeren Kosten bezahlen die Landarmenverbände unmittelbar, die inneren Kosten werden von den Aufnahmepflegehäusern ausgelegt und den Landarmenverbänden in Rechnung gestellt.[1])

Der dauernden Bezirkswaisenpflege, dauernd insofern als sie bis zur Volljährigkeit des Kindes reicht, steht die zeitweise Bezirksunterstützung (secours temporaires) gegenüber.[2]) Sie wurde ursprünglich nur Müttern unehelicher Kinder für einen gewissen Zeitraum gewährt, um dem hilflosen Verlassen der Kinder vorzubeugen oder ein Ende zu machen,[3]) wird heute aber allen bedürftigen Kindern, die Vater oder Mutter verloren haben, zuteil. Die Höhe und Dauer[4]) der Unterstützung bestimmt der Bezirkspräsident im Einverständnis mit dem Bezirkstage. Auch die vorübergehend unterstützten Kinder erhalten unentgeltlichen Schulunterricht, die notwendigen Unterrichtsgegenstände, ärztliche Behandlung, Medikamente usw. Sie werden gleichfalls von dem Bezirkswaiseninspektor kontrolliert. Die verursachten Auslagen gehören zu den äußeren Kosten, die nach den eben erwähnten Grundsätzen bezahlt werden,[5]) wenn der Bezirkstag einen dahingehenden Beschluß faßt (§ 26 Ausführungsgesetz zum Unterstützungswohnsitzgesetz).

II. Gemeindewaisenpflege.

Für alle Kinder, die nicht oder nicht mehr[6]) der Bezirkswaisenpflege unterstehen, muß die örtliche Armenpflege sorgen. Ihr unterziehen sich hauptsächlich die Gemeindewaisenhäuser. Über die Aufnahme in die

[1]) Die Zahlungsanweisungen werden von den Bezirkspräsidenten auf die Landeshauptkasse durch Vermittelung der betreffenden Steuerkassen an die Empfangsberechtigten verfügt.

[2]) Sie ist angeregt durch Min.Zirk. vom 6. August 1840 (de Watteville, Bd. I S. 600 ff.) und weiter ausgeführt durch das Gesetz vom 27. Mai 1856.

[3]) v. Reitzenstein, Armengesetzgebung S. 186.

[4]) Die Unterstützung ist widerruflich. Bei unsittlichem Verhalten der Mutter kann sie sofort entzogen werden. Heiratet die Mutter, so fällt sie in der Regel fort. v. Reitzenstein, S. 189. — Die vorübergehend unterstützten Kinder stehen nicht unter der gesetzlichen Vormundschaft des Pflegehauses. Vgl. § 136 A.G. B.G.B.

[5]) Gesetz von 1869 Art. 3 Nr. 1.

[6]) Durch den Austritt der Mutter aus dem Spital hört beispielsweise das Kind auf, „verlassen" zu sein.

Gemeindewaisenhäuser entscheiden die Reglements. Beispielsweise finden in dem städtischen Waisenhaus zu Straßburg nur ehelich geborene Kinder elsaß-lothringischer Staatsangehörigkeit Aufnahme, wenn ihre Eltern gestorben und entweder in Straßburg geboren sind oder sich zuletzt 10 Jahre dort aufgehalten haben.[1]) In dem Waisenhaus zu Colmar wird verlangt, daß die Kinder in Colmar geboren sind und von Eltern stammen, die entweder selbst in Colmar geboren sind oder wenigstens dort 20 Jahre gewohnt haben.[2]) Die Aufnahme erfolgt durch Beschluß des Verwaltungsrates. Im Gegensatze zu der Bezirkswaisenpflege werden die Kinder vom 7. Lebensjahre in der Anstalt erzogen und auf ein Handwerk vorbereitet. Die Verwaltung der Gemeindewaisenhäuser untersteht, wenn sie selbständige Anstalten sind, einer Verwaltungskommission, für deren Bildung das Spitalgesetz maßgebend ist, andernfalls sind sie der Verwaltungskommission des Spitals unterstellt. Eine gesetzliche Vormundschaft über die Gemeindewaisenkinder besteht nicht; selbstverständlich kann aber von Fall zu Fall ein Verwaltungsmitglied oder ein Anstaltsbeamter zum Vormunde ernannt werden, wenn eine andere Person zum Vormund gesetzlich nicht berufen ist.

§ 141. Zwangserziehung.*)

I. Die öffentliche Fürsorge nimmt sich weiter der Kinder an, bei denen die Gefahr einer sittlichen Verwahrlosung gegeben ist. Es ist eine vom sozialpolitischen Standpunkt aus höchst wichtige Aufgabe des öffentlichen Rechtes, von Amts wegen in die elterlichen Erziehungsrechte eingreifen und gegebenenfalls durch das Mittel der Zwangserziehung dafür sorgen zu können, daß Kinder die moralische Qualifikation erwerben, die das Leben einst von ihnen fordert. Da das staatliche Eingreifen nicht abhängig ist von der Aufbringung der Mittel aus dem Vermögen des Kindes oder seiner Unterhaltsverpflichteten, sondern die Kosten auf die Landeskasse übernommen werden, so gehören die Kinder, bei denen die öffentliche Zwangserziehung notwendig wird, mit unter die Kategorie der „armen" Kinder. Allerdings ist für ihre Einreihung in diese Gruppe nicht ihre oder ihrer Eltern Armut bestimmend, sondern andere Momente.

---

[1]) v. d. Goltz, Straßburgs Armenpflege S. 40.

[2]) Schwander S. 58 Anm. 2.

*) Gesetzgebung: §§ 123—127 Ausführungsgesetz zum Bürgerlichen Gesetzbuch (im wesentlichen übereinstimmend mit dem aufgehobenen Gesetz vom 18. Juli 1890). Verordnung vom 10. Januar 1900 (A.Bl. S. 34).

Literatur: Kisch, Landesprivatrecht S. 942 ff.; Molitor, Ausführungsgesetz S. 334 ff.

II. Nach dem geltenden Rechte hat die Zwangserziehung entweder einen privatrechtlichen oder öffentlichrechtlichen Charakter.[1]) Die Unterscheidung wird bedingt durch Verschiedenheiten in den Voraussetzungen und in der Durchführung der zwangsweisen Unterbringung. Die Voraussetzungen für die privatrechtliche oder obervormundschaftliche Anordnung sind durch die §§ 1666 und 1838 Bürgerliches Gesetzbuch gegeben. Die öffentlichrechtliche oder polizeiliche Zwangserziehung ist sowohl unter den in den angeführten Bestimmungen enthaltenen Bedingungen gestattet, als auch weitergehend als diese noch in anderen Fällen.[2]) Die obervormundschaftliche Zwangserziehung ist eine der Formen, in der sich die Aufsicht des Vormundschaftsgerichtes betätigt. Hält das Vormundschaftsgericht die Zwangserziehung für notwendig, um der Verwahrlosung des Kindes entgegenzutreten und werden die entstehenden Kosten aus Mitteln des Kindes oder seiner Unterhaltspflichtigen gedeckt, so ordnet es die zwangsweise Erziehung an. Fehlen die Mittel, dann ist den Machtbefugnissen des Vormundschaftsgerichtes ein Ende gesetzt, und es wird eine Frage der öffentlichen Armenpflege und Wohlfahrt, ob der Staat helfen will.

III. 1. Die Voraussetzungen, unter denen die öffentliche Zwangserziehung zulässig ist, sind erstens die Fälle, in denen das geistige oder leibliche Wohl des Minderjährigen durch ein Verschulden des Vaters oder der Mutter, wenn sie die elterliche Gewalt ausübt,[3]) gefährdet wird. Eine Gefährdung ist gegeben, wenn das Recht der Sorge für das Kind mißbraucht, das Kind vernachlässigt wird oder sich das Kind eines ehrlosen oder unsittlichen Lebenswandels schuldig macht.[4]) Zweitens sind es die Fälle, in denen die Zwangserziehung das völlige sittliche Verderben des Kindes verhüten[5]) oder seiner weiteren sittlichen Verwahrlosung entgegensteuern soll, nachdem der Minderjährige seine moralische Verkommenheit durch Begehung einer strafbaren Handlung vor Vollendung seines zwölften Lebensjahres bereits bewiesen hat.[6]) Endlich

---

[1]) Zeitschrift Bd. 26 S. 44.

[2]) So auch Molitor S. 338.

[3]) § 1686 B.G.B. [4]) § 1666 B.G.B.

[5]) Die Anordnung der Zwangserziehung setzt das Einverständnis des Vaters oder, sofern die elterliche Gewalt oder die Sorge für die Person des Kindes nur von der Mutter ausgeübt wird, ihr Einverständnis voraus. § 123 Nr. 1 A.G.B.G.B.

[6]) § 123 Nr. 2 A.G.B.G.B. § 55 St.G.B. — Die Zwangserziehung nach § 56 St.G.B. ist besonders geregelt. Ihre Anordnung erfolgt durch den Strafrichter, sie hört mit vollendetem 20. Lebensjahre auf, ihre Kosten sind Strafvollstreckungskosten.

kann die Zwangserziehung angeordnet werden, wenn das Kind unter Vormundschaft steht zum Zwecke seiner besseren Erziehung.[1])

Die Einleitung der Zwangserziehung soll für Kinder unter sechs Jahren und für Minderjährige über 16 Jahre nur in besonderen Fällen angeordnet werden.[2]) Die Staatsangehörigkeit des Kindes ist ohne Bedeutung, da die Zwangserziehung als polizeiliche Maßnahme auch Kindern gegenüber, die nicht Elsaß-Lothringer sind, zur Anwendung zu kommen hat, soweit nicht ihre und ihrer Eltern Ausweisung verfügt wird.[3])

2. Das Verfahren wird eingeleitet von Amts wegen durch das Vormundschaftsgericht oder indem der Staatsanwaltschaft beim Landgericht die Tatsachen mitgeteilt werden, die die Zwangserziehung zulassen könnten. Verpflichtet zur Anzeige sind die Polizei- und Gemeindebehörden, berechtigt alle sonstigen öffentlichen Behörden, Beamte und jede Privatperson.[4]) Die Staatsanwaltschaft prüft die Verhältnisse und stellt Antrag bei dem Vormundschaftsgericht. Dieses hat gegebenenfalls die Zwangserziehung in einem Beschlusse, der die Erfüllung ihrer Voraussetzungen ausdrücklich feststellt, anzuordnen[5]) und, nachdem der Beschluß rechtskräftig geworden ist, eine Ausfertigung nebst den erwachsenen Verhandlungen der Staatsanwaltschaft zu übersenden und sich gutachtlich zu äußern, welche Art der Unterbringung nach den Umständen am zweckmäßigsten ist.[6]) Gegen die Anordnung der Unterbringung ist die einfache Beschwerde zulässig, ihre Einlegung ist an keine Frist gebunden.[7]) Die Anordnung wird wirksam mit der Bekanntmachung an den, für den

---

[1]) § 1838 B.G.B.

[2]) § 123 Abs. 2 A.G.B.G.B. Verordnung vom 10. Januar 1900 § 2. Derartig dringende Fälle sind beispielsweise bei Mädchen gegeben, die der Prostitution verfallen sind oder ihr zu verfallen drohen. Min.V. vom 25. Januar 1901 (Sammlung Bd. 26 S. 15).

[3]) Min.V. vom 5. September 1900 (Sammlung Bd. 25 S. 706).

[4]) Verordnung vom 10. Januar 1900 § 1. Anleitung vom 5. September 1900 zur Ausführung der Verordnung vom 10. Januar 1900.

[5]) § 124 Abs. 1 A.G.B.G.B. Vor der Anordnung ist die Staatsanwaltschaft zu hören. A.G.F.G. § 14 Abs. 2. — Ist sofortiges Einschreiten dringend geboten, so kann das Vormundschaftsgericht, bevor die Untersuchung beendigt ist, die fürsorgliche Unterbringung anordnen. § 124 Abs. 2 A.G.B.G.B., Verordnung vom 10. Januar 1900 § 6.

[6]) Verordnung vom 10. Januar 1900 § 4.

[7]) § 19 F.G. Die Beschwerde hat keine aufschiebende Wirkung. Legitimiert zur Erhebung der Beschwerde ist auch die Staatsanwaltschaft. § 14 Abs. 3 A.G.F.G. Dagegen ist der Kreisdirektor nicht zur Erhebung befugt. O.L.G. Colmar vom 25. Juli 1903.

sie bestimmt ist.[1]) Die Staatsanwaltschaft legt die Akten nebst ihren gutachtlichen Äußerungen dem Vorstande der Gefängnisverwaltung (Ministerium, Abteilung für Justiz und Kultus) vor.[2]) Dieser bestimmt, ob die Unterbringung in einer Familie oder Besserungsanstalt[3]) oder Erziehungsanstalt bewirkt werden soll.[4]) Die erfolgte Unterbringung ist dem Vormundschaftsgericht mitzuteilen.

3. Die Aufsicht über die Unterbringung führt das Ministerium.[5])

4. Die Kosten der Unterbringung werden aus Fonds der Gefängnisverwaltung bezahlt,[6]) insoweit nicht Ersatz von dem Zögling oder seinen

[1]) § 16 F.G.

[2]) § 5 Verordnung vom 10. Januar 1900. Das ärztliche Zeugnis über den Gesundheitszustand des Kindes müssen die Kreis- und Kantonalärzte unentgeltlich ausstellen. § 7 ibid.

[3]) Die Anstalten oder Vereine sind verpflichtet, gegen die mit dem Vorstande der Gefängnisverwaltung vereinbarte Entschädigung die ihnen anvertrauten Zöglinge je nach der getroffenen Bestimmung entweder in der Anstalt selbst zu erziehen oder zu gleichen Zwecken in Familien unterzubringen. Die Anstalt oder der Verein übernimmt die gesamten Unterhaltskosten §§ 3 und 4 Anleitung. Die Zahlung endigt grundsätzlich mit der Unterbringung des Zöglings in eine Lehr-, Arbeits- oder Dienststelle außerhalb der Anstalt. § 35 Abs. 1 Anleitung. Zur Beaufsichtigung der in Familien als Pfleglinge, Lehrlinge oder Dienstboten untergebrachten Zöglinge wird von dem Vorstand der Gefängnisverwaltung für jeden Pflegling ein „Fürsorger" bestellt. §§ 22 ff. Anleitung. — Erziehungs- und Besserungsanstalten bestehen in Elsaß-Lothringen u. a. in: Hagenau (staatliche Anstalt für Knaben), in Neuhof bei Straßburg, in Still, in Borny (Metz), Sennheim, Saarunion, Ober-Giningen.

[4]) § 125 A.G.B.G.B. Wird die Herausgabe des Kindes verweigert oder ist die Anwendung von Zwang gegenüber dem Kinde notwendig, so kann polizeiliche Hilfe von dem Vorstand der Gefängnisverwaltung in Anspruch genommen werden. Die Ermittelung der geeigneten Familien, der Abschluß der erforderlichen Verträge mit dem Familienvorstand oder der Erziehungsanstalt liegt dem Vorstande der Gefängnisverwaltung ob. §§ 8—17 Ausf.Verordnung. — Es ist streitig, ob die Befreiung der zwangsweise in einer Anstalt untergebrachten Kinder nach § 120 St.G.B. strafbar ist. Dafür Reichsgerichts-Entscheidungen (in Strafsachen) Bd. 15 S. 39, wenn die Freiheitsbeschränkung das Maß der gewöhnlichen Schulzucht überschreitet. Anderer Ansicht Liszt, Lehrbuch (12. Auflage) S. 558. In einigen Bundesstaaten sind besondere Strafvorschriften ergangen; beispielsweise Preuß. Gesetz vom 2. Juli 1900 § 20.

[5]) Da der Staat bei der Zwangserziehung eine öffentliche Aufgabe erfüllt, so ist er nicht den Beschränkungen eines Vormundes oder Pflegers unterworfen. Die staatlich bestellten Erziehungsorgane gebrauchen daher nicht die Genehmigung zu Verträgen nach § 1822 Nr. 6 und 7 B.G.B., sie unterstehen keiner Überwachung durch das Vormundschaftsgericht

[6]) § 22 Ausf.Verordnung vom 10. Januar 1900. Die Kosten, die durch Ermittlung über die Angemessenheit der Zwangserziehung entstehen, fallen dem

Unterhaltspflichtigen erlangt werden kann.[1]) Die Festsetzung der Kosten und ihre Einziehung veranlaßt der Vorstand der Gefängnisverwaltung. Die Einziehung erfolgt nach den Vorschriften über die Beitreibung öffentlicher Gefälle vorbehaltlich des Rechtsweges über die Verpflichtung zur Zahlung.[2])

5. Die Zwangserziehung endigt, abgesehen von dem Eintritt der Volljährigkeit des Zöglings, durch Aufhebung der Anordnung auf Unterbringung durch das Vormundschaftsgericht[3]) oder durch die endgültige oder widerrufliche Entlassung durch den Vorstand der Gefängnisverwaltung, wenn der Zweck der Zwangserziehung sicher gestellt oder erreicht ist. Über das vollendete 18. Lebensjahr soll die Zwangserziehung nicht ausgedehnt werden.

4. Armenfürsorge für Ausländer.

§ 142. Interkommunales Armenfürsorgerecht.

Das Freizügigkeitsgesetz vom 1. November 1867 (eingeführt in Elsaß-Lothringen durch das Gesetz vom 8. Januar 1873, Gesetzblatt S. 1) gewährt jedem Deutschen unter anderem das Recht, innerhalb des Reichsgebietes an jedem Ort sich aufhalten oder niederlassen zu können, wo er eine eigene Wohnung oder ein Unterkommen sich zu verschaffen imstande ist (§ 1). Die Freizügigkeit birgt eine schwere Gefahr für die Gemeinden in sich, denn sie führt leicht zu einer Vermehrung der Armenlast. Infolgedessen ist den Gemeinden das Recht verliehen, jeden neu Anziehenden ohne Unterschied, ob er Elsaß-Lothringer oder Angehöriger eines deutschen Bundesstaates ist, abzuweisen, wenn er nachweisbar nicht hinreichende Kräfte[4]) besitzt, sich und seinen nicht arbeitsfähigen

Gerichtskostenfonds zur Last. Verordnung vom 5. September 1900 (Sammlung Bd. 25 S. 706). Die Kosten der ersten Zuführung werden stets unmittelbar aus der Landeskasse gezahlt, ebenso die Kosten der Verbringung in eine Heilanstalt, die Kosten der Überführung in eine private oder öffentliche Erziehungsanstalt und die Kosten des Rücktransports nach der Entweichung, letztere sofern und soweit sie nicht aus dem Guthaben des Zöglings oder sonstwie gedeckt werden können. § 34 Abs. 1 Anleitung.

[1]) § 127 A.G.B.G.B. Art. 103 E.G.B.G.B. Kisch, Landesprivatrecht S. 321. Sollten die Kosten beigetrieben werden, so würde es sich nicht mehr um „öffentliche" Zwangserziehung handeln; tatsächlich wird der Regreßanspruch in den meisten Fällen versagen.

[2]) Verordnung vom 15. November 1880. § 23 Ausf.Verordnung vom 10. Januar 1900. Verordnung vom 20. Juni 1891 (Sammlung Bd. 16 S. 252).

[3]) § 126 Abs. 1 A.G.B.G.B.

[4]) In Betracht kommen nur physische Kräfte, nicht moralische Arbeitsunfähigkeit infolge sittlicher Verkommenheit, Trunksucht. Arnoldt, Die Freizügigkeit und der Unterstützungswohnsitz. Berlin 1872 S. 48.

Angehörigen den notdürftigen Lebensunterhalt zu verschaffen und wenn er ihn weder aus eigenem Vermögen bestreiten kann, noch von einem dazu verpflichteten Verwandten erhält (§ 4 Abs. 1).[1]) Die Besorgnis vor künftiger Verarmung berechtigt noch nicht zur Abweisung. Ferner kann die Gemeinde die Fortsetzung des Aufenthaltes untersagen, wenn sich nach dem Anzuge, bevor der neu Anziehende den Unterstützungswohnsitz erworben hat, die Notwendigkeit einer öffentlichen Unterstützung[2]) aus anderen Gründen als wegen einer nur vorübergehenden Arbeitsunfähigkeit ergibt (§ 5). In beiden Fällen erstrecken sich die Ausweisungen auch auf die unselbständigen Familienangehörigen des Hilfsbedürftigen.[3])

Die armenrechtlichen Aufenthaltsbeschränkungen verfügen die Organe des Ortsarmenverbandes. Die Verfügungen sind dem Hilfsbedürftigen gegen Empfangsbescheinigung zuzustellen und können von ihm durch Beschwerde bei den Aufsichtsbehörden (Kreisdirektor, Bezirkspräsident) angefochten werden.[4]) Da das Aufenthaltsverbot in einer Gemeinde die Aufenthaltsbewilligung in einer anderen Gemeinde voraussetzt, so wird, wenn sich die betreffenden Armenverbände nicht einigen können, im Verwaltungsstreitverfahren (Bezirksrat, Bundesamt für das Heimatwesen) die Entscheidung getroffen.[5])

Die tatsächliche Ausweisung setzt die Annahmeerklärung der in Anspruch genommenen Gemeinde oder eine wenigstens einstweilen vollstreckbare Entscheidung über die Fürsorgepflicht voraus (§ 6 Abs. 2). Die Verweisung hat also nur die Wirkung der Ortsverweisung, niemals die der Landesverweisung. Läßt sich der Unterstützungswohnsitz nicht ermitteln oder kann aus sonstigen Gründen die Übernahme durch die in Anspruch genommene Gemeinde nicht erfolgen, so darf die Ausweisung überhaupt nicht angeordnet werden, vielmehr ist dem Hilfsbedürftigen Armenpflege zu gewähren.

---

[1]) Den Nachweis, daß die Voraussetzungen der Abweisung gegeben sind, muß die Gemeinde erbringen. — Ein Landesgesetz, das die Befugnisse der Gemeinden beschränkt, besteht in Elsaß-Lothringen nicht (§ 4 Abs. 1).

[2]) Öffentlich ist eine Unterstützung, die von einer öffentlichen Behörde kraft öffentlichen Rechtes aus öffentlichen Mitteln gewährt wird. Die Unterstützung muß tatsächlich gewährt worden sein, wobei es keinen Unterschied macht, ob sie auf Antrag des Unterstützten oder dritter Personen oder aus anderen Gründen von Amtswegen, ob sie dem Familienoberhaupte oder einem von ihm zu ernährenden, nicht arbeitsfähigen, unselbständigen Familienangehörigen zu Teil wurde. Reger Bd. IV S. 85; Bd. V S. 85; Bd. VI S. 206.

[3]) Reger Bd. VI S. 206; Bd. IX S. 81.

[4]) Vollzugsbestimmungen zu § 1.

[5]) § 32 Ausf.Gesetz zum U.W.G. § 6 Abs. 1 Freizügigkeitsgesetz.

Leistet der Betroffene nicht freiwillig der Ausweisungsverfügung Folge, so kann er zwangsweise mit Hilfe der Polizei weggebracht werden.[1]) Eine Strafe ist weder an die Nichtbefolgung der Verfügung noch an die unerlaubte Rückkehr in die Gemeinde geknüpft. Es bleibt keine andere Möglichkeit, als durch immer zu wiederholende Abschiebungen des Betroffenen zu verhindern, daß er den Unterstützungswohnsitz erwirbt.

Die Dauer der armenrechtlichen Ausweisung ist gesetzlich nicht bestimmt. Man wird aber annehmen müssen, daß, wenn die Voraussetzungen der Ab- und Ausweisungen nicht mehr gegeben sind, der Betroffene wieder in die Gemeinde zurückkehren kann.[2]) Es ist seine Sache, den Beweis zu erbringen, daß er nunmehr die Aufhebung des Verbots verlangen darf.[3])

§ 143. Interterritoriales Armenfürsorgerecht.

Solange Elsaß-Lothringen nicht in den Geltungsbereich des Unterstützungswohnsitzgesetzes einbezogen war, fanden in allen Fällen, in denen zwischen einer reichsländischen Gemeinde und einer Gemeinde (Armenverband) eines anderen deutschen Bundesstaates die Übernahme Hilfsbedürftiger streitig war, der Gothaer Vertrag vom 15. Juli 1851 und die späteren zu seiner Ausführung getroffenen Verabredungen, vor allem die Eisenacher Konvention vom 11. Juli 1853 Anwendung (Freizügigkeitsgesetz § 7 Abs. 1).[4]) Vom 1. April 1910 an richtet sich nur noch Bayern gegenüber, in dem nach wie vor das Unterstützungswohnsitzgesetz keine Wirksamkeit hat, das Verfahren[5]) nach dem Gothaer

[1]) Über Fälle, in denen von Entfernung des Hilfsbedürftigen Abstand zu nehmen ist §§ 55, 56 U.W.G. Gegen eine Anordnung nach § 56 ist nur Berufung an das Bundesamt für das Heimatwesen zulässig. Ausf.Gesetz § 33.

[2]) Derselben Ansicht Dames, Freizügigkeit und Aufenthalt. Ing. Diss. 1893.

[3]) Entscheidung des Bayer. Verw Gerichtshofes vom 24. April 1883 (Reger Bd. IV S. 196).

[4]) Merkwürdigerweise sind nur § 1—11 des Gothaer Vertrages in der Anlage zum Gesetz vom 8. Januar 1873 abgedruckt. § 12, der die Anrufung eines Staates als Schiedsrichter vorsieht, ist mithin in Elsaß-Lothringen nicht geltendes Recht. Es bestehen jedoch keine Bedenken, auch diese Bestimmung anzuwenden. Leoni-Mandel S. 179 Anm. 5. — Der Gothaer Vertrag ist mit sämtlichen ihn betreffenden Protokollen abgedruckt bei A. Müller, Die Übereinkunft deutscher Bundesstaaten vom 15. Juli 1851. Stuttgart 1861.

[5]) Der Gothaer Vertrag regelt nicht nur das „Verfahren", wie sich irreführend § 7 des Freizügigkeitsgesetzes ausdrückt; so Leoni-Mandel S. 178 Anm. 1 gegen Seydel in Hirths Annalen 1890 S. 191.

Vertrag (Unterstützungswohnsitzgesetz § 1 Abs. 2). Auch Luxemburg gegenüber, das der Gothaer Konvention beigetreten ist,[1]) kommen dieselben Grundsätze in Betracht.

Der Gothaer Vertrag, der ein interterritoriales Armenfürsorgerecht angebahnt hat — es ist weiter ausgebaut worden durch die in der Zwischenzeit wieder aufgehobenen Verträge mit Baden, Württemberg, Hessen, Preußen und Oldenburg (Seite 167) — entscheidet hauptsächlich zwei wichtige Fragen: er bestimmt den Staat, der zur Übernahme verpflichtet ist, und die Personen, die übernommen werden müssen; weiter regelt er die Art der Überführung und die Erstattung der Überführungskosten.

Die Beantwortung der ersten Frage ist seit der beschränkten Anwendung des Gothaer Vertrages von vornherein klar. Die Staatsangehörigkeit des Hilfsbedürftigen bestimmt der Übernahmestaat und zwar muß jeder Staat nicht nur die Personen übernehmen, die noch fortdauernd seine Angehörigen sind, sondern auch seine vormaligen Angehörigen, solange sie die Staatsangehörigkeit des anderen Staates nicht erworben haben (§ 1). Der letzte Fall ist beispielsweise gegeben, wenn jemand nach Verlust seiner bayerischen Staatsangehörigkeit aus dem Reichsauslande zurückkehrt und in Elsaß-Lothringen hilfsbedürftig wird oder wenn frühere Elsaß-Lothringer nach Verlust ihrer Staatsangehörigkeit in das Reichsgebiet zurückkehren und in Bayern hilfsbedürftig werden.[2]) Ist der Bedürftige niemals im Besitz der Staatsangehörigkeit einer der Vertragsstaaten gewesen, so ist der Staat übernahmepflichtig, in dessen Gebiet der Auszuweisende entweder nach zurückgelegtem 21. Lebensjahre sich zuletzt fünf Jahre aufgehalten[3]) oder sich verheiratet und mit seiner Ehefrau unmittelbar nach der Eheschließung eine gemeinschaftliche[4]) Wohnung mindestens sechs Wochen inne gehabt hat oder wo er geboren ist (§ 2). Die Geburt begründet nur dann eine Verpflichtung, wenn keiner der beiden anderen Fälle gegeben ist; treffen die Fälle zusammen, so ist das neuere Verhältnis entscheidend (§ 2 Abs. 2). Ist

[1]) Preußische Gesetzsammlung 1885 S. 36.

[2]) Sommer, Armenrecht S. 249 Anm. 6.

[3]) Während der Dauer eines unfreiwilligen Aufenhaltes ruht die fünfjährige Frist. Schlußprotokoll von 1851 Nr. 3. Eine vorübergehende Abwesenheit, bei welcher die Absicht der Rückkehr vorliegt, gilt nicht als Unterbrechung. Konferenzprotokoll von 1851. Nur die Zeit vor Erhebung des Übernahmeantrages darf bei Berechnung der fünfjährigen Frist berücksichtigt werden. Konferenzprotokoll von 1854 und von 1858.

[4]) Gemeinschaftlich ist die Wohnung, die der Ehemann in erster Linie für seine Ehefrau und seine Familie bestimmt hat, während ihm selbst eine Dienstwohnung angewiesen sein kann. Schlußprotokoll von 1851 Nr. 4.

keine der Voraussetzungen erfüllt, so muß der Staat, in dem der Heimatlose sich aufhält, ihn behalten, er darf ihn nicht ausweisen oder auf irgend eine Weise ihn einem anderen zuschieben (§ 6 Abs. 1).[1])

Kann die Übernahme von mehreren Staaten gefordert werden, so ist der Staat um Übernahme zu ersuchen, der in Beziehung auf den Verpflichtungsgrund oder die Zeitfolge näher verpflichtet ist (§ 7 Abs. 1). Mithin muß als näherer Verpflichtungsgrund das bestehende Untertanenverhältnis gegenüber dem erloschenen gelten; ist der Auszuweisende der Untertan mehrerer Staaten gewesen, so ist in erster Linie der Staat zur Übernahme verpflichtet, dessen Staatsangehörigkeit der Auszuweisende nach Verlust der früheren Staatsangehörigkeiten erworben hat.[2]) Lehnt der am nächsten verpflichtete Staat die Übernahme ab, so ist sie von dem nach ihm verpflichteten Staate unter Abtretung der Ansprüche gegen den ersten Staat zu fordern (§ 7 Abs. 2).

Die Übernahmepflicht bezieht sich nicht nur auf den Hilfslosen selbst, sondern auch auf seine Familie. Zu der Familie gehören unter allen Umständen[3]) die Ehefrau,[4]) Kinder unter 16 Jahren, und zu der Familie der Mutter ihr uneheliches Kind. Die Übernahme minderjähriger ehelicher oder legitimierter Kinder richtet sich nach der Staatsangehörigkeit des Vaters, die der unehelichen Kinder nach der Staatsangehörigkeit der Mutter zur Zeit der Geburt (§§ 4, 5).[5])

Die Abschiebung darf grundsätzlich nicht eher erfolgen, als bis der

---

[1]) Schlußprotokoll von 1854 Nr. 4.

[2]) Schlußprotokoll von 1851 Nr. 2 a und c. Besitzt der Auszuweisende die Staatsangehörigkeit mehrerer Staaten oder war er gleichzeitig Staatsangehöriger mehrerer Staaten, so steht dem ausweisenden Staate die Auswahl zu, nach welchem Staate er abschieben will. ibid. litt. b und d.

[3]) Die Trennung darf auch dann nicht erfolgen, wenn der Ehemann, die Eltern oder die Mutter nach einem anderen Staate abgeschoben werden könnten als die Ehefrau, die ehelichen und unehelichen Kinder. Gothaer Vertrag § 6 Abs. 2, § 5 Abs. 3. Müssen Ehefrauen und Kinder infolgedessen zeitweilig von einem Staate übernommen oder beibehalten werden, so kann wegen der ihnen gewährten Unterstützungen ein Regreßanspruch gegen den endgültig verpflichteten Staat nicht geltend gemacht werden. Schlußprotokoll von 1858 Nr. 2.

[4]) Bei Witwen und geschiedenen Ehefrauen ist nur bis zu einer in ihrer Person eintretenden, die Übernahmeverbindlichkeit begründenden Veränderung das Verhältnis des Ehemannes zur Zeit seines Todes bezw. der Ehescheidung maßgebend. Gothaer Vertrag § 3 Abs. 2.

[5]) Das 21. Lebensjahr darf an dem Tage, an dem der Übernahmeantrag gestellt wird, noch nicht zurückgelegt sein. Schiedsspruch vom 30. Mai 1856 (Müller S. 15).

zur Übernahme verpflichtete Staat sich zur Aufnahme des Hilfsbedürftigen bereit erklärt hat, es sei denn, daß der Abzuschiebende sich im Besitz eines von der Behörde seines Wohnortes ausgestellten Passes (Wanderbuch, Paßkarte), seit dessen Ablauf noch nicht ein Jahr verstrichen ist, befindet (§ 8). Den erforderlichen Schriftwechsel führen in Elsaß-Lothringen die Bezirkspräsidenten.[1]) Die Übernahme selbst kann nicht, sobald die Verpflichtung anerkannt ist, aus dem Grunde verzögert werden, weil der Ort noch nicht festgestellt ist, wohin der Aufzunehmende zu weisen ist.[2]) Die Abschiebung erfolgt regelmäßig durch Transport und Abgabe des Ausgewiesenen an die Polizeibehörde des Ortes, an dem der Transport als von Seiten des ausweisenden Staates beendigt anzusehen ist; ausnahmsweise werden Ausgewiesene auch durch Ausstellung eines Zwangspasses abgeschoben.[3])

Die Kosten, die in dem Aufenthaltsstaate des Bedürftigen bis zu seiner Übernahme durch den verpflichteten Staat dadurch entstehen, daß die öffentliche Armenpflege sich des Bedürftigen annimmt, sind von dem verpflichteten Staat nur insoweit zu ersetzen, als die Fürsorge länger als drei Monate gedauert hat (Freizügigkeitsgesetz § 7 Abs. 2).[4]) Die Kosten des Transports trägt jeder Staat für sein Gebiet (§ 11).

Die Eisenacher Konvention[5]) sichert den hilfsbedürftigen Angehörigen der Vertragsstaaten im Erkrankungsfalle die nötige Kur und Verpflegung wie dem eigenen Staatsangehörigen. Ein Ersatz für die hierdurch entstehenden Kosten kann von dem Staate, der zur Übernahme verpflichtet ist, auch nicht verlangt werden, wenn Kur oder Verpflegung länger als drei Monate gedauert haben; die Erstattungsansprüche können nur gegen den Hilfsbedürftigen selbst oder seine Unterhaltsverpflichteten geltend gemacht werden. Die Fürsorge auf Grund der Eisenacher Kon-

---

[1]) Über die in den anderen Staaten zuständigen Behörden vgl. das Verzeichnis bei Sommer S. 256 ff.

[2]) Schlußprotokoll von 1858 Nr. 4.

[3]) Mit dem Ausgewiesenen sind die Beweisstücke, auf die sich die Ausweisung gründet, mit zu übergeben. Gothaer Vertrag § 10. Separatsprotokoll von 1858. — In der Praxis sind Abschiebungen nicht sehr häufig, meistenteils wird der Hilfsbedürftige an seinem Wohnort auf Kosten des zur Übernahme verpflichteten Staates verpflegt.

[4]) Die dreimonatliche Frist ist von der Benachrichtigung des zur Übernahme verpflichteten Staates an zu berechnen. Reger Bd. IX S. 107.

[5]) Die Eisenacher Konvention ist durch Beschluß des Bundesrates vom 6. Dezember 1873 auf den Verkehr zwischen Elsaß-Lothringen und den übrigen deutschen Bundesstaaten ausgedehnt worden. Bekanntmachung des Reichskanzlers vom 16. Januar 1874 (G.Bl. S. 1).

vention hat nicht länger zu währen, als bis der Hilfsbedürftige ohne Gefahr für sich und andere nach dem zu seiner Aufnahme verpflichteten Staate abgeschoben werden kann, vorausgesetzt, daß seine Abschiebung nach dem Freizügigkeitsgesetz zulässig ist.

§ 144. Internationales Armenfürsorgerecht.

I. Die Ausweisung eines Ausländers aus Elsaß-Lothringen ist unzweifelhaft nach Landesrecht (Gesetz vom 3. Dezember 1849 Art. 3) auch aus dem Grunde zulässig, weil er infolge seiner Verarmung „lästig" wird. Daß von diesem Recht gewöhnlich aber kein Gebrauch gemacht wird, gebietet das Mitleid, welches der Hilfsbedürftige in Anspruch nehmen kann. Die Verwaltungspraxis verfolgte daher schon immer den Grundsatz, ausländische Arme regelmäßig nur im Wege des Übernahmeverfahrens zu entfernen.[1])

Solange hilfsbedürftige Ausländer im Inlande belassen werden, genießen sie in demselben Umfange wie Inländer Unterstützung. Der vorläufige Träger der Fürsorgelast ist der Ortsarmenverband des Aufenthalts des Hilfsbedürftigen; der endgültige Träger ist die elsaß-lothringische Landesverwaltung (Unterstützungswohnsitzgesetz § 60), jedoch wird in gewissem Umfange auch der Ortsarmenverband des Dienst- und Arbeitsortes herangezogen (Ausführungsgesetz § 31). Die vorläufige Fürsorgepflicht dauert solange fort, bis die Hilfsbedürftigkeit beendet oder der Hilfsbedürftige dem endgültig übernahmepflichtigen Staate oder seinem Heimatstaate zugeführt ist oder sich freiwillig entfernt hat. Die Erstattung der gewährten Unterstützungen kann der Regel nach von dem Heimatsstaat des Ausländers nicht beansprucht werden,[2]) dagegen besteht ein Ersatzanspruch gegen den Unterstützten, seine Angehörigen oder aus sonstigen Gründen Verpflichteten.

II.*) Mit einer Reihe von Staaten hat das Deutsche Reich völkerrechtliche Verträge abgeschlossen, die die Übernahmepflicht regeln; von anderen als den Vertragsstaaten kann die Übernahme nicht verlangt werden.[3]) Die Verträge, welche ein internationales Armenfürsorgerecht geschaffen haben, stufen sich in drei Kategorien ab.

---

[1]) Vollzugsanweisung zum A.G.U.W.G. § 31.

[2]) Sommer S. 181 Anm. 17.

*) v. Conta, Die Ausweisung. Berlin 1904.

[3]) England und Nord-Amerika lehnen die Übernahme stets ab. Sommer S. 184 Anm. 27.

1. Die geringsten Zusicherungen enthält das Abkommen zwischen dem Deutschen Reich und Rußland vom 10. Februar / 29. Januar 1894.[1]) Nach ihm haben sich beide Teile verpflichtet, diejenigen ihrer früheren Angehörigen, welche ihre Staatsangehörigkeit durch Abwesenheit im Auslande oder durch förmliche Entlassung oder auf andere Weise verloren haben, zu übernehmen, falls jene nicht eine andere Staatsangehörigkeit erworben haben. Die Übernahmepflicht erstreckt sich nicht auf Personen, welche die von ihren Eltern verlorene Staatsangehörigkeit niemals besessen haben. Die Übernahmeverhandlungen sind durch unmittelbaren Schriftwechsel der Grenzbehörden oder, falls diese sich nicht einigen können oder wenn die Entscheidung der Grenzbehörden von den höheren Behörden des Heimatstaates nicht gebilligt wird, auf diplomatischem Wege zu führen.[2])

Weitergehend ist das Abkommen zwischen dem Deutschen Reiche und Frankreich aus dem Jahr 1909.[3]) Jeder der beiden Staaten gewährt innerhalb seines Gebietes den hilfsbedürftigen Angehörigen des anderen Staates dieselbe Unterstützung, die den eigenen Hilfsbedürftigen nach den gesetzlichen Bestimmungen über öffentliche Unterstützung zuteil wird. Die gegenseitige Übernahme beschränkt sich auf hilflose Personen, verlassene Kinder und Geisteskranke, wobei unter „hilflosen Personen" die Unterstützungsbedürftigen anzusehen sind, die infolge einer unheilbaren Krankheit, wegen Siechtums oder wegen anhaltender Erwerbsunfähigkeit andauernd der öffentlichen Armenpflege zur Last fallen. Die Bestimmung des Übernahmeortes steht dem ersuchten Staate, die Bestimmung des Zeitpunktes der Übergabe aber dem ersuchenden Staate zu.[4]) Die Überführung darf erst erfolgen, wenn der ersuchte Staat vorher die Übernahme zugestanden hat. Die erforderlichen Verhandlungen werden auf diplomatischem Wege geführt. Alle Hilfsbedürftigen jedes Staates werden übernommen, gleichviel ob sie die Staatsangehörigkeit oder den Unterstützungs-

---

[1]) Zentralblatt für das Deutsche Reich 1894 S. 81 ff. Anweisung des preußischen Ministers des Innern vom 6. Mai 1894 (Min.Bl. S. 93 ff.).

[2]) Ein Schriftwechsel ist nicht erforderlich, wenn die heimzuschaffende Person mit Papieren versehen ist, die noch gültig oder doch erst seit einem Jahr abgelaufen sind oder wenn kein Zweifel besteht, daß sie dem übernehmenden Staate angehört oder früher angehört hat. Art. 3 des Abkommens.

[3]) Abgedruckt bei Sommer S. 336 ff.

[4]) Die Übergabe der nach Deutschland heimzuschaffenden Personen soll in Novéant, Deutsch-Avricourt und Altmünsterol, die Übergabe der nach Frankreich heimzuschaffenden Personen soll in Pagny, Igney-Avricourt oder Petit-Croix erfolgen, wenn nicht besondere Umstände für einen anderen Übernahmeort sprechen. Art. 8 der Verhandlungen.

wohnsitz in der Heimat verloren haben oder nicht, falls sie nicht eine andere Staatsangehörigkeit erworben haben. Witwen und Kinder früherer Staatsangehörigen, wenn sie die Staatsangehörigkeit des ersuchten Staates überhaupt niemals besessen haben, werden grundsätzlich nicht übernommen. Kinder sollen auch in diesem Falle übernommen werden, wenn der Übernahmeantrag sich zugleich auf die Eltern erstreckt und diese zu übernehmen sind. Die durch die Verpflegung des Hilfsbedürftigen vor der Übernahme und durch seine Beförderung nach dem Übernahmeort erwachsenden Kosten trägt der ersuchende Staat vorbehaltlich seines Regreßanspruchs gegen den Hilfsbedürftigen oder die zu seiner Unterstützung verpflichteten Personen.

2. Mit Italien,[1] Dänemark,[2] der Schweiz[3] und den Niederlanden[4] ist nicht nur die gegenseitige Übernahme von auszuweisenden Personen vertraglich ausbedungen, sondern es ist auch vereinbart, daß jeder Staat innerhalb seines Gebietes den hilfsbedürftigen Angehörigen des anderen Staates, welche wegen körperlicher oder geistiger Krankheit der Verpflegung und ärztlichen Behandlung bedürfen, diese nach denselben Grundsätzen wie bei den hilfsbedürftigen Inländern so lange gewährt, bis ihre Rückkehr in die Heimat ohne Nachteil für ihre oder anderer Gesundheit geschehen kann, ferner sind ihnen die zur Erreichung

[1] Übereinkommen vom 8. August 1873 (Zentralblatt für das Deutsche Reich S. 281). Die Übernahmeverhandlungen sollen versuchsweise nicht mehr auf diplomatischem Wege, sondern von den Konsularbehörden des Staates, der die Heimschaffung betreibt, mit den Provinzialbehörden des Heimatlandes des zu Übernehmenden geführt werden. Sommer S. 281. Über die Durchbeförderung der aus dem Deutschen Reich ausgewiesenen Italiener durch das österreichische und schweizerische Staatsgebiet Sommer S. 281.

[2] Übereinkommen vom 11. Dezember 1873 (Zentralblatt für das Deutsche Reich 1874 S. 31). Nach der Zusatzdeklaration vom 25. August / 30. September 1881 (ebenda S. 408) können die Übernahmeverhandlungen direkt zwischen den zuständigen Behörden im Korrespondenzwege erfolgen, nur wenn eine Einigung nicht zu erzielen ist, sind diplomatische Verhandlungen einzuleiten.

[3] Niederlassungsvertrag vom 31. Mai 1890 (R.G.Bl. S. 131). Nach dem Zusatzprotokoll vom 21. Dezember 1881 werden die Verhandlungen direkt im Korrespondenzwege geführt, diplomatische Vermittelung findet nur ausnahmsweise statt (Sommer S. 300).

[4] Niederlassungsvertrag vom 17. Dezember 1904 (R.G.Bl. 1906 S. 879). Diplomatische Verhandlungen (Artikel 9) sind nur nötig, wenn die Grenzbehörden sich wegen der Übernahme nicht einigen können oder wenn die Entscheidung der Grenzbehörde von der höheren Behörde des Heimatstaates nicht gebilligt wird. Die Anweisung des preußischen Ministers des Innern zur Ausführung des Vertrags vom 31. Januar 1907 und die Verfügung vom 20. Januar 1909 sind abgedruckt bei Sommer S. 324 und S. 335.

der Grenze des Heimatlandes erforderlichen Mittel zur Verfügung zu stellen. Ein Ersatz für die hierdurch entstehenden Kosten nebst den Beerdigungskosten kann von der öffentlichen Kasse desjenigen Staates, dem der Hilfsbedürftige angehört, nicht beansprucht werden; jedoch ist der Ersatzanspruch gegen den Unterstützten selbst oder seine Unterhaltspflichtigen zulässig.

Mit Österreich-Ungarn[1]) ist ein Abkommen getroffen, durch welches jeder der vertragschließenden Teile sich verpflichtet, auf Verlangen des anderen Teiles seine Angehörigen wieder zu übernehmen, auch wenn dieselben die Staatsangehörigkeit nach der inländischen Gesetzgebung bereits verloren haben, sofern sie nicht dem anderen Lande nach dessen eigener Gesetzgebung angehörig geworden sind.

3. Deutschland und Belgien haben sich gegenseitig verpflichtet,[2]) dafür zu sorgen, daß jeder Staat innerhalb seines Gebietes allen hilfsbedürftigen Angehörigen des anderen Teiles dieselbe Unterstützung gewährt, welche den eigenen Hilfsbedürftigen nach den gesetzlichen Bestimmungen über öffentliche Unterstützung zuteil wird. Wird der Hilfsbedürftige in seine Heimat zurückgeschafft oder ausgewiesen, so ist der ausweisende Staat verpflichtet, ihm die bis zur Erreichung der Grenze erforderlichen Mittel zu gewähren. Die Heimschaffung muß ausgesetzt werden, wenn und solange es der Gesundheitszustand des Hilfsbedürftigen erfordert. Frauen dürfen nicht von ihren Ehemännern, Kinder unter 16 Jahren nicht von ihren Eltern getrennt werden. Die Trennung ist nur zulässig, wenn Hilfsbedürftige, die infolge von Krankheit oder Alter erwerbsunfähig geworden sind, oder Waisen, verlassene Kinder und Geisteskranke in Betracht kommen, wenn sie auf öffentliche Kosten verpflegt oder unterhalten werden; der Übernahmeantrag ist in diesem Falle auf diplomatischem Wege zu stellen. Ein Ersatz der durch die Armenunterstützung, Verpflegung, ärztliche Behandlung, Heimschaffung, Beerdigung entstandenen Kosten kann gegen die öffentlichen Kassen des anderen Staates nicht geltend gemacht werden. Die Übernahme unterbleibt, wenn dem Hilfsbedürftigen an seinem Wohnort die weitere Fürsorge auf Kosten des Verpflichteten zuteil wird.

§ 145. Streitverfahren.

Wenn ein Armenverband, der einen hilfsbedürftigen Deutschen vorläufig unterstützen muß, Ersatzansprüche gegen den vermeintlich endgültig ver-

---

[1]) Bekanntmachung des Reichskanzlers vom 2. September 1875 (Zentralblatt für das Deutsche Reich S. 475).

[2]) Deklaration vom 7. Juli 1877 (Zentralblatt für das Deutsche Reich S. 411).

pflichteten Armenverband erheben will, so muß er bei diesem den Erstattungsanspruch anmelden und anfragen, ob er freiwillig zahlen will (Unterstützungswohnsitzgesetz § 34). Bestreitet der in Anspruch genommene Armenverband seine Erstattungspflicht, so wird im Verwaltungsstreitverfahren und zwar in erster Instanz von dem Bezirksrat, in dessen Bereich der beklagte Armenverband liegt, in zweiter und letzter Instanz von dem Bundesamt für das Heimatwesen[1]) entschieden. Nur soweit es sich um die Organisation oder die örtliche Abgrenzung der einzelnen Armenverbände handelt, ist gegen die Entscheidung des Bezirksrates Berufung an den Kaiserlichen Rat zulässig (Ausführungsgesetz § 32).

Das bei dem Bundesamt einzulegende Rechtsmittel ist die Berufung, die binnen einer Notfrist von vierzehn Tagen von der Behändigung der angefochtenen Entscheidung an gerechnet bei der Behörde, gegen deren Entscheidung sie gerichtet ist, schriftlich anzumelden ist. Die Angabe der Beschwerden, sowie die Rechtfertigung kann mit der Anmeldung verbunden oder innerhalb vier Wochen nachgeholt werden; neue Tatsachen und Beweismittel können angeführt werden. Das Bundesamt entscheidet gebührenfrei in öffentlicher Sitzung nach erfolgter Ladung und Anhörung der Parteien. Das Erkenntnis wird schriftlich mit Gründen versehen den Parteien durch Vermittlung des Bezirksrates zugefertigt. Die Vollstreckung der Exekution liegt der zur Entscheidung in erster Instanz zuständigen Behörde des verpflichteten Armenverbandes ob und ist bei derselben zu beantragen. Demnach muß der Bezirksrat behufs Vollstreckung seiner eigenen Entscheidung oder der Entscheidung höherer Instanzen die dem verpflichteten Armenverbande vorgesetzte Aufsichtsbehörde um Vollstreckung ersuchen.[2])

Der Bezirksrat und der Kaiserliche Rat dürfen Untersuchungen an Ort und Stelle veranlassen, Zeugen und Sachverständige laden und eidlich vernehmen, überhaupt den angetretenen Beweis erheben. Die Entscheidung ist schriftlich und mit Gründen zu versehen; die Übernahmeverpflichtung muß ausdrücklich ausgesprochen werden (Unterstützungswohnsitzgesetz §§ 38—40). Bei Streitsachen zwischen elsaß-lothringischen Armenverbänden hat die unterliegende Partei die der Gegenpartei erwachsenen Kosten zu erstatten, soweit sie nach freiem Ermessen des Gerichts zur zweckentsprechenden Rechtsverfolgung oder Rechtsverteidigung notwendig

---

[1]) Über das Bundesamt für das Heimatwesen, Unterstützungswohnsitzgesetz §§ 42 ff. und Laband Bd. I S. 394 ff.

[2]) Über die Vollstreckung in das Gemeindevermögen Gemeindeordnung § 77.

waren; Reisekosten eines nicht am Sitze des Berufungsgerichts ansässigen Rechtsanwalts sind nicht zu erstatten (Ausführungsgesetz § 32 Absatz 3).

Um Rechtsstreite zwischen Armenverbänden nach Möglichkeit zu vermeiden, wird in jedem Kreis ein Armenschiedsamt eingerichtet, das eine gütliche Vereinbarung oder einen Vergleich herbeiführen soll. Das Schiedsamt wird besetzt mit einem Vorsitzenden und dessen Stellvertreter, die der Regel nach die Befähigung zum Richteramt besitzen sollen; sie werden auf drei Jahre vom Bezirkstag ernannt. Die Mitglieder des Amtes werden in der Zahl von sechs von dem Kreistage (in den Stadtkreisen von dem Gemeinderat) aus den zum Gemeinderat Wahlberechtigten auf die Dauer von drei Jahren gewählt. Ihre Tätigkeit ist ehrenamtlich, jedoch sind auswärtigen Mitgliedern die Barauslagen zu ersetzen. Das Schiedsamt entscheidet in der Besetzung von drei Mitgliedern einschließlich des Vorsitzenden. In Streitigkeiten zwischen elsaß-lothringischen Armenverbänden wegen öffentlicher Unterstützung Hilfsbedürftiger kann die Klage beim Bezirksrat erst dann erhoben werden, wenn bei dem Schiedsamt, das für den in Anspruch genommenen Verband zuständig ist, die Sühne erfolglos verlaufen ist. Den Sühneversuch kann auch der in Anspruch genommene Verband beantragen.[1])

[1]) Der Geschäftsgang, die Art der Beschlußfassung, die Aufbringung der Kosten wird auf Vorschlag des Bezirkstags von dem Ministerium bestimmt. Ausführungsgesetz § 35.

Vierzehntes Kapitel.

Kirchenrecht.*

§ 146. Die religiöse Freiheit. Überblick.

I. Im Reichsland ist das Bundesgesetz vom 3. Juli 1869, welches die aus der Verschiedenheit der religiösen Bekenntnisse hergeleiteten Beschränkungen der bürgerlichen und staatsbürgerlichen Rechte beseitigt hat, niemals eingeführt worden. Dieser Einführung hat es aber auch nicht bedurft, denn seit der Erklärung der Menschen- und Bürgerrechte findet sich zu wiederholten Malen in verschiedenen Gesetzen ein ganz ähnlicher Gedanke ausgesprochen, und überdies bestimmt das auch in Elsaß-Lothringen geltende Freizügigkeitsgesetz, daß keinem Bundesangehörigen um des Glaubensbekenntnisses willen der Aufenthalt, die Niederlassung, der Gewerbebetrieb oder der Erwerb von Grundeigentum verweigert werden darf. Die religiöse Freiheit, die Möglichkeit, keiner oder einer beliebigen Religionsgesellschaft anzugehören, ist für den modernen Kulturstaat eine selbstverständliche Wahrheit. Trotzdem besteht in dem reichsländischen Kirchenrecht gerade hier eine Lücke, auf die hinzuweisen sein wird. Die Kirche kann noch immer durch Ausschließung von ihren Wohltaten einen Zwang auf Betätigung des Glaubens ausüben, der Staatsgewalt sind derartige Machtmittel nicht mehr verliehen, für sie kommt der religiöse Glaube des Individuums erst in zweiter Linie; in erster Linie steht für sie die Erfüllung der allgemeinen gesetzlichen Verpflichtungen. Daraus ergeben sich die Grenzen, die der religiösen Freiheit gezogen sind. Es steht zwar jedem die Wahl seines Bekenntnisses frei, er kann aber hieraus keine Rechte herleiten, um sich den allgemeinen staatsbürgerlichen Pflichten zu entziehen. Die Ableistung des Militärdienstes, die Übernahme des Amtes eines Schöffen oder Geschworenen, die Erfüllung der Zeugenpflicht kann durch Hinweis auf das persönliche Glaubensbekenntnis nicht verweigert werden. Auch die Strafbarkeit einer Handlung oder Unterlassung

*) Literatur: Leoni-Mandel S. 284—300. Geigel, Reichs- und reichsländisches Kirchen- und Stiftungsrecht. Straßburg 1898 mit reichen Literaturangaben.

wird nicht dadurch ausgeschlossen, daß der Täter nach seinem Gewissen oder den Vorschriften seiner Religion sein Verhalten für geboten erachtet hat (Militärstrafgesetzbuch § 48). Das Prinzip der religiösen Freiheit findet aber auch noch nach einer anderen Richtung hin seine Begrenzung. Die Betätigung des Glaubens ist nur insoweit zulässig, als nicht andere staatliche Interessen in Frage kommen. Die öffentliche Ordnung, die allgemeine Sicherheit und Ruhe muß unter allen Umständen gewahrt werden. Allen hierauf bezüglichen Vorschriften ist zunächst nachzukommen, ihnen haben sich auch die religiösen Angelegenheiten unterzuordnen.

Die Auswahl unter den verschiedenen Religionsbekenntnissen wird den meisten Menschen dadurch erspart, daß gewöhnlich die Religion des Vaters sich auf das Kind vererbt. Abgesehen von diesem Normalfall steht die Bestimmung darüber, in welchem religiösen Bekenntnis ein Kind zu erziehen ist, demjenigen zu, der das Recht und die Pflicht hat, für die Person des Kindes zu sorgen.[1]) Wer also das Bestimmungsrecht hat, entscheiden die Vorschriften über die Sorge für die Person. Nur nach zwei Richtungen hin werden Ausnahmen zugelassen. Leben beide Elternteile und hat die Mutter die Sorge für die Person des Kindes, so kann die Mutter trotzdem nicht das religiöse Bekenntnis des Kindes ohne Einwilligung des Vaters ändern; hierzu ist sie nur dann befugt, wenn ihr die elterliche Gewalt zusteht oder wenn im Falle der Scheidung der Ehe oder der Aufhebung der ehelichen Gemeinschaft der Vater allein für schuldig erklärt ist oder wenn der Vater wegen Geisteskrankheit entmündigt und nach Feststellung des Vormundschaftsgerichts die Aussicht auf Wiederherstellung ausgeschlossen ist. Die zweite Ausnahme besteht darin, daß ein Vormund oder Pfleger, auch wenn er die Sorge für die Person des Kindes hat, das religiöse Bekenntnis des Kindes niemals ändern, nur bestimmen kann. Kollidieren die Bestimmungsrechte mehrerer Personen, so geht der Wille des Vaters dem der Mutter und dem des Vormundes oder Pflegers und der Wille der Mutter dem des Vormundes oder Pflegers vor. Haben mehrere Vormünder gemeinschaftlich die Sorge für die Person, so entscheidet, falls sie sich nicht einigen können das Vormundschaftsgericht. Eine bestimmte Altersgrenze, von der an das Kind seine Religion selbst bestimmen kann, ist gesetzlich nicht festgelegt und ist nicht etwa mit

---

[1]) §§ 119—122 Ausführungsgesetz zum Bürgerlichen Gesetzbuch. Da diese Vorschriften in das Gebiet des Privatrechtes gehören, so muß auf die eingehenden Darstellungen bei Kisch, Landesprivatrecht S. 932—942 verwiesen werden. — Verträge und Versprechungen der Eltern, den Kindern eine bestimmte Religion zu geben, sind rechtswirksam Kisch S. 939.

der Volljährigkeit[1]) anzunehmen. Es ist eine Tatfrage, ob das Kind selbständig die Entscheidung treffen kann und ob eine Einwirkung der Eltern auf sein religiöses Leben noch von Erfolg ist.[2])

Wenn der Staat auch die Auswahl unter den verschiedenen Glaubensbekenntnissen dem einzelnen Individuum überläßt, so übt er in gewissen Beziehungen einen Zwang aus, daß das Individuum einer Religionsgesellschaft angehört. Die Frage nämlich, wie man aus einer Religionsgesellschaft austritt, ohne eine andere Religion anzunehmen, ist nicht geregelt.[3]) Was ist die Folge dieser Lücke der Gesetzgebung? Will beispielsweise ein Katholik seinen Glauben aufgeben, so kann er wohl seiner Kirche gegenüber durch Ignorierung ihrer Einrichtungen, durch Herbeiführung der Streichung seines Namens in den kirchlichen Registern seinen Willen kundgeben, den staatlichen Behörden gegenüber bleibt er Katholik.

II. Den gesetzlich anerkannten Religionsgesellschaften sind die nicht anerkannten Religionsgesellschaften (Sekten) gegenüberzustellen. Zur öffentlichen Ausübung ihrer Bekenntnisse ist eine besondere Ermächtigung notwendig, die in der Form der Kaiserlichen vom Statthalter auszufertigenden Verordnung erteilt wird.[4]) Die Erteilung der Ermächtigung und ihre Rücknahme, die auf demselben Wege wie die Erteilung zu erfolgen hat, ist in das freie Ermessen des Statthalters gestellt. Rechtsfähigkeit können die Sekten nur durch ein Gesetz erlangen, andernfalls wären sie besser als die anerkannten Religionsgesellschaften gestellt.[5]) Die

[1]) Die jetzt aufgehobene Ministerialverordnung vom 5. Oktober 1904 stand auf dem nicht richtigen Standpunkt, daß für „minderjährige" Personen nur derjenige, der das Bekenntnis ändern kann, der Austritt aus der protestantischen Kirche erklärt werden darf.

[2]) Kisch S. 940.

[3]) Früher war der Austritt aus der protestantischen Kirche durch die Ministerialverordnung vom 5. Oktober 1904 (A.Bl. S. 137) geregelt. Mit der Aufhebung der protestantischen Kirchensteuer ist auch diese Verordnung gegenstandslos geworden.

[4]) Dekret vom 19. März 1859 Art. 3. Verordnung vom 23. November 1907 (R.G.Bl. S. 759).

[5]) Herrschende Ansicht Kisch, Landesprivatrecht S. 159. Leoni-Mandel S. 285. — Der Art. 84 des Einführungsgesetzes zum Bürgerlichen Gesetzbuch stellt ausdrücklich fest, daß Religionsgesellschaften oder geistliche Gesellschaften beim Entgegenstehen landesgesetzlicher Bestimmungen, wie dieses in Elsaß-Lothringen der Fall ist, durch Eintragung in das Vereinsregister Rechtsfähigkeit nicht erlangen können (Protokolle Bd. VI S. 381 f.). — Nicht zu verwechseln mit den Sekten sind die religiösen Vereine, gegen deren Eintragung in das Vereinsregister von dem Bezirkspräsidenten Einspruch eingelegt werden kann § 61 Abs. 2 Bürgerliches Gesetzbuch. Verordnung vom 6. Dezember 1899 (G.Bl. S. 245).

zur öffentlichen Ausübung eines nicht gesetzlich anerkannten Bekenntnisses ermächtigten Sekten dürfen ebenso wie die anerkannten Religionsgesellschaften ohne behördliche Erlaubnis keine öffentliche beratende Versammlung abhalten, keine Ausländer anstellen, ferner ist ihnen verboten, unmittelbar oder mittelbar Personen oder die übrigen vom Staate anerkannten Religionsgesellschaften zu beschuldigen und in Verbindung mit einer auswärtigen Macht zu treten.[1]) Zu gelegentlichen Versammlungen bedürfen die Sekten der Erlaubnis des Bezirkspräsidenten.[2]) Endlich sind noch religiöse Genossenschaften zu unterscheiden, deren rechtliche Stellung verschieden ist, je nachdem, ob sie anerkannt, ermächtigt oder nicht anerkannt sind.

§ 147. Die gesetzlich anerkannten Religionsgesellschaften. Der recours comme d'abus.

Durch das Gesetz über die Kultusverfassung vom 18. Germinal X sind die katholische Kirche und die protestantische Kirche (Kirche Augsburgischer Konfession und reformierte Kirche) und durch das Dekret vom 17. März 1808 und das Gesetz vom 8. Februar 1831 die israelitische Kirche anerkannt worden (cultes reconnus). Die staatliche Anerkennung verleiht diesen Religionsgesellschaften eine bevorzugte Stellung im Gebiete des privaten und öffentlichen Rechtes. Zwar erlangen die Landeskirchen als solche hierdurch keine Rechtsfähigkeit, aber einige kirchliche Anstalten sind zu juristischen Personen erhoben. Die Hauptvorrechte liegen in dem Bereich des öffentlichen Rechtes. Die anerkannten Religionsgesellschaften genießen einen weitgehenden Schutz (§§ 166, 167 Strafgesetzbuch), ihre Geistlichen üben die herkömmliche Aufsicht über den in den Schulen lehrplanmäßig zu erteilenden Religionsunterricht aus,[3]) vor allem aber trägt die Landeskasse als Ersatz für die Einkünfte aus den säkularisierten Gütern die Besoldung ihrer Geistlichen, ohne sie damit zu Landesbeamten zu machen (Bd. I S. 168).[4]) Die staatliche Fürsorge erschöpft sich nicht

[1]) Dekret vom 19. März 1859 Art. 3 Abs. 2. Gesetz vom 18. Germinal X Art. 4, 32, 52 (organische Artikel der kathol. Kirche), Art. 2 (organische Artikel der protestantischen Bekenntnisse).

[2]) Dekret vom 19. März 1859 Art. 3 Abs. 3.

[3]) Gesetz vom 24. Februar 1908 (G.Bl. S. 7) § 4. Ausf. Best. vom 2. März 1908 (A.Bl. S. 59). — Während der Schulpflicht wird die Versäumung des von dem Geistlichen außerhalb der Schulstunden zu erteilenden Religionsunterrichts wie Schulversäumnis bestraft. Zeitschrift Bd. 31 S. 543.

[4]) Der Anspruch auf den Gehalt ist einklagbar (Leoni-Mandel S. 286). Über die Stellung der Geistlichen als Lehrer an öffentlichen Schulen Zeitschrift Bd. 23 S. 547.

in der Bereitstellung von Mitteln für die im Dienst befindlichen Geistlichen, sondern sie geht noch weiter: den wegen dauernder Dienstunfähigkeit in den Ruhestand tretenden Geistlichen wird Pension aus der Landeskasse gewährt.[1]) Die dem Gottesdienst gewidmeten Gebäude der Diözesanverwaltung, die bischöflichen Paläste und Seminargebäude gehören zwar dem Lande, die Pfarrkirchen und Häuser den Gemeinden, werden aber den Religionsgesellschaften zur Benutzung überlassen.[2]) Ist für die protestantischen Pfarrer, die katholischen Haupt- und Hilfspfarrer, für die Oberrabbiner und Rabbiner kein zu ihrer Wohnung bestimmtes Gebäude vorhanden, so müssen die Gemeinden Wohnungsentschädigungen gewähren;[3]) ferner müssen die Gemeinden bei Unzulänglichkeit der Einkünfte der Kirchenfabrik für die diesen auferlegten Kultusausgaben und unter allen Umständen für die großen Ausbesserungen der dem Kultus gewidmeten Gebäude aufkommen.[4]) Endlich können die anerkannten Religionsgesellschaften in Gemeinden „où l'on professe plusieurs cultes" die Einräumung besonderer Friedhöfe oder wenigstens nach Konfession getrennter Abteilungen verlangen.[5])

Da der Staat durch die Anerkennung den Religionsgesellschaften Macht, Schutz und Selbständigkeit gewährt, so bringt er sie auch in ein Abhängigkeitsverhältnis zu sich. Die Formel hierfür ist die „protection",[6]) die verschiedenen Inhalt hat, je nachdem um welche kirchliche Angelegenheit es sich handelt.

Die inneren kirchlichen Angelegenheiten, als da sind die Abhaltung des Gottesdienstes, die Ausgestaltung der Glaubenslehre, die Art der Einführung der Geistlichen, die Handhabung der Kirchenzucht u. a. m.[7])

---

[1]) Gesetz vom 15. November 1909 (G.Bl. S. 126).

[2]) In der französischen Revolution waren sämtliche Gebäude Staatseigentum geworden; die zur Pfarrei gehörigen Gebäude wurden den Gemeinden unter der Auflage, sie den Kirchen zur Verfügung zu stellen, überwiesen. Organische Artikel Art. 75. Sirey, Recueil général des lois et des arrêts 1840 Bd. I S. 597; 1851 Bd. II S. 81; 1854 Bd. I S. 111. — Das Straßburger Münster gehört dem Lande. Bredt, Das Eigentum am Straßburger Münster und die Verwaltung des Frauenstifts. Straßburg 1903. S. 57.

[3]) Bruck, Gemeindeordnung S. 271 Bem. 6.

[4]) Dekret vom 30. Dezember 1809 Art. 92. Bei Meinungsverschiedenheiten zwischen dem Bischof und dem Gemeinderat hinsichtlich der Ausgaben einer Kirchenfabrik entscheidet der Statthalter. Verordnung vom 23. November 1907 (R.G.Bl. S. 759) Ziffer 3.

[5]) Dekret vom 23. Prairial XII Art. 15; oben Bd. II S. 230.

[6]) Otto Mayer, Portalis und die organischen Artikel. Straßburg 1902 S. 10.

[7]) Geigel S. 21 ff.

verwalten die Religionsgesellschaften selbständig. Der Staat kann aber auch bezüglich dieses „pouvoir spirituel“ nicht auf jede Machtbefugnis verzichten, es muß ihm die Möglichkeit zum Eingreifen gewahrt bleiben. So behält er sich ein weitgehendes Kontrollrecht vor. Die organischen Artikel der katholischen Kirche enthalten die ausdrückliche Bestimmung (Art. 1 und 3), daß keine Bulle, kein Breve, Reskript, Dekret, Mandat, keine Stellverleihungsurkunde oder eine dieselbe ersetzende Signatur noch andere Ausfertigung der römischen Kurie, selbst wenn sie sich nur auf Privatpersonen beziehen, ohne Ermächtigung der Regierung angenommen, veröffentlicht, gedruckt oder in anderer Weise in Vollzug gesetzt werden darf;[1]) derselbe Zwang gilt auch für die Beschlüsse auswärtiger Synoden und der Generalkonzilien. Die Abfassung der Kaiserlichen Verordnung, die das Placet erteilt, läßt deutlich den Standpunkt der Regierung erkennen. „Ohne Anerkennung der in der Bulle enthaltenen Klauseln, Formeln und Ausdrücke, welche mit den bestehenden Gesetzen und den Grundsätzen des in Elsaß-Lothringen geltenden Kirchenrechts in Widerspruch stehen oder stehen können und unbeschadet aller uns im Namen des Reichs in Elsaß-Lothringen zustehenden Hoheitsrechte“ wird das Placet gewährt.[2]) Ebenso ist den protestantischen Kirchen und ihren Geistlichen verboten, in Verbindung mit einer auswärtigen Macht oder Gewalt zu treten; keine Entscheidung in Sachen der Lehre oder des Glaubens, keine Formel unter der Bezeichnung Glaubensbekenntnis oder unter jeder anderen Bezeichnung darf veröffentlicht oder Gegenstand des Unterrichts werden, bevor die Regierung die Veröffentlichung oder Ausfertigung gestattet hat, auch eine Veränderung in der Kirchenzucht ist nur mit staatlicher Ermächtigung zulässig.[3]) Ähnliche Verbote finden sich in dem israelitischen Kirchenrecht. Die israelitischen Religionsdiener sind im Unterricht und der Auslegung des Gesetzes an die Beschlüsse des großen Sanhedrin und die späteren Beschlüsse der Synodalversammlungen gebunden; ohne ausdrückliche Ermächtigung der Regierung darf keine beratende Versammlung zusammentreten, keine Lehre oder Glaubenssatz veröffentlicht oder Gegenstand des Unterrichts werden.[4]) Eine weitere staatliche Beschränkung in der Verwaltung von inneren kirchlichen Angelegen-

[1]) Das Dekret vom 28. Februar 1810 hat nur für die Breven der Poenitentiaria, soweit sie sich auf das forum internum beziehen, eine Ausnahme zugelassen.

[2]) Vgl. beispielsweise die Verordnung vom 22. Oktober 1901 (G.Bl. S.87).

[3]) Organische Artikel der protestantischen Bekenntnisse Art. 2, 4, 5.

[4]) Ordonnanz vom 25. Mai 1844 Art. 56 und 54.

heiten besteht darin, daß keine Religionsgesellschaft einem Reichsausländer ein geistliches Amt ohne Ermächtigung der Regierung übertragen kann,[1]) daß die Vornahme einer kirchlichen Trauung abhängig ist von dem Nachweis der standesamtlichen Eheschließung und daß endlich bei dem Gottesdienst Fürbitten für den Kaiser oder von der Regierung angeordnete öffentliche Fürbitten ausgesprochen werden müssen.[2])

Gegenüber den gemischten Angelegenheiten (affaires mixtes) hat die „protection“ des Staates eine andere Bedeutung. Die gemischten Angelegenheiten berühren nicht nur kirchliche, sondern auch staatliche Interessen, infolgedessen ist oftmals eine gemeinsame Mitwirkung kirchlicher und staatlicher Behörden notwendig. Nach der Auffassung des französischen Kirchenrechtes kann in diesen Fällen die Kirchenbehörde nicht ohne Genehmigung (approbation) der Staatsbehörde und diese nicht ohne Antrag (proposition) oder Zustimmung der Kirchenbehörde eine Änderung vornehmen.[3]) Zu den gemischten Angelegenheiten gehören außer denjenigen, die die Organisation der Kirchen betreffen,[4]) die Eröffnung von Räumen, die dem Gottesdienst geweiht sind,[5]) die Einführung von Feiertagen.[6]) Feiertage sind Weihnachten,[7]) Christihimmelfahrt, Mariähimmelfahrt, Allerheiligen,[8]) Neujahr,[9]) Charfreitag, Ostermontag, Pfingstmontag.[10]) Weiter sind hierher zu rechnen das Läuten der Kirchenglocken, das zum Einläuten des Gottesdienstes nur im Einverständnis zwischen der kirchlichen Oberbehörde und dem Bezirkspräsidenten, zu anderen Zwecken nicht ohne Erlaubnis der Ortspolizeibehörde vorgenommen werden darf,[11]) ferner

---

[1]) Organische Artikel der katholischen Kirche Art. 16 und 32; der protestantischen Kirche Art. 1; Dekret vom 17. März 1808 Art. 20.

[2]) Organische Artikel der katholischen Kirche Art. 49, 51, der protestantischen Kirche Art. 3.

[3]) Geigel S. 40.

[4]) Leoni-Mandel S. 288. Geigel S. 41ff.

[5]) Dekret vom 22. Dezember 1812. Dekret vom 19. März 1859. Die Ermächtigung erteilt der Statthalter. Verordnung vom 23. November 1907 (R.G.Bl. S. 759). Die Strafbestimmung des Art. 294 Code pénal ist noch in Kraft.

[6]) Organische Artikel der katholischen Kirche Art. 41.

[7]) Darunter ist der zweite Weihnachtstag nicht zu verstehen; nähere Angaben bei Kisch, Landesprivatrecht S. 207 Anm. 2 und Zeitschrift Bd. 27 S. 181; Bd. 29 S. 108. Entscheidung des Kaiserlichen Rates Nr. 485.

[8]) Verordnung vom 29. Germinal X.

[9]) Staatsratsgutachten vom 20. März 1810.

[10]) Gesetz vom 19. Oktober 1887 (G.Bl. S. 79). Über Festtage im Sinne der Gewerbeordnung Min. Verordnung vom 16. August 1892 (A.Bl. S. 351).

[11]) Organische Artikel der katholischen Kirche Art. 48. Über Fälle, in denen

ist die Vornahme religiöser Feierlichkeiten außerhalb der zum katholischen Gottesdienst bestimmten Gebäude in Städten, in denen sich Konsistorialkirchen verschiedener Konfessionen befinden, nur zulässig, wenn die protestantische Bevölkerung damit einverstanden ist, vorausgesetzt, daß die Ortspolizeibehörde nicht aus Gründen der öffentlichen Sicherheit und Ordnung die Prozession verbietet,[1] endlich ist die Abhaltung kirchlicher Kongresse ohne die ausdrückliche Erlaubnis der Regierung untersagt.[2])

Hinsichtlich der Vermögensverwaltung werden die juristische Persönlichkeit besitzenden Anstalten der Religionsgesellschaften wie die établissements publics einer eingehenden Beaufsichtigung unterstellt. In fast allen Fällen, in denen es sich um den Erwerb, Tausch, die Veräußerung von Liegenschaften, die Führung von Prozessen, den Abschluß von langfristigen Verträgen u. a. m. handelt, ist die Genehmigung einer staatlichen Behörde (Ministerium, Bezirkspräsident, Bezirksrat) notwendig, der die gutachtliche Anhörung des Gemeinderates vorherzugehen hat (§ 59 Ziffer 4 Gemeindeordnung). Die Annahme von Zuwendungen unter 5000 Mk. unterliegt keiner staatlichen Genehmigung mehr,[3]) für Zuwendungen über diese Wertsgrenze hinaus ist das frühere Recht in Kraft geblieben.[4])

Am intensivsten kommt die Souveränität des Staates über die Kirche durch die appellatio tamquam ab usu (appel comme d'abus) zum Ausdruck. Der appel oder recours comme d'abus ist ein außerordentliches Rechtsmittel gegen Mißbräuche in kirchlichen Angelegenheiten. Quelle des geltenden Rechtes[5]) sind die organischen Artikel der katholischen Kirche, die auch bei dem protestantischen und jüdischen Kultus Anwendung finden.[6]) Voraussetzung für die Einlegung des Rekurses ist ein

der Bürgermeister das Läuten der Glocken anordnen und nötigenfalls auch selbst vornehmen lassen kann (Geburtstag des Kaisers, Einzug des Kaisers oder Statthalters oder bei öffentlicher Gefahr u. a.) Geigel S. 44ff.

[1]) Organische Artikel der katholischen Kirche Art. 45 und die Bemerkung hierzu in der Möllerschen Gesetzsammlung; Zirkular vom 3. Mai 1849 (Dursy, Das Staatskirchenrecht in Elsaß-Lothringen Bd. I S. 354). Das Reichsvereinsgesetz vom 19. April 1908 (R.G.Bl. S. 151) § 24 hält das Landesrecht aufrecht.

[2]) Organische Artikel der katholischen Kirche Art. 4, der protestantischen Kirche Art. 22, 31, Verordnung vom 25. Mai 1844 Art. 54 Reichsvereinsgesetz § 24.

[3]) Einführungsgesetz zum Bürgerlichen Gesetzbuch Art. 86.

[4]) Vgl. die eingehenden Darstellungen bei Kisch, Landesprivatrecht S. 167ff.

[5]) Über die Geschichte und Dogmatik Eichmann, Der recursus ab usu. Breslau 1903, namentlich S. 42ff. S. 335ff.

[6]) Gesetz vom 18. Germinal X Art. 6—8 für den katholischen Kultus, Art. 6 für den protestantischen Kultus. Ordonnanz vom 25. Mai 1844 Art. 55.

„Mißbrauch" (abus), der von einer kirchlichen Behörde oder einer mit kirchlicher Gewalt ausgestatteten Person bei Ausübung des geistlichen Amtes begangen ist. Der Mißbrauch muß ein Recht verletzt haben, ohne daß für den Geschädigten die Möglichkeit vorhanden ist, vor den ordentlichen Gerichten auf zivil- oder strafrechtlichem Wege Abhilfe zu erlangen.[1]) Als Fälle des abusus bezeichnen die organischen Artikel: die Anmaßung oder Überschreitung einer Gewalt (beispielsweise die Veröffentlichung päpstlicher Erlasse ohne Placet), Zuwiderhandlungen gegen Gesetze und Verordnungen des Staates, Verletzung der anerkannten kanonischen Satzungen, Angriffe auf die Rechte, Freiheiten, Gewohnheiten der französischen Kirche, jedes Unternehmen und Vergehen bei Ausübung des Amtes, welches geeignet ist, die Ehre des Bürgers zu verletzen, ihr Gewissen willkürlich zu beunruhigen oder welches in Bedrückung, Beleidigung oder öffentliches Ärgernis ausartet, endlich die Antastung der öffentlichen Ausübung des Kultus und der durch die Gesetze und Verordnungen den Geistlichen gewährleisteten Freiheit. Ein abusus ist demnach beispielsweise angenommen worden[2]) bei Androhung oder Verhängung des Kirchenbannes wegen Einlegung des Rekurses, wenn die Bischöfe den Pfarrern Reverse abverlangen, worin letztere dem Bischof das Recht zugestehen, sie jederzeit zu entlassen, bei Absetzung eines Hauptpfarrers durch den Bischof ohne staatliche Genehmigung, bei abfälligem Kritisieren staatlicher Gesetze oder Regierungshandlungen in bischöflichen Erlassen, bei Abhaltung von Prozessionen entgegen polizeilicher Vorschrift, bei kirchlichen Trauungen, ohne daß die standesamtliche Trauung stattgefunden hat, bei Verweigerung der Sakramente in beschimpfender oder sonst anstößiger Weise[3]) u. a. m. Der Rekurs kann zunächst von demjenigen eingelegt werden, welcher durch den Mißbrauch unmittelbar betroffen wird, von der Geistlichkeit, wenn die öffentliche Ausübung des Kultus oder die ihr gesetzlich gewährleistete Freiheit angetastet wird, ferner von jeder beteiligten Person (personne intéressée). Als solche kommen beispielsweise in Betracht der gesetzliche Vertreter des Betroffenen, die Angehörigen des Verstorbenen, wenn diesem das Begräbnis verweigert wurde. Endlich sind auch die Bezirkspräsidenten befugt, von Amts wegen den Rekurs zu erheben ohne Rücksicht darauf, ob die Beteiligten es wollen und ob staatliche Interessen in Mitleidenschaft gezogen worden sind oder nicht. Der Rekurs ist schriftlich an das

[1]) Der kirchliche Instanzenzug braucht nicht erschöpft zu werden. Eichmann S. 336; anderer Ansicht Geigel Bd. I S. 35.

[2]) Eichmann S. 338.

[3]) Entscheidung des Staatsrates vom 16. Dezember 1830.

Ministerium zu richten und eingehend zu begründen.[1]) Das Ministerium stellt die erforderlichen Ermittelungen an und gibt der Gegenseite Gelegenheit zur Äußerung; nach Abschluß des Vorverfahrens übersendet alsdann der Statthalter die Akten dem Bundesrat, der nach Vernehmung seines Ausschusses über Justizwesen im Plenum ohne mündliche Verhandlung entscheidet.[2]) Die Entscheidung des Bundesrates kann nur dahin gehen, daß Mißbrauch vorliegt oder nicht. Im letzten Falle wird der Rekurs verworfen. Nimmt der Bundesrat an, daß ein Mißbrauch begangen ist, so wird dadurch die angegriffene Entscheidung oder Handlung kassiert. Er kann auch, wenn der Mißbrauch durch Publikation eines nicht placetierten Schriftstücks begangen worden ist, seine Unterdrückung, niemals aber weiter gehende Auflagen anordnen oder Strafen aussprechen. Schließt der Mißbrauch eine nach Straf- oder Zivilgesetzen verbotene Handlung in sich, so hat der Bundesrat die weitere Entscheidung dem zuständigen Gericht zu überweisen;[3]) das Gericht ist an das Erkenntnis des Bundesrates gebunden.

§ 148. Der protestantische Kultus.*)

Elsaß-Lothringen hat zwei evangelische **Landeskirchen**: die Kirche Augsburgischer Konfession und die reformierte Kirche. Durch den Frankfurter Friedensvertrag sind keine Veränderungen in der Organisation der beiden Kirchen eingetreten. Die Kirche Augsburgischer Konfession hatte bereits zur Zeit der französischen Verwaltung des heutigen Reichslandes

[1]) Rechtsanwaltszwang ist nicht vorgesehen.

[2]) Gesetz vom 30. Dezember 1871 (G.Bl. 1872 S. 49) § 9. Die Entscheidung ist kostenfrei. Der Bundesrat hat die Entscheidung zu treffen, während der Staatsrat, den er in dieser Beziehung ersetzt hat, nur die Entscheidung beraten und vorgeschlagen hat.

[3]) Die im französischen Recht (**Leoni-Mandel** S. 300) erörterte Streitfrage, ob ein Geistlicher wegen eines Mißbrauchs, der eine strafbare Handlung darstellt, erst dann zur Rechenschaft gezogen werden kann, wenn der abusus angenommen ist, ist nach den Grundsätzen des Reichsrechtes belanglos geworden.

*) **Gesetzgebung**: Gesetz vom 18. Germinal X Articles organiques des cultes protestants; Dekret vom 26. März 1852 betreffend die Verfassung der protestantischen Bekenntnisse und die hierzu ergangenen Ausführungsverordnungen vom 10. September 1852, 10. November 1852 und 20. Mai 1853. Der Art. 18 Satz 1 der Ausführungsverordnung vom 10. September 1852 ist durch die Ministerialverordnung vom 29. Juni 1908 (A.Bl. S. 223) aufgehoben.

Literatur: **Dursy**, Das Staatskirchenrecht in Elsaß-Lothringen Bd. II (1879); ergänzt von **Stübel**, Sammlung der Bestimmungen des protestantischen Kirchenrechtes in Elsaß-Lothringen 1898. **Geigel** Bd. II S. 1ff.

in Straßburg ein Oberkonsistorium und Direktorium.[1]) Ein Ersatz für den Zentralrat der reformierten Kirchen[2]) ist nicht geschaffen worden.

I. Die Kirche Augsburgischer Konfession gliedert sich in Pfarreien, Konsistorien, Inspektionen, Oberkonsistorium (Direktorium).

1. Die Pfarrei wird dadurch errichtet, daß ein oder mehrere Pfarrer für einen bestimmten Sprengel aus Landesmitteln besoldet werden. Die Pfarrei ist juristische Person;[3]) ihre Vertretung liegt dem Kirchenrat ob. Der Kirchenrat wird gebildet durch vier bis sieben Laienmitglieder und sämtliche Pfarrer der Pfarrei. Die Laienmitglieder werden gewählt von den protestantischen Inländern, die das 30. Lebensjahr vollendet haben, im Besitz der bürgerlichen Ehrenrechte sind und seit zwei Jahren im Sprengel des Konsistoriums wohnen.[4]) Wählbar sind alle Wahlberechtigten. Die Wahlen erfolgen in geheimer Abstimmung bei dem ersten Wahlgang nach absoluter Stimmenmehrheit, bei dem zweiten Wahlgang nach relativer Stimmenmehrheit. Die Kirchenräte erneuern sich alle drei Jahre zur Hälfte; die ausscheidenden Mitglieder sind wieder wählbar. Zur Auflösung des Kirchenrates durch das Oberkonsistorium (Direktorium) ist die Genehmigung des Ministeriums notwendig. Die Kirchenräte haben für Aufrechterhaltung der Ordnung und Disziplin in dem Pfarrsprengel, für den Unterhalt der kirchlichen Gebäude und Güter zu sorgen, sie verwalten das Vermögen der Pfarreien, insbesondere die Kirchenkassen.[5]) Alle Beschlüsse bedürfen nach Begutachtung durch das Konsistorium der Genehmigung des Direktoriums.

2. Das Konsistorium. Mehrere Pfarreien von zusammen durch-

---

[1]) Gesetz vom 18. Germinal X Art. 40.

[2]) Dekret vom 26. März 1852 Art. 6.

[3]) Nach dem Gesetz vom 18. Germinal X gab es nur Konsistorialkirchen, die Pfarrkirchen bildeten Sektionen von diesen ohne juristische Persönlichkeit zu besitzen. Erst das Dekret vom 26. März 1852 schuf den längst gewünschten Wandel und verlieh den Pfarrkirchen Selbständigkeit. — Abänderung der Umgrenzung und Verlegung des Pfarrsitzes muß durch Kaiserliche vom Statthalter auszufertigende Verordnung vorgenommen werden. Verordnung vom 23. November 1907 (R.G.Bl. S. 759).

[4]) Vollzugsverordnung vom 10. September 1852 Art. 9ff. Demnach dürfte es nicht zulässig sein, bei Beamten nach Analogie der Gemeindeordnung von dem Erfordernis eines zweijährigen Wohnsitzes abzusehen. Die Zugehörigkeit zur Kirche muß unter Umständen nachgewiesen werden. Über Einsprüche gegen die Wahlen und gegen Eintragungen oder Streichungen in die Pfarregister entscheidet der Kaiserl. Rat. Verordnung vom 22. April 1902 (G.Bl. S.32) § 2 Ziffer II, § 8.

[5]) Ausführungsverordnung vom 10. November 1852. Die Ernennung eines besonderen Kirchenrechners ist zulässig.

schnittlich 6000 Seelen bilden ein Konsistorium.[1]) Die Konsistorien sind juristische Personen; sie werden gebildet durch alle Pfarrer des Bezirks, sämtliche Mitglieder des Kirchenrates des Hauptortes, ebensoviele von allen Pfarreien gewählte Mitglieder und je einem Laienabgeordneten eines Kirchenrates.[2]) Das Konsistorium wählt unter den Pfarrern einen Präsidenten und unter den Laien einen Schriftführer aus; die Wahl des Präsidenten unterliegt der Genehmigung des Statthalters.[3]) Das Konsistorium ist die Aufsichtsinstanz über die Pfarrei; es verwaltet ferner sein Vermögen. Alle seine Beschlüsse bedürfen der Genehmigung des Direktoriums. Zur Beschlußfähigkeit ist die Anwesenheit von mindestens der Hälfte der Pfarrer und Laien notwendig.

3. Die Inspektion. Fünf bis sieben Konsistorien bilden zusammen einen Inspektionsbezirk mit einem geistlichen und zwei weltlichen Inspektoren.[4]) Der geistliche Inspektor wird aus einer von der Inspektionsversammlung aufgestellten Liste von drei Kandidaten von dem Statthalter ernannt.[5]) Er überwacht die Geistlichen, Vikare und Predigtamtskandidaten, die gesamte Geschäftsführung der Kirchenräte und Konsistorien seines Bezirks und hat auf alles zu achten, was sich auf Zucht, Ordnung und Verwaltung bezieht; er ordiniert und installiert die Geistlichen und weiht die Gotteshäuser, die zu seinem Bezirk gehören. In allen weltlichen Angelegenheiten wird er von den weltlichen Inspektoren, die von den Kirchenräten vorbehaltlich der Genehmigung des Statthalters gewählt werden,[6]) unterstützt und vertreten. Die Inspektionsversammlung setzt sich aus allen Pfarrern des Inspektionsbezirks und ebensovielen von allen Kirchenräten zu wählenden Laienmitgliedern zusammen.[7])

4. Das Oberkonsistorium. Es besteht aus den geistlichen In-

---

[1]) Gesetz vom 18. Germinal X Art. 16, Art. 34.

[2]) Dekret vom 26. März 1852 Art. 2ff. Vollzugsverordnung vom 10. September 1852 Art. 2ff.

[3]) Verordnung vom 23. November 1907 (R.G.Bl. S. 759). Beim Ausscheiden des Präsidenten aus seiner Präsidentenstelle kann er vom Statthalter zum Ehrenpräsident ernannt werden.

[4]) Gesetz vom 18. Germinal X Art. 36. Die Bezirke der sieben Inspektionen sind festgesetzt durch die Kaiserl. Verordnung vom 26. Oktober 1899 (G.Bl. S. 148).

[5]) Ausführungsverordnung vom 10. November 1852 Art. 14ff. Verordnung vom 23. November 1907. Bei Amtsniederlegung kann der Statthalter den Inspektor zum Ehreninspektor ernennen. Reglement vom 26. Oktober 1864 (Dursy Bd. II S. 432).

[6]) Ministerialverordnung vom 5. April 1906 (A.Bl. S. 39).

[7]) Gesetz vom 18. Germinal X Art. 37, 38. — Die Bestimmungen, wonach die Inspektionsversammlungen und das Oberkonsistorium nur in Gegen-

spektoren, je zwei Laienabgeordneten jeder Inspektion, einem Vertreter der theologischen Fakultät der Universität (auf sechs Jahre gewählt), einem Vertreter des St. Thomaskapitels (auf sechs Jahre gewählt),[1]) einem von der Regierung ernannten Laienmitglied und dem von dem Kaiser ernannten Präsidenten,[2]) insgesamt also aus 25 Mitgliedern. Es tritt gewöhnlich jährlich einmal auf Antrag des Direktoriums oder von Amts wegen auf Veranlassung der Regierung zusammen; der Zeitpunkt des Zusammentritts und die Tagesordnung ist von der Regierung zu genehmigen. Das Oberkonsistorium überwacht die Aufrechterhaltung der Verfassung und Zucht in der gesamten Kirche. Es entscheidet über die Zulassung der Bücher zum Gottesdienst und Religionsunterricht, es führt eine Kontrolle über die Verwaltung des Kirchenvermögens. Es gibt dem Direktorium die allgemeinen Gesichtspunkte bei dessen Tätigkeit an und entscheidet als letzte Instanz über Beschwerden gegen das Direktorium.[3])

Das Direktorium besteht aus dem Präsidenten (des Oberkonsistoriums), einem Laienmitgliede und einem geistlichen Inspektor, die sämtlich die Regierung ernennt, und zwei vom Oberkonsistorium aus seiner Mitte gewählten Laien, von denen alle drei Jahre einer ausscheidet. Es führt die ständige Oberaufsicht und Oberleitung über die gesamte Kirche im Einverständnis mit dem Oberkonsistorium, dem es jährlich Bericht erstattet; es ernennt, versetzt und entläßt die Pfarrer vorbehaltlich der Genehmigung des Statthalters; es hat zu allen Beschlüssen und Verwaltungshandlungen der Konsistorien seine Zustimmung zu erteilen.[4])

II. Die reformierte Kirche gliedert sich in Pfarrei, Konsistorium und Landessynode.

1. Die Pfarrei ist juristische Person. Ihre Errichtung und Ver-

---

wart eines staatlichen Beamten zusammentreten können (Art. 38, 42) ist aufgehoben. Gesetz vom 21. Juni 1905 (G.Bl. S. 52) § 9.

[1]) Kaiserliche Verordnung vom 12. Mai 1886 (G.Bl. S. 65). — Dem Kapitel des St. Thomasstiftes ist die Verwaltung der dem protestantischen Seminar unterstellten Stiftungen übertragen worden. Gesetz vom 29. November 1873 (G.Bl. S. 298).

[2]) Die rechtliche Stellung des Präsidenten bemißt sich nach dem Beamtengesetz, weil er kein Geistlicher ist. Wird ein Geistlicher zum Präsidenten ernannt, so finden auf ihn dieselben Vorschriften wie für die protestantischen Geistlichen Anwendung.

[3]) Gesetz vom 18. Germinal X Art. 40 ff. Dekret vom 26. März 1852 Art. 8 ff.

[4]) Gesetz vom 18. Germinal X Art. 43 ff. Dekret vom 26. März 1852 Art. 11. Über die Disziplinarbefugnisse des Direktoriums. Verordnung vom 10. November 1852 Art. 19 ff.

waltung bestimmt sich genau nach denselben Vorschriften, die für die Pfarrei der Augsburgischen Konfession in Betracht kommen.

2. Auch bezüglich der Konsistorien, die juristische Persönlichkeit besitzen, ist auf die entsprechenden früheren Ausführungen bei der Kirche Augsburgischer Konfession hinzuweisen.[1]) Die Konsistorien der reformierten Kirche üben aber die Befugnisse des Direktoriums der Kirche Augsburgischer Konfession aus; sie genehmigen die Bücher, die beim Gottesdienst und im Religionsunterricht gebraucht werden, und die gottesdienstlichen Ordnungen.

3. Die Landessynode.[2]) Jedes Kosistorium mit mindestens 4000 kirchlichen Angehörigen wählt auf je 6000 oder angefangene 6000 solcher Angehörigen einen geistlichen und einen weltlichen Abgeordneten und für jeden Abgeordneten einen Ersatzmann.[3]) Die Wahl erfolgt auf die Dauer von sechs Jahren; alle drei Jahre scheidet die eine Hälfte aus. Wählbar sind Pfarrer, die innerhalb oder außerhalb des Sprengels des Konsistoriums wohnen, und wahlberechtigte Laien. Die Synode prüft die Gültigkeit der Wahl; gegen ihre Entscheidung ist Rekurs an den Kaiserlichen Rat zulässig.[4]) Kraft Gesetzes sind Mitglieder die Präsidenten und Schriftführer sämtlicher Konsistorien, sowie die von der Synode aus den Geistlichen gewählten Visitatoren, letztere jedoch nur mit beratender Stimme. Die Synode tritt jährlich wenigstens einmal mit Genehmigung der Regierung zusammen; eine außerordentliche Synodaltagung kann, wenn es die Umstände erfordern, von dem Synodalvorstand nach eigenem Ermessen oder auf Antrag zweier Konsistorien oder eines Drittels der Synodalsmitglieder einberufen werden. Die Tagesordnung bedarf der vorherigen Genehmigung der Regierung. Die Synode ist beschlußfähig, wenn die Hälfte der Mitglieder anwesend ist; sie beschließt mit einfacher Stimmenmehrheit; bei Stimmengleichheit gilt die Frage als verneint. Die Synode wählt aus der Zahl ihrer mit vollem Stimmrechte berufenen Mitglieder einen Synodalvorstand, der aus einem Präsidenten, Vizepräsidenten, Schriftführer und zwei Beisitzern besteht.[5]) Der Synodalvorstand beruft

---

[1]) Über die Bezirke der Konsistorien vgl. die Kaiserliche Verordnung vom 26. Oktober 1899 (G.Bl. S.148).

[2]) Gesetz betreffend die Synodalordnung vom 21. Juni 1905 (G.Bl. S.52). Ausf. Best. des Ministeriums vom 30. Juni 1905 (A.Bl. S.273).

[3]) Die Zahl der Abgeordneten ist bestimmt durch die Verordnung des Statthalters vom 30. Juni 1905 (A.Bl. S.273).

[4]) Verordnung vom 23. April 1902 (G.Bl. S.32) § 2.

[5]) Der Präsident und Vizepräsident, von denen der eine ein Geistlicher, der andere ein Laie sein muß, werden besonders, die drei übrigen Mitglieder gemeinsam gewählt. Ausf. Best. § 9.

die Synode, bereitet ihre Verhandlungen vor, setzt ihre Tagesordnung fest und trägt für die Ausführung ihrer Beschlüsse Sorge.[1]) Er besorgt in der Zwischenzeit von der einen Tagung zu der anderen die Synodalgeschäfte und vertritt die reformierten Konsistorien in allen gemeinsamen Angelegenheiten nach Außen. Jedes Jahr soll er wenigstens dreimal einberufen werden. Der Präsident, Vizepräsident und Schriftführer des Synodalvorstandes bekleiden die entsprechenden Ämter in der Synode. Die Synode hat über die allgemeinen kirchlichen Angelegenheiten zu beraten und zu beschließen, vor allem wacht sie über die Kirchenverfassung und Kirchenordnung, erläßt oder genehmigt die Verordnungen, die sich auf innere kirchliche Angelegenheiten beziehen und entscheidet in letzter Instanz über Anstände, zu welchen die Anwendung dieser Verordnungen Anlaß geben können. Ihre Beschlüsse bedürfen der Genehmigung der Regierung, soweit sie nicht innere kirchliche Angelegenheiten betreffen.

III. Die Anstellung der Pfarrer in den Kirchen Augsburgischer Konfession und in der reformierten Kirche setzt den Besitz der Reichsangehörigkeit[2]) und die Ablegung von zwei Prüfungen voraus. Die erste Prüfung (pro licentia concionandi) kann abgelegt werden nach einem vierjährigen Studium der Theologie; darauf folgt eine mindestens einjährige praktische Tätigkeit als Vikar, der sich das zweite Examen (pro ministerio) anschließt.[3]) Die Ordination erfolgt in der Regel nicht vor dem 25. Lebensjahr.[4]) Die Pfarrer werden in der Kirche Augsburgischer Konfession ernannt[5]) durch das Direktorium mit Bestätigung des Statthalters, in der reformierten Kirche auf Grund einer von dem Kirchenrat aufgestellten Liste von drei Bewerbern durch das Konsistorium mit Bestätigung des Statthalters; die Pensionierung und Absetzung verfügt wieder mit Bestätigung des Statthalters das Direktorium bezw. Konsistorium.[6]) Die

---

[1]) Über weitere Befugnisse Ausf. Best. § 10.

[2]) Gesetz vom 18. Germinal X Art. 1.

[3]) Regulativ vom 29. Juni 1887; Ministerialverordnung vom 29. August 1892 (A.Bl. S. 357). Vikariats- und Ordinationsordnung vom 17. Mai 1888 (Stübel S. 23).

[4]) Dekret vom 2. März 1807 Art. 1.

[5]) Die Modalitäten sind geregelt in dem Ministerial-Erlaß vom 7. Juli 1894 (Stübel S. 29).

[6]) Gesetz vom 18. Germinal X Art. 25, 26, 34; Dekret vom 26. März 1852 Art. 5, 11. Verordnung vom 23. November 1907 (R.G.Bl. S. 759). Gesetz vom 6. Juli 1901 (G.Bl. S. 50) § 3 Abs. 2. Einem im Disziplinarverfahren seines Amtes enthobenen Pfarrer kann ein Teil des gesetzlichen Pensionsbetrages von dem Ministerium belassen werden; ibid. Abs. 3.

Hilfsgeistlichen und Vikare werden in der Kirche Augsburgischer Konfession von dem Direktorium, in der reformierten Kirche von den Kirchenräten unter Genehmigung der Konsistorien ernannt.[1]) Die Anzahl der Pfarrer bestimmt die Regierung. Die Pfarrer erhalten ihr Gehalt aus der Landeskasse, das nach dem Dienstalter abgestuft ist.[2]) Das Gehalt wird vierteljährlich im voraus gezahlt. Der Bezug beginnt mit dem Tage der Bestätigung der Ernennung. Das Aufrücken in eine höhere Gehaltsklasse erfolgt mit dem Beginn des auf die Erreichung des maßgebenden Dienstalters folgenden Kalendervierteljahres. Wenn der Pfarrer zeitweilig vom Dienst enthoben oder abgesehen von dem Fall der Krankheit sein Amt ohne Beurlaubung durch seine Oberbehörde[3]) nicht ausübt, so ruht der Gehaltsbezug; jedoch kann das Ministerium die Fortzahlung des ganzen oder teilweisen Gehalts anordnen und von der Wiedereinziehung der im voraus gezahlten Beträge absehen. Die Zahlung des Gnadenquartals richtet sich nach den für die Landesbeamten geltenden Vorschriften (Bd. I S. 210 ff.); an wen das Gnadenvierteljahr zu zahlen ist, bestimmt das Ministerium.[4])

Ebenso findet auch das Beamtenpensionsrecht (Bd. I S. 197 ff.; S. 210 ff.) auf die Pfarrer, und im Falle ihres Todes auf ihre Witwen und Waisen Anwendung.[5]) Sie erhalten aus der Landeskasse Pension, wenn sie nach einer Dienstzeit von wenigstens zehn Jahren infolge eines körperlichen Gebrechens oder wegen Schwäche ihrer körperlichen oder geistigen Kräfte zur Erfüllung ihrer Amtspflichten dauernd unfähig sind. Dem der Pensionsberechnung zugrunde gelegten Diensteinkommen sind für die gesetzlich zustehende freie Dienstwohnung oder die an deren Stelle bezogene Entschädigung 400 Mk. hinzuzurechnen.[6]) Die Versetzung in den

---

[1]) Dekret vom 26. März 1852 Art. 11 Abs. 2; Ausführungsverordnung vom 20. Mai 1853 Art. 1 Abs. 5.

[2]) Gesetz vom 15. November 1909 (G.Bl. S. 126) § 5 Abs. 1. Die Bestimmungen über die Berechnung des Besoldungsdienstalters erfolgen durch Verordnung des Statthalters. Auch die Hilfsgeistlichen, die dazu berufen sind, an Orten, an denen sich eine erhebliche Zahl von Protestanten, aber keine Pfarrei befindet, den Pfarr- und Seelsorgedienst zu versehen, bekommen Gehalt aus der Landeskasse. Ebenda § 5 Abs. 2.

[3]) Zu einem sechs Wochen überschreitenden Urlaub ist ministerielle Genehmigung notwendig. § 7 Abs. 2.

[4]) Ebenda §§ 7—9.

[5]) Ebenda §§ 10, 11. — Für die protestantischen Pfarrer waren bereits durch § 3 des Gesetzes vom 6. Juli 1901 die für die Pensionen der Landesbeamten geltenden Bestimmungen für entsprechend anwendbar erklärt.

[6]) Über die Berechnung der Pension eines Hilfsgeistlichen § 10 Abs. 3.

Ruhestand erfolgt durch die zuständige Oberbehörde mit Genehmigung des Statthalters oder des Ministeriums. Einem im Disziplinarverfahren seines Amtes enthobenen Pfarrer kann das Ministerium nach Anhörung seiner Oberbehörde einen Teil der gesetzlichen Pension belassen. Die Bestimmungen über die Berechnung der für die Pension maßgebenden Dienstzeit, insbesondere über die Anrechnung einer nicht im Dienste einer der anerkannten Religionsgemeinschaften zugebrachten Zeit werden von dem Statthalter erlassen.

§ 149. Der katholische Kultus.*)

Zur Zeit der französischen Herrschaft über Elsaß-Lothringen gehörte das Gebiet des heutigen Reichslandes zu den Bistümern Straßburg, Metz, Nancy und St. Dié, die dem Erzbistum Besançon unterstanden.[1]) In Artikel 6 des Friedensvertrages vom 10. Mai 1871 war vorgesehen, daß die Diözesangrenzen der an das Deutsche Reich abgetretenen Gebiete mit der Landesgrenze zusammenfallen sollen; infolgedessen wurde auf Grund der päpstlichen Dekrete vom 10. und 14. Juli 1874 zwischen der deutschen und französischen Regierung am 7. Oktober 1874[2]) vereinbart, daß das Bistum Straßburg die Bezirke Unter- und Ober-Elsaß, das Bistum Metz den Bezirk Lothringen umfassen soll unter Loslösung beider Bistümer von der Kirchenprovinz Besançon und Eximierung von jeder erzbischöflichen Jurisdiktion. Demnach unterstehen die beiden Bistümer in kirchenrechtlicher Beziehung unmittelbar dem Papste.

I. Die obersten kirchlichen Behörden des Landes sind die Bischöfe zu Straßburg und Metz. Die Bischöfe müssen mindestens 30 Jahre alt

---

*) Gesetzgebung: Konkordat vom 26. Messidor IX, Gesetz vom 18. Germinal X, Organische Artikel. Das Konkordat gehört zwar zu den in Bd. I S. 6 aufgeführten Verträgen, die ihre Gültigkeit für Elsaß-Lothringen durch den Übergang der Staatsgewalt auf die deutschen Machthaber verloren haben, es ist aber zugleich als Gesetz (18. Germinal X) publiziert; außerdem sind seine Bestimmungen in den organischen Artikeln im wesentlichen wiederholt.

Literatur: Dursy, Das Staatskirchenrecht in Elsaß-Lothringen. Bd. I 1876. Geigel S. 289 ff.

[1]) Zirkumskriptionsbulle vom 3. Dezember 1801 (arrêté vom 29. Germinal X) auf Grund des Artikels 2 des Konkordats vom 26. Messidor IX (18. Germinal X) und Finanzgesetz vom 4. Juli 1821.

[2]) Gesetzblatt S. 33. Bis zum Abschluß dieser Vereinbarung war die Rechtslage geregelt durch Art. 9 der Zusatzkonvention vom 11. Dezember 1871 (Gesetzblatt 1872 S. 63).

und deutsche Staatsangehörige sein.[1]) Sie werden ernannt und abberufen vom Kaiser; ihre kanonische Investitur erfolgt durch den Papst.[2]) Vor Beginn ihrer Tätigkeit haben sie den in Artikel 6 des Konkordats vorgesehenen Eid in die Hände des Kaisers zu leisten. Die Bischöfe bekommen aus Landesmitteln außer ihrem Gehalte, eine Abfindungssumme für Firmungs- und Visitationsreisen und freier Dienstwohnung,[3]) die Erträgnisse des bischöflichen Tafelgutes.[4]) Die Zahlung des Gehaltes ist an die Verpflichtung geknüpft, innerhalb der Diözese Wohnung zu nehmen.[5]) Jeder Bischof kann sich zwei Generalvikare aus der Zahl der Priester, die Bischof werden können, mit Genehmigung des Statthalters ernennen;[6]) sie beziehen Gehalt aus der Landeskasse. Ihr Amt erlischt mit dem Tode oder dem Abgang des Bischofs, der sie ernannt hat. Zur Ausübung der bischöflichen Befugnisse können neben dem Bischof ein Koadjutor oder ein Weihbischof (Titularbischof) von dem Kaiser ernannt werden, nachdem sie mit seinem Einverständnis die kanonische Institution empfangen haben.[7]) Bei Sedisvakanz des bischöflichen Stuhles gehen die Rechte und Pflichten des Bischofs auf den mit dem Rechte der Nachfolge ernannten Koadjutor über oder, wenn ein solcher nicht vorhanden ist, wird

[1]) Organische Artikel (Gesetz vom 18. Germinal X) Art. 16ff.

[2]) Konkordat (vom 26. Messidor IX; publiziert am 18. Germinal X) Art. 4. Die in Art. 17 vorgesehene Übereinkunft, falls ein Nachfolger des ersten Konsuls nicht Katholik sein sollte, ist nicht zustande gekommen. Da kein päpstlicher Erlaß ohne landesherrliche Genehmigung veröffentlicht oder vollzogen werden kann, so hat zunächst der Kaiser die Ermächtigung zur Empfangnahme der kanonischen Institution auszusprechen (Beispiel im G.Bl. 1901 S. 85), alsdann erfolgt die Ernennung (G.Bl. 1901 S. 87). Die Kosten der Institutionsbulle trägt der Staat (Dursy Bd. I S. 59).

[3]) Die bischöflichen Paläste sind seit der Revolutionsgesetzgebung (Gesetz vom 2. November 1789) Eigentum des Staates geworden; sie sind in dem Art. 75 der organischen Artikel nicht zur Disposition der Bischöfe gestellt. Staatsratsentscheidung vom 21. März 1837 (Dursy Bd. I S. 65).

[4]) Dekret vom 6. November 1813 Art. 29ff.

[5]) Organische Artikel Art. 20; Gesetz vom 23. April 1833 Art. 8. Beim Verlassen ihrer Diözese müssen sie der Regierung Mitteilung machen. Zirkular vom 9. Juni 1841 (Dursy Bd. I S. 64).

[6]) Organische Artikel Art. 21. Verordnung vom 23. November 1907 (R.G.Bl. S. 759). Ernennt der Bischof mehr als zwei Generalvikare, so ist deren Tätigkeit sehr beschränkt. Ihre Ernennung unterliegt nicht der Genehmigung des Statthalters; sie beziehen keinen Gehalt aus der Landeskasse. Min. Entsch. vom 29. Brumaire XII (Dursy Bd. I S. 77).

[7]) Beispiele im Gesetzblatt 1901 S. 85 und 89. — Der Koadjutor kann mit dem Rechte der Nachfolge ernannt werden.

die Diözese von Generalvikaren verwaltet, die das Domkapitel mit Genehmigung des Statthalters wählt.[1])

Während die Diözese nur ein Verwaltungsbezirk ist,[2]) besitzt das bischöfliche Tafelgut (mense épiscopale) juristische Persönlichkeit. An dem Tafelgut hat der Bischof besondere Nutzungsrechte, die mit denjenigen des Pfarrers (siehe weiter unten) übereinstimmen. Im Falle der Sedisvakanz übernimmt die Verwaltung ein vom Ministerium zu ernennender Kommissar, dessen Tätigkeit in verschiedenen Beziehungen beschränkt ist;[3]) der Reinertrag des Tafelgutes ist in erster Linie zur Verbesserung der Gebäude zu verwenden.

Den Bischöfen sind Domkapitel beigegeben, deren Mitglieder sie mit Genehmigung des Statthalters ernennen.[4]) Die Domherren beziehen ein Gehalt aus der Landeskasse; an ihrer Spitze steht der aus ihrer Mitte vom Bischof ernannte Dekan. Sie können von dem Bischof nach dem Verfahren des kanonischen Rechtes abgesetzt werden, jedoch bedarf die Absetzung der Genehmigung des Statthalters.[5]) Die Domkapitel üben, abgesehen von dem Fall der Sedisvakanz des bischöflichen Stuhles, keine öffentlichen Funktionen aus; ihre Befugnisse richten sich nach der Kapitelsordnung, die der Bischof mit Einwilligung des Landesherrn erläßt.[6]) Das Domkapitel ist eine juristische Person, das nach Außen durch den Schaffner vertreten wird, den der Bischof aus zwei durch das Kapitel vorgeschlagenen Bewerbern auf je 5 Jahre ernennt.[7]) Er kann jeder Zeit von dem Kapitel abgesetzt und wieder gewählt werden. Er vertritt das Kapitel vor Gericht, bei Empfangnahme von Geldern und ist demnach berechtigt, Quittungen und Entlastungen zu erteilen; um als Kläger oder

---

[1]) Dekret vom 28. Februar 1810. — Zur Beisetzung von Bischöfen in ihren Kathedralkirchen und von Pfarrern in ihren Pfarrkirchen ist Genehmigung des Statthalters notwendig. Verordnung vom 23. November 1907 (R.G.Bl. S. 759).

[2]) Gutachten des Comité de législation vom 21. Dezember 1841 und Ministerialzirkular vom 10. April 1862 (Dursy Bd. I S. 105). Zeitschrift Bd. 33 S. 95.

[3]) Dekret vom 6. November 1813 Art. 34—48; über die Siegelanlage nach dem Tode eines Bischofs Art. 16 und 37. Verf. des Ministeriums vom 15. Juni 1885 (Sammlung Bd. X S. 146).

[4]) Konkordat Art. 11. Verordnung vom 23. November 1907. Nach Geigel S. 347 hat der Bischof in Straßburg 9, der Bischof in Metz 8 Domherren. — Die Ernennung zum Ehrendomherrn durch den Bischof verleiht einige Ehrenrechte (Sitz im Chor der Domkirche u. a.).

[5]) Gaudry, Traité de la Législation des Cultes. Bd. II S. 286 ff.

[6]) Geigel (erste Auflage) S. 270.

[7]) Dekret vom 6. November 1813 Art. 51, 52.

Beklagter vor Gericht auftreten zu können, bedarf er der Ermächtigung des Kapitels und des Bezirksrates.[1]) Er hat jährlich einer Kommission des Kapitels Rechnung zu legen.[2]) Zur Beschlußfassung des Kapitels über die Verwaltung der Güter und die Verteilung der Einkünfte ist die Anwesenheit von wenigstens vier Fünftel der Gesamtzahl der Domherren notwendig. Ausbesserungsarbeiten sind aus den Einkünften zu bezahlen; erfordern sie auf einmal mehr als die Hälfte der Gesamteinkünfte eines Jahres, so kann das Kapitel mit ministerieller Genehmigung Darlehen aufnehmen oder Güter verkaufen. Die Wirksamkeit der Beschlüsse ist von der Genehmigung des Bischofs und wenn er sie verweigert, von der des Ministeriums abhängig.[3]) Insoweit die Einkünfte des Domkapitels nicht besonderen Zwecken gewidmet und zur Bestreitung der laufenden Verwaltungskosten notwendig sind, werden sie unter die Domherren verteilt.[4])

Die Bischöfe können in ihrer Diözese ein Seminar errichten,[5]) wobei unter Seminar nach katholischem Kirchenrecht das Priesterseminar (grand séminaire) und das Knabenseminar (petit séminaire) verstanden werden. Die Seminare sind öffentliche Anstalten, deren Vermögen von einem Ausschuß und einem Schatzmeister verwaltet wird. Der Ausschuß setzt sich zusammen aus einem der Generalvikare, dem Vorstande, dem Verwalter und dem Schatzmeister des Seminars; er entscheidet als Kollegialbehörde.[6]) Der Schatzmeister wird auf das Gutachten des Bischofs und des Bezirkspräsidenten hin vom Ministerium ernannt; er hat alle Ausgaben zu besorgen.[7]) Zur Führung eines Prozesses als Klägerin oder als Beklagte bedarf das Seminar einer Ermächtigung des Bezirksrates, die nach Einholung der Ansicht des Bischofs und eines Gutachtens des Ausschusses zu erteilen ist.[8]) Den Direktor und die Lehrer an dem Priesterseminar ernennt und entläßt der Bischof.[9]) Das Priesterseminar zu Straßburg ist durch die Einrichtung der katholisch-theologischen

---

[1]) Ebenda Art. 53.

[2]) Ebenda Art. 59.

[3]) Art. 50, 58, 61; über die Miet- und Pachtverträge Art. 57 ebenda.

[4]) Ebenda Art. 60.

[5]) Konkordat Art. 11; Organische Artikel Art. 23.

[6]) Dekret vom 6. November 1813 Art. 62. Der Ausschuß des Priesterseminars verwaltet auch das Knabenseminar.

[7]) Ebenda Art. 62, 71. Die Jahresrechnung wird vom Bischof dem Ministerium vorgelegt. Entlastung erteilt der Bischof. Art. 80 a. a. O.

[8]) Ebenda Art. 70. Über die Annahme von Schenkungen Kisch, Landesprivatrecht S. 156.

[9]) Dekret vom 17. März 1808 Art. 3.

Fakultät an der Kaiser-Wilhelms-Universität nicht aufgehoben worden; vielmehr hat der Bischof die Befugnis behalten, die angehenden Kleriker der Diözese Straßburg praktisch in allen Gebieten, die sich auf die Ausübung des priesterlichen Berufes beziehen, zu unterrichten.[1]) Die kleinen Seminare dienen der Vorbereitung für das Priesterseminar. Sie unterstehen dem Unterrichtsgesetz vom 12. Februar 1873 (Gesetzblatt S. 37).[2]) Hiernach bedarf der Bischof zur Anstellung der Lehrer und des Direktors der Genehmigung des Oberschulrates. Der Oberschulrat führt die Aufsicht und Leitung, die sogar das Recht zur Schließung des Seminars in sich birgt. Er trifft Anordnung über die Lehraufgabe in den einzelnen Unterrichtsgegenständen, über die Verteilung der Stunden auf die verschiedenen Fächer u. a. m.

II. Jedes Bistum zerfällt in eine Reihe von Pfarreien (curés, succursales), die von Haupt- oder Hilfspfarrern geleitet werden. Erfordert es die Schwierigkeit des Verkehrs oder sind die Pfarreien allzusehr ausgedehnt, so können Kapellen oder Annexen errichtet werden.[3])

Die Ernennung der (Haupt-Kantonal-) Pfarrer (curé) erfolgt durch den Bischof mit Genehmigung des Statthalters;[4]) sie sind nur unter denselben Voraussetzungen wie die Domherren absetzbar. Die Absetzung wird erst wirksam mit der Bestätigung des Statthalters. Dem Pfarrer stehen in seinem Sprengel ausschließlich die sämtlichen kirchlichen Handlungen zu;[5]) er führt in gewissem Umfange die Aufsicht über die Geistlichen seines Bezirks. In jedem Kanton soll mindestens eine (Haupt)-Pfarrei bestehen.[6]) Die frühere Einteilung der Pfarrer in zwei Klassen ist beseitigt.[7]) Die Hilfspfarrer (desservants) ernennt der Bischof; er kann sie jederzeit entlassen.[8]) Die Pfarrer und Hilfspfarrer erhalten Gehalt aus der Landeskasse, das nach dem System der Altersklassen gestaffelt ist.[9]) Außer den (Haupt-) Pfarrern und Hilfspfarrern gibt es ferner

---

[1]) Abkommen mit dem päpstlichen Stuhl, abgedruckt im A.Bl. 1902 S. 291; vgl. Bd. II S. 277 Anm. 1.

[2]) Laband, Die bischöflichen kleinen Seminare in Elsaß-Lothringen in Zeitschrift für Kirchenrecht (Dove-Friedberg) Bd. 15 S. 49 ff. S. 60.

[3]) Dekret vom 30. September 1807 Art. 8, 11.

[4]) Organische Artikel Art. 19. Verordnung vom 23. November 1907.

[5]) Min. Entscheidung vom 22. April 1808 (Dursy Bd. I S. 86).

[6]) Organische Artikel Art. 60.

[7]) Damit sind Art. 66 der organischen Artikel, Arrêté vom 27. Brumaire XI und die Ordonnanz vom 6. April 1832 aufgehoben. Gesetz vom 15. November 1909 § 1 Abs. 2.

[8]) Organische Artikel Art. 31.

[9]) Gesetz vom 15. November 1909 (G.Bl. S. 126) § 1 Abs. 1. Die katholischen Pfarrverweser, deren Gehalt das Dekret vom 17. November 1811

Kapläne und Vikare, die von dem Bischofe ernannt und entlassen werden. Die Kapläne leiten die Kapellenpfarreien (chapelles paroissiales, communales); sie beziehen ihr Gehalt von der Zivilgemeinde — aus der Landeskasse bekommen sie einen Zuschuß — und stehen unter der Aufsicht des Pfarrers, zu dessen Sprengel sie gehören. In dem Gemeinderatsbeschluß, durch den die Errichtung der „chapelle" beantragt wird, muß die Verpflichtung zur Ausstattung des Kaplans ausgesprochen sein.[1]) Die Errichtung einer Vikarstelle erfolgt nach Anhörung des Fabrikausschusses und Einholung eines Gutachtens des Gemeinderates durch den Bischof; erkennt der Gemeinderat die Notwendigkeit der Anstellung eines Vikars nicht an, so muß eine landesherrliche Entscheidung herbeigeführt werden.[2]) Das Gehalt der Vikare wird von den Kirchenfabriken und, wenn deren Auskünfte nicht ausreichen, von den Zivilgemeinden aufgebracht; außerdem erhalten die ständig angestellten Vikare, deren Stellen von den gesetzgebenden Faktoren bewilligt worden sind, einen Gehaltszuschuß aus der Landeskasse.[3]) Muß einem Pfarrer oder Hilfspfarrer, der infolge seines Alters oder seiner Gebrechlichkeit außer stande ist, sein Amt allein zu versehen, ein Vikar beigegeben werden, so kann dem Vikar von dem Ministerium ein Gehaltszuschuß bewilligt werden.[4])

Die Zahlung und Berechnung der Gehälter und Gehaltszuschüsse, des Gnadenquartals, die Gewährung von Pensionen richtet sich nach denselben Vorschriften, wie bei den Religionsdienern der übrigen anerkannten Kulte (S. 253 ff.).[5])

Juristische Persönlichkeit besitzen der Pfarrsprengel, das

---

und Art. 27 des Dekrets vom 6. November 1813 besonders ungünstig regelten, erhalten nunmehr, sofern sie Pfarrer oder Hilfspfarrer vertreten, die wegen Krankheit, zeitweiliger Enthebung vom Dienste oder aus einem anderen Grunde an der Ausübung ihres Amtes verhindert sind, ein ihrem Lebensalter entsprechendes Pfarrgehalt und zwar das eines Pfarrers, wenn sie vorher staatlich besoldete Pfarrer in Elsaß-Lothringen waren, in allen übrigen Fällen das eines Hilfspfarrers. Ebenda § 2.

[1]) Dekret vom 30. September 1807 Art. 13 ff. Vollzugsinstruktion vom 11. März 1809 (Dursy Bd. I S. 209). Gesetz vom 15. November 1909. § 3.

[2]) Dekret vom 30. Dezember 1809 Art. 38.

[3]) Ebenda Art. 37 Ziffer 1, Art. 39, 40, 46 Abs. 2, 49; Gesetz vom 15. November 1909 § 4 Abs. 1 und 2.

[4]) Dekret vom 17. November 1811 Art. 15; Gesetz vom 15. November 1909 § 4 Abs. 3.

[5]) Ebenda §§ 7—11. Als pensionsfähiges Diensteinkommen der Kapläne und Vikare gilt der Gesamtbetrag, den sie an Gehalt und Gehaltszuschuß beziehen.

Pfarrgut und die Kapellen; dagegen nicht die Annexen.[1]) Der Pfarrsprengel und die Kapelle werden von der Kirchenfabrik vertreten, der die Aufgabe zufällt, „über die Unterhaltung und Instandhaltung der Kirchen zu wachen, die Almosen, Güter und Renten, sowie die durch die Gesetze und Verordnungen zugelassenen Einnahmen, die von den Gemeinden bezahlten Ergänzungszuschüsse und überhaupt alle für die Ausübung des Kultus bestimmten Gelder zu verwalten, in den Kirchen, welchen sie beigegeben sind, diese Ausübung und die Aufrechterhaltung der Würde des Gottesdienstes sicherzustellen, indem sie die dazu erforderlichen Ausgaben festsetzen und die Mittel zu deren Deckung sicherstellen".[2]) Jede Kirchenfabrik besteht aus dem Fabrikrat und dem Pflegerausschuß. Der Fabrikrat wird gebildet in Pfarreien mit einer Bevölkerung von mehr als 5000 Seelen aus neun, sonst aus fünf Mitgliedern, die teilweise von dem Bezirkspräsidenten, teilweise von dem Bischof aus der Zahl der katholischen in der Pfarrei wohnhaften Notabeln ernannt werden;[3]) ferner sind Mitglieder von Rechtswegen der (Haupt) Pfarrer oder Hilfspfarrer und der Bürgermeister. Der Fabrikrat erneuert sich teilweise alle drei Jahre. Der Ausschuß der Kirchenpfleger setzt sich zusammen aus dem (Haupt-) Pfarrer oder Hilfspfarrer und drei von dem Fabrikrat gewählten Laienmitgliedern. Er ist beschlußfähig, wenn wenigstens drei Mitglieder anwesend sind. Der Ausschuß führt die Verwaltungsgeschäfte.[4]) Die Pfarrgüter sind die Vermögensmassen, die den Pfarrern oder Hilfspfarrern als solchen zustehen; ihre Verwaltung wird überwacht von dem Fabrikrat. An den Gütern steht den Pfarrern ein besonderes auf das eingehendste in dem Dekret vom 6. November 1813 geregeltes Pfründenrecht zu.[5]) Bei dem Tode des Berechtigten oder bei sonstiger Erledigung der Stelle wird das Gut von dem Schatzmeister der Kirchenfabrik verwaltet; die Interkalarfrüchte werden für Hauptausbesserungen verwendet, Streitigkeiten über ihre Verteilung entscheiden die Verwaltungsgerichte.[6])

[1]) Staatsratsgutachten vom 28. Dezember 1819 (Dursy Bd. I S. 207).

[2]) Dekret vom 30. Dezember 1809 Art. 1.

[3]) Der Besitz der Reichsangehörigkeit ist gleichfalls erforderlich.

[4]) Dekret vom 30. Dezember 1809 Art. 3ff.; Art. 13ff. Über die Verwaltung Art. 50ff. Zur Führung von Prozessen ist die Ermächtigung des Bezirkspräsidenten im Bezirksrat notwendig, dem der gemeinschaftliche Beschluß des Fabrikrates und Ausschusses vorzulegen ist; außerdem ist das Gutachten des Gemeinderates erforderlich (Gemeindeordnung § 59 Ziffer 4).

[5]) Aufrecht erhalten durch Art. 80 Abs. 2 Einführungsgesetz zum Bürgerlichen Gesetzbuch. Kisch, Landesprivatrecht S. 727ff.

[6]) Dekret vom 6. November 1813 Art. 16ff.

§ 150. Der jüdische Kultus.*)

Die jüdische Kultusverfassung gliedert sich entsprechend der allgemeinen Landeseinteilung in drei Bezirkskonsistorien, die an den Sitzen der Bezirkspräsidien errichtet sind; in jedem Bezirk darf nur eine Konsistorialsynagoge bestehen.[1]) Unter französischer Herrschaft waren die Bezirkskonsistorien einem Zentralkonsistorium in Paris unterstellt. Durch Artikel 6 des Friedensvertrages vom 10. Mai 1871 wurden die israelitischen Gemeinden von dem Zentralkonsistorium losgelöst und dessen Befugnisse, insoweit sie mit dem staatlichen Aufsichtsrecht zusammenhängen, den Bezirkspräsidenten, im übrigen den Bezirkskonsistorien übertragen.[2]) Die Bezirkskonsistorien werden in Rabbinatssprengel und in Synagogen eingeteilt.

Die Errichtung und Abgrenzung der Konsistorial- und Rabbinatsbezirke erfolgt durch Kaiserliche vom Statthalter zu vollziehende Verordnung.[3]) Die Errichtung von Synagogen hat das Ministerium zu gestatten.[4]) An den Konsistorialsynagogen wirken Oberrabbiner, in den Rabbinatsbezirken Gemeinderabbiner, an den Synagogen Vorsänger oder Unterrabbiner.[5])

Juristische Persönlichkeit des privaten und öffentlichen Rechtes besitzen die Bezirkskonsistorien und die staatlich anerkannten Kultusgemeinden. Als staatlich anerkannt ist eine Kultusgemeinde anzusehen, wenn ihre Kosten aus Landesmitteln bestritten werden. Die Vertretung des Bezirkskonsistorium steht dem Konsistorium zu; die Kultusgemeinden, die juristische Personen sind, werden gerichtlich vom Bezirkskonsistorium, außergerichtlich von einem Verwaltungsausschuß vertreten.[6])

Die Bezirkskonsistorien bestehen aus dem Oberrabbiner und sechs Laienmitgliedern. Die Oberrabbiner werden von den Konsistorien mit Genehmigung des Statthalters ernannt.[7]) Oberrabbiner kann nur ein

---

*Gesetzgebung: Dekret vom 17. März 1808, Verordnung vom 25. Mai 1844, Dekrete vom 15. Juni 1850 und vom 29. August 1862.

Literatur: Leoni-Mandel S. 295ff; Geigel Bd. II S. 101ff.

[1]) Dekret vom 17. März 1808 Art. 3.

[2]) Verordnung des Oberpräsidenten vom 22. Juli 1872 (Straßburger Zeitung Nr. 172).

[3]) Ordonnanz vom 25. Mai 1844 Art. 4, 60. Verordnung vom 23. November 1907 (R.G.Bl. S. 759).

[4]) Leoni-Mandel S. 295.

[5]) Ordonnanz vom 25. Mai 1844 Art. 1.

[6]) Zeitschrift Bd. 13 S. 404; Bd. 27 S. 135.

[7]) Ordonnanz vom 25. Mai 1844 Art. 45; Dekret vom 29. August 1862 Art. 9; Verordnung vom 23. November 1907 am Ende.

Deutscher werden, der das dreißigste Lebensjahr vollendet hat und den zweiten rabbinischen Grad, den das Konsistorium verleiht,[1]) besitzt.[2]) Zur vorläufigen Dienstenthebung und zur Dienstentlassung ist das Ministerium auf Beschwerde des Konsistoriums hin befugt.[3]) Die sechs Laienmitglieder werden von den Notabeln des Bezirks in einem besonders geregelten Verfahren gewählt.[4]) Wählbar sind die in die Wählerliste[5]) eingetragenen Notabeln, die die deutsche Reichsangehörigkeit besitzen, das dreißigste Lebensjahr vollendet haben, sich im Besitz der bürgerlichen Ehrenrechte befinden und, falls sie in Konkurs geraten, rehabilitiert und nicht als Wucherer bekannt sind.[6]) Über die Einsprüche gegen die Wählerliste entscheidet der Bezirkspräsident auf das Gutachten des Konsistoriums hin;[7]) gegen diese Entscheidung ist Rekurs zulässig, der jedoch nur auf Rechtsverletzung gestützt werden kann. Über den Rekurs entscheidet der Kaiserliche Rat.[8]) Vier Laienmitglieder müssen an dem Sitz des Konsistoriums wohnen.[9]) Die Wahl findet durch geheime Abstimmung statt; gewählt ist, wer die absolute Mehrheit der Stimmen erhalten hat; die Zahl der Abstimmenden muß wenigstens ein Drittel der eingeschriebenen Wähler betragen. Wird die absolute Mehrheit nicht erreicht, so entscheidet in dem zweiten Wahlgang relative Mehrheit ohne Rücksicht auf die Zahl der Abstimmenden.[10]) Die Geschäfte des Wahlbureaus nimmt das Konsistorium wahr. Einsprüche gegen seine Entscheidungen werden von dem Kaiserlichen Rat entschieden.[11]) Die Amtsdauer beträgt acht Jahre; alle

[1]) Verordnung vom 15. Oktober 1832. Eine Rabbinerschule besteht in Elsaß-Lothringen nicht; gewöhnlich wird Doktorpromotion verlangt.

[2]) Ordonnanz vom 25. Mai 1844 Art. 44. Über „Altersdispense" ebenda Art. 47, 50, 57.

[3]) Ebenda Art. 12 Abs. 4.

[4]) Ebenda Art. 28ff. Dekret vom 17. März 1808 Art. 10. Ordonnanz vom 25. Mai 1844 Art. 31ff. Dekret vom 29. August 1862 Art. 6ff. Dekret vom 5. Februar 1867. Hiernach muß außer den Voraussetzungen, die zur Wählbarkeit erforderlich sind, noch mindestens zweijähriger Wohnsitz im Bezirk nachgewiesen werden, um in die Wählerliste eingetragen werden zu können. Über die Wählerliste Geigel S. 109ff.

[5]) Die Wählerliste wird von dem Bezirkskonsistorium aufgestellt und von dem Bezirkspräsidenten abgeschlossen; ihre Berichtigung findet nur alle vier Jahre statt. Dekret vom 29. August 1862 Art. 6 und 8.

[6]) Über Inkompatibilitäten Ordonnanz vom 25. Mai 1844 Art. 24.

[7]) Ebenda Art. 29.

[8]) Verordnung vom 22. April 1902 (G.Bl. S. 32) § 1 Ziffer 2, § 4ff.

[9]) Dekret vom 15. Juni 1850 Art. 1.

[10]) Dekret vom 5. Februar 1867.

[11]) Verordnung vom 22. April 1902 § 2 Nr. II. Der Kaiserliche Rat hat

vier Jahre findet eine Erneuerung zur Hälfte statt; die ausscheidenden Mitglieder sind wieder wählbar.[1]) Die Ernennung der Laienmitglieder unterliegt der Bestätigung durch den Statthalter.[2]) Die Mitglieder werden von den Bezirkspräsidenten, die ihnen den allgemeinen Beamteneid abnehmen, eingeführt.[3])

Die Konsistorien ernennen ihre Präsidenten und deren Stellvertreter auf vier Jahre.[4]) Sie haben die Verwaltung und Aufsicht über die zu ihren Bezirken gehörigen Synagogen, Anstalten und Stiftungen, insbesondere haben sie darüber zu wachen, daß kein Unterricht erteilt, Gesetze nicht anders ausgelegt werden, als es von dem großen Sanhedrin beschlossen ist, und daß keine Gebetsversammlungen ohne Ermächtigung abgehalten werden.[5]) Sie vertreten vor Gericht die Synagogen ihrer Bezirke und üben in deren Namen alle diesen zustehenden Rechte aus.[6]) Zur Führung eines Prozesses vor den ordentlichen Gerichten, zur Anlage von Kapitalien, zur Veräußerung und zum Erwerb von Vermögensgegenständen (mit einem Werte von über 5000 Mk.) bedürfen sie staatlicher Genehmigung.[7]) Sie ernennen die Mohel, Schohet[8]) und Vorsänger, sie erlassen die Verordnungen über die religiösen Feierlichkeiten bei Beerdigungen und beim Gottesdienst in der Synagoge; sie haben das Recht der Beschwerde über Oberrabbiner und Rabbiner ihrer Bezirke. Endlich erstatten sie alljährlich den Bezirkspräsidenten einen Verwaltungsbericht.[9])

Zur Auflösung der Konsistorien und zur Abberufung der einzelnen Mitglieder ist das Ministerium befugt. Wird das Konsistorium aufgelöst, so ist die Verwaltung einem Ausschuß zu übertragen, der aus dem Oberrabbiner und vier von den Bezirkspräsidenten zu bezeichnenden Notabeln gebildet wird.[10])

---

in seiner Entscheidung Nr. 498 angenommen, daß eine vorherige nochmalige Entscheidung des Konsistoriums unnötig ist.

[1]) Dekret vom 29. August 1862 Art. 4.

[2]) Ordonnanz vom 25. Mai 1844 Art. 24. Verordnung vom 23. November 1907 (RGBl. S. 759).

[3]) Ordonnanz vom 25. Mai 1844 Art. 36.

[4]) Dekret vom 29. August 1862 Art. 4 Abs. 4.

[5]) Ordonnanz vom 25. Mai 1844 Art. 19, 20. Dekret vom 17. März 1808 Art. 12.

[6]) Ordonnanz vom 25. Mai 1844 Art. 19 Abs. 3.

[7]) Ebenda Art. 64.

[8]) Dekret vom 29. August 1862 Art. 10.

[9]) Ordonnanz vom 25. Mai 1844 Art. 19, 20.

[10]) Ebenda Art. 23; Gesetz vom 4. Juli 1879 § 2.

Die Konsistorien können bei jeder Synagoge einen Verwaltungsausschuß (oder Verwalter) einsetzen, dem die außergerichtliche Vertretung, falls die Synagoge juristische Persönlichkeit besitzt, zusteht. Die Konsistorien behalten aber stets die Oberleitung.[1])

Den Oberrabbinern steht die Aufsicht über die Rabbiner und Vorsänger ihrer Bezirke zu; sie können in allen Synagogen ihrer Bezirke den Gottesdienst abhalten und predigen. Die Rabbiner müssen das 25. Lebensjahr[2]) vollendet haben, die deutsche Staatsangehörigkeit und das Diplom des ersten rabbinischen Grades, das das Bezirkskonsistorium verleiht, besitzen.[3]) Sie werden von dem Bezirkskonsistorium ernannt, abgesetzt und versetzt vorbehaltlich ministerieller Genehmigung;[4]) zu einer höchstens ein Jahr betragenden Dienstenthebung sind die Bezirkspräsidenten befugt.[5]) Die Rabbiner halten Gottesdienst und predigen in den Synagogen ihres Amtsbezirks.[6]) Die Vorsänger (Unterrabbiner) müssen Deutsche, mindestens 25 Jahre alt und im Besitz eines Zeugnisses des Oberrabbiners über ausreichende religiöse Kenntnisse sein.[7]) Die Vorsänger am Sitze des Konsistoriums ernennt das Konsistorium selbständig, die übrigen Vorsänger werden durch fünf vom Konsistorium bezeichnete Notabeln gewählt. Die Wahl muß von dem Bezirkspräsidenten genehmigt werden, der die Vorsänger auch auf Vorschlag des Konsistoriums abberufen kann.[8])

Das Gehalt der jüdischen Religionsdiener (Oberrabbiner und Rabbiner), das auf dem System der Dienstaltersstufen beruht, wird aus Landesmitteln bezahlt.[9]) Für die Berechnung und Zahlung des Gehalts, des Gnadenvierteljahrs, für die Gewährung von Pension kommen dieselben Vorschriften wie bei den Religionsdienern der übrigen anerkannten Kulten zur Anwendung (S. 253 ff.).[10]) Alle sonstigen Kultuskosten, die nicht aus Landesmitteln bestritten werden, werden nach ständiger Verwaltungs-

---

[1]) Der Verwalter hat jährlich dem Konsistorium Bericht zu erstatten. Ordonnanz vom 25. Mai 1844 Art. 21.

[2]) Auch bei ihnen sind Altersdispense zulässig.

[3]) Ebenda Art. 47.

[4]) Ebenda Art. 48. Dekret vom 9. Juli 1853 Art. 2.

[5]) Ebenda Art. 12 Abs. 6.

[6]) Ebenda Art. 46.

[7]) Dekret vom 29. August 1862 Art. 1 und 2.

[8]) So die ständige Verwaltungspraxis; Leoni-Mandel S. 297 Anm. 1.

[9]) Die Bestimmungen über die Berechnung des Besoldungsdienstalters erfolgt durch Verordnung des Statthalters. Gesetz vom 15. November 1909 §§ 6, 8.

[10]) Ebenda §§ 7—11.

praxis von den Juden auf Grund einer Rolle, die der Synagogenvorstand festsetzt, eingezogen; gegen die Festsetzung oder Verteilung ist der ordentliche Rechtsweg zulässig.[1])

§ 151. Religiöse Genossenschaften.

Religiöse Genossenschaften sind Vereinigungen von Personen, die nach bestimmten Regeln ein religiöses Leben führen.[2]) Ihre Geschichte ist sehr wechselvoll gewesen. Ein Edikt von 1666 ordnete an, daß geistliche Genossenschaften auch nicht unter dem Vorwande der Krankenpflege gebildet werden dürfen, „wenn nicht vorher durch einen vom Parlament einregistrierten königlichen Patentbrief die Ermächtigung erteilt worden ist"; nichtermächtigte Anstalten wurden als unerlaubt und unwirksam erklärt. Die Revolutionsgesetzgebung (Dekret vom 19. Februar 1790; Dekret vom 18. August 1792) unterdrückte alle Kongregationen und untersagte ihre Errichtung für die Zukunft. Aber bereits das Dekret vom 3. Messidor XII gestattete wieder die Bildung von männlichen oder weiblichen Kongregationen oder Genossenschaften mit religiösem Zweck nach Einholung eines kaiserlichen Ermächtigungsdekrets und nach vorheriger Vorlage der betreffenden Statuten und Reglements. Endlich räumte das Dekret vom 18. Februar 1809 den weiblichen Kongregationen, die sich mit der Krankenpflege beschäftigen, eine bevorzugte Stellung ein. Seitdem ist das Recht der Genossenschaften durch eine Reihe von Gesetzen weitergebildet worden.[3])

Sämtliche Genossenschaften gliedern sich in zwei Gruppen: in ermächtigte und anerkannte (congrégations reconnues et autorisées) und in nicht ermächtigte und nicht anerkannte Genossenschaften (congrégations non reconnues et non autorisées). Die erste Gruppe zerfällt in Männer- und in Frauenkongregationen.

I. Männerkongregationen bedürfen zu ihrer Niederlassung einer gesetzlichen Ermächtigung.[4]) Weibliche Kongregationen, die vor dem

[1]) Zeitschrift Bd. 24 S. 172.

[2]) Kisch, Landesprivatrecht S. 160; ähnlich Geigel Bd. I S. 408.

[3]) Das Reichsgesetz über den Orden der Gesellschaft Jesu vom 4. Juli 1872 ist in Elsaß-Lothringen durch Gesetz vom 8. Juli 1872 (G.Bl. S. 506) eingeführt worden. Welche Niederlassungen in Elsaß-Lothringen durch dieses Gesetz aufgehoben worden sind, siehe bei Geigel (erste Auflage) S. 340 Anm. 1.

[4]) Staatsratsgutachten vom 9. Juli 1832 und 19. April 1836 (Dursy Bd. I S. 322). — Auf Grund des Dekrets vom 3. Messidor XII sind in Elsaß-Lothringen die Schulbrüder auf dem Verordnungswege zugelassen worden Leoni-Mandel S. 297.

1. Januar 1825 bestanden haben, bedürfen einer Ermächtigung, die in Form einer landesherrlichen Verordnung ausgesprochen wird.[1]) Die nach diesem Zeitpunkt entstandenen Genossenschaften müssen eine gesetzliche Ermächtigung haben,[2]) jedoch genügt bei Genossenschaften, die sich der Erziehung und Krankenpflege widmen, eine landesherrliche Verordnung, wenn sie die bereits geprüften Satzungen einer genehmigten Genossenschaft annehmen, wenn mehrere Genossenschaften, die getrennt nicht mehr bestehen können, vereinigt werden, wenn eine Zweigniederlassung als Mutterhaus anerkannt wird.[3]) Die Ermächtigung wird nach Vorlage der Statuten erteilt;[4]) Abänderungen der Statuten sind durch landesherrliche Verordnung zu genehmigen.[5]) Zur Gründung einer Zweigniederlassung einer bereits ermächtigten Frauenkongregation wird die Erlaubnis nach Erledigung eines Vorverfahrens und der Einholung des Gutachtens des Gemeinderates durch landesherrliche Verordnung erteilt.[6]) Die Ermächtigung verleiht den Genossenschaften Rechtspersönlichkeit, überhaupt eine gesicherte Existenz, die nur durch Gesetz (bei Zweigniederlassungen durch Verordnung) genommen werden kann.[7]) Zu unterscheiden von der Ermächtigung ist die Anerkennung als gemeinnützige Anstalt. Die Möglichkeit einer derartigen Anerkennung besteht nicht nur für Männerkongregationen, die sich dem Unterricht widmen,[8]) sondern auch für alle übrigen männlichen und weiblichen Genossenschaften.[9]) Die Anerkennung erhebt die Genossenschaften zu juristischen Personen des öffentlichen Rechtes, sie spricht also aus, daß die Genossenschaften im nahen Zusammenhange mit dem kirchlichen Organismus stehen und daß die von ihnen verfolgten Zwecke zum Gebiet der öffentlichen Verwaltung gehören.[10]) Die Anerkennung kann jeder Zeit auf demselben Wege, auf dem sie erteilt wurde,

---

[1]) Gesetz vom 24. Mai 1825 Art. 2 Abs. 2. Dekret vom 31. Januar 1852 Art. 1 Ziffer 2.

[2]) Gesetz vom 24. Mai 1825 Art. 2 Abs. 2.

[3]) Dekret vom 31. Januar 1852 Art. 1 Ziffer 1, 3, 4.

[4]) Gesetz vom 24. Mai 1825 Art. 2.

[5]) Dekret vom 31. Januar 1852 Art. 2.

[6]) Gesetz vom 24. Mai 1825 Art. 3.

[7]) Ebenda Art. 6.

[8]) Gesetz vom 15. März 1850 Art. 31 die „dem Unterricht gewidmeten und gesetzlich ermächtigten oder als gemeinnützige Anstalten anerkannten religiösen Genossenschaften".

[9]) Kisch, Landesprivatrecht S. 161; Molitor, Ausführungsgesetz zum Bürgerlichen Gesetzbuch S. 17.

[10]) Ich folge hier den Ausführungen Kischs S. 162, der mit guten Gründen die entgegenstehende Ansicht Molitors S. 14 ff. bekämpft.

zurückgenommen werden; auf diese Weise übt der Staat seine Hoheitsrechte aus. Wenn die Genossenschaften nicht mehr als gemeinnützig anerkannt sind, dann sind sie der polizeilichen Unterdrückung ausgesetzt. Der Unterschied zwischen ermächtigten und anerkannten Genossenschaften besteht also darin, daß die Ermächtigung nur auf dem Wege des Gesetzes, die Anerkennung auf dem Wege der Verordnung rückgängig gemacht werden kann. Diese Rechtssätze sind, da sie dem öffentlichen Landesrecht angehören, von dem Bürgerlichen Gesetzbuch unberührt geblieben.

Die Verfassung der anerkannten und ermächtigten Genossenschaften beruht auf der Satzung, die zur Genehmigung vorgelegt werden muß. Die Mitgliedschaft ist gewöhnlich an die Ableistung bestimmter Gelübde gebunden. Minderjährige bedürfen zur Ablegung der Gelübde der für die Eheschließung erforderlichen Zustimmung; Frauen können sich nicht vor dem sechszehnten Lebensjahr, zwischen dem sechszehnten und einundzwanzigsten Lebensjahr nur auf ein Jahr, später nur auf je fünf Jahre verpflichten.[1]) Die Verpflichtung schließt nicht aus, daß das Mitglied jeder Zeit austreten kann. Der Eintritt in die Genossenschaft hat keine Beschränkung der Geschäfts- und Erwerbsfähigkeit zur Folge.[2]) Die Mitglieder werden von der Genossenschaft unterhalten.[3]) Nach außen hin wird die Genossenschaft durch einen Oberen vertreten. Zum entgeltlichen Erwerb und zur entgeltlichen Veräußerung von Werten über 5000 Mk. bedarf sie ministerieller Genehmigung.[4]) Zur Annahme von Schenkungen unter 5000 Mk. ist keine Genehmigung, von Werten bis zu 12000 Mk. ministerielle Genehmigung, darüber hinaus landesherrliche Genehmigung, die der Statthalter erteilt, notwendig.[5]) Die Annahme erfolgt mit Ermächtigung des Bischofs durch den Oberen der Genossenschaft.[6]) Weibliche religiöse Genossenschaften können Schenkungen über 5000 Mk. nur

---

[1]) Dekret vom 18. Februar 1809 Art. 7. 8.

[2]) Dekret vom 18. Februar 1809 Art. 10 ist durch das Gesetz vom 29. November 1899 (G.Bl. S. 175) Nr. 53 beseitigt worden.

[3]) Ausdrücklich anerkannt für die durch Alter oder Hinfälligkeit dienstunfähigen Mitglieder weiblicher Kongregationen. Dekret vom 18. Februar 1809 Art. 16 Abs. 2.

[4]) Gesetz vom 24. Mai 1825 Art. 4 Ziffer 2 und 3.

[5]) Einführungsgesetz zum Bürgerlichen Gesetzbuch Art. 86. Gesetz vom 2. Januar 1817 Art. 2. Ordonnanz vom 2. April 1817. Gesetz vom 24. Mai 1825. Art. 4. Verordnung vom 5. Mai 1873 (G.Bl. S. 85). Verordnung vom 23. November 1907 (R.G.Bl. S. 759).

[6]) Ordonnanz vom 2. April 1817 Art. 2 und 3. Dekret vom 18. Februar 1809. Art. 12 und 13 (für weibliche Kongregationen).

auf Grund Sondertitels erwerben.[1]) Bei Auflösung einer Genossenschaft fallen die ihr geschenkten Güter an die Schenkgeber oder ihre erbberechtigten Verwandten oder an die Erben des Erblassers zurück. Diejenigen Güter, die nicht zurückfallen oder die entgeltlich erworben sind, werden zur Hälfte unter die kirchlichen Anstalten, zur anderen Hälfte unter die Pflegehäuser des Bezirks, in dem die Niederlassung gelegen hat, verteilt. Die Mitglieder der Genossenschaft oder der Zweigniederlassung haben im Falle des Widerrufs einen Anspruch auf Ruhegehalt, der aus den entgeltlich erworbenen Gütern, erst bei deren Unzulänglichkeit aus den geschenkten Gütern bezahlt wird.[2])

II. Die nicht ermächtigten und anerkannten religiösen Genossenschaften[3]) werden nur geduldet und können jeder Zeit wieder aufgehoben werden. Sie sind der strafrechtlichen und polizeilichen Repression ausgesetzt. In privatrechtlicher Hinsicht sind die geduldeten Genossenschaften „nicht rechtsfähige Vereine“, auf die die Vorschriften über die Gesellschaft Anwendung finden (§ 54 Bürgerliches Gesetzbuch).[4])

---

[1]) Gesetz vom 24. Mai 1825 Art. 4 Ziffer 1. — Über die Geltung des Art. 5 a. a. O. (Schenkung des Mitgliedes an die Genossenschaft oder an ein anderes Mitglied) Molitor, Ausführungsgesetz zum Bürgerlichen Gesetzbuch S. 25 Ziffer 7 und S. 30.

[2]) Gesetz vom 24. Mai 1825 Art. 7.

[3]) Jober, Die rechtliche Stellung der nicht anerkannten religiösen Genossenschaften in Elsaß-Lothringen. Straßburg 1895. Molitor in Zeitschrift Bd. 20 S. 526 ff.

[4]) Über das frühere Recht Leoni-Mandel S. 299.

Fünfzehntes Kapitel.

Rechtspflege.

§ 152. Überblick. Der Grundsatz von der Trennung der Gewalten.

I. Die Justizhoheit ist eine Betätigungsform der Staatsgewalt gerichtet „auf die Verwirklichung des Rechtes als der Grundlage der staatlichen Ordnung“.[1]) Sie schließt eine verwaltende und eine rechtsprechende Tätigkeit in sich. Die Justizverwaltung sorgt dafür, daß die Rechtspflege betätigt werden kann, indem sie die Gerichtsbezirke abgrenzt, die Gerichte mit Richtern und den übrigen notwendigen Beamten besetzt, Geschäftsordnungen erläßt u. a. m. Jedoch dürfen nach dem in § 4 des Einführungsgesetzes zum Gerichtsverfassungsgesetz ausgesprochenen Grundsatz von der Landesgesetzgebung den ordentlichen Gerichten nur Geschäfte der Justizverwaltung übertragen werden.[2]) Die Gerichtsbarkeit ist das Recht und die Pflicht zur Rechtsprechung.

Nach den bundesstaatlichen Prinzipien der deutschen Reichsverfassung ist die Justizhoheit zwischen der Reichs- und Landesstaatsgewalt geteilt. Die Bundesstaaten sind kraft eigenen Rechtes und im eigenen Namen gerichtsherrlich, aber dabei nicht völlig isoliert von einander, sondern Glieder eines einheitlichen Organismus.[3]) Da Elsaß-Lothringen keine Landesstaatsgewalt besitzt, so hat es auch keine eigene Justizhoheit, vielmehr steht sie dem Reich zu. In diesem Sinne sind daher alle elsaß-lothringischen Gerichte Reichsgerichte. Weil aber das Gesetz vom 9. Juni 1871 dem Kaiser die Ausübung der Staatsgewalt über das Reichsland übertragen hat, heißen die Gerichte „Kaiserlich“ und sprechen Recht „im Namen des Kaisers“.[4])

[1]) Gaupp-Stein, Zivilprozeßordnung (1901) Bd. I S. 1.

[2]) In Elsaß-Lothringen sind die Vorstände der Gerichte und der Staatsanwaltschaften Organe des Ministeriums bei den Geschäften der Justizverwaltung und sind als solche verpflichtet, Gutachten über Angelegenheiten der Gesetzgebung und Justizverwaltung abzugeben. Gesetz vom 13. Februar 1905 (G. Bl. S. 3) Artikel 2 Ziffer III.

[3]) Laband Bd. III S. 375.

[4]) Über das Begnadigungsrecht des Kaisers Bd. I S. 81.

II. Die Gerichtsbarkeit umfaßt nicht nur die Rechtsprechung, sondern auch die übrigen den Gerichten zugewiesenen Funktionen. Man kann daher sagen: Gerichtsbarkeit ist die gesamte Tätigkeit der Gerichte in bezug auf die Rechtspflege.[1]) Die Gerichtsbarkeit wird von dem Reichsrecht in ordentliche streitige, freiwillige und Verwaltungsgerichtsbarkeit eingeteilt.

Vor dem Erlaß des Reichsgesetzes über die Angelegenheiten der freiwilligen Gerichtsbarkeit und der Grundbuchordnung bestand ein tiefgreifender staatsrechtlicher Unterschied zwischen der ordentlichen streitigen und der übrigen Gerichtsbarkeit, denn nur jene war reichsrechtlich geregelt. Seitdem haben sich die Grenzlinien erheblich verschoben. Da das Gerichtsverfassungsgesetz in § 12 bestimmt hat, durch welche Gerichte die ordentliche Gerichtsbarkeit ausgeübt wird und in § 13 angeordnet worden ist, daß vor die ordentlichen Gerichte alle bürgerlichen Rechtsstreitigkeiten und Strafsachen gehören, für die nicht entweder die Zuständigkeit von Verwaltungsbehörden oder Verwaltungsgerichten begründet ist oder reichsgesetzlich besondere Gerichte bestellt oder zugelassen sind, so umfaßt die ordentliche streitige Gerichtsbarkeit alle bürgerlichen Rechtsstreitigkeiten und Strafsachen, die vor den in § 12 des Gerichtsverfassungsgesetzes aufgezählten Gerichten verhandelt und entschieden werden. Von den bürgerlichen Rechtsstreitigkeiten, die zu der Gerichtsbarkeit der ordentlichen bürgerlichen Gerichte gehören, sind solche auszunehmen, für die reichsrechtlich besondere Gerichte bestellt oder zugelassen sind. Welche besonders zugelassenen Gerichte (Gerichtsverfassungsgesetz § 14) für Elsaß-Lothringen in Betracht kommen, ist bereits in anderem Zusammenhange (Bd. I S. 150 ff.) dargelegt worden. Der Unterschied zwischen der ordentlichen streitigen und der freiwilligen Gerichtsbarkeit beruht weniger auf Prinzip als auf Zweckmäßigkeit. Die Zivilprozeßordnung regelt Materien, die den Charakter der freiwilligen Gerichtsbarkeit tragen (Aufgebotsverfahren, Entmündigungsverfahren u. a. m.), während umgekehrt in dem Reichsgesetz über die Angelegenheiten der freiwilligen Gerichtsbarkeit Gebiete der streitigen Gerichtsbarkeit berührt und behandelt worden sind.

Den Gegensatz zu den bürgerlichen Rechtsstreitigkeiten bilden endlich die öffentlich-rechtlichen Streitigkeiten. Charakteristisch für das französische Recht ist die eigenartige Abgrenzung zwischen der gerichtlichen und verwaltungsgerichtlichen Kompetenz, die in dem Prinzip über die Trennung der Gewalten (le principe de la séparation des pouvoirs)

---

[1]) Laband Bd. III S. 346.

zum Ausdruck gelangt.[1]) Das Gesetz über die Gerichtsverfassung vom 16./24. August 1790 Tit. II Art. 13 spricht die ewige Trennung zwischen Justiz und Verwaltung aus und fährt dann fort: „les juges ne pourront, à peine de forfaiture, troubler, de quelque manière que ce soit, les opérations des corps administratifs, ni citer devant eux les administrateurs pour raison de leurs fonctions“. Denselben Gedanken wiederholt das Dekret vom 16. Fructidor III, und der Code pénal (Art. 129 ff.) verbietet den Verwaltungsbehörden, Angelegenheiten zu entscheiden, die vor die Gerichte gehören oder allgemeine Gebote oder Verbote an die Gerichte zu erlassen. Nach diesen Gesetzen, die fortdauernd in Geltung sind,[2]) kommt es darauf an, ob ein Verwaltungsakt „acte administratif“ den Ausgangspunkt für die richterliche Entscheidung bilden muß. Liegt ein solcher vor, dann ist die Zuständigkeit der ordentlichen Gerichte ausgeschaltet. Unter einem acte administratif versteht man alle die Angelegenheiten der Verwaltung betreffenden Anordnungen eines Verwaltungsbeamten oder einer Verwaltungsbehörde, die inhaltlich in den Zuständigkeitskreis des anordnenden Verwaltungsbeamten oder der anordnenden Verwaltungsbehörde fallen,[3]) sofern es sich nicht um generelle Verordnungen (actes réglementaires) — über deren Gültigkeit und Zulässigkeit die ordentlichen Gerichte erkennen (Bd. II S. 152) — handelt. Nach französischer Auffassung werden als Angelegenheit der Verwaltung nicht nur die in Ausübung eines Staatshoheitsrechtes getroffenen Verfügungen (actes de puissance publique), sondern auch die Verträge, die im öffentlichen Interesse mit Einzelnen abgeschlossen werden, angesehen. Allerdings haben verschiedene Ausnahmen diesen Grundsatz durchbrochen, insbesondere ist bei den sogenannten „actes de gestion“, bei denen der Staat wie ein Privatmann als Verwalter seiner Güter auftritt, die Zuständigkeit der ordentlichen Gerichte anerkannt worden.[4]) Kommt hiernach ein Verwaltungsakt in Betracht, so dürfen ihn die ordentlichen Gerichte nicht beurteilen („apprécier“), noch auslegen, geschweige denn selbst eine Tätigkeit vornehmen, die in das Gebiet der Verwaltung gehört („s'immiscer“). Das französische Recht grenzt also die Zuständigkeit zwischen den ordentlichen und Verwaltungsgerichten nicht, wie es das Deutsche

[1]) Über die historischen Gründe, die zur Ausbildung dieses Grundsatzes geführt haben Otto Mayer, Theorie des französischen Verwaltungsrechtes S. 87 ff.

[2]) Zeitschrift Bd. 8 S. 106; Bd. 9 S. 550; Bd. 10 S. 252; Bd. 13 S. 193; Reichsgericht in Strafsachen Bd. 32 S. 322.

[3]) Molitor, Ausführungsgesetz (2. Auflage) S. 124.

[4]) Über die in Betracht kommenden Fälle Michaëlis, Landesrechtliche Zivilprozeßnormen (2. Auflage) S. 162—169.

Reich tut, nach der Natur des im Streit befindlichen Rechtes ab, sondern nach dem Vorhandensein eines Verwaltungsaktes.

So bedeutend nun auch das Prinzip von der Trennung der Gewalten für die Stellung der Verwaltung in dem ganzen Staatsorganismus ist, so ist doch nicht zu verkennen, daß der Einfluß des Deutschen Rechtes die Trennungslinie verschoben hat und verschiebt. So ist ausdrücklich gerade mit Rücksicht auf die elsaß-lothringischen Rechtsverhältnisse durch § 4 Einführungsgesetz zur Zivilprozeßordnung bestimmt worden, daß bürgerliche Rechtsstreitigkeiten den ordentlichen Gerichten nicht aus dem Grunde entzogen werden dürfen, weil der Staat oder ein Selbstverwaltungskörper beteiligt ist,[1]) ferner hat § 261 der Strafprozeßordnung dem Strafrichter die Möglichkeit gegeben, einen Verwaltungsakt auszulegen, sobald die Strafbarkeit einer Handlung von ihm abhängt,[2]) weiter ist über vermögensrechtliche Ansprüche der Richter[3]) und Beamten[4]) aus ihrem Dienstverhältnis, über schadensersatzpflichtige Handlungen derselben,[5]) über Defektenbeschlüsse[6]) u. a. m., endlich aus neuerer Zeit über den Schadensersatzanspruch für öffentliche Arbeiten[7]) der ordentliche Rechtsweg zugelassen worden. Andererseits ist auch die Zuständigkeit der Verwaltungsgerichte verschiedentlich erweitert worden.[8])

Wenn somit auch im Einzelnen das Prinzip von der Trennung der Gewalten zugunsten der ordentlichen Gerichte aufgegeben worden ist, so ist es doch niemals ganz beseitigt worden,[9]) sondern beherrscht nach wie vor das Verhältnis der Verwaltung zur Justiz.

Solange Elsaß-Lothringen keine dem Conseil d'État entsprechende Behörde zur Entscheidung von Kompetenzkonflikten hat, haben die ordentlichen Gerichte über die Zulässigkeit des Rechtsweges zu erkennen.[10])

---

[1]) Vgl. dazu Artikel 8 Ausführungsgesetz zum Gerichtsverfassungsgesetz.

[2]) Zeitschrift Bd. 10 S. 440. Anders § 148 Zivilprozeßordnung.

[3]) Gerichtsverfassungsgesetz § 9.

[4]) Beamtengesetz § 149. [5]) Ebenda § 79. [6]) Ebenda § 144.

[7]) § 40a Ausführungsgesetz B.G.B.

[8]) Leoni S. 106 Anm. 3.

[9]) Das Reichsgericht hat sich zu wiederholten Malen mit der Frage der weiteren Gültigkeit des Grundsatzes von der Trennung der Gewalten beschäftigt. Es hat ausgesprochen, daß dieser Grundsatz nicht aufgehoben worden ist durch § 13 Beamtengesetz (Entscheidungen in Strafsachen Bd. 32 S. 322), durch § 11 E.G.G.V.G. (Entscheidungen in Zivilsachen Bd. 18 S. 123 (wo die in Bd. 5 S. 48 niedergelegte entgegengesetzte Ansicht verlassen wird), durch § 4 E.G.Z.P.O. und § 39, 40 A.G.B.G.B. (Entscheidungen in Zivilsachen Bd. 52 S. 369; 56 S. 216).

[10]) Gesetz vom 30. Dezember 1871 (G. Bl. 1872 S. 49) § 9 Absatz 2. Gerichtsverfassungsgesetz § 17.

§ 153. Die ordentlichen Landesgerichte.

I. Die ordentlichen Landesgerichte im Sinne des Gerichtsverfassungsgesetzes sind die Amtsgerichte, die Landgerichte und das Oberlandesgericht.[1])

1. Amtsgerichte. Die Zahl, den Sitz und die Bezirke der Amtsgerichte bestimmt der Statthalter.[2]) Da jede Vermehrung der Amtsgerichte und der bei ihnen beschäftigten Amtsrichter eine Vergrößerung der Ausgaben der Landeskasse zur Folge hat, so muß zuvor die Zustimmung der gesetzgebenden Körperschaften eingeholt werden. Die Kosten der Beschaffung und der Unterhaltung der Diensträume des Amtsgerichts sind Pflichtausgaben der Gemeinden, die Sitz eines Amtsgerichts sind (Gemeindeordnung § 65 Absatz 3). Jedoch kann das Ministerium mit den Gemeinden vereinbaren, daß die dem Dienst des Amtsgerichts gewidmeten Gebäude und Grundstücke auf den Landesfiskus übergehen.[3]) Das Mobiliar der Amtsgerichte ist seit dem Gesetz vom 25. März 1889 (Gesetzblatt S. 9) § 11 in das Eigentum des Landes übergegangen und wird seitdem aus Landesmitteln beschafft.[4])

Die Amtsgerichte entscheiden entweder als Einzelgerichte oder als Schöffengerichte.

a) Ist ein Amtsgericht mit mehreren Richtern besetzt, so handelt jeder von ihnen als Einzelrichter mit voller Selbständigkeit.[5]) Die Geschäftsverteilung unter den mit mehreren Richtern besetzten Gerichten erfolgt nach Anhörung des Ersten Staatsanwalts durch das Präsidium des Landgerichts im voraus auf die Dauer eines Geschäftsjahres. Die Verteilung kann nach örtlich abgegrenzten Bezirken oder nach Gattungen oder nach Gattungen und Bezirken vorgenommen werden.[6]) Mehrere Richter desselben Gerichts vertreten sich wechselseitig.[7]) Ist ein Amts-

---

[1]) Ausführungsgesetz zum Gerichtsverfassungsgesetz vom 4. November 1878 (G. Bl. S. 65) § 7 Abs. 2.

[2]) Gesetz vom 14. Juli 1871 (G. Bl. S. 165) § 2. Über die Bezirke der Amtsgerichte Verordnung vom 3. April 1909 (G. Bl. S. 54), über die auswärtigen Gerichtstage Verordnung vom 14. April 1909 (A. Bl. S. 35).

[3]) Der Ertrag der den Gemeinden zugewiesenen gerichtlich erkannten Geldstrafen fließt dann in die Landeskasse. Gesetz vom 26. März 1891 (G. Bl. S. 5) § 10.

[4]) Verfügung des Ministeriums vom 7. August 1889 (Sammlung Bd. XIV S. 343).

[5]) Gerichtsverfassungsgesetz § 22 Abs. 1.

[6]) Verordnung des Reichskanzlers vom 13. Juni 1879 (G. Bl. S. 61) § 2 Abs. 1.

[7]) Ebenda § 2 Abs. 2.

gericht mit mehreren Richtern besetzt, so führt die allgemeine Dienstaufsicht ein von dem Ministerium bezeichneter Richter.[1]) Die zeitweilige Verwaltung einer Amtsrichterstelle (Hilfsrichter) kann Gerichtsassessoren durch das Ministerium übertragen werden.[2]) Nach näherer Anordnung des Statthalters dürfen auch Referendare, die seit mindestens zwei Jahren im Vorbereitungsdienst beschäftigt sind, vorübergehend mit der Wahrnehmung richterlicher Geschäfte bei einem Amtsgericht beauftragt werden, ohne jedoch zur Urteilsfällung, zur Entscheidung über Durchsuchungen, Beschlagnahmen und Verhaftungen, sowie zu den Geschäften des Amtsrichters bei der Bildung der Schöffen- und Schwurgerichte befugt zu sein.[3]) Die ständigen Vertreter der Amtsrichter sind, abgesehen von den Richtern desselben Gerichts und den Richtern des benachbarten Gerichts,[4]) die Ergänzungsrichter. Das landesrechtliche Institut der Ergänzungsrichter ist nicht zu verwechseln mit der von dem Gerichtsverfassungsgesetz vorgesehenen Einrichtung gleichen Namens. Nach dem noch immer in Kraft befindlichen Artikel 3 des Gesetzes vom 29. Ventôse IX wird das Amt des Amtsrichters bei Krankheit, Abwesenheit oder anderer Behinderung durch einen Ergänzungsrichter versehen; zu diesem Zweck erhält jeder Amtsrichter zwei Ergänzungsrichter.[5]) Die Ergänzungsrichter werden vom Statthalter ernannt[6]) und haben vor ihrem Dienstantritt den allgemeinen Beamteneid zu leisten. Sie verwalten das Amt unentgeltlich. Obwohl von ihnen nicht der geringste Nachweis einer besonderen Befähigung verlangt wird, können sie jede richterliche Handlung mit einziger Ausnahme der Grundbuchgeschäfte[7]) vornehmen.

b) Bei jedem Amtsgericht wird ein Schöffengericht gebildet; das Schöffengericht besteht aus dem Amtsrichter als Vorsitzenden und

[1]) Wenn die Zahl der Richter mehr als fünfzehn beträgt, so kann die Dienstaufsicht zwischen mehreren von ihnen geteilt werden. Gerichtsverfassungsgesetz (in der Fassung des Gesetzes vom 17. Mai 1898 R. G. Bl. S. 252) § 22 Abs. 2.

[2]) Verordnung vom 7. April 1899 (G. Bl. S. 39) § 1 Abs. 3.

[3]) Ausführungsgesetz zum Gerichtsverfassungsgesetz § 6.

[4]) Nach der Verordnung vom 26. April 1875 § 8 wird von dem Oberstaatsanwalt und Oberlandesgerichtspräsidenten für jeden Amtsrichter ein benachbarter Amtsrichter als ständiger Stellvertreter bezeichnet. Derselbe darf aber erst auf Anordnung des Ersten Staatsanwalts und Landgerichtspräsidenten in Tätigkeit treten.

[5]) Die fortdauernde Geltung dieser Bestimmung beruht auf § 10 Gerichtsverfassungsgesetz. Verordnung vom 26. April 1875 § 8.

[6]) Gesetz vom 14. Juli 1871 § 17.

[7]) Ausführungsgesetz zur Grundbuchordnung § 4.

zwei Schöffen.[1]) Die Schöffen werden jährlich neu gewählt. Zu diesem Zweck stellen die Bürgermeister alljährlich in der ersten Hälfte des Oktober in der Urliste diejenigen Personen zusammen, die zu dem Schöffenamt berufen werden können.[2]) Aus dieser Urliste werden von einem jährlich bei dem Amtsgericht zusammentretenden Ausschuß, der aus dem Amtsrichter als Vorsitzenden, sieben Vertrauensmännern als Beisitzern, die die Kreistage mit absoluter Stimmenmehrheit wählen, und einem von dem Bezirkspräsidenten bestimmten Staatsverwaltungsbeamten besteht, die von dem Oberlandesgerichtspräsidenten und dem Oberstaatsanwalt bestimmte Anzahl von Schöffen und Hilfsschöffen gewählt.[3]) Die Reihenfolge, in der die Hauptschöffen an den einzelnen ordentlichen Sitzungen des Jahres teilnehmen, wird durch das Los, das der Amtsrichter in öffentlicher Sitzung zieht, bestimmt.[4])

2. Landgerichte. Die Bestimmung der Zahl, des Sitzes, der Bezirke der Landgerichte und der Zahl ihrer Kammern erfolgt durch Kaiserliche vom Statthalter zu vollziehende Verordnung,[5]) die jedoch, sobald sie von irgend einem Einfluß auf die Finanzverwaltung des Landes ist, nicht ohne Zustimmung der gesetzgebenden Körperschaften erlassen werden kann. Ebenso wie mit den Gemeinden bezüglich der Amtsgerichtsgebäude darf das Ministerium mit den Bezirken vereinbaren, daß die dem Dienste der Landgerichte, ausschließlich der Schwurgerichte, gewidmeten Gebäude und Grundstücke auf den Landesfiskus übergehen.[6]) An der

---

[1]) Gerichtsverfassungsgesetz §§ 25, 26. Über die Unfähigkeit zu dem Amte eines Schöffen §§ 32 ff. ebenda.

[2]) Ebenda §§ 36—39. Verordnung des Reichskanzlers vom 13. Juni 1879 § 4.

[3]) Gerichtsverfassungsgesetz §§ 40 ff. — Gehört der Amtsgerichtsbezirk zu mehreren Kreisen, so ist die von den einzelnen Kreistagen zu wählende Anzahl der Vertrauensmänner unter Berücksichtigung der Einwohnerzahl von dem Amtsrichter zu bestimmen. In den Stadtkreisen Straßburg und Metz üben die Gemeinderäte die Befugnisse der Kreistage aus. Gesetz vom 24. Januar 1873 § 2 Abs. 1. Ausführungsgesetz zum Gerichtsverfassungsgesetz § 14. Verordnung des Reichskanzlers vom 13. Juni 1879 §§ 4, 5.

[4]) Gerichtsverfassungsgesetz § 45.

[5]) Verordnung vom 23. November 1907 (R.G.Bl. S. 759). — Zur Zeit bestehen Landgerichte in Straßburg, Metz, Mülhausen, Colmar, Zabern und Saargemünd. Über die Bezirke der Landgerichte Verordnung vom 3. April 1909 (G. Bl. S. 53).

[6]) Gesetz vom 26. März 1892 (G.Bl. S. 13) § 10. Ministerialverfügung vom 11. Mai 1893 (Sammlung Bd. 18 S. 106). — Das Mobiliar der Landgerichte wird seit dem Etatsjahr 1880 aus der Landeskasse bestritten. Leoni-Mandel S. 5.

Spitze des Landgerichts steht der Landgerichtspräsident, der zusammen mit dem Ersten Staatsanwalt die Justizverwaltungsgeschäfte erledigt. Der Präsident führt den Vorsitz im Plenum, ihm steht die unmittelbare Aufsicht über das Landgericht und die Amtsgerichte seines Bezirks zu. Das Aufsichtsrecht schließt die Befugnis in sich, richterlichen Beamten gegenüber die ordnungswidrige Ausführung eines Amtsgeschäftes zu rügen und zu dessen rechtzeitiger und sachgemäßer Erledigung zu ermahnen.[1]) Bei den Landgerichten werden Zivilkammern, Strafkammern, Kammern für Handelssachen, Schwurgerichte gebildet und Untersuchungsrichter bestellt.

a) Bei jedem Landgericht müssen Zivil- und Strafkammern gebildet werden.[2]) Den Vorsitz in den Kammern führen der Präsident und die Direktoren, und zwar bestimmt der Präsident, welcher Kammer er sich anschließt; über die Verteilung des Vorsitzes in den übrigen Kammern entscheiden der Präsident und die Direktoren nach Stimmenmehrheit, bei Stimmengleichheit gibt die Stimme des Präsidenten den Ausschlag. Die Geschäftsverteilung unter die Kammern derselben Art, die Bestimmung der ständigen Mitglieder der einzelnen Kammern und ihrer regelmäßigen Vertreter für den Fall ihrer Verhinderung erfolgt durch das Präsidium, das durch den Präsidenten, die Direktoren und das dem Dienstalter nach, bei gleichem Dienstalter das der Geburt nach älteste Mitglied gebildet wird, auf die Dauer des Geschäftsjahres vor Beginn desselben. Die getroffene Anordnung kann im Laufe des Geschäftsjahres nur geändert werden, wenn dies wegen eingetretener Überlastung einer Kammer oder infolge Wechsels oder dauernder Verhinderung einzelner Mitglieder des Gerichts erforderlich ist. Mit der Vertretung eines verhinderten Mitgliedes kann für einzelne Sitzungen oder Geschäfte von dem Landgerichtspräsidenten ein Amtsrichter beauftragt werden, wenn die Vertretung durch ein Mitglied des Landgerichts nicht möglich ist.[3]) Die Beiordnung eines nicht ständigen Richters (Hilfsrichter) erfolgt auf Antrag des Präsidiums durch das Ministerium; sie darf, wenn sie auf eine bestimmte Zeit erfolgte, vor Ablauf dieser Zeit, wenn sie auf unbestimmte Zeit erfolgte, solange das Bedürfnis, durch welches sie veranlaßt wurde, fortdauert, nicht widerrufen werden; ist mit der Vertretung eine

[1]) Gesetz vom 13. Februar 1899 (G.Bl. S. 3) § 49.

[2]) §§ 58 ff. Gerichtsverfassungsgesetz. Bisher sind in Elsaß-Lothringen detachierte Strafkammern (§ 78) nicht gebildet worden.

[3]) Ausführungsgesetz zum Gerichtsverfassungsgesetz § 15.

Entschädigung verbunden, so ist diese für die ganze Dauer im voraus festzustellen.[1])

b) An dem Sitze des Landgerichts und aus den Mitgliedern desselben sind **Untersuchungsrichter** nach Bedürfnis durch das Ministerium auf die Dauer eines Geschäftsjahres zu bestellen.[2])

c) Bei den Landgerichten Straßburg, Metz, Mülhausen, Colmar sind für deren Bezirke **Kammern für Handelssachen** gebildet, die in der Besetzung von einem Vorsitzenden und zwei Handelsrichtern entscheiden. Der **Vorsitzende** wird von dem Statthalter aus den Mitgliedern des Landgerichts auf die Dauer von mindestens fünf Geschäftsjahren ernannt.[3]) Seinen regelmäßigen Vertreter bestimmt auf die Dauer des Geschäftsjahres das Präsidium, einen zeitweiligen Vertreter der Präsident des Landgerichts aus dessen Mitgliedern. Die Ernennung der **Handelsrichter**[4]) (vier bis zehn für jede Kammer) erfolgt durch den Kaiser auf gutachtlichen Vorschlag der am Sitze des Landgerichts bestehenden Handelskammer auf die Dauer von drei Jahren; eine wiederholte Ernennung ist nicht ausgeschlossen. Handelsrichter kann jeder Deutsche werden, der als Kaufmann oder als Vorstand einer Aktiengesellschaft, als Geschäftsführer einer Gesellschaft mit beschränkter Haftung oder als Vorstand einer sonstigen juristischen Person in das Handelsregister eingetragen oder eingetragen gewesen ist, das dreißigste Lebensjahr vollendet hat und in dem Bezirk der Kammer wohnt.[5]) Verliert ein Handelsrichter die für die Ernennung erforderlichen Eigenschaften, so ist er seines Amtes durch den ersten Zivilsenat des Oberlandesgerichts zu entheben. Die Handelsrichter werden in öffentlicher Sitzung vereidigt: „die Obliegenheiten ihres Amtes getreulich zu erfüllen". Sie werden zu den Sitzungen nach der Reihenfolge der Ernennungen für jede Woche abwechselnd von dem Vorsitzenden berufen; im Falle der Verhinderung tritt der zunächst Folgende an seine

---

[1]) Gerichtsverfassungsgesetz § 69; Ausführungsgesetz § 31a in der Fassung des Gesetzes vom 13. Februar 1905 (G.Bl. S. 3). — Auf Gerichtsassessoren, die als Hilfsrichter einem Landgericht beigeordnet sind, finden die allgemeinen Disziplinarbestimmungen keine Anwendung. Verordnung vom 7. April 1899 (G.Bl. S. 39) § 16 Abs. 2.

[2]) Gerichtsverfassungsgesetz § 60. Ausführungsgesetz § 31a in der Fassung des Gesetzes vom 13. Februar 1905.

[3]) Ausführungsgesetz § 19.

[4]) Gerichtsverfassungsgesetz §§ 111 ff. Verordnung des Reichskanzlers vom 13. Juni 1879 §§ 8 ff.

[5]) Gerichtsverfassungsgesetz § 113 in der Fassung des Reichsgesetzes vom 20. März 1905 (R.G.Bl. S. 179).

Stelle, ohne hierdurch die ursprüngliche Reihenfolge zu unterbrechen. Für das dienstliche Verhalten der Handelsrichter kommen die Vorschriften über Aufsicht und Disziplin der Richter zur Anwendung.[1])

d) Schwurgerichte treten periodisch bei den Landgerichten Straßburg, Metz, Colmar und Mülhausen zusammen; der Bezirk des Landgerichts Zabern ist mit dem des Landgerichts Straßburg, der Bezirk des Landgerichts Saargemünd mit dem des Landgerichts Metz zusammengelegt.[2]) Die Schwurgerichtssitzungen, die in der Regel alle drei Monate stattfinden, werden von dem Oberlandesgerichtspräsidenten festgesetzt.[3]) Das Schwurgericht entscheidet in der Besetzung von drei richterlichen Mitgliedern und zwölf Geschworenen.[4]) Den Vorsitzenden ernennt der Oberlandesgerichtspräsident für jede Sitzungsperiode aus der Zahl der Mitglieder des Oberlandesgerichts oder der zu dessen Bezirk gehörigen Landgerichte; seinen Stellvertreter und die übrigen richterlichen Mitglieder bestimmt der Landgerichtspräsident am Sitz des Schwurgerichts aus der Zahl der Mitglieder des Landgerichts. Die Geschworenen werden gewählt, und zwar stellt der bei den Amtsgerichten für die Wahl der Schöffen zusammentretende Ausschuß die Vorschlagsliste auf, in der alle Personen ausgewählt werden, die er zu Geschworenen für das nächste Jahr vorschlägt. Auf Grund der Vorschlagslisten stellt das Landgericht (Präsident und vier Mitglieder) die Jahresliste auf, die die Namen von 270 Hauptgeschworenen und von 30 Hilfsgeschworenen enthalten muß.[5]) Aus der Jahresliste werden vor Beginn der Schwurgerichtsperiode in öffentlicher Sitzung des Landgerichts 30 Hauptgeschworene ausgelost, die auf die Spruchliste gesetzt werden. Aus der Spruchliste wird durch Losung die Geschworenenbank gebildet.

3. Das höchste Gericht des Landes ist das Oberlandesgericht in Colmar,[6]) an dessen Spitze der Oberlandesgerichtspräsident steht, der zusammen mit dem Oberstaatsanwalt die Justizverwaltungsgeschäfte erledigt; er hat die Aufsicht über sämtliche Gerichte des Landes.[7]) Bei dem Oberlandesgericht werden Zivil- und Strafsenate gebildet, deren

---

[1]) Ausführungsgesetz zum Gerichtsverfassungsgesetz § 20.

[2]) Verordnung vom 14. Juli 1871 § 9; vom 10. März 1886 (G.Bl. S. 9).

[3]) Ausführungsgesetz § 18.

[4]) Gerichtsverfassungsgesetz § 79 ff.

[5]) Verordnung vom 13. Juni 1879 § 3. Die Verteilung auf die einzelnen Amtsgerichte erfolgt durch den Oberlandesgerichtspräsidenten und den Oberstaatsanwalt.

[6]) Verordnung vom 14. Juli 1871 §§ 1, 3, 4.

[7]) Gesetz vom 13. Februar 1899 § 49.

Zahl durch Kaiserliche vom Statthalter auszufertigende Verordnung bestimmt wird.[1]) Mit der Vertretung eines verhinderten Mitgliedes kann der Oberlandesgerichtspräsident für einzelne Sitzungen oder Geschäfte ein Mitglied eines Landgerichts oder einen Amtsrichter beauftragen, soweit die Vertretung nicht durch ein Mitglied des Oberlandesgerichts möglich ist.[2]) Zu Hülfsrichtern dürfen nur ständig angestellte Richter berufen werden.[3]) Im übrigen gelten bezüglich der Zusammensetzung der Senate, der Geschäftsverteilung die Vorschriften über die Landgerichte mit dem Unterschiede, daß dem Präsidium die beiden ältesten Mitglieder des Gerichts angehören.[4])

II. Die Zuständigkeit der einzelnen Gerichte, die Abgrenzung ihrer Kompetenzen ist im wesentlichen durch die Reichsgesetzgebung, die nur an wenigen Stellen durch die Landesgesetzgebung ergänzt wird, erfolgt. Die Darstellung der hier in Betracht kommenden Prinzipien gehört in das Prozeßrecht. Es genügt der Hinweis auf die einschlägige Literatur.

III. Bei jedem Gericht ist eine Gerichtsschreiberei eingerichtet, deren Dienst und Geschäftsverhältnisse das Ministerium bestimmt.[5]) Das Oberlandesgericht und jedes Landgericht hat einen Obersekretär.[6]) Als Zustellungs- und Vollstreckungsbeamte dienen die Gerichtsvollzieher (Bd. I S. 222 ff.)

IV. Der Gehalt aller Richter an sämtlichen Gerichten des Landes bestimmt sich nach dem Dienstaltersstufensystem.[7]) Das für die Bemessung des Gehaltes maßgebende Dienstalter (Besoldungs-

---

[1]) Verordnung vom 23. November 1907 (R.G.Bl. S. 759).

[2]) Ausführungsgesetz § 22a in der Fassung des Gesetzes vom 13. Februar 1905.

[3]) Gerichtsverfassungsgesetz § 122.

[4]) Ebenda § 121.

[5]) Gerichtsverfassungsgesetz § 154. Geschäftsordnung für die Gerichtsschreibereien der elsaß-lothringischen Amtsgerichte und Landgerichte vom 16. Dezember 1902 (Sammlung Bd. 27 S. 285, 435).

[6]) Verordnung vom 14. Juli 1871 § 7.

[7]) Verordnung vom 3. August 1908 (G.Bl. S. 79). Die Zeit, die der Anzustellende außerhalb des höheren Justizdienstes in einem unmittelbaren oder mittelbaren Amte des Landesdienstes, einschließlich des Notariats, im Reichsdienst, im Landesdienst der Schutzgebiete oder im Dienste eines deutschen Bundesstaates zugebracht hat oder die Zeit, während deren er als Rechtsanwalt zugelassen war, kann ganz oder teilweise auf das Besoldungsdienstalter vom Kaiser angerechnet werden § 4. — Über den Rang und den Titel der richterlichen und der staatsanwaltschaftlichen Beamten Kaiserl. Verordnung vom 7. Dezember 1898 (G.Bl. S. 95).

dienstalter) in jeder Gehaltsklasse ist der Tag der ersten etatsmäßigen Anstellung in einem zu dieser Gehaltsklasse gehörigen Amte, wobei als Tag der Anstellung der Tag rechnet, von dem ab der Angestellte das Diensteinkommen der Stelle bezieht. Die sich durch Aufrücken in eine höhere Gehaltsstufe ergebende Gehaltserhöhung tritt mit dem ersten Tage jedes Kalendervierteljahres ein, wenn der Beamte an diesem Tage oder im vorhergegangenen Kalendervierteljahr das maßgebende Besoldungsdienstalter erreicht hat. Bei der ersten etatsmäßigen Anstellung eines Gerichtsassessors als Landrichter, Amtsrichter oder Staatsanwalt werden höchstens sechs Jahre seit dem Tage des Dienstalters als Gerichtsassessor auf das Besoldungsdienstalter angerechnet. Lehnt der Gerichtsassessor die Annahme eines bestimmten Richteramtes ab, so bleibt die nach der Ablehnung verflossene Zeit von der Anrechnung ausgeschlossen. Das Stellendienstalter der Landgerichtspräsidenten, der Senatspräsidenten, der Oberlandesgerichtsräte, der Landgerichtsdirektoren richtet sich nach dem Tage der Ernennung zu einem Amte des betreffenden Besoldungsetats, das der Land- und Amtsrichter nach dem Dienstalter als Assessor.[1])

§. 154. Die Staatsanwaltschaft.

Die Gliederung der Staatsanwaltschaft lehnt sich an die der Gerichte an. Jedes Gericht soll eine Staatsanwaltschaft haben, und zwar wird das Amt bei dem Oberlandesgericht durch den Oberstaatsanwalt, dem als Vertreter der „Erste Staatsanwalt beim Oberlandesgericht" beigeordnet ist,[2]) bei den Landgerichten durch die Ersten Staatsanwälte, denen eine Reihe von Staatsanwälten als Vertreter beigegeben sind, und bei den Amtsgerichten durch Amtsanwälte[3]) ausgeübt. Zum Oberstaatsanwalt, zu Ersten Staatsanwälten und zu Staatsanwälten können nur zum Richteramt befähigte Beamte vom Kaiser ernannt werden;[4]) die Bestellung zeitweiliger Vertreter von Beamten der Staatsanwaltschaft und von Hilfsarbeitern bei der Staatsanwaltschaft erfolgt durch das Ministerium aus der Zahl der zum Richteramte befähigten Personen.[5]) Die Amtsanwälte werden auf Widerruf durch das Ministerium ernannt; ihre Geschäfte können auch einem Hilfsarbeiter der Staatsanwaltschaft, einem

[1]) Verordnung vom 18. Februar 1880 (G. Bl. S. 7).

[2]) Verordnung vom 16. September 1899 (G.Bl. S. 113).

[3]) Verordnung vom 1. Dezember 1879 (G.Bl. S. 100).

[4]) Gerichtsverfassungsgesetz § 149 Abs. 2. Ausführungsgesetz § 23.

[5]) Ausführungsgesetz § 24 und § 31a in der Fassung der Novelle vom 13. Februar 1905 (G.Bl. S. 3).

Gerichtsassessor oder einem Beamten der Gerichtsschreiberei von dem Ministerium übertragen werden.[1]) In Dringlichkeitsfällen werden die Amtsanwälte von den Bürgermeistern am Sitze des Amtsgerichts und deren gesetzlichen Vertretern vertreten.[2])

Die örtliche Zuständigkeit der Beamten der Staatsanwaltschaft richtet sich nach der örtlichen Zuständigkeit der Gerichte, für die sie bestellt sind; jedoch kann ein unzuständiger Beamter innerhalb seines Bezirks alle Amtshandlungen vornehmen, wenn Gefahr im Verzuge obwaltet.[3]) Auch für ihre sachliche Zuständigkeit kommen dieselben Vorschriften wie für die Zuständigkeit der Gerichte in Betracht. Trotzdem ist aber die Unabhängigkeit der Staatsanwaltschaft von den Gerichten ausdrücklich garantiert.

Die gesamte Staatsanwaltschaft des Landes, d. h. sämtliche Beamte, die staatsanwaltschaftliche Funktionen ausüben, ist als einheitliche Behörde organisiert, die ihren Chef im Ministerium (Abteilung für Justiz und Kultus) hat. Seinen dienstlichen Anweisungen haben die Beamten Folge zu leisten und zwar nicht nur im allgemeinen, sondern auch bei Erledigung der einzelnen anhängigen Sachen. Nicht auf die Meinung des mit der Angelegenheit befaßten Staatsanwalts, sondern auf die Meinung des Ministeriums kommt es an, denn die Staatsanwälte unterstehen nicht nur der Aufsicht, sondern auch der Leitung des Ministeriums.[4]) Genau dasselbe Abhängigkeitsverhältnis besteht zwischen dem Oberstaatsanwalt und den Ersten Staatsanwälten und zwischen den Amtsanwälten. Der Dienstbefehl der vorgesetzten Behörde gibt im allgemeinen und im einzelnen die Direktiven für die Dienstverrichtungen. Daher kann nicht bloß der in concreto örtlich und sachlich zuständige Beamte eine Amtshandlung vornehmen, sondern der Oberstaatsanwalt und die Ersten Staatsanwälte sind befugt, bei allen Gerichten ihres Bezirks die Amtsverrichtungen selbst zu übernehmen oder mit der Wahrnehmung derselben einen anderen als den zuständigen Beamten zu beauftragen; nur die Amtsanwälte dürfen niemals Funktionen zugewiesen

[1]) Die früheren Kantonalpolizeikommissare (Bd. II S. 157 Anm. 1) sind zum Teil durch im Hauptamt angestellte Amtsanwälte ersetzt worden. Ministerialverordnung vom 23. März 1907 (Sammlung, Bd. 30 S. 307). — Nach dem Gesetz über das Forststrafrecht und das Forststrafverfahren vom 28. April 1880 § 64 können verwaltende Forstbeamte die Funktionen der Amtsanwälte übertragen bekommen.

[2]) Ausführungsgesetz § 26.

[3]) Gerichtsverfassungsgesetz § 144.

[4]) Gerichtsverfassungsgesetz § 148.

erhalten, die außerhalb der Zuständigkeit der Amtsgerichte und Schöffengerichte liegen.[1]) Dieselbe Auffassung beherrscht die einzelnen staatsanwaltschaftlichen Stationen; dieselben bilden kein Kollegium gleichberechtigter Beamten, sondern der Erste Staatsanwalt bezw. der Oberstaatsanwalt sind die Träger der staatsanwaltschaftlichen Befugnisse.[2]) Die ihnen beigegebenen Staatsanwälte sind ihre Vertreter,[3]) die ihre Anordnungen befolgen müssen, dafür aber niemals persönlich verantwortlich gemacht werden können.

Die Zuständigkeit und Organisation der Staatsanwaltschaft ist durch die Reichsprozeßordnungen nur für die streitige ordentliche Gerichtsbarkeit geregelt worden. Außerhalb dieses Gebietes kann das Landesrecht Anordnungen nach beiden Richtungen treffen. Von dieser Befugnis ist insofern Gebrauch gemacht, als in Angelegenheiten der freiwilligen Gerichtsbarkeit eine Mitwirkung der Staatsanwaltschaft in bestimmten Fällen vorgesehen ist.[4]) Ferner vertreten die Vorstände der Staatsanwaltschaften zusammen mit den der Gerichte diese; sie erledigen gemeinsam mit ihnen nach näherer Anweisung des Ministeriums Geschäfte der Justizverwaltung und können zu diesem Zweck die Mitwirkung der ihnen unterstellten Beamten in Anspruch nehmen.[5]) Sie führen die Aufsicht über Notare, Standesbeamte, Gerichtsvollzieher und haben auch über die Handhabung der Ordnung bei allen Gerichten zu wachen, ohne damit aber mit einer Dienstaufsicht über die Richter betraut zu sein.[6])

Die Amtsanwälte (für die nicht zur Zuständigkeit der Amtsgerichte und Schöffengerichte gehörigen Sachen) und die Beamten des Polizei- und Sicherheitsdienstes sind Hülfsbeamte der Staatsanwaltschaft und sind als solche verpflichtet, den Anordnungen der Staatsanwälte bei dem Landgerichte ihres Bezirks und den diesen vorgesetzten Beamten Folge zu leisten.[7])

[1]) Ebenda § 146, § 147.

[2]) So auch das französische Recht. Dekret vom 18. August 1810 Art. 19.

[3]) Ebenda § 145.

[4]) Ausführungsgesetz zum Reichsgesetz über die Angelegenheiten der freiwilligen Gerichtsbarkeit § 2, § 13 Abs. 2, § 14, §§ 18, 19, 22, 23 Abs. 2. Vgl. Gesetz über die Notariatsgebühren §§ 2, 3.

[5]) Ausführungsgesetz § 31 b in der Fassung des Gesetzes vom 13. Februar 1905. Einführungsgesetz zum Gerichtsverfassungsgesetz § 4.

[6]) Dekret vom 20. April 1810 Art. 45; vom 30. März 1808 Art. 79 ff.

[7]) Gerichtsverfassungsgesetz § 153. Ausführungsgesetz § 27. Die Verordnung vom 13. Juni 1879 § 14 bestimmt die in Betracht kommenden Beamtenklassen; ergänzt durch Verordnung vom 26. Januar 1880 (G.Bl. S. 6), 16. August 1896 (G.Bl. S. 71), 5. April 1904 (G.Bl. S. 34), 6. Juli 1909 (G.Bl. S. 73).

Für die Gehaltsansprüche der Staatsanwälte gelten dieselben Bemerkungen wie für die Richter (S. 280 f.)

§ 155. Die Verwaltungsgerichtsbarkeit.

I. Die französische Verwaltungsgerichtsbarkeit ist von dem Grundsatz beherrscht, daß alle Rechtsverhältnisse, in denen ein Verwaltungsakt mit dem Recht eines Einzelnen kollidiert, zur Zuständigkeit der Verwaltungsgerichte gehören, wobei dem Begriff des Verwaltungsaktes die auf Seite 272 angedeutete Auslegung zu geben ist. Die zahlreichen Fälle, in denen der Verwaltungsrechtsweg zugelassen ist, bilden nur Beispiele dieses Prinzipes, und gerade weil sie nur Beispiele sind, so muß auf eine erschöpfende Aufzählung verzichtet werden.[1]) Die eigenartige Ausgestaltung des französischen Systems liegt aber in dem „recours pour excès de pouvoir“, jenem Rechtsmittel, das dem Conseil d'État ermöglicht, die gesamte Verwaltung nachzuprüfen, weil es gegen jede Verfügung und Verordnung, jeden Beschluß der Verwaltung ja sogar des Staatsoberhauptes eingelegt werden kann, sofern nur eine Überschreitung der Zuständigkeit behauptet wird.

Bei der Einrichtung der deutschen Verwaltung wurde diesem wohl gefügten Bau dadurch die Krönung genommen, daß man in dem „Kaiserlichen Rat“ den Conseil d'État nur als Berufungsinstanz über die Präfekturräte, an deren Stelle die „Bezirksräte“ traten, ersetzte. Damit wurde aber auch der Rekurs wegen Machtüberschreitung beseitigt.

Die Zuständigkeit des Bezirksrats und des Kaiserlichen Rats ist nach der Ausgestaltung, die sie im französischen Recht erfahren hat, eine spezielle. Beide Gerichte entscheiden bloß über die Angelegenheiten, die ihnen ausdrücklich übertragen sind. Im Lauf der Zeit sind nicht unwesentliche Änderungen eingetreten, indem bald ihre Zuständigkeit verringert, bald erweitert wurde.[2]) Von einer Katalogisierung der einzelnen Fälle[3]) kann hier umsomehr abgesehen werden, als in den früheren Darstellungen stets darauf hingewiesen wurde, wenn der Verwaltungsrechtsweg zugelassen ist.

II. Das **Verfahren** vor den Bezirksräten und dem Kaiserlichen

[1]) Laferrière Bd. I S. 8.

[2]) Das Gesetz vom 13. Juli 1898 (G.Bl. S. 55) sieht vor, daß die Zuständigkeit des Kaiserlichen Rates im Wege der Verordnung erweitert werden kann.

[3]) Vgl. die Aufzählung bei Leoni-Mandel S. 120 ff.; Rosenberg in Hirths Annalen 1906 S. 822 ff.

Rat ist im wesentlichen in Übereinstimmung mit der Zivilprozeßordnung geregelt worden.[1]) Der Grundsatz der freien Beweiswürdigung ist ausdrücklich anerkannt. Bezirksrat und Kaiserlicher Rat haben nach „freier, aus dem ganzen Inhalte der Verhandlungen und Beweise geschöpften Überzeugung zu entscheiden" (§ 32, 50). Das Verfahren ist mündlich, jedoch findet gewöhnlich ein vorbereitendes Verfahren statt; die hierbei abgegebenen Erklärungen und angebotenen Beweismittel dürfen bei der Endentscheidung berücksichtigt werden, ohne daß sie in der Hauptverhandlung förmlich wiederholt werden müssen.[2]) Die Verhandlungs- oder Dispositionsmaxime ist mit Rücksicht auf die Natur der in Frage stehenden Ansprüche insofern aufgegeben, als die Verwaltungsgerichte auch wenn keine der Parteien erschienen ist zu entscheiden haben (§ 32, 50). Ferner kann das Ministerium für die mündliche Verhandlung im Kaiserlichen Rat, der Bezirkspräsident für die im Bezirksrat einen besonderen Kommissar bestellen, dem die Wahrung des öffentlichen Interesses obliegt; er muß mit seinen Ausführungen und Anträgen vor Erlaß der Entscheidung gehört werden (§ 28, 49). Der Grundsatz der Öffentlichkeit der Verhandlung ist an keiner Stelle durchbrochen.

1. Das Verfahren vor dem Bezirksrat wird in der Regel durch eine Klage eingeleitet, die bei Vermeidung des Ausschlusses innerhalb eines Monats (sofern nicht besondere Fristen vorgeschrieben sind) nach Eröffnung der Entscheidung der Verwaltungsbehörde eingereicht werden muß (§ 20). Von der einmonatlichen Frist ist in verschiedenen Fällen abgesehen. So ist bei Rechnungsabnahmen der Einspruch, durch den die Entscheidung auf den Bezirksrat übergeht, binnen zwei Monaten zulässig (§ 40), in Gemeindeangelegenheiten ist eine zehntägige oder dreimonatliche Frist,[3]) in Gewerbeangelegenheiten eine vierzehntägige Frist[4]) vorgesehen. Die Klage hat die Parteien, den Gegenstand, den Grund des erhobenen Anspruchs und einen bestimmten Antrag zu enthalten (§ 21). Für jede eingehende Sache ernennt der Vorsitzende einen Berichterstatter, der ihre Leitung bis zur mündlichen Schlußverhandlung hat. Er hat durch Vornahme der erforderlichen Erhebungen,[5]) durch Zustellung der eingereichten Schriften an die Gegenpartei, durch Auswechslung der Schrift-

---

[1]) Verwaltungsgesetz vom 30. Dezember 1871 §§ 8 und 13. Verordnung vom 23. März 1889 (G.Bl. S. 35).

[2]) Leoni, S. 125.

[3]) Gemeindeordnung § 70.

[4]) Verordnung vom 24. Dezember 1888 (G.Bl. S. 101) § 24.

[5]) Entscheidungen des Kaiserlichen Rates Nr. 338.

sätze unter den Parteien die Hauptverhandlung vorzubereiten. Die Anberaumung des Termins zur mündlichen Verhandlung kann erst erfolgen, nachdem dem Beklagten Gelegenheit zur Klagebeantwortung gegeben war, eine Ausnahme besteht nur bei Steuerreklamationssachen.[1]) Beschwerden über die Prozeßführung des Berichterstatters entscheidet endgültig der Bezirksrat in nicht öffentlicher Sitzung (§ 22—24). Die Hauptverhandlung ist öffentlich; die Parteien müssen persönlich erscheinen oder sich vertreten lassen. Ob der Bezirksrat als Beistände und Vertreter außer den in Elsaß-Lothringen zugelassenen Rechtsanwälten andere Personen zulassen will, ist seinem Ermessen anheimgegeben. Das persönliche Erscheinen der Parteien kann jederzeit angeordnet werden. Die mündliche Verhandlung [2]) beginnt mit einem Vortrag des Berichterstatters über die Sachlage; alsdann werden die Parteien und gegebenenfalls der Kommissar der Regierung angehört. Der Vorsitzende muß dahin wirken, daß der Sachverhalt vollständig aufgeklärt wird und daß die Parteien die sachdienlichen Anträge stellen. Eine Beweisaufnahme ist durch Beschluß anzuordnen und von Amts wegen zu betreiben. Die Parteien dürfen die tatsächlichen und rechtlichen Ausführungen ihrer Schriftsätze ergänzen und berichtigen;[3]) zu einer Klageänderung sind sie nur befugt, wenn diese nach der Ansicht des Bezirksrats das Verteidigungsrecht der Gegenpartei nicht schmälert oder eine erhebliche Verzögerung des Verfahrens herbeiführt. Beim Ausbleiben einer Partei [4]) oder in Ermangelung einer Erklärung derselben können die von der Gegenpartei vorgebrachten Tatsachen für zugestanden erachtet werden. Die Entscheidung ist in dem Termin, in dem die mündliche Verhandlung geschlossen wird oder in einem sofort anzuberaumenden Termin, der nicht über vierzehn Tage hinaus angesetzt werden soll, zu verkünden; sie hat sich über die Verpflichtung zur Kostentragung auszusprechen. Die Verkündung erfolgt durch Verlesung der

---

[1]) Eine Vorladung der Parteien zur Hauptverhandlung erfolgt nur, wenn dieselbe von einer Partei beantragt ist § 23 Abs. 2. Erfolgt trotzdem keine Vorladung, so leidet das Verfahren an einem wesentlichen Mangel. Entscheidungen Nr. 289; 272.

[2]) Einsprüche gegen Rechnungsabnahmen können ohne mündliche Verhandlung entschieden werden § 41.

[3]) Beispielsweise hat der Kaiserliche Rat entschieden (Nr. 383), daß es zulässig ist, die einzelnen Rechnungsposten in der zweiten Instanz zu bestreiten, während sie in der ersten Instanz nicht bestritten wurden.

[4]) Ist die Partei nicht erschienen, weil sie nicht geladen worden ist, obwohl sie einen Anspruch hierauf hat, so beruht das Verfahren auf einem wesentlichen Mangel. Entscheidungen Nr. 264.

Entscheidungsformel. Endentscheidungen sind mit Gründen zu versehen.[1]) Sie sind ebenso wie nicht verkündete Beschlüsse und Verfügungen von Amts wegen den Parteien zuzustellen (§ 25—35, 16—18). Bezüglich der Zustellungen,[2]) der Berechnung der Fristen, der Entscheidung über Abkürzung oder Verlängerung einer Frist, der Wiedereinsetzung in den vorigen Stand, der Beratung und Abstimmung kommen im wesentlichen dieselben Vorschriften der Zivilprozeßordnung und des Gerichtsverfassungsgesetzes wie bei dem Verfahren vor den ordentlichen Gerichten zur Anwendung, das überhaupt in allen Fällen als Vorbild gilt.[3]) Die Vollstreckung von Entscheidungen ist, soweit die Verwaltungsbehörden nicht zur Durchführung derselben befugt sind, in derselben Weise zu bewirken, wie die Vollstreckung von Urteilen der ordentlichen Gerichte. Einwendungen, die den Anspruch betreffen, sind von dem Bezirksrat oder derjenigen Behörde, die in erster Instanz erkannt hat, zu entscheiden.

Gegen Endentscheidungen des Bezirksrates ist Rekurs an den Kaiserlichen Rat zulässig; derselbe muß binnen 30 Tagen[4]) nach der Zustellung bei dem Bezirksrat eingelegt und begründet werden. Der Bezirksrat prüft, ob die Frist zur Einlegung gewahrt ist und übersendet zutreffendenfalls die Rekursschrift an den Kaiserlichen Rat, andernfalls weist er durch Beschluß den Rekurs ab. Gegen diesen Beschluß kann innerhalb 14 Tagen Beschwerde an den Kaiserlichen Rat eingelegt werden. Der Rekurs hat nur aufschiebende Wirkung, wenn er binnen zehn Tagen nach der Zustellung der Entscheidung eingereicht worden ist;[5]) Entscheidungen in Steuerreklamationssachen sind stets vorläufig vollstreckbar; in dringlichen Fällen kann der Bezirksrat auch andere Entscheidungen für vor-

[1]) Über einen Fall, in dem bei der Entscheidung nicht zu ersehen war, von welchen Mitgliedern des Bezirksrates und aus welchen Gründen sie getroffen worden ist Nr. 451 der Entscheidungen.

[2]) Parteien, die in Elsaß-Lothringen nicht wohnen und keinen Bevollmächtigten bestellt haben, sind zur Bestellung eines in Elsaß-Lothringen wohnenden Zustellungsbevollmächtigten aufzufordern, andernfalls alle Zustellungen durch Aufgabe per Post bewirkt werden. An Stelle der Zustellung kann Behändigung durch einen Beamten der Verwaltung treten § 7, § 9. — Über eine unzulängliche Behändigung Entscheidungen Nr. 382.

[3]) Leoni S. 126. Verordnung vom 23. März 1889 § 5—19.

[4]) In Gewerbeangelegenheiten und in den Fällen der Verordnung vom 22. April 1902 (G.Bl. S. 33) beträgt die Rekursfrist 14 Tage. Verordnung vom 24. Dezember 1888 § 24.

[5]) In den Fällen der Verordnung vom 22. April 1902 hat der Rekurs aufschiebende Wirkung, sofern nicht die Verfügung des Bezirkspräsidenten für vorläufig vollstreckbar erklärt ist. § 6.

läufig vollstreckbar erklären (§ 36–39). Die vorläufige Vollstreckbarkeit darf von dem Kaiserlichen Rat in jeder Lage der Sache auf Antrag des Rekursklägers aufgehoben werden, insoweit nicht besondere gesetzliche Bestimmungen entgegenstehen.

2. Vor dem Kaiserlichen Rat spielt sich das Verfahren wie vor dem Bezirksrat ab. Der Rekursbeklagte kann sich in seiner Beantwortungsschrift dem Rekurs anschließen; erfolgt die Anschließung nach Ablauf der Einlegungsfrist, so ist sie ohne rechtliche Wirkung, wenn der Rekurs zurückgenommen oder als unzulässig verworfen wird. Eine Klageänderung ist in zweiter Instanz unzulässig; neue Tatsachen und Beweise können vorgebracht werden.[1]) Ändert der Kaiserliche Rat die Entscheidung des Bezirksrates ab, so hat er, insofern eine weitere Verhandlung geboten ist, die Sache an den Bezirksrat zurückzuweisen, wenn nur über prozeßhindernde Einreden entschieden ist,[2]) wenn im Falle eines nach Grund und Betrag streitigen Anspruchs in erster Instanz über den Grund des Anspruchs vorab entschieden ist, wenn das Verfahren erster Instanz an einem wesentlichen Mangel[3]) leidet (§ 45—51).

Einige Besonderheiten gelten für das Verkehrssteuerstrafverfahren, mit dem der Kaiserliche Rat befaßt wird, wenn der Beschuldigte Beschwerde gegen den Strafbescheid einlegt (Bd. II S. 77). Die Förmlichkeiten der Beweisaufnahme, die Verpflichtung, sich als Zeuge oder Sachverständiger vernehmen zu lassen, die Folgen des Ungehorsams, die Regelung der Kostenfrage richten sich nach den entsprechenden Vorschriften der Strafprozeßordnung. In Rechnungsabnahme-Sachen kann der Rekurs nur auf Verletzung oder unrichtige Anwendung einer Rechtsnorm oder auf wesentliche Mängel des Verfahrens gestützt werden. Der Kaiserliche Rat entscheidet als Rekursinstanz. Wird eine Entscheidung aufgehoben, so ist die Sache zu anderweiter Entscheidung an den Bezirksrat zurückzuverweisen. Der Bezirksrat ist dabei an die rechtliche Beurteilung, die der Aufhebung zugrunde gelegt ist, gebunden (§ 56—61).

Für das Verfahren in streitigen Sachen und Rechnungsabnahmen kommt neben den baren Auslagen, zu denen auch die Schreibgebühren

[1]) Leoni S. 127.

[2]) Alsdann hat der Kaiserliche Rat alle prozeßhindernden Einreden zu erledigen. § 51 Abs. 2.

[3]) Als ein wesentlicher Mangel ist — wohl zu Unrecht — nicht angesehen worden, wenn der Bezirkspräsident bei der Entscheidung des Bezirksrates über den gegen den abweisenden Bescheid des Kreisdirektors eingelegten Rekurs mitwirkt, obwohl er den Kreisdirektor zur Abweisung angewiesen hatte. Entscheidungen Nr. 346.

gehören, eine Pauschsumme, die für jede Instanz höchstens 50 M. betragen darf, zur Hebung. Bei Steuerreklamationen wird keine Pauschsumme angesetzt, wenn der Streitwert unter 25 M. bleibt. Ist der Kostenpflichtige unvermögend oder liegen sonstige besondere Gründe vor, so kann auch in anderen Angelegenheiten von der Erhebung der Pauschsumme abgesehen werden. Die Entscheidung über die Gebührenfreiheit ist nur mit der Entscheidung in der Hauptsache anfechtbar. Die Einziehung der Gebühren und Auslagen, die der Staatskasse zu ersetzen sind, erfolgt durch die Verkehrssteuerämter in denselben Formen wie die der Gerichtskosten.[4]) Die Gebühren der Rechtsanwälte bestimmen sich nach den für sie bei den ordentlichen Gerichten geltenden Vorschriften. Aus dem mit Vollstreckbarkeitsbescheinigung versehenen Kostenfestsetzungsbeschluß findet die gerichtliche Zwangsvollstreckung statt (§ 62—70).

[4]) Min.Verf. vom 13. März 1890 (A.Bl. S. 83).

Berichtigungen und Ergänzungen.

Abgeschlossen am 31. Dezember 1909.

Band I.

§ 3 Seite 18 Zeile 7: statt „die" Verfassung der Verfassung.

§ 8 Seite 40 Ziffer 3: Das Unterstützungswohnsitzgesetz ist nunmehr in Elsaß-Lothringen eingeführt; vgl. § 132.

§ 10 Seite 47 Absatz 2: Auch die Verordnung über die Neubildung von Kreisen ist tatsächlich schon von dem Statthalter vollzogen worden, wie die Verordnung vom 8. April 1901 (G.Bl. S. 31) beweist. Da das Gesetz vom 30. Dezember 1871 (GBl. 1872 S. 49) § 3 Absatz 1 ausdrücklich zwischen „Veränderung", „Vereinigung" und „Neubildung" unterscheidet, und auch die Verordnung über die Übertragung landesherrlicher Befugnisse auf den Statthalter nur von „Abänderung" in der Umgrenzung der Kreise spricht, so ist die Verordnung vom 8. April 1901 zu Unrecht vom Statthalter vollzogen worden.

§ 17 Seite 80: Dem Kaiser steht ein Dispositionsfonds in Höhe von 100 000 Mk. zu „Gnadenpensionen und Gnadenbewilligungen aller Art" zur Verfügung. Landeshaushaltsetat 1908 Kapitel 70; vgl. Etat von 1873 S. 162.

§ 18 Seite 84 Ziffer 3: Beamte, die eine Kaiserliche Bestallung erhalten, können vom Kaiser im Einvernehmen mit dem Bundesrat zwangsweise in den Ruhestand versetzt werden.

§ 30 Seite 144 Zeile 1: Die Gewerbeangelegenheiten gehören in den Geschäftsbereich der Abteilung des Innern (Seite 142 Nr. 10); infolgedessen fallen die Worte auf S. 144 Zeile 1 „Gewerbe und" weg.

§ 30 S. 147: Dem Ministerium sind ferner beigegeben zur Begutachtung von Entwürfen, welche bedeutende Neu-Wiederherstellungs- oder Erhaltungsbauten an staatlichen Gebäuden betreffen, sowie zur Erstattung von Gutachten über andere wichtige Fragen des Hochbauwesens die Landesbaukommission, deren ständige Mitglieder der Statthalter auf die Dauer von fünf Jahren ernennt. Die (bisher nicht publizierte) Geschäftsordnung erläßt das Ministerium. Verordnung vom 24. Januar 1908 (A.Bl. S. 38); vgl. Bd. II S. 209.

Endlich wird das Ministerium durch Begutachtung von wichtigen Fragen auf dem Gebiete der Förderung und Pflege von Handwerk und Gewerbe durch den Landesgewerberat unterstützt. Verordnung vom 28. März 1908 (A.Bl. S. 177); Ausführungsverordnung vom 3. April 1908 (A.Bl. S. 177); 18. Dezember 1908 (A.Bl. 1909 S. 1); vgl. Bd. III S. 70 ff.

§ 32 Seite 159 Ziffer 2: Zu Mitgliedern des Kaiserlichen Rates werden auch die etatsmäßigen Hilfsarbeiter des Ministeriums ernannt.

§ 32 Seite 159 und 160: § 2 der Verordnung vom 23. März 1889 ist abgeändert durch die Verordnung vom 25. September 1909 (G.Bl. S. 97). Zum Sekretär des Kaiserlichen Rates und des Bezirksrates dürfen von dem Staatssekretär bzw. dem Bezirkspräsidenten nur solche Personen ernannt werden, die die Befähigung zur Anstellung im Sekretariatsdienste der Landesverwaltung besitzen; das gleiche gilt auch für den Stellvertreter des Sekretärs.

§ 34 Seite 171 Justizverwaltung: Das Regulativ über die juristischen Prüfungen und die Vorbereitung zum höheren Justizdienst ist durch die Verordnung vom 4. Januar 1909 (G.Bl. S. 1) abgeändert und in neuer Fassung am 5. Januar 1909 (G.Bl. S. 9) bekannt gemacht. Ausführungsverordnung vom 25. Januar 1909 (A.Bl. S. 19). Auch das Regulativ betreffend die Erfordernisse zur Anstellung als Gerichtsschreiber und Gerichtsvollzieher in Elsaß-Lothringen vom 12. April 1898 ist durch die Verordnung vom 15. Dezember 1909 (G.Bl. S. 173) ersetzt; die Ausführungsverordnung vom 20. Dezember 1909 (A.Bl. S. 183) hebt die Verfügung vom 15. April 1898 auf.

§ 34 Seite 172 und 173 Medizinalwesen: Verordnung über die staatliche Prüfung von Krankenpflegepersonen vom 29. Juni 1908 (A.Bl. S. 217).

Schulverwaltung: Die Oberlehrerinnenprüfung ist abgeändert durch Verordnung vom 15. Januar 1908 (A.Bl. S. 29); die Prüfungsordnung für Handarbeitslehrerinnen ist abgeändert durch Verordnung vom 16. Dezember 1908 (A.Bl. S. 359).

§ 34 Seite 174 Anm. 2: Das Verzeichnis der den Militäranwärtern vorbehaltenen Stellen ist ergänzt in der Bekanntmachung im A.Bl. 1908 S. 211; 1909 S. 11. Über die vorbehaltenen Stellen und die Anstellungsbehörden vgl. ferner Bekanntmachung des Ministeriums vom 11. Januar 1909 (A.Bl. S. 11).

§ 37 S. 191. Die im § 17 des Beamtengesetzes vorgesehene Kaiserliche Verordnung über die Galakleidung der Beamten ist am 6. März 1889 ergangen, aber nicht publiziert.

§ 37 Seite 191 und 192. Die Verordnung betreffend die Vergütung für Dienstreisen der Beamten und Lehrer vom 25. Oktober 1880 und die sie abändernden Verordnungen (Seite 192 Anm. 1) sind aufgehoben und ersetzt durch die Verordnung vom 25. August 1909 (G.Bl. S. 87). Die Verordnung teilt die Beamten nunmehr in neun Klassen ein. Welche Beamte in die einzelnen Klassen gehören, bestimmt die Verordnung vom 30. September 1909 (A.Bl. S. 115) unter Aufhebung der Verordnung vom 30. Juni 1890.

§ 41 S. 212 ff. Die Fürsorge für die Hinterbliebenen eines Beamten, Lehrers und einer Lehrerin ist unter Aufhebung des Gesetzes vom 24. Dezember 1873 und des Gesetzes vom 7. März 1898 neu geregelt durch das Beamtenhinterbliebenengesetz vom 15. November 1909 (G. Bl. S. 121) das, abgesehen von verhältnismäßig unbedeutenden Punkten, sich hauptsächlich nur in der Bemessung der Pension von dem früheren Recht unterscheidet. Durch den Wechsel in der Gesetzgebung sind folgende Änderungen des Textes auf Seite 212 ff. eingetreten:

1. Den ehelichen Kindern sind die **legitimierten** Kinder gleichgestellt ohne Rücksicht darauf, ob die Legitimation durch nachgefolgte Ehe oder durch Ehelicherklärung erfolgt. Infolgedessen sind auf S. 212 II Zeile 4 die Worte „durch nachgefolgte Ehe" zu streichen.

2. S. 213. Die Witwe hat ferner keinen Pensionsanspruch, wenn die Ehe mit dem verstorbenen Beamten innerhalb sechs Monaten vor seinem Ableben geschlossen worden und die Eheschließung zu dem Zwecke erfolgt ist, um der Witwe den Bezug der Pension zu verschaffen (§ 2 Abs. 3).

3. S. 213. Der Mindest- und der Höchstbetrag der Witwenpension ist auf 300 Mk. bezw. 5000 Mk. festgesetzt. War die Witwe mehr als 15 Jahre jünger als der Verstorbene, so wird die Pension für jedes angefangene Jahr des Altersunterschiedes über 15 bis einschließlich 25 Jahre um 1/20 gekürzt. Nach fünfjähriger Dauer der Ehe wird für jedes angefangene Jahr ihrer weiteren Dauer dem gekürzten Betrag 1/10 der berechneten Pension solange hinzugesetzt, bis der volle Betrag wieder erreicht ist (§ 11 Abs. 1).

4. S. 213. Die Bestimmung, ob und welchen Personen Pension zu zahlen ist, sowie die Bewilligung einer nur zulässigen Pension erfolgt nunmehr durch das Ministerium; die Befugnisse des Statthalters sind beseitigt (§ 5).

5. S. 213. Die Fälle, in denen das Recht auf Bezug der Pension ruht, sind durch § 14 des Gesetzes erweitert worden.

§ 41 S. 214 Abs. 2. Das Gesetz vom 25. Dezember 1873 (G.Bl. S. 518) und § 10 Gesetz vom 18. Juni 1890 (G.Bl. S. 37) sind aufgehoben durch das Gesetz vom 26. Mai 1905 (G.Bl. S. 41). Vgl. Bd. II S. 280 Anm. 3. In der Zwischenzeit ist das Gesetz vom 26. Mai 1905 auch schon wieder geändert worden, vgl. Berichtigungen zu § 112 S. 280.

§ 42 S. 222 Anm. 5. Vgl. zu § 34 S. 171.

§ 53 S. 310 Dritte Zeile von unten: statt „Eingabe" **Einnahme**.

§ 54 S. 315 Zeile 15: statt „Jachtpachtsgelder" **Jagdpachtgelder**.

§ 55 S. 319 II. In jeder Gemeinde wird ein **Steuerausschuß**, der aus dem Bürgermeister als Vorsitzenden und aus einem oder zwei vom Gemeinderat gewählten Mitgliedern besteht, gebildet. Für die einzelnen Abgaben oder für örtlich abgegrenzte Gemeindeteile können verschiedene Ausschüsse gebildet werden (Gesetz vom 14. Dezember 1909. G.Bl. S. 163 § 2).

§ 55 S. 320. Nach dem Gesetz vom 14. Dezember 1909 (G.Bl. S. 163) kommen ferner hinzu: der **Wirtschaftsstempel** und **Kurtaxen**.

Der **Wirtschaftsstempel** wird erhoben für die Erlangung der Erlaubnis zum ständigen Betriebe einer neuen Gastwirtschaft oder einer neuen Schankwirtschaft, in welchen geistige Getränke zum Genuß auf der Stelle verabreicht werden, in der Gemeinde, in der sich die Betriebsstätte befindet. Der Stempel, der nach der Einwohnerzahl abgestuft wird, wird durch Beschluß des Gemeinderates nach Genehmigung des Bezirkspräsidenten oder durch den Bezirkspräsidenten eigenmächtig, wenn der Gemeinderat trotz ergangener Aufforderung die Beschlußfassung unterläßt, festgesetzt. In besonderen Fällen (§ 3 Abs. 2, §§ 5, 6) tritt eine Ermäßigung oder Erhöhung des Stempels ein. Der Stempel wird gewöhnlich von dem Kreis- oder Polizeidirektor bei Erteilung der Konzession für Rechnung der Gemeinde eingewiesen und von dem Verkehrssteueramte eingezogen. Streitigkeiten in bezug auf den Stempel gehören zur Zuständigkeit der ordentlichen Gerichte.

Kurtaxe kann in Kurorten für Herstellung und Unterhaltung der zu Kurzwecken getroffenen Veranstaltungen von den zureisenden Fremden erhoben werden. Über die näheren Bestimmungen beschließt der Gemeinderat mit Genehmigung des Bezirkspräsidenten. Für die geschuldete Kurtaxe haftet der Fremde, sein Wirt oder Vermieter als Gesamtschuldner.

§ 55 S. 321. Zu den Bergwerkssteuern können nunmehr Zuschläge ohne Einschränkung, also auch über 100% erhoben werden. Gesetz vom 14. Juli 1908 (G.Bl. S. 73), welches in § 5 das Gesetz vom 2. November 1896 (G.Bl. S. 77) aufhebt.

§ 55 Seite 325 ff.

Die Hundesteuer ist durch das Gesetz vom 14. Dezember 1909 (G.Bl. S. 163) neu geregelt; sie hat ihren obligatorischen Charakter behalten. Die Steuer darf nicht weniger als 6 Mk. und nicht mehr als 24 Mk. betragen; innerhalb dieser Grenzen wird der Steuersatz durch Beschluß des Gemeinderates, wenn dieser trotz Aufforderung der Gemeindeaufsichtsbehörde die Beschlußfassung unterläßt, durch die Aufsichtsbehörde festgestellt[1]. Die festgestellten Steuersätze dürfen vor Ablauf von drei Jahren nur mit Genehmigung der Aufsichtsbehörde geändert werden. Der regelmäßige Steuersatz kommt für alle Hunde in Anwendung, die nicht ausschließlich als Wachthunde, zu gewerblichen oder zu wissenschaftlichen Zwecken, zur Unterstützung von Blinden oder mit anderen Gebrechen behafteten Personen oder in Ausübung eines öffentlichen Dienstes (Polizeihunde, von Förstern aus dienstlichen Gründen gehaltenen Hunde) verwendet werden. Für diese Hunde tritt eine Ermäßigung auf ein Viertel des regelmäßigen Satzes ein[2].

Die Steuer, die für das ganze Jahr an die Gemeinde zu entrichten ist, in welcher der Hund gehalten wird[3], ist für die Hunde, die jemand am 1. April hält[4], geschuldet mit Ausnahme der Hunde, die um diese Zeit noch gesäugt werden. In Abweichung von dem früheren Recht, das zu vielfachen Täuschungen und Hinterziehungen Veranlassung gegeben hat, ist aber auch derjenige der Steuer verfallen, der am 1. Oktober eines Jahres einen in der Gemeinde erst nach dem 1. April zum Gegenstande

---

[1]) Eine Begutachtung durch die Bezirkstage findet nicht mehr statt.

[2]) Mit Hundezüchtern, die mehr als fünf Hunde dauernd haben, kann ein besonderes Abkommen getroffen werden.

[3]) Wer also in einer Gemeinde wohnt und in einer anderen Gemeinde einen Hund hält, hat in dieser Gemeinde die Steuer zu entrichten. Ein in die Sommerfrische mitgenommener Hund ist dort nicht steuerpflichtig.

[4]) Für die Auslegung des Begriffs „wer einen Hund hält" kommen die früheren Entscheidungen der Gerichte nach wie vor in Betracht. Seite 326 Anm. 6 und 7.

der Steuer gewordenen Hund hält. In diesem Falle ist die Hälfte der Steuer vom 1. Oktober an zu entrichten, ausgenommen wenn es sich um einen Hund handelt, der an Stelle eines in Verlust gegangenen versteuerten Hundes getreten ist. Tritt in der Zeit nach dem 1. April bis zum 1. Oktober ein Hund aus der niedrigeren Steuerklasse in die höhere, so hat der, der den Hund am 1. Oktober hält, von diesem Zeitpunkt an die Hälfte des Unterschieds in dem Jahresbetrage der beiden Steuersätze nach zu entrichten. Ändert sich zwischen 1. April und 1. Oktober der Ort, an dem der Hund gehalten wird, so darf die in der bisherigen Gemeinde veranlagte Steuer um die Hälfte ihres Jahresbetrags auf die zu zahlende in Anrechnung gebracht werden.

Der Steuerpflichtige muß spätestens zwei Wochen nach dem Eintritt der Steuerpflicht den zu versteuernden Hund auf dem Bürgermeisteramt der zum Bezug der Steuer berechtigten Gemeinde anmelden und gegebenenfalls dartun, warum der geringere Steuersatz zur Anwendung kommen soll [1]). Die Anmeldung braucht nicht jedes Jahr erneuert zu werden; sie gilt, wenn sie nicht bis zum 15. April widerrufen wird, auch für die neuen Rechnungsjahre. Über die An- und Abmeldung wird eine besondere Bescheinigung erteilt.

Die bisherige Gleichstellung der Hundesteuer mit den früheren direkten Steuern ist beseitigt. Ihre Veranlagung erfolgt in den großen Gemeinden durch den Bürgermeister oder einen von ihm zu bestimmenden Gemeindebeamten, in den kleinen Gemeinden durch den Rentmeister [2]). Die Veranlagung wird in einer Heberolle zusammengestellt, die von dem Bürgermeister vierzehn Tage lang öffentlich auszulegen und alsdann für vollstreckbar zu erklären ist. Die Auslegung und Vollstreckbarerklärung sind öffentlich bekannt zu machen. Außerdem erhält der Steuerpflichtige einen Steuerzettel. Gegen die Veranlagung kann der Steuerpflichtige binnen drei Monaten nach Bekanntmachung der Vollstreckbarerklärung bei dem Bürgermeister Einspruch an den Steuerausschuß einlegen und gegen dessen Entscheidung ist Berufung an den Bezirksrat, der endgültig erkennt, zulässig. Die Berufung muß binnen Monatsfrist bei der Gemeindeaufsichtsbehörde eingereicht und von dieser mit gutachtlicher Äußerung an den Bezirksrat abgegeben werden; befugt zur Einlegung der Berufung ist außer dem Steuerpflichtigen die Gemeinde und der Rentmeister. Ergänzungsveranlagungen sind bis zum Ablauf von drei Monaten nach dem Schlusse des Rechnungsjahres, in dem die Steuerpflicht eingetreten ist, zulässig.

Während bisher die unterlassene oder unrichtige Anmeldung eine Erhöhung der Steuer zur Folge hatte, ist nunmehr die Zuwiderhandlung unter Strafe gestellt, die das Dreifache des Jahresbetrages der hinter-

[1]) Auch eine Änderung in der Verwendung des Hundes muß spätestens zwei Wochen nach Eintritt der erhöhten Stempelpflicht angemeldet werden.

[2]) Für die Tätigkeit des Rentmeisters bekommt die Staatskasse eine Vergütung von der Gemeinde. — In Gemeinden, die einen besonderen Gemeinderechner haben, kann durch Gemeinderatsbeschluß das Veranlagungsverfahren der großen Gemeinden eingeführt werden.

zogenen Steuer betragen kann. Die Strafe kann durch Bescheid des Bürgermeisters ausgesprochen werden; gegen den Bescheid ist keine Beschwerde im Verwaltungswege zulässig. Die Geldstrafen fließen in die Gemeindekasse[1]). Zu dem höheren Satze versteuerte Hunde, für die die Steuer nicht beigetrieben werden kann, können während des Rechnungsjahres, für welches die Steuer geschuldet ist, eingezogen und beseitigt werden.

§ 55 S. 331.

Als direkte Gemeindesteuer kommen ferner in Betracht die Warenhausabgabe und die Grundwertabgabe, die beide durch das Gesetz vom 14. Dezember 1909 (G.Bl. S. 163) eingeführt worden sind.

Die Warenhausabgabe[2]) bildet eine besondere Art der Gewerbebesteuerung; sie ist obligatorisch für alle Gemeinden. Ihr unterliegen gewerbliche Unternehmungen, die sich mit dem Kleinhandel mit Waren verschiedener Gattung in der Art der Warenhäuser, Bazare, Abzahlungs-, Versteigerungs- und Versandgeschäfte befassen. Sie kommt nur zur Erhebung in Gemeinden bis zu 10000 Einwohnern bei einem Jahresumsatze von mindestens 100000 Mk., in Gemeinden von 10000 bis 50000 Einwohnern bei einem Jahresumsatze von mindestens 150000 Mk. und in Gemeinden von mehr als 50000 Einwohnern bei einem Jahresumsatze von mindestens 200000 Mk. Die Höhe der Abgabe wird durch Ortssatzung festgestellt, die vom Gemeinderat unter Genehmigung des Ministeriums beschlossen wird; sie muß mindestens 1/5 vom Hundert des Umsatzes betragen, darf aber den Satz von 1 1/2 vom Hundert des Umsatzes nicht übersteigen. Abstufung nach der Höhe des Umsatzes ist zulässig. Beträgt die Abgabe mehr als 15% der für die Veranlagung der Gewerbesteuer angenommenen Ertragsfähigkeit, so tritt eine Ermäßigung auf diesen Betrag ein. Für die Feststellung der Abgabe, die Rechtsmittel und die Steuererlasse kommen die Vorschriften des Gewerbesteuergesetzes (Bd. II § 69) in Betracht. Zu bemerken ist nur, daß der Direktor der direkten Steuern die Heberolle für vollstreckbar erklärt. Der Ertrag der Abgabe fließt in die Gemeindekasse; ihre Erhebung und Beitreibung erfolgt durch den Gemeinderechner nach den für die direkten Steuern geltenden Vorschriften.

Die Grundwertabgabe trifft Bauplätze, deren grundsteuerpflichtiger Reinertrag außer allem Verhältnis zu ihrem wahren Wert steht. Voraussetzung der Abgabe ist aber, daß in einer Gemarkung oder in einzelnen Teilen der Gemarkung die Bodenpreise nicht bloß vorübergehend eine zu dem Katasterreinertrage der Grundstücke außer Verhältnis stehende Höhe erreicht haben. Sie wird neben der Grundsteuer für die Gemeinde erhoben, wenn der Gemeinderat ihre Einführung durch Ortssatzung mit Genehmigung des Ministeriums beschließt[3]); sie darf den Satz von jährlich 1/2% des gemeinen Wertes des Grundstücks nicht übersteigen.

---

[1]) Über die Verjährung der Strafverfolgung § 10 Absatz 4.

[2]) Die erste Besteuerung der Warenhäuser hat das französische Patentsteuergesetz vom 15. April 1844 vorgesehen.

[3]) Auch die Änderung, Ergänzung und Aufhebung des Statuts bedarf ministerieller Genehmigung.

Befreit von der Abgabe sind die Grundstücke des Kaisers, des Reichs, Elsaß-Lothringens, der Bezirke und Gemeinden, ferner die Hofreite und Hausgartenfläche, die bei der Gebäudesteuerveranlagung ihrem Werte nach bereits berücksichtigt sind, die zum Betriebe von Handelsgärtnereien benutzten Grundstücke, sofern sie der Gewerbesteuer unterliegen, und endlich die zu gewerblichen Zwecken dauernd benutzten und auch versteuerten Grundstücke.

Die Veranlagung erfolgt durch das Katasteramt, das auch die Heberolle aufstellt. Die Rolle wird von dem Bürgermeister für vollstreckbar erklärt. Gegen die ermittelten Grundstückswerte und gegen den Ansatz der Abgabe kann der zur Zahlung Verpflichtete binnen einem Monat Einspruch bei dem Steuerausschuß einlegen, gegen dessen Entscheidung innerhalb Monatsfrist von der Zustellung ab Berufung an den Bezirksrat zulässig ist. Der Bezirksrat entscheidet endgültig. Die Erhebung und Beitreibung der Abgabe erfolgt auf Grund der Heberolle nach den für die direkten Steuern maßgebenden Vorschriften.

§ 55 S. 342. Die Ansprüche auf Rückstände von Gemeindeabgaben (Steuern, Gebühren, Beiträgen, Vergütungen) verjähren, sofern nicht besondere Vorschriften in Betracht kommen, in vier Jahren von dem Ablauf des Rechnungsjahres an gerechnet, in welchem der Anspruch entstanden oder die bewilligte Zahlungsfrist abgelaufen ist (Gesetz vom 14. Dezember 1909 § 9).

Band II.

§ 71 S. 58 Anm. 5. Vgl. Ministerialbestimmungen vom 18. November 1909 (A.Bl. S. 143).

§ 72 S. 64 S. 65.

I. Die Abgabe von den Gütern der toten Hand.

Das Gesetz vom 8. November 1909 (G.Bl. S. 117) über die Steuer der Toten Hand hat das Gesetz vom 20. Februar 1849 und die auf S. 64 Anm. 7 aufgeführten Bestimmungen aufgehoben. Die Ausführungsbestimmungen sind enthalten in der Ministerialverordnung vom 3. Dezember 1909 (A.Bl. S. 176).

Die Steuer ist zu entrichten von allen juristischen Personen des öffentlichen Rechts und des Privatrechts; danach ist im Gegensatz zu der Auslegung, die das Gesetz vom 20. Februar 1849 gefunden hatte (Anm. 5 S. 64) zum Ausdruck gebracht, daß steuerpflichtig alle diejenigen Körperschaften sind, die getrennt von den natürlichen Personen, aus denen sie sich zusammensetzen, Vermögen besitzen und bei denen die Erbschaftssteuer nicht in Anwendung kommen kann. (Eine Aufzählung der in Betracht kommenden Personen findet sich in Art. 1 der Ausführungsbestimmungen.) Steuerfrei sind der Reichs- und der Landesfiskus sowie die nach Reichsgesetz von Staatssteuern befreiten Anstalten. Steuerpflichtig ist alles Vermögen, das der Grundsteuer, der Gebäudesteuer und der Kapitalsteuer unterliegt. Gegenüber dem früheren Recht bedeutet dieses insofern eine erhebliche Erweiterung, als nunmehr auch das bewegliche Vermögen zu der Steuer herangezogen wird. Die Steuer beträgt 90 % bei dem der Grundsteuer, je 40% bei dem der Gebäudesteuer und der Kapitalsteuer unterworfenen Vermögen. Die Veranlagung erfolgt durch den Direktor der direkten Steuern nach dem Prinzipale der Grund-, Gebäude- und Kapitalsteuer; Zuschläge, auch die zugunsten des Staates, bleiben außer Betracht. Die Erhebung richtet sich nach den für die direkten Steuern maßgebenden Vorschriften. Über Einwendungen, die damit begründet werden, daß die Veranlagung der zugrunde liegenden Grund-, Gebäude oder Kapitalsteuer unrichtig erfolgt sei, entscheiden die für diese Steuern zuständigen Gerichte. Entbürdungen (Freistellungen oder Minderungen auf Grund von Einwendungen, Berufungen wegen unzutreffender Veranlagung) von der Hauptsteuer haben eine entsprechende Ermäßigung der Steuer der Toten Hand zur Folge, auch ohne daß eine besondere Einwendung erhoben wird. Ein vollständiger oder teilweiser Erlaß der Hauptsteuer aus Billigkeitsgründen ist ohne Einfluß auf die Entrichtung der Steuer der Toten Hand. Über Einwendungen, die die Verpflichtung zur Entrichtung der Steuer der Toten Hand betreffen, entscheidet in erster Instanz der Bezirksrat, in zweiter Instanz der Kaiserliche Rat. Die Einwendung muß binnen drei Monaten nach der öffentlichen Bekanntgabe der Vollstreckbarerklärung der Steuerrolle bei der Steuerbehörde eingereicht werden. Maßgebend für die Beurteilung aller Einwendungen ist der Rechts- und Tatbestand am Beginn des Rechnungsjahres (vgl. Anm. 6 auf S. 64).

§ 75 S. 71 Anm. 1. Die Ziffer 3 der Ausführungsbestimmungen vom 10. März 1905 ist durch Ministerialverordnung vom 16. Februar 1909 (A.Bl. S. 23) aufgehoben.

§ 78 S. 86ff. Die Ausführungsbestimmungen zum Landeserbschaftssteuergesetz sind abgeändert und ergänzt durch die Vorschriften vom 21. Januar 1909 (A.Bl. S. 15). Ziffer II dieser Verordnung bestimmt: ist eine lediglich der Landessteuer unterliegende Zuwendung unter Lebenden von einem elsaß-lothringischen Notar beurkundet, so kann von der Vorlage einer Abschrift abgesehen werden, wenn der Notar die Urschrift der Urkunde vorlegt und die Verpflichtung zur Entrichtung der Steuer für die Beteiligten übernimmt; ein Steuerbescheid wird in diesem Falle nicht zugestellt.

§ 79 Seite 99 ff.

Durch die im Jahre 1909 durchgeführte Reichsfinanzreform sind folgende Änderungen in den Reichssteuern eingetreten:

1. Tabaksteuer, geändert durch das Reichsgesetz vom 15. Juli 1909 (R.G.Bl. S. 705); die neue Redaktion ist durch den Reichskanzler bekannt gemacht im R.G.Bl. S. 793 ff. Ausf.Best. des Bundesrates vom 26., 27. und 31. Juli 1909 (Zentralblatt S. 615, 621, 641).

2. Zigarettensteuer, deren Sätze durch das Reichsgesetz vom 15. Juli 1909 erhöht worden sind; der Eingangszoll für die vom Ausland eingeführten Zigaretten und für den feingeschnittenen Tabak ist auf 1000 Mk. für den Doppelzentner festgesetzt.

3. Zuckersteuer. Das Reichsgesetz vom 15. Juli 1909 Art. V hat als Zeitpunkt der Herabsetzung der Steuer den 1. April 1914 bestimmt.

4. Die Branntweinsteuer, für die bisher mehrere Gesetze in Betracht kamen (Anm. 4 S. 101), ist nunmehr durch das Branntwein-

steuergesetz vom 15. Juli 1909 (R.G.Bl. S. 661) geregelt. Die Verbrauchsabgabe beträgt 1,25 Mk. für das Liter reinen Alkohols, 1,05 Mk. für die innerhalb des „Kontingents" hergestellte Alkoholmenge. Außerdem wird eine Betriebsauflage erhoben, die nach der in einem Betriebe erzeugten Alkoholmenge von 4 Mk. bis zu 14 Mk. vom Hektoliter steigt, in einigen Fällen erheblich erhöht, in anderen Fällen ermäßigt wird. Für Essigsäure ist eine Verbrauchsabgabe von 30 Pfg. für das Kilogramm wasserfreier Säure zu entrichten. Ausf. Best. des Bundesrates vom 9. September 1909 (Zentralblatt S. 945 ff.).

5. Die Schaumweinsteuer ist durch das Gesetz vom 15. Juli 1909 (R.G.Bl. S. 714) erhöht und zwar beträgt sie für Schaumwein und schaumweinähnliche Getränke je nach dem Verkaufspreis der Flasche 1, 2 oder 3 Mk. für jede Flasche. Die Steuer für den Schaumwein, der aus Fruchtwein ohne Zusatz von Traubenwein hergestellt ist, beträgt 10 Pfg. für die Flasche.

6. Steuer auf Leuchtmittel (Gesetz vom 15. Juli 1909 Art. III). Ihr unterliegen elektrische Glühlampen und Brenner für solche, Glühkörper für Gas-, Spiritus-, Petroleum- und ähnliche Glühlampen, Brennstifte für elektrische Bogenlampen, Quecksilberdampflampen und ihnen ähnliche elektrische Lampen. Die Steuer ist nach der Anzahl der Watt abgestuft.

7. Für Zündwaren (Gesetz vom 15. Juli 1909 Art. IV) ist eine Steuer zu entrichten, die für Zündhölzer und Zündstäbchen aus Strohhalmen oder aus Pappe 1½ Pfg. für je 60 Stück und für Zündkerzchen aus Stearin, Wachs oder ähnlichen Stoffen 5 Pfg. für je 20 Stück beträgt.

8. Nach dem Wechselstempelgesetz vom 15. Juli 1909 (in der Fassung der Bekanntmachung vom 21. Juli 1909, R.G.B. S. 825) unterliegen dem Stempel gezogene und eigene Wechsel und andere an Ordre lautende Zahlungsversprechen, die im Deutschen Reiche in Umlauf gesetzt werden. Die Abgabe ist nach der Wechselsumme abgestuft. Ausf. Best. vom 25. März und 26. Juli 1909 (Zentralblatt S. 103; 401).

9. Das Reichsstempelgesetz vom 15. Juli 1909 (R.G.Bl. S. 833) erklärt für stempelpflichtig: Aktien, Kuxe, Renten- und Schuldverschreibungen, Gewinnanteilschein- und Zinsbogen, Urkunden, die über Kauf und sonstige Anschaffungsgeschäfte, Spiel und Wette ausgestellt werden, Frachturkunden, Personenfahrkarten, Erlaubniskarten für Kraftfahrzeuge, Vergütungen (Gewinnanteile, Tantiemen, Gehälter, Tagegelder, Reisegelder u. a.) bestimmter Personen, Schecks, Grundstücksübertragungen. Über die zahlreichen Ausführungsbestimmungen Laband, Deutsches Reichsstaatsrecht 1909 S. 396 ff. Landesrechtliche Vollzugsanweisung für die Erhebung des Reichsstempels für Grundstücksübertragungen vom 10. November 1909 (A.Bl. S. 135).

§ 79 S. 103. Der Vorstand der Verwaltung der Zölle und indirekten Steuern hat durch den Allerhöchsten Erlaß vom 20. Februar 1909 (A.Bl. S. 25) den Titel Präsident der Zollverwaltung in Elsaß-Lothringen verliehen erhalten.

§ 80 S. 105 ff. Durch das Gesetz vom 15. Juli 1909 (G.Bl. S. 72) wurde für den Fall, daß im Geltungsbereich des Reichsbrausteuergesetzes die bestehenden Steuersätze eine Änderung erfahren sollten, das Ministerium ermächtigt, im Wege der Verordnung die Sätze des Biersteuergesetzes zu erhöhen und die Übereinstimmung zwischen Reichsrecht und Landesrecht wiederherzustellen. Von dieser Befugnis hat das Ministerium in der Verordnung vom 22. Juli 1909 (G.Bl. S. 77) Gebrauch gemacht, die, abgesehen von Vorschriften für Herstellung des Bieres, für Berechnung des steuerpflichtigen Gewichtes u. a. die Steuersätze (Seite 106 A Nr. 2) folgendermaßen geändert hat: Die Steuer für jeden Doppelzentner des Gesamtgewichts der in einem Brauereibetrieb innerhalb eines Rechnungsjahres steuerpflichtig gewordenen Braustoffe beträgt von den ersten 250 Doppelzentnern 15 Mk.; von den folgenden 1250 Doppelzentnern 17 Mk., von 1500 Doppelzentnern 19 Mk., von 2000 Doppelzentnern 21 Mk. und von dem Reste 23 Mk. Für Malz, das zur Bereitung von Essig dient, werden 3/10 dieser Sätze erhoben. Mehrere Brauereien, die für Rechnung einer und derselben Person oder Gesellschaft betrieben werden, gelten als ein Brauereibetrieb, sofern sie nicht bisher steuerlich getrennt behandelt worden sind.

S. 107 Ziffer 4. Die Steuer kann nunmehr gegen Sicherheitsbestellung auf 6 Monate, ohne Sicherheitsbestellung auf 3 Monate gestundet werden.

S. 111 IV. Durch Verordnung des Statthalters vom 22. Juli 1909 (G.Bl. S. 79) ist die Übergangsabgabe vom 1. August 1909 ab auf 5,75 Mk. für das Hektoliter festgesetzt worden.

Die Biersteuer-Ausführungsbestimmungen vom 2. Oktober 1907 (Seite 105 Anm. 2) sind ergänzt durch die Verordnung vom 25. Juli 1909 (A.Bl. S. 81).

§ 84 S. 124 ff. S. 127: Die Ausführungsbestimmungen zum Gesetz vom 24. Juli 1907, betr. das Verwaltungsstrafverfahren in Zoll- und Steuersachen sind durch die Ausführungsbestimmung vom 23. Januar 1909 (A.Bl. S. 16) dahin ergänzt worden, daß bei einer Erbschaftssteuerstrafe, die den Betrag von 300 Mk. nicht übersteigt, von der Aufnahme einer Untersuchungsverhandlung abgesehen werden kann, wenn die Zahlung der vollen Steuer erfolgt und die Aufnahme einer förmlichen Verhandlung auf Schwierigkeiten stößt oder solche erwarten läßt. Die Zahlung der Strafe gilt als freiwillige Unterwerfung.

§ 85 Seite 129 Ziffer 2. Seit Einführung des Unterstützungswohnsitzgesetzes hat Elsaß-Lothringen zu den Kosten des Bundesamtes für das Heimatswesen einen Zuschuß zu leisten.

§ 87 Seite 143. Die Verordnung, betreffend die Verzinsung der bei der Staatsdepositenverwaltung eingezahlten Gelder vom 19. Dezember 1899 ist abgeändert hinsichtlich des § 5 Absatz 1 durch die Verordnung vom 10. April 1909 (G.Bl. S. 59). Vgl. auch die Ministerialverfügung vom 23. April 1909 (A.Bl. S. 37).

§ 99 S. 206 Anm. 4. Der Anspruch auf die Straßenkostenbeiträge wird nur dann ein dingliches Recht bilden, wenn sie nach dem 31. Dezember 1899 entstanden sind, andernfalls hat er obligatorischen Charakter.

§ 99 S. 207 Anm. 4. Die Gesetze gelten ferner für das auf dem rechten Moselufer gelegene Gebiet der Gemeinde Longeville, genannt Symphorien-Insel (V. vom 21. Januar 1909, G.Bl. S. 25), für den der Stadt Metz hinzugetretenen Stadtteil Devant-les-Ponts (V. vom 15. Mai 1909, G.Bl. S. 65), teilweise für Markirch (V. vom 14. August 1909, G.Bl. S. 85).

§ 99 S. 208. An den die Stadt Straßburg durchziehenden Straßen des großen Straßenwesens und an den Vizinalstraßen übt der Bürgermeister neben den ihm bereits von Amtswegen zustehenden baupolizeilichen Befugnissen auch diejenigen gesetzlich dem Bezirkspräsidenten verliehenen baupolizeilichen Befugnisse, die die Erhaltung des Straßenkörpers, die Erteilung und Überwachung der Bauflucht zum Gegenstande haben, aus. Erlaß des Bezirkspräsidenten vom 18. Februar 1899 (V 744).

§ 99 S. 208. In der vierten Zeile vom Ende der Seite aus sind zu streichen „oder Sicherheits". .

§ 102 S. 224. Das Gesetz, betreffend den Verkehr mit Wein, weinhaltigen und weinähnlichen Getränken vom 24. Mai 1901 (R.G.Bl. S. 175) ist durch das Weingesetz vom 7. April 1909 (R.G.Bl. S. 393) ersetzt. Ausführungs-Best. des Bundesrates vom 9. Juli 1909 (R.G.Bl. S. 549). Weinzollordnung vom 17. Juli 1909 (Zentralblatt S. 333). Landesrechtliche Ausf.Best. vom 28. Juli 1909 (A.Bl. S. 85). Das ganze Gebiet von Elsaß-Lothringen ist als am Weinbau beteiligt anerkannt (Bek. vom 16. September 1909. A.Bl. S. 111). Ausführungsbestimmungen zur Weinzollordnung vom 28. August 1909 (A.Bl. S. 106).

§ 102 S. 225. Die landesrechtlichen Ausführungsbestimmungen zu dem Reichsgesetz, betr. die Schlachtvieh- und die Fleischbeschau vom 3. Juni 1900 sind in neuer Fassung publiziert im Zentral- und Bezirks-Amtsblatt 1908 Beilage Nr. 15, 1909 Beilage Nr. 5.

§ 104 S. 232 Anm. 1. Für die Beförderung von Leichen auf dem Seewege ist ein neues Paßformular durch die Bekanntmachung vom 21. Oktober 1909 (A.Bl. S. 125) eingeführt.

§ 105 S. 235 Anm. 4. Die Bezirkspolizeiverordnung vom 3. September 1903 für Unter-Elsaß ist ersetzt durch die im wesentlichen gleichlautende Bezirkspolizeiverordnung vom 20. März 1909 (A.Bl. S. 31).

§ 106 S. 246 Anm. 4. Eine neue Arzneitaxe ist mit Wirkung vom 1. Januar 1910 an eingeführt. Min.Verf. vom 21. Dezember 1909 (A.Bl. 1909 S. 183).

§ 106 S. 248. Seeger im Journal der Pharmazie von Elsaß-Lothringen 1908 Nr. 10 führt aus, daß die Art. 32 und 33 des Germinalgesetzes aufgehoben sind, insoweit sie Bestimmungen über die Befugnis zum Verkauf von Arzneimitteln enthalten, denn insoweit sind sie durch § 6 der Gewerbeordnung und die Kaiserliche Verordnung von 1901 ersetzt. Art. 32 l. c. gilt noch, da und soweit er eine Verordnung über die Ausübung der Befugnis des Verkaufs von Arzneimitteln enthält; er gilt aber nur noch bezüglich derjenigen nicht freigegebenen Apothekerwaren der Kaiserlichen Verordnung von 1901, auf welche die gleiche Spezialbestimmung der Verordnung von 1896 nicht Anwendung findet. Von großer praktischen Bedeutung dürfte diese Unterscheidung nicht sein.

§ 110 S. 255, 264 ff. Die Besoldung der Lehrer und Lehrerinnen an öffentlichen Elementarschulen ist durch das Gesetz vom 11. Dezember 1909 (G.Bl. S. 159) von neuem geregelt.

Der Grundgehalt für festangestellte Lehrer und Lehrerinnen beträgt nunmehr 1200 Mk., außerdem erhalten sie Dienstalterszulagen. Hilfslehrer und Hilfslehrerinnen beziehen als Jahresbesoldung eine Vergütung von 1100 Mk. (§ 2). Als Dienstalterszulagen werden gewährt den festangestellten Lehrern nach 3 Dienstjahren 100 Mk., nach 6, 9, 12 und 15 Dienstjahren je 200 Mk., nach 18, 21 und 24 Dienstjahren je 100 Mk., den festangestellten Lehrerinnen nach 4, 8, 12 und 16 Dienstjahren je 100 Mk. Die rechtliche Natur der Dienstalterszulagen ist dieselbe wie früher (Anm. 5 S. 264). Das Besoldungsdienstalter wird von dem Zeitpunkt an gerechnet, in welchem zusammentreffen die Ablegung der zur festen Anstellung im öffentlichen Schuldienste befähigenden Prüfung, die Vollendung des 25. Lebensjahrs, der Eintritt in den öffentlichen Schuldienst. Eingerechnet wird die Zeit des aktiven Militärdienstes, insoweit sie in die Zeit nach Vollendung des 25. Lebensjahres fällt. Mit Genehmigung des Oberschulrates können eingerechnet werden die innerhalb Elsaß-Lothringens nach Ablegung der Dienstprüfung in der Lehrtätigkeit an Privatschulen zugebrachte Zeit und der an auswärtigen öffentlichen Schulen geleistete Schuldienst, soweit sie in die Zeit nach Vollendung des 25. Lebensjahres fallen (§ 3). Die Dienstalterszulagen werden aus Landesmitteln den Gemeinden erstattet (§ 7). Aus der Landeskasse werden ferner die Pensionen der festangestellten Lehrer und Lehrerinnen, das Gnadenvierteljahr und die Pensionen der Hinterbliebenen nach Maßgabe der für die Landesbeamten geltenden Vorschriften bezahlt (§ 9). Den Gemeinden, die einer Beihilfe zu den Schulausgaben mit Rücksicht auf ihre Finanzlage und Leistungsfähigkeit bedürfen, werden Zuschüsse aus einem Fonds gewährt, der gebildet wird aus einem für diesen Zweck von den Bezirken zu leistenden Jahresbeitrag in Höhe von 5% der direkten Steuern, sofern diese den Bezirkszuschlägen unterliegen, und aus einem durch den Landeshaushaltsetat alljährlich bereit zu stellenden Beitrag (§ 8).

Im übrigen vgl. die Ausführungen auf S. 264 und 265 und §§ 5, 6, 10 und 11 des Gesetzes.

§ 110 S. 266 Anm. 7. Die Entlassungsprüfungsordnung an der Maschinenbauabteilung ist abgeändert durch die Ministerialverordnung vom 10. Juli 1909 (A.Bl. S. 79). Die Entlassungsprüfung an der Tiefbauabteilung der Technischen Schule ist geregelt durch die Ministerialverordnung vom 10. Juli 1909 (A.Bl. S. 76) und 8. Oktober 1909 (A.Bl. S. 121).

§ 112 S. 273 Anm. 3. Das Statut ist geändert durch Verordnung vom 15. März 1909 (G.Bl. S. 52).

§ 112 S. 280 ff. Das Gesetz, betreffend die Hinterbliebenen der Universitätsprofessoren vom 26. Mai 1905 ist abgeändert durch das Gesetz vom 22. November 1909 (G.Bl. S. 133) und in neuer Fassung bekannt gemacht am 4. Dezember 1909 (G.Bl. S. 135). Der Wechsel in der Gesetzgebung bedingt folgende Änderungen des Textes:

1. Pensionsberechtigt sind die Witwe und die ehelichen oder legitimierten Kinder eines staatlich besoldeten ordentlichen oder außerordent-

lichen Professors (§ 1 Abs. 1). Ein Pensionsanspruch ist nicht begründet, wenn der Verstorbene trotz seiner Entfernung aus dem Amte auf Grund eines Disziplinarerkenntnisses wegen besonderer Umstände Pension bezogen hatte (§ 1 Abs. 2). Außerdem hat die Witwe keinen Anspruch, wenn die Ehe mit dem verstorbenen Professor innerhalb sechs Monaten vor seinem Ableben geschlossen worden und die Eheschließung zu dem Zweck erfolgt ist, um der Witwe den Bezug der Pension zu verschaffen (§ 2 Abs. 3).

2. Die Witwenpension besteht in dem fünften Teile des Diensteinkommens, wenn der Verstorbene am Todestage das einundzwanzigste Dienstjahr noch nicht vollendet hatte. Sie beträgt mindestens 960 Mk., höchstens 5000 Mk. (§ 3 Abs. 1 und 4).

§ 112 S. 282 Anm. 5. Die „geologische Landesuntersuchung" und der „meteorologische Landesdienst" heißen seit der Verordnung vom 9. April 1909 (A.Bl. S. 35) „Geologische Landesanstalt von Elsaß-Lothringen" bezw. „Meteorologische Landesanstalt von Elsaß-Lothringen".

§ 112 II S. 284. Das Statut der Universitäts- und Landesbibliothek vom 1. Juli 1872 ist aufgehoben und ersetzt durch das Statut vom 5. Januar 1909 (A.Bl. S. 7). Nach ihm werden die Bibliothekare und Sekretäre vom Staatssekretär ernannt. Die unmittelbare Aufsicht über die Verwaltung der Bibliothek und die Vertretung der letzteren nach außen steht dem Kurator der Universität Straßburg (nicht mehr dem Ministerium) unter der oberen Leitung des Staatssekretärs zu. Die Kassengeschäfte der Bibliothek nimmt die Universitätskasse in Straßburg nach Maßgabe der für sie bestehenden Geschäftsanweisung wahr. Die Rechnung über den Etat der Bibliothek wird nebst Belägen dem Kurator eingereicht, der sie nach Vorprüfung abzunehmen und an den Rechnungshof zu befördern hat.

Band III.

§ 115 S. 6 ff. Das Reichsgesetz vom 23. Juni 1880 über die Abwehr und Unterdrückung von Viehseuchen ist ersetzt durch das Viehseuchengesetz vom 26. Juni 1909 (R.G.Bl. S. 519).

§ 116 S. 18 Anm. 5. Art. 19 der Verordnung vom 5. September 1899 ist abgeändert durch Verordnung vom 9. März 1909 (A.Bl. S. 27) betr. das Mindestmaß für Karpfen.

§ 117 S. 24. Das Ausführungsgesetz zum Vogelschutzgesetz vom 2. Juli 1890 ist durch Gesetz vom 1. Juni 1909 (G.Bl. S. 67) abgeändert worden. Seitdem ist die Lerche kein jagdbarer Vogel mehr.

§ 120 S. 63. Die Berggesetznovelle ist am 8. Dezember 1909 (G.Bl. S. 138) erlassen worden; vgl. die Ausführungsanweisung vom 15. Dezember 1909 (A.Bl. S. 179).

§ 121 S. 66. Über die Kommission für das Ordnungsstrafverfahren wegen verbotenen Börsenterminhandels enthält die Ministerialverordnung vom 16. Januar 1909 (A.Bl. S. 13) die näheren Angaben. Nach ihr ist Vorsitzender der Vorsitzende der Kammer für Handelssachen des Landgerichts Straßburg; die Zahl der Beisitzer und ihrer Stellvertreter ist auf je vier festgesetzt, von denen je die Hälfte die Handelskammer in Straßburg und der Landwirtschaftsrat in Vorschlag bringt.

§ 127 S. 111 Anm. 1. Vgl. §§ 100—107 des Versicherungsvertragsgesetzes vom 30. Mai 1908.

§ 148 S. 253. Das Regulativ vom 29. Juni 1887 betr. die Anstellung im Pfarramte der Kirche Augsburgischer Konfession und der reformierten Kirche ist ersetzt durch das Regulativ vom 8. Juli 1909 (A.Bl. S. 69).

Sachregister.

Es bedeuten die fett gedruckten Zahlen den Band, die großen Zahlen die Seiten, die kleinen die Anmerkungen.

Q

R.

S.

T.

U.

V.

W.

Fettgedruckte Zahlen bedeuten den Band, große Zahlen die Seiten, kleine die Anmerkungen.

Z.

Aus dem Verlag von

Karl J. Trübner in Straßburg

mdccccx.

Durch die meisten Buch-
handlungen des In- und
Auslandes zu beziehen.

Das

Verfassungs- und Verwaltungsrecht von Elsaß-Lothringen.

Von

Dr. jur. Ernst Bruck.

Erster Band: Gr. 8°. X, 396 Seiten 1908. In solidem Leinenband *M* 12.—.
Zweiter Band: Gr. 8°. VIII, 287 Seiten 1909. In solidem Leinenband *M* 9.—.
Dritter Band: Gr. 8°. VII, 316 Seiten 1910. In solidem Leinenband *M* 10.—.

„Vor kurzem ist von Dr. jur. Ernst Bruck im Verlage von Karl J. Trübner in Straßburg der erste Band eines Werks „Das Verfassungs- und Verwaltungsrecht von Elsaß-Lothringen" herausgegeben worden, worin das öffentliche Recht des Reichslandes nach dem gegenwärtigen Stande der Gesetzgebung und der Rechtslehre eine klare und verständige Darstellung gefunden hat. Der vorliegende erste Band behandelt die Entstehungsgeschichte des Reichslandes, seine rechtliche Natur, sein Verhältnis zum Reich und zum Auslande, ferner Gebiet und Staatsangehörigkeit, die staatlichen Organe (Kaiser, Bundesrat, Reichstag, Landesausschuß, Landesbehörden und -beamte) sowie die Gesetzgebung und schließt mit der Darlegung der Einrichtung und Verwaltung der Gemeinden, Ortschaften, Bezirke und Kreise. Das Werk kann Behörden und Beamten, insbesondere auch den größeren Gemeinden, als brauchbares Hilfsmittel in Fragen des elsaß-lothringischen öffentlichen Rechts zur Anschaffung bestens empfohlen werden." *Straßburger Korrespondenz 1908, Nr. 35.*

„Eine wirkliche Lücke in der Literatur über das reichsländische Recht füllt dieses Buch aus, wie schon sein Titel jedem Sachkundigen sagt. Was bisher ähnliches vorliegt, ist großenteils veraltet. Erfreulicherweise entspricht auch die Ausführung des guten Gedankens den Ansprüchen der Wissenschaft wie der Praxis. Als landesrechtliche Ergänzung des Labandschen Staatsrechtes gedacht und in engem Anschluß an dieses sich haltend, konnte das Werk das allgemein-reichsrechtliche Material bei Seite lassen, so daß es nicht übermäßig anschwellen mußte."

Annalen des Deutschen Reichs 1908, Nr. 8.

„Die hier vorliegende Arbeit ist (wieder) ein sehr dankenswertes Unternehmen. Sie behandelt in diesem ersten Bande vornehmlich das Verfassungsrecht Elsaß-Lothringens. Dafür hatte man bisher nur die schon etwas veraltete Bearbeitung von Leoni, die überdies in manchen Punkten nicht mit den herrschenden Auffassungen übereinstimmte."

Juristisches Literaturblatt Nr. 5, 15. Mai 1908.

Das Gesetz

betreffend die

Ausführung des Bürgerlichen Gesetzbuchs in Elsaß-Lothringen

vom 17. April 1899

mit Erläuterungen.

Von **Dr. Hugo Molitor,**

Geh. Oberjustizrat und Oberstaatsanwalt in Colmar.

Zweite neubearbeitete Auflage

unter Mitwirkung von

F. Münzer, Regierungsrat im Ministerium für Elsaß-Lothringen.

und

Dr. A. Stieve, Regierungsrat im Ministerium für Elsaß-Lothringen.

Erste Lieferung. 8⁰. Seite 1—192. 1900. *M* 3.80.

Das ganze Werk wird in drei Lieferungen ausgegeben werden und im Laufe des Jahres 1910 fertig vorliegen.

„. . . Die erste Lieferung der neuen Auflage liegt uns vor. Sie umfaßt die Vorschriften zum Allgemeinen Teile und — bis § 40 a — die Vorschriften zum Rechte der Schuldverhältnisse. Was sie bietet, ist viel mehr, als der Titel und die Ankündigung der Verlagsbuchhandlung erwarten lassen: nicht eine Neubearbeitung, sondern ein neues Werk, nicht nur ein Kommentar zum AGBGB., sondern eine Darstellung der wichtigsten und schwierigsten Materien des privaten und öffentlichen Landesrechtes. Bezeichnend für die neue Leistung ist schon die Vermehrung des äußeren Umfanges von 77 Seiten der ersten auf 192 der zweiten Auflage. Und dabei ist nichts Entbehrliches stehengeblieben; alle Bemerkungen, die nur für die erste Zeit von Nutzen sein konnten, sind gestrichen. . . . Von ganz besonderem Werte sind die als „Vorbemerkungen“ oder „Anhang“ eingefügten systematischen Darstellungen, insbesondere auch öffentlich-rechtlicher Materien. . . . Viel schwerzugängliches Material ist hier zusammengetragen; mit unübertrefflicher Klarheit ist zur Darstellung gebracht, was aus der französisch-rechtlichen Theorie von der „Trennung der Gewalten“ unter dem Einflusse der Reichs- und Landesgesetzgebung und der deutschen Praxis geworden ist. . . .“

Landgerichtsdirektor Levi in

„Juristische Zeitschrift für Elsaß-Lothringen“ 1909, Nr. 6.

Die
Gemeindeordnung
für
Elsaß-Lothringen
vom 6. Juni 1895.

Zweite auf Grund des Halleyschen Kommentars neu bearbeitete Auflage

von

Dr. **Ernst Bruck,**
Gerichtsassessor.

8°. X, 444 Seiten. 1905.
Geheftet *M* 5.—; in Leinwand gebunden *M* 5.50.

„. . . Die Beschaffung des Werkes kann den Behörden und Gemeindeverwaltungen bestens empfohlen werden.“

Straßburger Korrespondenz 1905, Nr. 127.

„Ein Blick auf den im Vergleich zu dem Halleyschen Kommentar fast noch einmal so starken Umfang des Kommentars von Dr. Bruck, auf die Art und Weise seiner Anordnung des Stoffes und auf die Ausgiebigkeit seiner Erläuterungen zeigt, daß das Werk von Dr. Bruck, wenn es sich auch eine „zweite auf Grund des Halleyschen Kommentars neu bearbeitete Auflage“ nennt, in Wirklichkeit eine fast vollständig selbständige Arbeit darstellt, wie denn auch der Verfasser im Vorwort ausdrücklich für alle in dem Buche vorgetragenen Ansichten die Verantwortlichkeit übernimmt. . . . Es sei nur die allgemeine Bemerkung gestattet, daß Dr. Bruck sich durch die Vortrefflichkeit seiner Bearbeitung der Gemeindeordnung als berufen erwiesen hat, dem unleugbar vorhandenen Bedürfnis nach einer eingehenden wissenschaftlichen Darstellung des jetzigen Verwaltungsrechts von Elsaß-Lothringen gerecht zu werden. Was nun aber die Brauchbarkeit des Bruckschen Kommentars für den Gebrauch der Gerichte anlangt, gewinnt er schon dadurch Überlegenheit über die sonstigen bisherigen Bearbeitungen der Gemeindeordnung, daß er der erste ist, der die seit dem Inkrafttreten der Gemeindeordnung erwachsene Rechtsprechung, insbesondere auch die in der vorliegenden Zeitschrift veröffentlichte, verwertet und namentlich, daß er der durch die Einführung des BGB. und der übrigen neuen Justizgesetze geschaffenen Veränderung der Gesetzgebung Rechnung getragen hat. . . .“

Freudenthal, i. d. *Juristischen Zeitschrift f. Elsaß-Lothringen 1906, Heft 1/2.*

Soeben erschien:

Die
Jagd- und Vogelschutz-Gesetzgebung
in Elsaß-Lothringen.

Von

Dr. **Ernst Bruck,**

Landrichter.

Zweite Ausgabe, mit Berücksichtigung der Novelle zum Vogelschutzgesetz vom 30. Mai 1908.

Kl. 8°. XI, 223 Seiten. 1910. In Halbleinwand gebunden ℳ 3.50.

„. . . Das Buch kann allen mit Jagdangelegenheiten befaßten Behörden, insbesondere den Gemeindeverwaltungen, zur Anschaffung empfohlen werden und wird auch den Jagdpächtern und Jägern in zweifelhaften Rechtsfällen willkommenen Aufschluß geben."

Straßburger Korrespondenz 1907, Nr. 39.

„Der Verfasser bezeichnet als Zweck seiner Arbeit den Ersatz der seit längerer Zeit vergriffenen Halleyschen Sammlung der „Gesetze und Verordnungen über Jagd- und Vogelschutz in Els.-Lothr." (Straßburg 1890), betont aber mit Recht, daß es sich nicht um eine zweite Auflage des H.'schen Buches, sondern um eine in jeder Beziehung neue Bearbeitung der Materie handle. Das Werk ist in der Tat ein durchaus selbständiges. . . . In den jedem Teile vorangeschickten Einleitungen ist die geschichtliche Entwicklung kurz dargestellt. Die Ausführungsbestimmungen sind vollständig mitgeteilt. Die Rechtsprechung, insbesondere diejenige des Oberlandesgerichts, ist sorgfältig berücksichtigt; dabei wahrt sich aber ihr gegenüber der Verfasser die Selbständigkeit seines Urteils. . . . Das Buch wird sowohl der richtigen Handhabung der nicht immer ganz einfachen gesetzlichen Bestimmungen, insbesondere durch die Gemeinde- und Polizeibehörden, wie auch der Befolgung derselben durch die Jäger in hohem Maße förderlich sein."

Michaelis in der *Juristischen Zeitschrift f. Els.-Lothr. 1907, Heft 7.*

Das
Imperium des Richters.

Ein Versuch kasuistischer Darstellung nach dem englischen Rechtsleben im Jahre 1906/7.

Nebst zwei Anhängen: Criminal appeal act 1907 und probation of offenders act 1907.

Von

A. Mendelssohn Bartholdy.

8⁰. XI, 236 Seiten. 1908. ℳ 6.—, geb. ℳ 7.—.

Zivilrechtliche und prozeßrechtliche Abhandlungen herausgegeben von Prof. Wilhelm Kisch, Heft II.

„Ein bedeutendes Buch, neu in seiner streng empirischen Methode, überraschend in den Ergebnissen . . . Obwohl Verfasser es ablehnt, zu den infolge des Adickes'schen Weckrufes so viel erörterten Fragen Stellung zu nehmen, ist sein Werk doch tatsächlich das denkbar wirksamste Plaidoyer im Sinne der Adickes'schen Bestrebungen . . .“

Reichsgerichtsrat Dr. Hagens in der *Deutschen Juristenzeitung.*

„Das schöne Buch Mendelssohn Bartholdy's ist gerade recht gekommen für die innere Krisis, welche unsere deutsche Rechtsbetrachtung jetzt durchmacht . . . worauf es Mendelssohn ankommt, ist ein möglichst deutliches, lebendiges Bild von der gegenwärtigen Macht und Stellung des englischen Richters. Dabei übt er überall zarteste Empirie. Da ist nichts von jenem groben Denken, das meint nationale Eigenart in irgend ein abschließendes Wort zu fassen . . .“

Professor Dr. Ernst Mayer im *Archiv für öffentliches Recht.*

„(der englische Richter) erreicht eine derartig klare und präzise Darlegung des Tatbestandes und der Beweisführung, daß jeder Zuhörer folgen kann und schließlich der Spruch des Richters selbst mehr tatsächlicher als rechtlicher Natur ist. Am anschaulichsten gibt diese Stellung des Richters Mendelssohn Bartholdy in seinem eigenartigen Buch „Das Imperium des Richters“, der besten Stütze der großen Adickes'schen Idee der Emanzipation unseres Richtertums.“

Dr. K. Weidlich in der *Rheinischen Zeitschrift für Zivil- und Prozeßrecht.*

„Ganz besonders lehrreich und interessant ist das Buch von M. B. über „Das Imperium des Richters“, das eine Reihe von Rechtsfällen, wie sie im Jahr 1906/07 vor englischen Gerichtshöfen verhandelt wurden, zu einer höchst anschaulichen Darstellung bringt.“

O. L. G. Neukamp im *Juristischen Literaturblatt.*

Kolibri 360 GmbH
Ferdinand-Jühlke-Straße 7
99095 Erfurt, Deutschland
produktsicherheit@kolibri360.de